SPINOZA
OBRA COMPLETA I

(BREVE) TRATADO E OUTROS ESCRITOS

Coleção Textos

Dirigida por:

João Alexandre Barbosa (1937- 2006)
Roberto Romano
Trajano Vieira
João Roberto Faria
J. Guinsburg (1921-2018)

Equipe de realização – Preparação de texto: Marcio Honorio de Godoy; Revisão: Fernando Cardoso Guimarães; Ilustração: Sergio Kon; Projeto de capa: Adriana Garcia; Produção: Ricardo W. Neves, Luiz Henrique Soares, Mariana Munhoz, Elen Durando e Sergio Kon.

SPINOZA
OBRA COMPLETA I

ಬಾ

(BREVE) TRATADO E OUTROS ESCRITOS

J. GUINSBURG E NEWTON CUNHA
TRADUÇÃO E NOTAS

J. GUINSBURG, NEWTON CUNHA E ROBERTO ROMANO
ORGANIZAÇÃO

CIP-Brasil. Catalogação na Publicação
Sindicato Nacional dos Editores de Livros, RJ

S742

Spinoza: obra completa I : (Breve) tratado e outros escritos
/ organização J. Guinsburg, Newton Cunha, Roberto Romano.
– 1. ed. – São Paulo : Perspectiva, 2014.
488 p. ; 21 cm. (Textos ; 29)

ISBN 978-85-273-0992-9

1. Spinoza, Benedictus de, 1632-1677. 2. Ciência política – Filosofia. 3. Direito – Filosofia. I. Guinsburg, J. II. Cunha, Newton.
III. Romano, Roberto. II. Série.

| 13-06863 | CDD: 199.492 |
| | CDU: 1(492) |

05/11/2013 06/11/2013

[PPD]

Direitos reservados em língua portuguesa à

EDITORA PERSPECTIVA LTDA.

Av. Brigadeiro Luís Antônio, 3025
01401-000 São Paulo SP Brasil
Telefax: (11) 3885-8388
www.editoraperspectiva.com.br

2019

SUMÁRIO

Nota da Edição..9
Cronologia Política e Principais Fatos Biográficos 13
Acerca Desta Tradução.. 19

Apresentação – *Roberto Romano*.. 23
A Fé da Razão: Spinoza – *J. Guinsburg*................................. 27
Breve Prelúdio a uma Grande Sinfonia – *Newton Cunha* 37

(Breve) Tratado de Deus, do Homem e de Sua Felicidade
    (*Tractatus de Deo et homine ejusque felicitate – Korte
    Verhandeling van God, de mensch en deszelvs welstand)*...49

Princípios da Filosofia Cartesiana
    (*Principia philosophiae cartesianae*) 153

Pensamentos Metafísicos
    (*Cogitata metaphysica*)... 259

Tratado da Correção do Intelecto
(*Tractatus de intellectus emendatione*) 323

Tratado Político
(*Tractatus politicus*) 367

NOTA DA EDIÇÃO

A intenção da editora Perspectiva ao publicar a obra completa de Barukh (ou Bento) de Spinoza fundamenta-se em duas razões de maior valor e interesse: de um lado, a importância do pensador como um dos construtores da filosofia moderna e, de outro, a ausência de traduções em língua portuguesa de certos textos como o *(Breve) Tratado de Deus, do Homem e de Sua Felicidade*, os *Princípios da Filosofia Cartesiana*, a *Correspondência Completa*, a biografia do filósofo (de Johannes Colerus) e o *Compêndio de Gramática da Língua Hebraica*, que permite compreender a análise bíblica de caráter histórico-cultural que Spinoza inaugurou no *Tratado Teológico-Político*.

Dois outros textos, o assim chamado *Tratado do Arco-Íris* (*Iridis computatio algebraica* ou *Stelkonstige Reeckening van den Reegenboog*) e um sobre o cálculo das probabilidades, embora figurassem em muitas edições da obra spinoziana, particularmente no século XIX, vêm sendo considerados pelos estudiosos, já a partir dos anos de 1980, obras de outro autor. Dado o problema que criam e a polêmica suscitada, optamos por não inseri-los aqui, opção já adotada por edições mais recentes da obra completa do filósofo holandês.

As obras completas foram divididas em quatro volumes, o que permite ao leitor maior flexibilidade de escolha, na dependência de um interesse mais amplo ou mais restrito. O primeiro volume inclui aqueles textos que, na verdade, permaneceram inacabados, mas que serviram a Spinoza para desenvolver suas concepções e realizá-las em seus escritos mais conhecidos e realmente finalizados. Assim sendo, nele se encontram reunidos: *(Breve) Tratado de Deus, do Homem e de Sua Felicidade, Princípios da Filosofia Cartesiana, Pensamentos Metafísicos, Tratado da Correção do Intelecto* e o *Tratado Político*. Já o segundo volume nos traz a sua *Correspondência Completa* e a primeira grande biografia de Spinoza, escrita logo após a sua morte, além de comentários de outros pensadores a seu respeito. O terceiro volume é dedicado ao *Tratado Teológico--Político*, e o quarto, à *Ética* e ao *Compêndio de Gramática da Língua Hebraica*.

Várias fontes foram utilizadas para as traduções e colações aqui efetuadas. A primeira delas foi a edição latina de Heidelberg, agora digitalizada, *Baruch de Spinoza opera*, datada de 1925, levada a efeito por Carl Gebhardt. A segunda, as traduções francesas completas de Charles Appuhn, de 1929, *Œuvres de Spinoza* (disponíveis em hyperspinoza.caute.lautre.net), acompanhadas dos respectivos originais latinos. Outras traduções em separado, igualmente utilizadas, foram a versão inglesa de R.H.M. Elwes, publicada em 1901, e a espanhola de Oscar Cohan, realizada em 1950, ambas para a correspondência, a edição da Pléiade das *Œuvres complètes*, de 1955, a *Complete Works* da Hackett, de 2002, assim como a versão brasileira de quatro livros, inserida na coleção Os Pensadores, de 1973, editada pela Abril Cultural.

Que se registrem aqui também os nossos mais sinceros agradecimentos à professora Amelia Valcárcel, renomada filósofa espanhola, por ter aceitado escrever um dos prefácios do segundo volume, e ao professor Roberto Romano que, além de nos oferecer a sua contribuição analítica, também muito nos auxiliou com suas orientações e propostas, assim como o havia feito nas publicações das obras de Descartes e Diderot.

J. Guinsburg e Newton Cunha

CRONOLOGIA POLÍTICA
E PRINCIPAIS FATOS BIOGRÁFICOS

1391   Os judeus espanhóis, que desde o século x tinham sido protegidos pelos monarcas católicos (eram seus súditos diretos, ou *servi regis*), são forçados à conversão "para o bem da uniformidade social e religiosa".

1478   Estabelecimento da Inquisição Espanhola, encarregada, entre outras coisas, de deter e julgar os judaizantes.

1492   Os judeus não convertidos são expulsos da Espanha. Cerca da metade deles se dirige a Portugal, incluindo a família Spinoza, nome que revela a origem da cidade onde vivia: Spinoza de Monteros, na região cantábrica da Espanha.

1497   Comunidades judaicas portuguesas, sobretudo cristãos-novos (entre os quais muitos praticavam o judaísmo privadamente, em família), dão início a uma leva progressiva de refugiados, entre eles os ancestrais de Spinoza. Os destinos mais comuns foram o Brasil, o norte da África, as Províncias Unidas (Holanda) e a Alemanha. A família Spinoza permaneceu em Portugal, adotando o cristianismo, até o final do século xvi, sabendo-se que o pai do filósofo, Miguel (ou Michael), nasceu na cidade de Vidigueira, próxima a Beja.

1609   Início de uma década de paz entre as Províncias Unidas e a Espanha, com a qual se reconhece a independência das sete províncias protestantes do norte.

1615	Chega à Holanda, vindo do Porto, Uriel da Costa, importante pensador judeu que nega a imortalidade da alma e diz ser a lei de Moisés uma criação puramente humana.
1618	Começo da Guerra dos Trinta Anos.
1620	Os cristãos-novos que viviam em Nantes, na França, durante o reinado de Henrique IV, são expulsos, entre eles a família Spinoza, que houvera saído de Portugal em fins do século anterior. O avô de Spinoza, Isaac, decide então transferir-se para Roterdã, na Holanda.
1621	Retomam-se as hostilidades entre a Espanha e as Províncias Unidas.
1622	Ano em que, provavelmente, a família Spinoza chega a Amsterdã.
1625	Morte de Maurício de Nassau, sucedido por seu irmão Frederick, que consolida a autoridade da Casa de Orange na Holanda.
1626	Fundação de Nova Amsterdã na América do Norte, na ilha de Manhattan, futura Nova York, cujo terreno foi comprado pelos holandeses dos índios algonquinos.
1628	Miguel de Spinoza se casa, em segundas núpcias, com Ana Débora, futura mãe de Barukh e de seus irmãos Miriam, Isaac e Gabriel.
1629	Descartes se transfere para a Holanda.
1632	Nascimento de Barukh Spinoza em 24 de novembro, em Amsterdã, já sendo seu pai um próspero comerciante. Nascem no mesmo ano: Antonie van Leeuwenhoeck, em Delft, mais tarde considerado o "pai da microbiologia", Jan Vermeer e John Locke. Galileu é denunciado pela Inquisição.
1634	Aliança entre as Províncias Unidas e a França, contra a Espanha.
1638	Manasseh ben Israel, sefaradita nascido em Lisboa, é indicado para a *ieschivá* de Amsterdã, denominada "Árvore da Vida" (*Etz ha-Haim*). Ele e o asquenazita proveniente de Veneza, Saul Levi Morteira, serão professores de Spinoza em assuntos bíblicos e teológicos.
1639	Derrota da marinha espanhola para a armada holandesa, comandada pelo almirante Tromp.
1640	Morte de Rubens, em Antuérpia.
1642	Morte de Galileu e nascimento de Isaac Newton.
1643	É criada uma segunda escola na comunidade judaica de Amsterdã, a "Coroa da Torá" (*Keter Torá*), ou Coroa da Lei, na qual Spinoza fez estudos sob a orientação de Morteira.
1646	Nascimento de Gottfried Wilhelm von Leibniz, em Leipzig.
1648	O Tratado de Westfália termina com a Guerra dos Trinta Anos. A Holanda obtém a completa independência da Espanha, assim como a Confederação Suíça passa a ser oficialmente reconhecida.

CRONOLOGIA POLÍTICA E PRINCIPAIS FATOS BIOGRÁFICOS 15

1650 Sob a proteção de Franciscus (Franz) van den Enden, adepto da teosofia, segundo a qual nada existe fora de Deus, Spinoza passa a estudar latim, ciências naturais (física, mecânica, química, astronomia) e filosofia. Provavelmente tem contatos com a filha de Enden, Clara Maria, também ela professora de latim, por quem se apaixona. Morte de Descartes. Morte de Henrique II, conde de Nassau, príncipe de Orange.

1651 A Holanda coloniza o Cabo da Boa Esperança. O governo de Cromwell decreta a Lei da Navegação, proibindo que navios estrangeiros conduzam cargas em direção à Comunidade da Inglaterra (Commonwealth of England).

1652/1654 Primeira das quatro guerras marítimas anglo-holandesas pelo controle de novos territórios e de rotas comerciais.

1652 Mesmo com a oposição de seu pai, Spinoza passa a se dedicar à fabricação de lentes (corte, raspagem e polimento).

1653 Nomeação de Jan de Witt como conselheiro pensionário das Províncias Unidas por seu tio materno e regente de Amsterdã, Cornelis de Graeff, ambos politicamente estimados por Spinoza.

1654 Morre o pai de Spinoza. O filho assume a direção dos negócios familiares.

1655 Spinoza é acusado de heresia (materialismo e desprezo pela *Torá*) pelo Tribunal da Congregação Judaica.

1656 Excomunhão (*Herem*) de Spinoza da comunidade judaica. Após o banimento, Spinoza mudou seu primeiro nome, Baruch, na grafia da época, para Bento (Benedictus). No mesmo ano, um édito do governo proíbe o ensino da filosofia de Descartes na Holanda.

1660 A Sinagoga de Amsterdã envia petição às autoridades laicas municipais denunciando Spinoza como "ameaça à piedade e à moral". Escreve o (*Breve*) *Tratado*.

1661 Spinoza deixa Amsterdã e se transfere para Rijnsburg; começa a escrever a *Ética* e tem seu primeiro encontro com Henry (Heinrich) Oldenburg. Convive com os Colegiantes, uma irmandade religiosa bastante livre e eclética, na qual se discutem os Testamentos. Tornam-se seus amigos e discípulos Simon de Vries, que lhe deixou, ao morrer, uma pensão, Conrad van Beuningen, prefeito de Amsterdã e também embaixador da Holanda, assim como Jan Hudde e seu editor Jan Rieuwertsz.

1662 Provável ano em que escreve o inacabado *Tratado da Correção do Intelecto*. Morte de Pascal.

16 SPINOZA: OBRA COMPLETA I

1663 Spinoza se muda para Voorburg, nos arredores de Haia (Den Haag), e ali divide uma residência com o pintor Daniel Tydemann. Nova Amsterdã é capturada pelos ingleses e recebe o nome de Nova York.

1664 Publicação dos *Princípios da Filosofia Cartesiana*, trazendo como anexos os *Pensamentos Metafísicos*.

1665 Começo da Segunda Guerra Anglo-Holandesa.

1666 Newton divulga sua teoria da gravitação universal e o cálculo diferencial. Luís XIV invade a Holanda hispânica. Morte de Franz Hals.

1667 O almirante Michiel de Ryuyter penetra no Tâmisa e destrói a frota inglesa ali ancorada. O Tratado de Breda põe fim à segunda Guerra Anglo-Holandesa.

1668 Leeuwenhoeck consegue realizar a primeira descrição dos glóbulos vermelhos do sangue. A Tríplice Aliança (Províncias Unidas, Suécia e Inglaterra) impede a conquista da Holanda Hispânica pelos franceses.

1669 Morte de Rembrandt em Amsterdã. Spinoza muda-se mais uma vez, então para Haia.

1670 É publicado o *Tratado Teológico-Político* em Hamburgo, sem indicação de autor.

1671 Leibniz e Spinoza trocam publicações e correspondência. Clara Maria, filha de Van den Enden, casa-se com o renomado médico Kerckrinck, discípulo de Spinoza. O *Tratado Teológico-Político* é denunciado pelo Conselho da Igreja de Amsterdã (calvinista) como "obra forjada pelo renegado judeu e o Diabo".

1672 Sabotando o pacto com a Tríplice Aliança, a França invade novamente as Províncias Unidas. Os holandeses abrem os diques para conseguir deter os franceses. Os irmãos De Witt são responsabilizados pelos calvinistas pela invasão e assassinados em 20 de agosto por uma multidão, episódio que Spinoza definiu com a expressão *Ultimi barbarorum*. Willem van Oranje (Guilherme I, o Taciturno, príncipe de Orange) é feito Capitão Geral das Províncias Unidas.

1673 Spinoza é convidado pelo eleitor palatino para ser professor de filosofia na Universidade de Heidelberg e declina a oferta, alegando lhe ser indispensáveis as liberdades de pensamento e de conduta. Os franceses são expulsos do território holandês.

1674 Willem van Oranje assina um édito banindo o *Tratado Teológico-Político* do território holandês.

CRONOLOGIA POLÍTICA E PRINCIPAIS FATOS BIOGRÁFICOS 17

1675 Spinoza completa a *Ética*. Recebe a visita de Leibniz em Haia. Morte de Vermeer.

1677 Morte de Spinoza em 21 de fevereiro, de tuberculose. Em dezembro, seus amigos publicam sua *Opera posthuma* em Amsterdã: *Ethica, Tractatus politicus, Tractatus de intellectus emendatione, Epistolae, Compendium grammatices linguae hebreae*. No mesmo ano, as obras são traduzidas para o holandês.

ACERCA DESTA TRADUÇÃO

Tivemos a preocupação, neste trabalho, de não apenas cotejar traduções em línguas diferentes (francês, inglês e espanhol), mas também de nos mantermos o mais próximo possível dos originais latinos de Spinoza. Essa preocupação pareceu-nos importante não pela tentativa de recriar uma atmosfera literária de época (o que também seria justificável), mas tendo-se em vista não modificar em demasia os conceitos ou os entendimentos dados pelo pensador a determinadas palavras, ou seja, conservar a terminologia utilizada em sua filosofia.

Para que o leitor possa perceber mais claramente esse objetivo, Spinoza sempre deu nítida preferência, em duas de suas obras principais, a *Ética* e o *Tratado Político*, ao termo potência (*potentia*), mesmo quando, eventualmente, pudesse ter utilizado a palavra poder (*potestas* ou, ainda, *imperium*). Ocorre que o vocábulo potência tem um significado particular para o filósofo, o que nos parece dever ser mantido nas traduções.

A potência é aquilo que define e manifesta o fato ontológico de algo existir, de perseverar em seu ser e agir. Considerando inicialmente que "a potência de Deus é sua própria essência"

(*Dei potentia est ipsa ipsius essentia*, *Ética* I, XXXIV) e que pela potência de Deus "todas as coisas são e agem", todos os modos de existência, isto é, os entes singulares, só podem manifestar-se por essa força constituinte e natural. Assim, "poder não existir é impotência e, ao contrário, poder existir é potência" (*Ética* I, outra Demonstração). Ainda que diferentes em extensão ou abrangência, a potência infinita de Deus, ou da Natureza (substância), e a potência finita das coisas singulares (modos) jamais se separam.

Por conseguinte, tudo o que está relacionado à existência, ao esforço contínuo de preservação de si (*conatus*), às afecções sofridas e ao agir se congrega no conceito de potência. Por exemplo: "Entendo por afecções aquelas do corpo pelas quais a potência de agir desse corpo aumenta ou diminui, é favorecida ou coagida, e, ao mesmo tempo, as ideias dessas afecções" (*Ética* III, III). Daí também ser a razão considerada "a potência da mente", ou "a verdadeira potência de agir do homem, quer dizer, sua virtude" (*Ética* IV, LII). Por isso mesmo é que só agindo virtuosamente pode o homem expressar o livre-arbítrio ou a liberdade pessoal, ou, em outras palavras, "num homem que vive sob o ditame da razão, [o apetite] é uma ação, quer dizer, uma virtude chamada moralidade" (*Ética*, V, IV).

O mesmo entendimento de potência pode ser observado no *Tratado Político*, pois todo ser da natureza tem o mesmo direito que sua potência de existir e agir, o que para Spinoza não é outra coisa senão a potência de Deus na sua liberdade absoluta, daí que

o direito natural da natureza inteira e, consequentemente, de cada indivíduo, se estende até onde vai sua potência e, portanto, tudo o que um homem faz segundo as leis de sua própria natureza, ele o faz em virtude de um direito soberano de natureza, e ele tem tanto direito sobre a natureza quanto tem de potência (Capítulo II, parágrafos 3 e 4).

Optamos ainda por utilizar o termo *mente*, quando encontrado no original (*mens, mentis*), em primeiro lugar como tradução direta, tal como o próprio filósofo o utiliza e entende, ou seja, como coisa pensante: "Entendo por ideia um conceito da mente que a mente forma porque é uma coisa pensante" (*Per ideam intelligo mentis conceptum quem mens format propterea quod res est cogitans*, *Ética*, II, Definição III). Com isso lembramos que, por influência das traduções francesas ou alemãs, já foi ele vertido entre nós como *alma* (*âme, Seele*), o que lhe dá uma conotação fortemente teológica. Em algumas obras iniciais isso realmente ocorre, como no *Tratado de Deus, do Homem e de sua Felicidade*, ou ainda nos *Princípios da Filosofia Cartesiana*. Quando não, devemos nos lembrar que, por motivos históricos, as línguas francesa e alemã não preservaram o vocábulo, mas apenas o adjetivo *mental* (no caso francês) e o substantivo *mentalité, Mentalität* (em ambas as línguas). Ora, encontrava-se nas intenções de Spinoza examinar a natureza da mente em suas múltiplas e complexas relações com o corpo, o que se depreende de uma proposição como a seguinte (*Ética* II, XIII): "O objeto da ideia constituinte da mente humana é o corpo, isto é, certo modo da extensão existente em ato e nenhum outro" (*Objectum ideæ humanam mentem constituentis est corpus sive certus extensionis modus actu existens et nihil aliud*). Essa intenção insinua-se já no primeiro de seus escritos, o (*Breve*) *Tratado de Deus, do Homem e de sua Felicidade*, em que se pode ler ainda sob o nome de *alma* (capítulo XXIII):

Por já termos dito que a mente é uma ideia que está na coisa pensante e que nasce da existência de uma coisa que está na Natureza, resulta daí que, igualmente da mudança e da duração da coisa, devem ser a mudança e a duração da mente. Observamos, além do mais, que a mente pode estar unida ou ao corpo, da qual é uma ideia, ou a Deus, sem o qual ela não pode existir nem ser concebida.

Disso se pode ver facilmente: 1. que se a mente estiver unida só ao corpo e esse corpo perecer, ela também deve perecer, pois se estiver privada do corpo que é o fundamento de seu amor, ela deve também morrer com ele; 2. mas se a alma estiver unida a outra coisa que permanece inalterada, ela deve também permanecer inalterada.

Ou ainda, no mesmo livro, no Apêndice II: "A essência da mente consiste unicamente, portanto, em ser, dentro do atributo pensante, uma ideia ou uma essência objetiva que nasce da essência de um objeto realmente existente na Natureza". Nesse momento inaugural do pensamento de Spinoza, cremos que o uso do termo *anima* ou *animus* acompanha a tradição greco-latina, em que a *alma* (o *thymós* grego) é o lugar não apenas de movimentos (*motus*), de impulsos (*impetus*), de afetos (*affectus*), mas sobretudo da *mente*, a quem cabe regular e se impor, por ação e virtude morais, às paixões constituintes do ser humano.

Logo, se de um lado temos uma doutrina da mente como conjunto de faculdades cognitivas (memória, imaginação, raciocínio, entendimento) e de afecções (alegria, ódio, desejo e as daí derivadas), todas elas naturais, esse mesmo exame nos permite entender a mente (conservado o original latino) em termos contemporâneos, ou seja, como estrutura de processos cognitivos e aparato psíquico.

Vários outros termos latinos foram traduzidos de maneira direta, tendo em vista existirem em português e oferecerem o mesmo entendimento da autoria, como *convenire* (convir), no sentido de algo que aflui e ocorre simultaneamente, junta-se, reúne-se e se ajusta, como também no de quadrar-se; *tollere* (tolher), com o significado de suprimir, retirar ou impedir, ou ainda *scopus* (escopo) e libido.

J. Guinsburg e Newton Cunha

APRESENTAÇÃO

Roberto Romano

O professor Jacó Guinsburg, desde longa data, mantém o projeto de traduzir, ampla e compreensivamente, os textos spinozianos. Em 1968, publicou um volume estratégico de escritos gerados na cultura judaica, *Do Estudo e da Oração*, contendo textos escolhidos como o *Eclesiastes*, e trechos dos *Manuscritos do Mar Morto*, do *Novo Testamento*, de Filo, o especulativo alexandrino, do *Talmud* e de vários rabinos importantes, de Maimônides e de Crescas, além da carta endereçada por Spinoza a Lodewijk Meyer (20 de abril de 1663). Como introdução ao volume, veio um magnífico estudo (que serve de prefácio geral à presente edição, tal a sua profundidade e rigor analítico) sobre o pensamento spinoziano em seus elos com a cultura judaica, sobretudo no campo filosófico. Importante para os estudiosos de Spinoza, a tradução da Carta a Lodewijk Meyer ainda era um fragmento que precisaria de toda a magnífica estrutura sistemática onde ele se insere.

Interpretado como um pensador especulativo e metafísico no século XIX e começo do século XX, Spinoza é o alvo principal dos ataques nazistas, sobretudo os do advogado Carl Schmitt.

Segundo aquele racionalizador do mando hitleriano, Spinoza teria aberto o caminho moderno para a dissolução do Estado, o grande Leviatã. Metafísico, de um lado, oráculo da burguesia decadente, de outro. As acusações de panteísmo, bem o sabemos, tiveram seu ápice com o verbete de Pierre Bayle sobre Spinoza, no *Dicionário Histórico e Crítico*. O idealismo alemão, embora pilhando ao máximo o pensamento de Spinoza, o coloca, como é o caso de Hegel, numa situação anterior à efetividade do Sujeito espiritual. Nietzsche se encanta com os escritos spinozianos, mas a geração que o sucede cai nas velhas teses sobre a rigidez da substância, do panteísmo etc. Por todas essas incompreensões, importa que o leitor tenha diante de si a escrita de Spinoza na sua inteireza, sem as lentes embaçadas da história da filosofia.

A presente edição, levada a cabo pelo professor Guinsburg em companhia do professor Newton Cunha, significa a possibilidade de uma leitura sinótica dos escritos spinozianos, com as vantagens daí decorrentes. A *Correspondência* é instrumento essencial para a intelecção das árduas linhas da *Ética* e dos tratados. A coletânea dos tratados iniciais do filósofo, no primeiro volume, ajudam a compreender o seu itinerário, sobretudo a produção de sua diferença diante do cartesianismo. Utilíssima a reunião de escritos filosóficos sobre Spinoza (Pierre Bayle, Schopenhauer, Victor Cousin, Nietzsche, Bertrand Russel, Léon Brunschvig, Leo Strauss, Julius Guttman, Gilles Deleuze, Comte-Sponville, Hermann Cohen), que oferece aos estudiosos pistas para a recepção do seu pensamento no mundo contemporâneo. Mas creio ser a joia maior do tesouro agora oferecido aos que buscam captar a essência do pensamento, em Spinoza, a tradução rigorosa, e de singular relevância, levada a cabo pelo exímio *escritor* Jacó Guinsburg, do *Compêndio de Gramática da Língua Hebraica*, incluído no quarto volume com o excelente prefácio de Alexandre Leone. Já surgem no horizonte compreensões do pensamento spinoziano que percebem entre o *Compêndio* e a *Ética* algo bem mais profundo do que o simples nexo entre especulação e instrumento linguístico. Os termos e o encadeamento lógico da *Ética* sintetizam ao mesmo tempo a forma pela qual Spinoza via o mundo e a maneira pela qual ele entende a língua da *Bíblia*. Além disso, é praticamente impossível compreender a exegese do *Tratado Teológico-Político* sem o *Compêndio*.

A presente tradução ajudará, com certeza, o polimento da lente filosófica, sobretudo na academia. Tarefa urgente porque, a cada novo átimo, vemos na praça hermenêuticas as mais enviesadas dos textos spinozianos. O caso de Carl Schmitt é o extremo da cegueira ideológica. Mas ainda temos os que insistem em reduzir Spinoza aos paradigmas determinados por outros filósofos. É o que se passa na estranha leitura feita por Fréderic Manzini (*Spinoza: Une lecture d'Aristote*, 2009). Em tais exegeses, Spinoza teria emprestado todo o seu pensamento de Aristóteles, dos estoicos ou de uma outra fonte qualquer em voga nas cátedras universitárias do momento. É um jeito muito esquisito de ler a frase de Hegel sobre Spinoza. O "Proclus do Norte" afirma, nas *Lições Sobre a História da Filosofia,* que "ao começarmos a filosofar, devemos antes nos fazer spinozistas". Nas escolas filosóficas de ontem e de agora, parece que primeiro é preciso reduzir Spinoza a Aristóteles, a Sêneca etc. e depois filosofar.

O esforço imenso dispendido por J. Guinsburg e por Newton Cunha serão, seguramente, recompensados pelo público brasileiro, que tem agora a possibilidade de retomar o pensamento de nosso ancestral português, em cuja filosofia se apresenta o retrato mais duro e mais fiel do ser humano, mas que permite a superação de todas as manifestações do sofrimento e do ódio, rumo ao mais perfeito convívio na república democrática.

A FÉ DA RAZÃO: SPINOZA

J. Guinsburg

O pensamento do século XVII encontrou em Barukh Spinoza um de seus momentos centrais. Todas as suas tendências convergem para ele, racionalismo e misticismo, metafísica e ciência, crítica e fé, ao mesmo tempo que é por seu intermédio, da grande síntese lógica que a reflexão spinozista intentou, que suas principais teses se irradiaram para o Século das Luzes e a filosofia romântica, ambos profundamente influenciados pelo autor da *Ética*. A chave dessa importância reside tanto no que o seu raciocínio propõe, quanto na forma em que é proposto. Com efeito, procurou ele conjugar posições e problemas em um todo unido não apenas por uma concatenação superficial, mas por uma necessidade interna e lógica que levou o seu pensamento a um esforço de sistematização como poucos na história da filosofia. Esse empenho, que se desdobra progressivamente em sua obra, de colocar as coisas existentes *sub specie aeternitatis* segundo demonstrações e provas *a more geometrico*, constitui, de um lado, um imenso excurso pela filosofia da religião, a física, a teoria do conhecimento, a psicologia e a ética, e, de outro, uma tentativa de abarcar a extraordinária expansão científica, geográfica e cultural de que a sua época fora cenário e que encontrara na sua gente, sefaradita, e na sua terra natal, Holanda, alguns de seus principais protagonistas. À sua volta, *a posteriori* pelo menos, os mais variados elementos de natureza histórica e biográfica parecem conjuntar-se e organizar-se para tal propósito.

O período compreendido entre o nascimento e a morte de Spinoza, 1632-1677, é o que vai do fastígio das Províncias Unidas ao início de sua decadência e ao termo do regime do Grande Pensionista. De fato, nas primeiras décadas do século XVII, o desenvolvimento econômico, o poder militar e a influência política colocam a Holanda entre as nações que capitaneiam a Europa seiscentista. Amsterdã, onde o filósofo nasceu, era o centro industrial e financeiro de uma atividade que se estendia pelo mundo inteiro, até os confins da Ásia. Sede de grandes estaleiros navais, empório do açúcar brasileiro e das especiarias orientais, banco dos mais arrojados e produtivos capitais europeus e investimentos coloniais, é em suas ruas que se forjam a hegemonia batava e a potência de sua burguesia protestante. Armadores, importadores, industriais, banqueiros, magistrados e militares, são homens interessados na cultura, ciosos de sua independência, que entesouram bens e honrarias. Sua vida privada e pública desenvolve-se em meio a um conforto e refinamento que até chega ao fausto. A pintura do período, que lhes fixou a imagem pela mão de Franz Hals, Rembrandt e Vermeer, fala de suas festas, banquetes, cortejos e quermesses, bem como de suas fisionomias bem pensantes, dos claros interiores de suas casas, das ruas limpas de suas cidades. À sutileza tonal da mestria pictórica corresponde um refinamento não menos acentuado de uma vida intelectual intensa, em que o comércio de ideias desenvolve-se ao ritmo e com a produtividade do intercâmbio das coisas. Em seus prelos, em suas sociedades eruditas, em suas universidades, formulam-se novas concepções e aferem-se conquistas recentes da técnica, da ciência e da inteligência. Enquanto navegadores e mercadores espraiam os horizontes geográficos e econômicos, matemáticos e físicos, médicos e jurisconsultos avançam ousadamente pelos novos universos do conhecimento e das ideias, pesquisando-os e teorizando-os, com uma liberdade nunca antes conhecida. A Holanda torna-se não só o balcão como o refúgio do novo pensamento ocidental. Testemunha-o o asilo que Descartes aí procura e que Galileu possivelmente gostaria de obter, como Brecht sugere ao fim de seu *Galileu Galilei*, como tantos outros que, livre-pensadores ou heréticos ou judaizantes às voltas com a Inquisição, buscam um hausto mais livre nos ares flamengos. É bem verdade que nesses céus tampouco faltam as nuvens ameaçadoras que se agrupam em torno do orangismo aristocrático. Mas ainda assim, numa Europa onde domina a Contrarreforma ou o fanatismo mesmo protestante, ela é o paraíso da tolerância religiosa, à cuja sombra medram os movimentos sectários, não obstante os esforços por ora baldados do calvinismo oficial. Dissidências e filosofias, carregadas pela dinâmica de novas forças sociais e intelectuais, pregam mais ou menos publicamente as suas reivindicações e doutrinas. Tal é a moldura em que se desenrolou a vida de Barukh ou Benedictus Spinoza.

Filho de *anussim* (conversos à força, cristãos-novos) portugueses, seu pai Miguel, próspero negociante, era um dos cabeças da comunidade sefaradita de Amsterdã. Aluno da *ieschivá* Etz Haim (Tronco da Vida) foi diligentemente instruído nos saberes bíblico, talmúdico e rabínico, por mestres como Manassés ben Israel, Isaac Aboab da Fonseca, Saul Morteira e outros. Foi então que se familiarizou com os filósofos judeus do medievo, entre os quais Ibn Ezra, Maimônides, Gersônides e Crescas. Mas em sua formação intelectual, além das influências do *Guia dos Perplexos* (obra encontrada em sua biblioteca) ou da *Luz do Senhor*, comparecem elementos da cabala *iunit*, teórica, cujo cultivo era difundido entre os marranos. Spinoza demonstrou também, desde cedo, grande interesse por estudos não judaicos, sendo enviado à escola latina do jesuíta *défroqué* e livre-pensador Franz van den Ende. Aí não só foi iniciado na língua franca da ciência e da erudição da época, o latim, como entrou em contato com o grego, as matemáticas, a ciência natural, a filosofia geral e sobretudo a cartesiana. O pensamento de Descartes, menos talvez que o de Giordano Bruno, afastaram-no bem depressa não só das preocupações religiosas e teológicas como das crenças e observâncias de seus correligionários. Como não escondesse as suas opiniões, mas, ao contrário, as manifestasse com crescente insistência, os rabis da comunidade local, seus antigos instrutores e admiradores, temerosos de que seu exemplo intensificasse um movimento que se mostrava vigoroso entre os jovens e já suscitara o caso de Uriel da Costa, tentaram demovê-lo de sua posição ou, pelo menos, de divulgá-la publicamente. Spinoza, porém, não concordou em sujeitar-se a quaisquer restrições, prosseguindo em suas críticas aos costumes e à fé da sinagoga, de modo que os rabis e os chefes da *kehila*, comunidade, excomungaram-no solenemente, obtendo ainda, ao que parece, o seu banimento de Amsterdã, pois o clero protestante também o considerava homem perigoso. Não há, contudo, certeza sobre o fato. As informações sobre a sua vida nos quatro anos subsequentes, isto é, até 1660, não se concatenam com precisão. Sabe-se que, morando em casa de Van den Ende ou em um subúrbio de Amsterdã, continua ocupando-se durante certo tempo dos negócios da firma Spinoza-Caceres, que resultou da herança paterna e da associação de Barukh com seu cunhado; foi nessa época provavelmente que aprendeu, com o fito de realizar experiências sobre as leis de Descartes e Huygens, o ofício que iria garantir--lhe ulteriormente a subsistência. E já é como polidor de lentes telescópicas, consideradas de excelente qualidade, que se estabelece por volta de 1660 em Rijnsburg, local de residência da seita dos Colegiantes. Nessa tranquila cidade perto de Leiden, como que feita para a meditação e o estudo, conhece Simão de Vries, Jarig Jelles e Peter Balling, criando-se à sua volta um pequeno círculo de amigos e estudiosos de cujos encontros e discussões resulta o (*Breve*) *Tratado de Deus, do Homem e de*

Sua Felicidade. Trata-se de uma fase, sobretudo a do inverno de 1661, em que desenvolve intenso trabalho, redigindo o *Tratado da Reforma do Entendimento*, que deveria constituir quiçá a introdução a uma obra denominada *Filosofia*, muito citada em sua correspondência da época e que talvez seja a *Ética*, já então esboçada em suas grandes linhas. Além do início de seu *opus magnum*, data também do período rijnburguense a exposição dos *Princípios da Filosofia Cartesiana*, que foi escrita para um discípulo, sendo o único livro de Spinoza editado com o nome do autor durante sua vida. No ano anterior a essa publicação, 1664, transfere-se para Voorburg, próximo de Haia. É então que, cada vez mais conhecido nos meios eruditos europeus como sábio, hebraísta e pensador liberal, começa a receber visitantes que são atraídos tanto por sua figura de asceta filosófico quanto por sua filosofia mesma. Esta reputação o coloca também em contato com Jan de Witt, o grande regente da República batava, homem que por sua posição, ação e interesses encarna um momento peculiar da burguesia holandesa e europeia. Mente aberta e culta, traduz ele o que há de mais democrático e avançado no Ocidente seiscentista. Não é seguro que entre os dois expoentes, o intelectual e o político, da corrente progressista, tenha havido estreita relação, como alguns pretenderam mais tarde, atribuindo inclusive a esse fato o impulso para a composição do *Tratado Teológico-Político*. Mas é indubitável que De Witt pensionou Spinoza com duzentos florins e que o filósofo interrompeu a feitura de sua *Ética* para escrever, nos anos seguintes, essa obra sobre a liberdade de pensamento, que seria, de certo modo, em meio ao acirramento da luta entre o calvinismo orangista e os partidários do Grande Pensionista, a crítica aos primeiros e a defesa dos últimos, mas principalmente o grande manifesto democrático da época, apesar do aparente distanciamento teórico com que se propõe a demonstrar a sua tese, ou seja, que a liberdade de filosofar não ameaça nenhum fervor verdadeiro nem a paz no seio da comunidade pública. Sua supressão, muito ao contrário, acarreta a ruína tanto da paz quanto de todo fervor: "é preciso deixar cada um livre para pensar o que quiser e dizer o que pensa". O livro apareceu em 1670, em uma edição anônima, pretensamente alemã. Não obstante, o autor não tardou a ser identificado e a reação contra Spinoza, sobretudo dos arraiais calvinistas, veio furibunda, sob a forma de sermões denunciadores e panfletos virulentos. Em Voorburg, as vozes e os olhares tornam-se cada vez mais ameaçadores e Spinoza resolve fixar-se em Haia, cidade em que vivia o seu protetor e capital da República batava. Em casa do pintor Tydermann, onde passa a morar em 1671, continua a levar a sua existência simples, dividida entre a lapidação de lentes e a reflexão filosófica. Frugal, retirado, um de seus poucos prazeres, além do vinho dominical, é o cachimbo que fuma em companhia de seu hospedeiro e um de seus raros luxos, os livros que adquire. Em sua biblioteca encontram-se: a edição da *Bíblia* de Buxtorf, os comentários de Abraão ibn Ezra e Levi ben Gerschon, gramáticas hebraicas e o *Guia dos Perplexos* de Maimônides, a *Esperança de Israel* de Manassés ben Israel, uma *agadá* judaica, dicionários e gramáticas latinas e gregas, além de numerosos volumes de física, matemática, óptica e filosofia (Descartes, Hobbes, Aristóteles, Bacon, Sêneca), trabalhos de teologia, obras de Calvino, Maquiavel, Morus, santo Agostinho, de literatura latina (Tácito, Tito Lívio, Virgílio) e de poetas espanhóis, como Quevedo, Góngora e outros. "Todos esses livros", descreve um de seus biógrafos, Kayser:

numa estante de pinho, a mesa de carvalho, algumas mesinhas no estilo do período, um velho baú, a cama do pai e o retrato da mãe, na parede, eis o mundo pateticamente pobre em que Spinoza agora vivia, o mundo também em que iria morrer. O espaço entre a estante e a mesa giratória onde polia suas lentes era a distância mais longa que agora percorria. Abrangia seu mundo todo. Não sentia desejo de trilhar qualquer outra estrada doravante.

Contudo, nessa cela do sereno recolhimento de um espírito a lapidar não só vidros para ver o mundo, mas pensamentos para compreendê-lo, a vida dos acontecimentos e a turbulência das paixões irromperia ainda uma vez na sua tragicidade crua. Foi quando, em agosto de 1672, os irmãos De Witt, apeados do poder naquela primavera após a derrota holandesa ante as tropas de Luís XIV, são chacinados por uma turba desvairada, sob as vistas complacentes das autoridades. Spinoza quis afixar em um muro da cidade um cartaz com a inscrição *Ultimi barbararum*, mas Van Spick o conteve. Desde então, nada mais o conturba profundamente, apesar da atmosfera cada vez mais adversa que, na nova situação política, cerca o filósofo. Nem o convite para lecionar em Heidelberg, nem a viagem por razões desconhecidas ao quartel-general francês de Condé, em Utrecht, nem a hostilidade do novo regime orangista para com suas ideias e sua pessoa, nem os numerosos visitantes, como Leibniz em 1676, são de molde a influir no curso cada vez mais solitário dessa vida que, minada pela tuberculose, declina, concentrando-se reflexivamente no vigor do espírito. Terminada a *Ética*, a obra à qual oferendara os seus melhores dias e a cuja publicação, no entanto, tivera de renunciar, dado o ambiente de suspeitas que o calvinismo orangista e os dogmatismos obscurantistas haviam criado à sua volta, Spinoza devota-se a outros trabalhos. São eles a tradução holandesa do *Pentateuco*, a *Gramática Hebraica* e, o mais importante de todos, o *Tratado Político*. Mas o agravamento de seu estado de saúde obriga-o a interrompê-los. Sentindo a morte rondá-lo, põe em ordem os seus papéis, queimando alguns documentos, segundo algumas versões, e manda chamar em Amsterdã o seu velho amigo, o médico Lodewijk Meyer. Com ele mantém longas conversações, até pouco antes do desenlace, que sobreveio no domingo, 21 de fevereiro de 1677. Quatro dias mais tarde, após as preces do pastor do bairro, era o seu corpo enterrado em uma cova comum. Fim mais ou menos semelhante era o que ele havia encarado para o seu verdadeiro legado, pois pedira a Meyer, a quem confiara aparentemente seus manuscritos, que o conservasse no anonimato. Mas a sorte ou, o que é mais provável, a vontade de seu testamenteiro, quis de outro modo. Isso porque, em novembro do mesmo ano, uma doação anônima permitiu a impressão de um livro onde se lia: B. de S.: *Opera posthuma*. Aí estava reunida a íntegra literária de tudo quanto elaborara, com uma espécie de ebriedade ascética de um barroco judaico-protestante, um dos pensamentos mais consequentes e poderosos da filosofia moderna. Eram ideias que não apenas libertavam do passado, como estavam carregadas do futuro.

O cerne dessas ideias situa-se na concepção spinozista do universo que considera a existência de uma substância única, absolutamente independente, substrato de tudo, que abrange todas as coisas, determinando a si e a tudo mais pela necessidade de sua própria natureza. Essa substância única e infinita há de ter um número infinito de atributos, na medida em que qualquer carência redundaria em limitação e contradiria o próprio conceito de substância. Ora, a infinitude resulta em perfeição, ou seja, Deus mesmo é a substância única, com a essência expressa em infinitos atributos. Mas destes, apenas dois são apreensíveis ao homem: o da extensão e o do pensamento. Daí decorre que inexiste o corpóreo sem o espiritual ou o espiritual sem o corpóreo. Ambos constituem dois aspectos distintos, no plano da imaginação humana, de uma unidade essencial, de tal modo que, na verdade, o mundo é Deus. Os fatos particulares não passam de modos diversos, de manifestações várias e de momentos outros da substância divina no espaço infinito. Em todas as ocorrências fenomenais verifica-se a correspondência do movimento mecânico, que governa a extensão, com o psíquico, que governa o pensamento da substância. Um e outro se desenvolvem segundo leis próprias, mas ambos traduzem o mesmo processo e a mesma realidade, a do eterno devir e ser divino. Assim, a ordem e a conexão das ideias é o mesmo que a ordem e a conexão das coisas, segundo a célebre tese de Spinoza. Segue-se que a mecânica do movimento e o processo espiritual coincidem em cada coisa e em cada fato, tal como sucede na substância única. O paralelismo da extensão e do pensamento é, pois, universal, apresentando-se no cosmo como um espaço único ligado a um *cogito* único. Em outros termos, a substância divina tem consciência de si própria e de tudo o que a sua existência predica ou gera, mesmo daquilo que escapa ao homem, estando presente ao seu infinito entendimento a relação necessária entre a multiplicidade dos fenômenos, porque a razão infinita, a mais alta categoria do pensamento claro e distinto, que os concebe, também é a sua causa primeira e última. Contudo, embora Deus não seja parte ou algo fora do universo, mas o próprio universo e a própria natureza, entre o mundo e Deus existe – segundo alguns intérpretes – a diferença de que, natureza criada e criadora respectivamente, o primeiro não é apenas substância divina, mas outrossim um certo modo dela procedente, ainda que nela contida desde a eternidade e dela derivando por uma lógica necessária, inerente a seu ser. Deus, todavia, é livre, e o é porque atua absolutamente segundo a necessidade de sua natureza. Mas só Deus é plenamente livre, uma vez que só Ele é *causa sui*, dependendo tudo o mais de uma causa ou uma razão de existência, externa. A partir daí Spinoza, considerando que o homem é apenas um modo de existência da substância divina, postula não ser possível que lhe seja dado o livre-arbítrio. Efeito de uma causa, objeto de leis e de uma necessidade cujo comando lhe fogem, a criatura não está dotada, como a imaginação e a ignorância das causas a induzem a crer, de vontade e liberdades absolutas. Os movimentos que afetam o ser humano e se refletem em sua consciência são determinações externas e derivam de causas cósmicas. Do ponto de vista do universo, o bem e o mal são noções relativas, e o pecado é simplesmente negativo. Entretanto, em determinadas condições, é dado ao homem agir segundo a sua própria natureza e, por conseguinte, com relativa liberdade. Isso ocorre quando, vencendo as inadequações das ideias particulares, reflexos necessariamente inexatos da realidade, torna-se ele consciente da unidade fundamental de todas as coisas em Deus, ou seja, quando passa a conhecer Deus e seus atributos, concebendo os fatos e os fenômenos em sua causalidade essencial na divina substância única. Tal conhecimento, oriundo da intelecção da necessidade eterna, partilha do infinito entendimento de Deus. Por seu intermédio, a inteligência se liberta das paixões, produto das noções impróprias e, por agir de acordo com sua própria natureza, é tomada de alegria, a qual, conjugada à representação da causa que a produz, suscita um sentimento de amor pela causa desse júbilo. Assim, o processo racional que eleva o homem no entendimento é também o que o eleva na perfeição, engendrando nele a alegria da consciência da liberdade e, ao fim, o *amor Dei intellectualis*. Trata-se, para a razão humana, de conformidade com sua natureza, da aspiração mais alta, da suprema beatitude, pois realiza, pela unidade do conhecimento e do amor, a comunhão com Deus.

BREVE PRELÚDIO A UMA GRANDE SINFONIA

Newton Cunha

O pensamento de Spinoza deriva, com indícios evidentes, de certas tradições da Antiguidade, de ideias geradas no período medieval e, por último, das novas formulações renascentistas.

No que se refere à Antiguidade, convém lembrar ao menos a concepção de *eudaimonia*, a de que a felicidade é o supremo bem prático do homem (Aristóteles, *Ética a Nicômaco*), ou de que ela resulta da contemplação intelectual e da vida harmoniosa, ideias que se transferem para os períodos alexandrino e helenístico. Quanto à concepção de Deus, que nos lembremos, por exemplo, de certas passagens da *Carta a Meneceu* (123 e 124, segundo ordenamento de Diógenes Laércio):

> Os deuses, com efeito, existem, pois o conhecimento que deles temos é evidente. Mas não são como o vulgo neles acredita. Porque não os conserva tal como os intui. E não é ímpio aquele que nega os deuses do vulgo, e sim quem atribui aos deuses a opinião do povo. Pois as manifestações do vulgo sobre os deuses não são preconceitos, mas falsas suposições[1].

---

1. *Vidas e Doutrinas dos Filósofos Ilustres*, Brasília: UNB, 1987.

Ou das *Máximas Capitais*: "O ser feliz e imortal [a divindade], não tem preocupações nem procura dá-las a outro, de forma que não está sujeito a movimentos de indignação nem de agradecimento"; "Não era possível dissolver o temor frente às mais importantes questões sem conhecer a fundo a natureza do todo, de modo que sem a investigação da natureza não era possível obter prazeres sem máculas"[2]. Para Epicuro, já não há um plano prefixado pela natureza, sendo ela indiferente à sorte ou ao destino dos homens, e mesmo a vida política, o pacto social, só parcialmente compensa os conflitos permanentes e, muitas vezes, supérfluos.

Quanto à época medieval, é perceptível a influência de filósofos árabes e de cabalistas judeus. Finalmente, Galileu, Bruno, Maquiavel, Hobbes, Kepler e Descartes foram leituras que contribuíram para o seu igualmente rigoroso racionalismo.

No que tange à filosofia árabo-judaica medieval, ali já aparece a ideia segundo a qual Deus não seria um ser pessoal, como entendido pela ortodoxia da sinagoga, mas uma substância que em tudo penetra e da qual emanam os seres humanos, como na cabala, ou um intelecto universal de quem os indivíduos seriam apenas fragmentos, ideia que se pode encontrar em Avicena, para quem a *essência*, que existe por si e é absolutamente necessária, ou seja, Deus, é *indiferente*. Ou ainda em Averróis, para quem, por exemplo, não se pode atribuir a Deus vontades e sentimentos humanos; Maimônides, bastante censurado por Spinoza, mas, ainda assim, crítico da ortodoxia rabínica e agnóstico face à possibilidade do homem conhecer todos os atributos de Deus; e também Hasdai Crescas e Ibn ou Aben Ezra, este aqui de muita influência na redação do *Tratado Teológico-Político*.

De certo modo, essa concepção impessoal do divino transfere uma possível recompensa do âmbito do medo e da esperança para uma ação propriamente humana, consagrada ao desenvolvimento intelectual, ao conhecimento, à felicidade vivida entre

---

2. Epicuro, *Clásicos de Grecia y Roma*, Madri: Alianza, 1981, p. 145-146.

os homens, à prática das virtudes ou, em resumo, à sabedoria. E aqui se encontra o objetivo máximo de Spinoza que é o de fazer com que a reflexão ética e o comportamento moral sejam práticos e permanentes. Por isso é que a noção de utilidade está presente em todo o seu sistema. "Por bom, entendo o que nós sabemos com certeza nos ser útil" (*Ética*, IV, Definições I). Ou ainda: "Nós chamamos bom ou mau o que é útil ou nocivo à conservação do nosso ser, isto é, aquilo que aumenta ou diminui, ajuda ou contraria nossa potência de agir" (*Ética*, IV, Proposição VIII, Demonstração). Ele se refere seja à utilidade de caráter pessoal (*suum utile*), seja à comum (*commune utile*). Mas essa utilidade não é nem a da recompensa divina nem a do cálculo econômico, mas tão somente racional. No *Tratado de Deus, do Homem e de Sua Felicidade* está escrito (Parte II, capítulo XVIII):

> Vemos assim que o homem, sendo uma parte do conjunto da Natureza, da qual depende e pela qual é também governado, nada pode fazer por si mesmo para seu bem-estar e felicidade. Vejamos então agora que utilidade nos pode provir dessas proposições que sustentamos, visto que, não temos dúvidas, elas parecerão chocantes para muitos.

Desse conhecimento ou *crença reta* de sermos apenas um dos modos da Substância, sem que dela possamos escapar ou modificá-la, surge a utilidade das virtudes, que o filósofo em seguida enumera, entre as quais a humildade, o amor ao próximo e o bem comum. No mesmo livro, vemos que Spinoza tem ainda em mente chamar a atenção para o indispensável controle das afecções da alma:

> Quanto à Esperança, ao Medo, à Segurança, ao Desespero e ao Ciúme, é certo que essas paixões nascem de uma má opinião, pois, assim como demonstramos precedentemente, todas as coisas têm sua causa necessária e, por conseguinte, devem ocorrer necessariamente, como acontecem. E embora a Segurança e o Desespero pareçam se colocar na ordem e na sequência infrangível das causas (tendo-se por estabelecido a impossibilidade de modificá-las), não o são de modo algum quando se percebe o que elas são; jamais existe Segurança ou Desespero se antes

não tiver havido Esperança ou Medo (e destas últimas paixões é que ambas retiram sua existência) [...] No entanto, após o que dissemos do Amor, essas paixões não podem encontrar lugar no homem perfeito.

E se depois se consagra ao *Tratado da Correção do Intelecto*, é porque a felicidade do homem depende dos conhecimentos da natureza e de si próprio:

tudo o que ocorre é produzido segundo uma ordem eterna e conforme leis naturais determinadas.

Porém, enquanto a imbecilidade humana não apreende essa ordem pelo pensamento, ao mesmo tempo que o homem concebe uma natureza humana superior à sua em força, e nada vê que o impeça de adquirir uma semelhante, ele é incitado a procurar meios que o conduzam a essa perfeição; e tudo o que pode servir de meio para ali chegar é chamado de bem verdadeiro, sendo o bem soberano o usufruir, com outros indivíduos, se puder, daquela natureza superior. O que é, pois, essa natureza nós o mostraremos em seu devido lugar, sendo ela o conhecimento da união que a mente possui com toda a natureza.

Cremos ainda que uma das mais importantes convicções de Spinoza, que sob tal aspecto não deixa de alicerçar o pensamento científico da modernidade, seja a do antifinalismo. Supor uma intenção prévia ou aguardar uma culminância futura é render-se a sentimentos exclusivamente humanos e, portanto, dar vazão a um antropomorfismo sem qualquer base na realidade ou na experiência. O caráter aparentemente "perverso" de sua filosofia está, em primeiro lugar, em negar qualquer perspectiva teleológica e redentora. No apêndice da Parte I da *Ética*, por exemplo, podemos ler:

Todos os [preconceitos] que me propus aqui a assinalar dependem, aliás, de um só, e consiste em que os homens supõem comumente que todas as coisas da natureza agem, como eles mesmos, tendo em vista um fim, e chegam a ter por certo que o próprio Deus dirige tudo em consideração de um fim. Eles dizem, com efeito, que Deus tudo fez em vista do homem e que fez o homem para que ele lhe rendesse um culto.

É esse preconceito que considerarei *em primeiro lugar*, procurando a causa pela qual a maior parte o mantém e por que todos se inclinam a abraçá-lo. *Em segundo lugar*, mostrarei sua falsidade e, *para terminar*, farei ver como dele saíram os preconceitos relativos ao *bem e ao mal, ao mérito e ao pecado, ao louvor e ao vitupério, à ordem e à confusão, à beleza e à feiúra*, e a outros objetos do mesmo gênero.

Sua ontologia absolutamente pura também não lhe permite entender o bem e o mal ou os vícios e as virtudes como a tradição filosófica os analisava. Sendo o homem um dos infinitos modos da Substância única, desse fato decorrem afirmações como a seguinte, no *Tratado Político*:

a natureza não é de modo algum submetida às leis da razão humana que tendem unicamente à verdadeira utilidade e à conservação dos homens. Ela compreende uma infinidade de outras que concernem à ordem eterna, à natureza inteira, da qual o homem é uma partícula, e, observando-se essa ordem eterna, é que todos os indivíduos são determinados de certa maneira a existir e a agir. *Tudo aquilo, portanto, que na natureza nos parece ridículo, absurdo ou mau, não tem essa aparência senão porque nós conhecemos as coisas em parte somente, e ignoramos a ordem inteira da natureza e a máxima coerência entre as coisas, de modo que desejamos que tudo seja dirigido de uma maneira conforme à nossa razão e, no entanto, aquilo que a razão afirma ser mau não o é de modo algum se considerarmos a ordem e as leis do universo, mas somente se tivermos em vista as exclusivas leis de nossa natureza.* (Grifo meu)

Ontologicamente, assim, não existe o mal (e nem o bem), mas um determinado mal ou pecado naquelas relações que decompõem ou arruínam a imagem que se tem do vínculo natural. Trata-se de uma escolha prévia que, eludindo-se a história das ideias, poderia ser considerada existencialista. Em sua primeira resposta a Blyenberg, diz Spinoza:

é sem dúvida verdade que os maus exprimem, à sua maneira, a vontade de Deus; mas eles não são, por isso, comparáveis com os bons: quanto mais uma coisa tem perfeição, mais ela participa, efetivamente, da divindade, e mais exprime a perfeição de Deus. Depois, porque os bons têm incomparavelmente mais perfeição do que os maus, sua virtude não pode se comparar com a dos maus, pois os maus não possuem o amor de Deus que decorre de seu conhecimento, e somente pelo qual, conforme nosso entendimento humano, somos ditos servidores de Deus. Mais ainda: como eles não conhecem Deus, são apenas um instrumento nas mãos de um operário divino, e um instrumento que serve inscientemente e se destrói ao servir, enquanto os bons servem sabendo e se tornam mais perfeitos ao servir.

A "perversidade" de Spinoza é também visível no desprezo à ignorância do vulgo (que em algum momento da história política se transformaria em "sabedoria popular") e, por isso, ele evita o comportamento mais comum dos homens. Na mesma carta a Blyenberg (19) diz: "Sobre o primeiro ponto, respondo que a Escritura usa constantemente de uma linguagem por inteira antropomórfica, conveniente ao vulgo ao qual se destina; esse vulgo é incapaz de perceber as verdades um pouco elevadas"; na correspondência 78, endereçada a Oldenburg, assevera:

a Escritura, quando diz que Deus se irrita contra os pecadores, que ele é o juiz que conhece as ações humanas, toma decisões e permite detenções, fala de uma maneira totalmente humana e segundo as opiniões vindas do vulgo, porque seu objetivo não é o de ensinar a filosofia nem fazer os homens sábios, mas torná-los obedientes.

Já no *Tratado da Correção do Intelecto*, afirma:

Com efeito, as coisas que mais ocorrem na vida, e são tidas pelos homens como o supremo bem, ligam-se, pelo que se pode depreender de suas obras, nestas três: riqueza, honra e concupiscência. Cada uma delas distrai a mente, que não pode pensar em outro bem [...] A honra, enfim, é ainda um grande impedimento pois que, para alcançá-la, deve-se dirigir a vida conforme a maneira do vulgo, quer dizer, fugir do que ele comumente foge e procurar o que ele procura [...] Ora, os objetos que o vulgo segue não só não fornecem qualquer remédio à conservação de nosso ser, mas a impedem e, frequentemente, são a causa da perda daqueles que os possuem; são sempre a causa da perda para os que por eles são possuídos.

E no *Tratado Político* é enfático:

Nós mostramos, além disso, que a razão pode muito bem conter e governar as afecções, mas vimos, ao mesmo tempo, que o caminho que a razão ensina é muito difícil; aqueles que, por consequência, persuadem-se de que é possível levar a multidão ou os homens ocupados com os negócios públicos a viver segundo os preceitos da razão, sonham com a idade de ouro dos poetas, isto é, se comprazem com a ficção.

E ainda no prefácio ao *Tratado Teológico-Político*, Spinoza afirma com indisfarçável convicção:

Sei também que é igualmente impossível extirpar da alma do vulgo a superstição e o medo. E sei, por fim, que nele a insubmissão é constante, não sendo governado pela Razão, mas levado pela Paixão ao louvor ou à censura. Portanto, não convido a plebe a ler esta obra e aqueles que são agitados pelas mesmas paixões. Antes, preferiria de sua parte uma negligência completa a uma interpretação que, estando errada, como é de seu invariável costume, lhe daria ocasião de fazer o mal e, sem proveito para ela mesma, prejudicar aqueles que filosofam mais livremente.

Por fim, como ainda escreve Gilles Deleuze em *Espinoza, Filosofia Prática*[3],

não é, pois, de admirar que Espinoza, em 1665, interrompa provisoriamente a *Ética* e comece a redação do *Tratado Teológico-Político*, cujas principais interrogações são: por que o povo é profundamente irracional? Por que ele se orgulha de sua própria escravidão? Por que os homens lutam "por" sua escravidão, como se fosse por sua liberdade? Por que é tão difícil não apenas conquistar, mas suportar a liberdade?

Do ponto de vista político, Spinoza não apenas parte do direito natural, tal como Hobbes, mas defende a ideia de que ele subsiste no direito civil, por ser, necessariamente, ineliminável. A esse respeito, pode-se ler, primeiramente no *Tratado Político* (cap. II, parágrafos 4 e 5):

3. São Paulo: Escuta, 2002.

Por direito de natureza, portanto, entendo as próprias leis ou regras da Natureza segundo as quais tudo ocorre, isto é, a potência mesma da natureza. Por conseguinte, o direito natural da natureza inteira e, consequentemente, de cada indivíduo, se estende até onde vai sua potência e, portanto, tudo o que um homem faz segundo as leis de sua própria natureza, ele o faz em virtude de um direito soberano de natureza, e ele tem tanto direito sobre a natureza quanto tem de potência.

Se, portanto, a natureza humana fosse disposta de tal forma que os homens vivessem segundo as exclusivas prescrições da razão, e se todo o seu esforço tendesse somente a isso, o direito de natureza, durante tanto tempo quanto se considerasse o que é próprio ao gênero humano, seria determinado pela potência exclusiva da razão. Mas os homens são conduzidos mais pelo desejo cego do que pela razão e, por consequência, a potência natural dos homens, isto é, seu direito natural, deve ser definido não pela razão, mas por todo apetite que os determina a agir e pelo qual eles se esforçam por conservar-se.

Ou seja, se o direito do indivíduo significa uma potência determinada para produzir ações que decorrem de sua própria natureza, esse direito confunde-se com o desejo e o esforço de conservar-se ou perseverar em seu ser. Por isso, embora a "regra da cidade" não possa permitir que cada cidadão viva conforme seu próprio arbítrio, "o direito natural de cada um (se pesarmos bem as coisas) não cessa de existir no estado civil. O homem, com efeito, tanto no estado natural como no estado civil age segundo as leis de sua natureza e vela por seus interesses". Também em carta a Jarig Jelles (50), o autor refere-se à continuidade entre ambos os direitos:

Vós me pedis para dizer que diferença existe entre mim e Hobbes quanto à política: tal diferença consiste em que sempre mantenho o direito natural e que não reconheço direito do soberano sobre os súditos, em qualquer cidade, a não ser na medida em que, pelo poder, aquele prevaleça sobre estes; é a continuação do direito de natureza.

É de se esperar então que rivalidades, ódios e conflitos também se manifestem no exercício do direito natural e na luta pela autoconservação, considerando-se que são paixões naturais.

Mas entre elas também se revelam o medo, a busca da segurança ou a esperança da paz. Paixões que agem no sentido da agregação, da convivência, da superação comum dessas afecções. Assim é que o substrato passional do ser humano é aquilo que realmente age no sentido de uma superação coletiva e fundamenta a razão da política, pois se os homens concordam em viver em sociedade política, e somente assim se convertem em cidadãos, é sobretudo em virtude de uma paixão compartilhada:

em cada um desses dois estados é a esperança ou o temor que o conduz a fazer ou não fazer isto ou aquilo, e a principal diferença entre os dois estados é que, no estado civil, todos têm os mesmos temores, e que a segurança tem para todos as mesmas causas, do mesmo modo que a regra de vida é comum, o que não suprime, longe disso, a faculdade de julgar própria a cada um. Quem decidiu, com efeito, obedecer a todos os mandados da cidade, seja porque teme seu poder, seja porque ama a tranquilidade, vela por sua segurança e seus interesses segundo seu engenho [...] Por conseguinte, aqueles que não têm nem medo nem esperança não dependem senão deles próprios e são inimigos do Estado, dos quais se é lícito coibir o direito. (*Tratado Político*, capítulo III, parágrafos 3 e 8)

Embora seja evidente que Spinoza tivesse uma preferência teórica pela democracia, como o deixa claro no *Tratado Teológico-Político*, sua enorme e sempre lembrada desconfiança quanto à irracionalidade do "vulgo" nos faz imaginar que, na prática, suas preferências deveriam ir para uma república oligárquica, como as demonstradas em apoio aos princípios e objetivos dos irmãos De Witt contra a Casa de Orange, e o conhecimento que tinha das estruturas da Sereníssima República de Veneza (que já em 1311 contava com 1.017 eleitores no Grande Conselho, tendo chegado a 2.095 em 1520, além de respaldar-se em várias instituições moderadoras do poder). Além disso, comporta-se, no *Tratado Político*, como um propositor de tipos exemplares na constituição do poder público. E qualquer que seja ele – monárquico, oligárquico ou democrático – o que importa é ter-se como guia a Razão, pois no estado natural ela não é indispensável a finalidades imediatas em comum, quais a moralidade, a segurança e a paz. Ou, em suas palavras: "a razão nos ensina a praticar a piedade e a nos conduzirmos com tranquilidade e paz interior, o que não é possível a não ser que haja um poder público".

Utilizando-me do próprio caráter "perverso" da filosofia de Spinoza, diria que, mesmo sob a existência do poder público, e principalmente no Brasil, as paixões naturais continuam a suplantar o que a razão política possa sugerir de mais razoável em todas as suas instituições e poderes. O que só reforça as teses do filósofo.

SPINOZA
OBRA COMPLETA I

Retrato a óleo de Spinoza, c. 1665, de autor desconhecido.

(BREVE) TRATADO DE DEUS,
DO HOMEM E DE SUA FELICIDADE

(*TRACTATUS DE DEO ET HOMINE EJUSQUE
FELICITATE – KORTE VERHANDELING VAN GOD,
DE MENSCH EN DESZELVS WELSTAND*)

PARTE I

Capítulo 1
Que Deus É

No que toca ao primeiro ponto, a saber, se há um Deus, dizemos que isso pode ser demonstrado.

A priori, da seguinte maneira: 1. Tudo o que conhecemos clara e distintamente como pertencente à natureza[1] de uma coisa, também podemos afirmar como verdade de uma coisa. Ora, que a existência pertence à natureza de Deus, podemos percebê-lo clara e distintamente; 2. Ou ainda assim: as essências das coisas são para toda a eternidade e permanecerão imutáveis em toda a eternidade. A existência de Deus é essência.

---

1. [B. de S.:] Entendei essa natureza determinada [como aquilo] pela qual a coisa é o que ela é, e da qual não pode estar separada de maneira alguma, sem que a própria coisa seja aniquilada; é assim, por exemplo, que pertence à essência da montanha possuir um vale, ou que a essência da montanha consiste em ter um vale; o que é uma verdade eterna, imutável, e deve sempre estar no conceito de uma montanha, mesmo que ela jamais tenha existido ou exista.

A posteriori, da seguinte maneira: se o homem tem uma ideia de Deus, Deus[2] deve existir formalmente. Ora, o homem tem uma ideia de Deus.

O primeiro ponto se demonstra assim: se uma ideia de Deus é dada, a causa dessa ideia deve existir formalmente e conter nela tudo o que a ideia contém objetivamente. Ora, uma ideia de Deus é dada. Logo, para demonstrar agora a primeira parte desse argumento, pomos os seguintes princípios, a saber: 1. que as coisas conhecíveis são infinitas; 2. que um entendimento finito não pode conceber o infinito; 3. que um entendimento finito não pode por si mesmo nada conhecer, a menos que seja determinado do exterior. Não mais, com efeito, do que está em condições de conhecer tudo ao mesmo tempo, ele não pode conhecer isto, por exemplo, ao invés daquilo; não se pode começar a conhecer aquilo antes disso. Depois, como não pode nem um nem outro, nada pode [conhecer] em absoluto.

A primeira e maior parte demonstrar-se-á como se segue: se o poder que o homem tem de forjar fosse unicamente a causa de sua ideia, jamais ser-lhe-ia possível conceber o que quer que fosse. Ora, ele pode conceber alguma coisa. Portanto, desde que agora, conforme o primeiro princípio, as coisas conhecíveis são infinitas, e que, conforme o segundo, o entendimento finito não pode tudo conceber e que, conforme o terceiro, não há nenhum poder de conhecer isso antes daquilo, seria impossível se não estivesse determinado por alguma causa exterior, que conhecesse o que quer que fosse[3].

---

2. [B. de S.:] Da definição dada no segundo capítulo, segundo a qual Deus possui atributos infinitos, podemos tirar a seguinte demonstração: tudo o que vemos clara e distintamente pertencer à natureza de uma coisa, podemos afirmá-lo como verdade da coisa. Ora, à natureza de um ser que tem atributos infinitos pertence um atributo que é Ser. Logo, é falso dizer agora a esse respeito que isso bem pode ser afirmado da ideia, mas não da coisa ela própria, pois a ideia também do atributo que pertence a essa coisa não existe *materialmente*; de maneira que aquilo que é afirmado (da ideia) não pertence nem à coisa, ela própria, nem ao atributo que dela se afirma; há, portanto, uma grande diferença entre a ideia e seu objeto. E, por conseguinte, o que se afirma da coisa não se afirma da ideia, e vice-versa.

3. [B. de S.:] Ademais, dizer que essa ideia é uma ficção é ainda mais falso, pois é impossível tê-la se ela não existe, e isso se mostra pelo que se disse acima, ao que

(BREVE) TRATADO DE DEUS, DO HOMEM E DE SUA FELICIDADE · 53

De tudo isso resulta a demonstração do segundo ponto, a saber, que a causa da ideia que o homem possui não é o seu poder de forjar, mas alguma causa exterior que o obriga a conceber tal coisa antes do que aquela, e essa causa não consiste em outra coisa senão que as coisas existem formalmente e estão mais próximas dele do que outras, cuja essência objetiva está em seu

acrescentamos o que se segue. É bem verdade que, de uma ideia que primeiramente nos veio de uma coisa e foi por nós, em seguida, generalizada *in abstracto,* nós podemos formar em nosso espírito muitas ideias de coisas particulares, às quais podemos ajuntar qualidades abstratas de outras coisas. Mas isso é impossível de ser feito sem antes conhecermos a coisa da qual são tiradas essas coisas abstratas. Admitamos, porém, que essa ideia de Deus seja uma ficção; então, todas as demais ideias que temos não são menos ficções do que ela. Se assim é, *de onde vem* que entre elas haja uma diferença tão grande? Pois vemos que algumas não podem ter realidade; por exemplo, todos os animais monstruosos que quereríamos compor pela reunião de duas naturezas, como um animal que seria pássaro e cavalo, e outros semelhantes, não podendo ter lugar na natureza, que encontramos bem ordenada. Outras ideias são bem possíveis, mas não é necessário que elas assim o sejam; dessas, quer elas existam ou não existam, a essência é sempre necessária. Assim é, por exemplo, a ideia do triângulo ou do amor na alma sem corpo etc. De modo que, mesmo se eu pensasse tê-las forjado, não estaria menos obrigado a dizer, em seguida, que elas são o que são, e deveriam ser, mesmo que eu ou qualquer outro homem jamais as tivéssemos pensado. É por isso que não são forjadas por mim e devem ter, para além de mim, um atributo que não seja eu, e sem o qual não poderiam ser. Além dessas ideias, há ainda uma terceira, e essa é única. Ela traz consigo o ser necessário e não, como a precedente, o ser apenas possível. Pois daquelas, a essência era necessária, mas não a existência; enquanto desta aqui a existência é necessária, tanto quanto a essência, e sem ela não é nada. Agora vejo, portanto, que a verdade, a essência ou a existência de alguma coisa não depende de mim. Pois, assim como foi demonstrado, a respeito da segunda classe de ideias, que elas são o que são sem mim, no que se refere tanto à essência quanto à existência, também, e mais ainda, encontro que isso é verdade quanto a esta terceira e única ideia. E não apenas isso: que ela não depende de mim, mas que apenas ele [Deus] deve ser o sujeito daquilo que dele afirmo. De maneira que se ele não existisse nada poderia afirmar dele, como faço a respeito de outras coisas, ainda que elas não existam. E encontro também que ele deve ser o sujeito de todas as demais coisas. Além do mais, segue-se já claramente do que precede que a ideia de atributos infinitos, inerente a um ser perfeito, não é uma ficção, e ajuntaremos ainda o que segue. Após ter refletido sobre a Natureza, só pudemos nela encontrar até aqui dois atributos que pertencessem a esse ser soberanamente perfeito. E esses atributos não são suficientes para nos contentar. Longe de julgá-los os únicos com os quais deva consistir esse ser perfeito, ao contrário, encontramos em nós *alguma coisa* que nos revela claramente a existência não apenas de um grande número, mas ainda de uma infinidade de atributos perfeitos que devem pertencer a esse ser perfeito, antes que dele se possa dizer perfeito. E de onde vem essa ideia de perfeição? E essa *alguma coisa* não pode provir daqueles dois atributos, posto que dois fazem só dois e não uma infinidade; de onde, pois, vem ela? Não de mim, certamente, ou seria preciso que eu pudesse dar o que não tenho. De onde enfim, senão dos atributos infinitos que nos dizem *que* eles o são, sem nos dizer, ao mesmo tempo, *o que* eles são; pois de dois somente, sabemos o que eles são.

entendimento. Se, portanto, o homem tem a ideia de Deus, é claro que Deus deve existir formalmente, mas não eminentemente [tem o homem essa ideia], pois nada de mais real ou de mais excelente pode existir fora ou acima de Deus.

Que tendo o homem agora a ideia de Deus, isso provém claramente de que ele conhece seus atributos[4], atributos que ele não pode produzir por si mesmo porque é imperfeito. E que ele conhece esses atributos, isso se vê de resto, porque sabe que o infinito não pode ser composto de partes finitas distintas; que não pode haver dois infinitos, mas um só; que tal infinito é perfeito e imutável; pois o homem bem sabe que nada procura por si mesmo sua própria aniquilação e que ele, o ser infinito, não pode mudar-se em alguma coisa melhor[5], pois é perfeito e que, se assim o fizesse, não o seria. Ele sabe também que um tal ser não pode, além disso, ser constrangido por qualquer coisa que viesse do exterior, pois é todo-poderoso.

De tudo isso segue-se pois, claramente, que se pode demonstrar tanto *a priori* quanto *a posteriori* que Deus é. Melhor ainda *a priori*, pois as coisas que se demonstram de outra maneira devem ser demonstradas por sua causa exterior, o que é uma imperfeição manifesta, pois não podem se fazer conhecidas por si próprias, mas apenas por causas externas. Deus, no entanto, causa primeira de todas as coisas, é também causa de si mesmo e se faz conhecer por si mesmo. De pouco significado é, pois, a palavra de Tomás de Aquino, segundo a qual Deus não pode ser demonstrado *a priori*, e isso, precisamente, porque não tem causa.

---

4. [B. de S.:] *Seus atributos*; é melhor [dizer], porque ele sabe o que é próprio de Deus; pois essas coisas não são atributos de Deus. Sem elas, de fato, Deus não poderia ser Deus, mas não é por meio dessas características [que ele é Deus], uma vez que elas não demonstram nada de substancial, sendo somente adjetivos que requerem substantivos ou suas explicações.

5. [B. de S.:] A causa dessa mudança teria de ser ou de fora ou estar dentro dele. Não pode ser de fora porque nenhuma substância que, como essa, existe por si mesma depende de qualquer coisa além de si e não pode ser constrangida à mudança. Nem pode ser a partir dela; porque nenhuma coisa, muito menos tal, deseja sua própria destruição; toda mudança provém de fora.

Capítulo II
O Que Deus É

Após ter demonstrado precedentemente que Deus é, é tempo agora de fazer ver o que ele é. Ele é, dizemos nós, um ser do qual tudo é afirmado ou infinitos atributos são afirmados, atributos que, cada um em seu gênero, são infinitamente perfeitos[6].

Para exprimir com clareza nosso pensamento sobre esse ponto, devemos enunciar primeiramente as seguintes quatro proposições: 1. nenhuma substância finita existe, mas cada substância deve ser, em seu gênero, infinitamente perfeita, o que quer dizer que, no entendimento infinito de Deus, não pode haver substância mais perfeita do que aquela que já existe na natureza[7]; 2. não existem duas substâncias iguais; 3. uma substância não pode produzir outra; 4. não existe, no entendimento infinito de Deus, qualquer substância que não esteja formalmente na Natureza.

---

6. [B. de S.:] A razão é que, não podendo o *Nada* ter atributos, o *Todo* deve ter todos os atributos; e da mesma maneira que o *Nada* não tem atributos, porque nada é, o *Alguma Coisa* possui atributos, porque é alguma coisa. Logo, quanto mais se é alguma coisa, mais deve haver atributos; e, consequentemente, Deus, sendo essa coisa qualquer que possui a mais alta perfeição, a infinidade, a totalidade, deve ter também atributos perfeitos, infinitos e a totalidade dos atributos.

7. [B. de S.:] Se pudermos demonstrar que não pode haver qualquer *substância limitada*, toda substância deve então pertencer, sem limitação, ao ser divino. Ora, nós o provamos assim: ou a substância deve ter-se limitado a si mesma, ou então foi limitada por outra. Ela não pode limitar-se a si própria pois, sendo ilimitada, deveria mudar toda a sua natureza. Ela também não é limitada por outra, pois essa outra deveria ser limitada ou ilimitada; o primeiro caso não é, logo é o segundo; logo, ela é Deus. Deus, portanto, deveria tê-la limitado, pois tinha em si ou falta de poder, ou falta de vontade; o primeiro caso, repugna à onipotência; o segundo, à bondade. Que não pode haver substância limitada, segue-se claramente que uma tal substância deveria tirar alguma coisa do nada, o que é impossível. Com efeito, de onde ela possuiria aquilo em que difere de Deus? Ela não o possuiria de Deus, pois ele nada tem de imperfeito nem de limitado etc., logo, de onde, senão do nada. Portanto, só existe substância ilimitada. De onde se segue que não pode haver duas substâncias ilimitadas iguais, pois tão logo as admitimos, há limitação. E de lá se segue que uma não pode produzir outra: a causa que produziria esta substância deveria conter o mesmo atributo que a substância produzida e deveria também ter a mesma perfeição, ou mais ou menos; o primeiro caso não é, pois haveria então duas substâncias iguais; o segundo não é, pois uma seria limitada; o terceiro não é, pois do nada, nada sai. Outra demonstração: se do ilimitado sai algo limitado, então o ilimitado seria também limitado etc. Logo, uma substância não pode produzir outra. E disso se conclui que toda substância deve existir *formalmente* [em ato], pois se ela não é, não há qualquer possibilidade que possa começar a ser.

No que concerne à primeira Proposição, a saber, que não existe qualquer substância limitada, se alguém quisesse sustentar o contrário, nós lhe perguntaríamos se essa substância é, pois, limitada por si mesma, quer dizer, se ela assim se limitou e não se quis fazer ilimitada, ou se ela é assim limitada devido a sua causa que, ou bem não pôde ou não lhe quis dar mais.

A primeira resposta não é verdadeira porque não é possível que uma substância tenha querido limitar-se e, particularmente, uma substância que existe por si mesma; digo, pois, que ela é ilimitada por sua causa, que é, necessariamente, Deus.

Se agora ela é limitada por sua causa, isso se deve ou bem porque essa causa não pode lhe dar mais, ou porque não o quis dar. Que ele (Deus) não tenha podido dar mais, repugna à sua potência[8]; que ele não teria podido dar mais, embora o pudesse, tem um gosto de malevolência que não pode estar, de modo algum, em Deus, que é todo bondade e plenitude.

No que concerne à segunda proposição – que não existem duas substâncias iguais –, tiramos sua demonstração do fato de que cada substância é perfeita em seu gênero; pois se duas substâncias iguais existissem, uma deveria, necessariamente, limitar a outra, não podendo, por conseguinte, ser infinita, como demonstramos anteriormente.

No que respeita à terceira Proposição, a saber, que uma não pode produzir outra, se alguém quisesse sustentar o contrário, lhe

---

8. [B. de S.:] Dizer a esse propósito que *a natureza da coisa exigia a limitação* e, em seguida, *que não poderia ser de outra maneira* é nada dizer, pois a natureza de uma coisa nada pode exigir enquanto não é. No entanto, dizeis vós que se pode ver o que pertence à natureza de uma coisa que não é? Isso é verdade em relação à existência, mas de modo algum à essência. E nisso consiste a diferença entre criar e engendrar; criar é pôr alguma coisa ao mesmo tempo quanto à essência e à existência, enquanto engendrar se diz quando uma coisa vem a ser somente quanto à existência, e eis por que não há agora criação na Natureza, mas apenas geração. Se Deus, portanto, cria, ele cria a natureza da coisa, ao mesmo tempo que a coisa; ele seria assim malevolente se, podendo, mas não o querendo, ele houvesse criado a coisa de tal sorte que ela não concordasse com sua causa em essência e em existência. Todavia, o que chamamos criar, não podemos dizer propriamente que jamais tenha ocorrido, e quisemos antes mostrar o que sobre isso podemos dizer, estabelecendo a diferença entre *criar* e *engendrar*.

perguntaríamos se a causa que deveria produzir essa substância possui os mesmos atributos que a substância produzida, ou não. A segunda resposta não pode ser, pois do nada nada pode surgir. Que seja então a primeira. Perguntaríamos então: se na substância que deveria ser a causa daquela que é produzida existe tanta perfeição, mais ou menos do que naquela que é produzida. Menos não pode haver, por razões já dadas. Mais também não, pois, nesse caso, a segunda substância deveria ser limitada, o que repugna àquilo que já demonstramos. Haverá, portanto, a mesma e, assim, elas serão iguais, o que, manifestamente, repugna nossa demonstração precedente.

Além do mais, aquilo que é criado não sai do nada, mas deve, necessariamente, ser criado por um ser existente; mas que deste último alguma coisa tenha podido sair sem que ele o possua, e que não tenha menos dessa coisa após ter dele saído, nós não podemos concebê-lo em nosso entendimento.

Enfim, se quisermos procurar a causa da substância que é o princípio das coisas que nascem de seu atributo, iremos então procurar também a causa dessa causa, depois a causa desta nova causa e assim ao infinito, de sorte que, se devemos necessariamente nos deter em algum lugar, é necessário pararmos nessa substância única.

Quanto à quarta Proposição – não existe no entendimento divino outra substância nem outros atributos que não existam formalmente na Natureza – nós podemos demonstrá-la e demonstramos: 1. pela potência infinita de Deus, considerando-se que ele não pode e não deve ter em si alguma causa que o pudesse levar a criar um de preferência a, ou mais do que, outro; 2. pela simplicidade de sua vontade; 3. pela razão de que não pode omitir-se de fazer o que é bom, como o demonstraremos adiante; 4. porque é impossível que aquilo que não é em atualidade possa vir a ser, considerando-se que uma substância não pode produzir outra. E o que é mais: no caso disso ocorrer, haveria infinitamente mais substâncias não existentes do que existentes, o que seria absurdo.

De tudo isso, segue-se que da Natureza tudo se afirma de tudo e que, assim, a Natureza se compõe de atributos infinitos, dos quais cada um é perfeito em seu gênero. O que concorda perfeitamente com a definição que se dá de Deus.

Contra o que acabamos de dizer, ou seja, que nada está no entendimento infinito de Deus que não esteja formalmente na natureza, alguns querem argumentar desta maneira: se Deus tudo criou, nada mais pode criar. Mas que ele não possa criar é incompatível com sua onipotência.

No que tange ao primeiro ponto, concordamos que Deus não pode nada mais criar. Quanto ao segundo, dizemos reconhecer que, se Deus não pudesse criar tudo o que é criável, isso seria contrário à sua onipotência, mas não absolutamente não poder criar o que em si repugna, como repugna dizer que ele tudo criou e que, no entanto, poderia criar ainda mais. Certamente, é uma bem maior perfeição em Deus ter criado tudo o que estava em seu entendimento infinito do que se não o houvesse feito e, como eles dizem, não devesse jamais tê-lo podido fazer.

Mas por que falar tanto a esse respeito? Eles mesmos não raciocinam ou não devem assim raciocinar?[9] Se Deus é onisciente, não pode nada saber a mais, mas que Deus não possa saber nada a mais, repugna à sua perfeição.

Se, no entanto, Deus tem tudo em seu entendimento e, devido à sua infinita perfeição, nada mais pode saber, por que não podemos também dizer que ele produziu tudo o que está em seu entendimento, fazendo com que isso esteja formalmente na natureza?

Depois, como sabemos que tudo está de modo semelhante no entendimento infinito de Deus, e que nele não há nenhuma causa pela qual deveu criar isso, antes ou mais, do que aquilo, e que poderia ter produzido tudo num só instante, vejamos se não podemos nos servir contra eles das mesmas armas que empregam contra nós, a saber: se Deus jamais pode criar tanto que não

---

9. [B. de S.:] Ou seja, sempre que os fizermos discutir a partir desta admissão, ou seja, *que Deus é onisciente*, então eles não podem deixar de assim argumentar.

(BREVE) TRATADO DE DEUS, DO HOMEM E DE SUA FELICIDADE   59

possa criar mais, ele jamais pode criar o que pode criar. Mas que ele não possa criar o que pode criar, isso é contraditório.

As razões, a partir de agora, pelas quais dissemos que todos esses atributos que estão na natureza formam um ser apenas, e não porque os podemos conceber clara e distintamente um sem o outro, como seres distintos, são as seguintes: 1. que, precedentemente, já encontramos dever existir um ser infinito e perfeito, pelo que não podemos entender outra coisa senão um ser do qual tudo deva ser tudo afirmado. Pois a um ser que possua uma certa essência, devem lhe pertencer atributos e, quanto mais lhe reconhecemos essência, mais se lhe devem reconhecer atributos e, por conseguinte, se este ser é infinito, seus atributos também devem sê-lo e aí está precisamente o que chamamos um ser perfeito [infinito]; 2. a unidade que vemos em todos os lugares na natureza; ora, se na natureza existissem seres distintos[10], seria impossível que uns se unissem a outros; 3. que a despeito de uma substância não poder produzir outra, e de ser impossível a uma substância que não é começar a ser, vemos, no entanto, que em nenhuma substância concebida como existindo à parte (e que estamos seguros, porém, de existir na Natureza) haja necessidade de existir, pois que nenhuma existência pertence à sua essência[11]. Disso se segue necessariamente que

---

10. [B. de S.:] Queremos dizer que, se existissem substâncias distintas, não relacionadas a um mesmo ser, sua união seria impossível, pois vemos claramente que elas não possuem nada em comum entre si; assim, o pensamento e a extensão, dos quais somos, no entanto, formados.

11. [B. de S.:] Isto é: se nenhuma substância pode existir de outra maneira senão em ato e, no entanto, para nenhuma delas a existência decorre da essência enquanto concebida à parte, segue-se que ela não pode ser algo que exista à parte, devendo ser uma coisa tal como um atributo de uma outra, que é o ser único ou o todo. Ou ainda: toda substância existe em ato e, da essência de nenhuma delas, concebida em si, nenhuma existência decorre. Por conseguinte, nenhuma substância existente em ato não pode ser concebida como existente em si mesma, mas deve pertencer a qualquer outra coisa. Dito de outra forma, quando formamos em nosso entendimento as ideias do pensamento e da extensão substanciais, nós as concebemos apenas em sua essência, não em sua existência; nós não as concebemos de tal maneira que sua existência proceda de sua essência. Todavia, demonstrando que elas são atributos de Deus, demonstramos *a priori* que elas existem, e *a posteriori* (no que toca apenas à extensão) essa existência se deduz dos modos que devem necessariamente ter por sujeito.

a Natureza, que não provém de causa alguma, e que sabemos, entretanto, existir, deve ser necessariamente um ser perfeito ao qual pertence a existência.

De tudo o que dissemos até aqui, aparece com evidência que afirmamos que a extensão é um atributo de Deus, o que, no entanto, não parece convir de modo algum a um ser perfeito, pois, sendo a extensão divisível, o ser perfeito se encontraria formado de partes, o que não poderia ser aplicado a Deus, pois ele é um ser simples. Além do mais, quando a extensão se divide, ela periclita, e também isso não pode acontecer em Deus, pois ele não está sujeito a sofrer e nada pode sofrer de um outro ser, pois é de tudo a primeira causa eficiente.

A isso respondemos: 1. que o todo e a parte não são seres reais, mas apenas seres de razão e que, por conseguinte, não há na Natureza[12] nem todo nem partes; 2. que uma coisa composta de diferentes partes deve ser tal que suas partes, tomadas em si mesmas, possam ser pensadas e concebidas umas sem as outras; como, por exemplo, em um relógio que é composto de muitas rodas dentadas, cordas e outras peças; ali, digo eu, cada roda dentada, cada corda etc. pode ser tomada e concebida por si mesma, sem que o todo, tal como constituído por suas partes, seja para isso necessário. Da mesma maneira a água, que é formada de

---

12. [B. de S.:] Na natureza, quer dizer, na extensão substancial, porque se ela é dividida, sua essência e natureza são, ao mesmo tempo, aniquiladas, pois ela consiste unicamente em ser uma extensão infinita ou um todo, o que é a mesma coisa. Mas direis vós, não há partes na extensão antes que haja modos? De modo algum, digo. Mas vós objetais: se há movimento na matéria, esse movimento deve ser uma parte da matéria, não dentro do todo, porque o todo é infinito; em que direção, poderia ele se mover, já que nada existe ao seu redor? É, pois, em uma parte. Resposta: não há apenas o movimento, mas, simultaneamente, movimento e repouso, e esse movimento está no todo e deve ali estar, pois não há parte na extensão. Insistis vós? Sim, há. Dizei-me então: quando vós dividis a extensão total, podeis realmente destacar de todas as suas partes aquela que destacais pelo entendimento [Verstand]? E isso feito, pergunto: o que há entre a parte destacada e o resto? É preciso que vós respondais: um vazio, um outro corpo ou alguma coisa que, ela própria, tenha extensão; não há uma quarta escolha. A primeira [possibilidade] não é, pois não há vazio que seja positivo sem ser um corpo. A segunda não é, porque haveria ali um modo, e isso não pode ser, já que a extensão sem os modos, enquanto tal, está antes de todos os modos. É, pois, a terceira [possibilidade] que é: não existe parte, mas somente a extensão total (una e indivisível).

partículas oblongas e retas, e cada partícula pode ser tomada, concebida e subsistir sem o todo. Mas da extensão, que é uma substância, não se pode dizer que tenha partes, pois ela não pode tornar-se menor nem maior, e nenhuma de suas partes pode ser concebida separadamente, dado que, por sua natureza, ela deve ser infinita. Que assim deve ser decorre ainda de que, se assim ela não fosse, mas formada de partes, não seria infinita por sua natureza, como foi dito; além do mais, que pudessem ser concebidas partes em uma natureza infinita, isto é impossível, pois todas as partes são, por sua natureza, finitas.

Ajuntemos que, se a extensão se compusesse de partes distintas, poder-se-ia conceber que quando algumas de suas partes fossem aniquiladas ela subsistisse e não fosse aniquilada pelo aniquilamento de algumas partes, o que é uma contradição evidente em uma coisa que, por sua natureza, é infinita e jamais pode ser finita e limitada nem ser como tal concebida.

Além disso, no que toca ainda às partes que estão na Natureza, diremos que a divisão (assim como já indiquei) não se produz na substância, mas sempre e apenas nos modos da substância. Assim, quando quero dividir a água, jamais divido a não ser o modo da substância, não a própria substância, a qual, tão diversamente que seja modificada, permanece sempre a mesma.

A divisão, portanto, ou o sofrer, só se produz no modo; assim, quando dizemos que o homem perece ou é aniquilado, isso se entende do homem enquanto é uma combinação determinada e certo modo da substância, e não da própria substância da qual depende.

De outro lado, já afirmamos, e como diremos adiante, que nada existe fora de Deus, sendo ele uma causa imanente. O sofrer, porém, no qual o agente e o paciente são distintos, é uma imperfeição palpável, pois o paciente deve necessariamente depender daquele que, lhe sendo exterior, nele causou uma paixão, e isso não pode ocorrer com Deus, que é perfeito.

Mais do que isso, de um agente dessa condição, que age em si mesmo, jamais se pode dizer que ele possui a imperfeição de um paciente, pois não sofre a ação de outro; assim, o entendimento, por exemplo, é, segundo os filósofos, causa de seus conceitos; mas como é uma causa imanente, quem ousaria dizer que ele é imperfeito todas as vezes que sofre de si mesmo?

Enfim, a substância, por ser o princípio de todos os modos, pode, por direito, ser mais chamada de agente do que de paciente. E assim acreditamos ter respondido suficientemente a todas as objeções.

Ainda se objeta, no entanto, que deve haver necessariamente uma causa primeira que move esse corpo, pois, estando em repouso, lhe é impossível mover-se por si mesmo; e como é evidente haver na natureza repouso e movimento, se pensa que ambos devem, necessariamente, provir de uma causa exterior.

Mas aqui nos é fácil responder, pois concedemos que se um corpo fosse uma coisa subsistente por si mesma e não tivesse outra propriedade senão o comprimento, a largura e a profundidade, concordaríamos então que, se realmente estivesse em repouso, não teria em si qualquer causa pela qual começasse a se movimentar. Mas já afirmamos que a Natureza é um ser do qual todos os atributos são afirmados e, porque assim é, nada lhe pode faltar para produzir tudo o que se produz.

Após ter até aqui falado do que é Deus, diremos, com uma só palavra, de seus atributos; que aqueles que nos são conhecidos consistem nestes dois, o Pensamento e a Extensão; pois não falamos aqui a não ser de atributos que se possam verdadeiramente nomear como atributos de Deus, pelos quais podemos conhecê-lo em si e não como agindo fora de si mesmo.

Tudo o que os homens dele afirmam fora desses dois atributos, e que realmente lhe convém, ou deve ser algo ou então uma denominação extrínseca: assim é quando se afirma que ele subsiste por si mesmo, que ele é Único, Eterno, Imutável etc., ou ainda referir-se a suas ações, quando se diz que ele é causa de todas as coisas, que predetermina e dirige todas as coisas. São propriedades de Deus, mas não fazem conhecer o que ele é.

Porém, de que maneira tais atributos podem se produzir em Deus é o que nós mostraremos adiante, nos capítulos a seguir. Mas, para que melhor se entenda e mais se esclareça, julgamos bom juntar aqui os seguintes discursos, consistindo em um Diálogo.

[*Primeiro*] *Diálogo:*
Entre o Entendimento, o Amor, a Razão e a Concupiscência

O AMOR: Vejo, irmão, que meu ser e minha perfeição dependem inteiramente de tua perfeição; e como a perfeição do objeto que tu concebestes é tua perfeição, e que de tua perfeição, por sua vez, provém a minha, diga-me, te peço, se tu concebestes um ser que seja soberanamente perfeito, não podendo ser limitado por qualquer outro, e no qual também eu esteja compreendido.

O ENTENDIMENTO: De minha parte, não considero a Natureza a não ser em sua totalidade, como infinita e soberanamente perfeita, e se tu tens alguma dúvida a respeito, interroga a Razão: ela te dirá.

A RAZÃO: Sobre isso, a verdade não é duvidosa para mim, pois se quisermos limitar a Natureza, devemos limitá-la com um Nada, o que é absurdo. Desta absurdidade escapamos afirmando que ela é Una, Eterna, Infinita, por ela mesma todo-poderosa, abarcando tudo, e à sua negação chamamos Nada.

A CONCUPISCÊNCIA: Em verdade, isso transcorre maravilhosamente junto – que a unidade se faça uma só com a diversidade que em tudo vejo na Natureza. Como? Vejo que a substância pensante não mantém qualquer comunidade com a substância extensa, e que uma não limita a outra. E se, além dessas substâncias, quiseres pôr uma terceira que seja perfeita em tudo, veja, tu te confundirás em meio a contradições manifestas, pois se a terceira for posta no exterior das duas primeiras, estará privada de todos os atributos que lhes pertencem (o que certamente não pode ocorrer em um todo, fora do qual nada existe).

Além disso, se esse ser for perfeito e todo-poderoso, ele será tal porque produziu-se a si mesmo e não porque produziu outra coisa; e, no entanto, seria tão mais poderoso aquele que pudesse produzir-se a si mesmo e produzir, além do mais, outra coisa. E, por fim, se tu o chamas onisciente, é portanto necessário que se conheça a si mesmo; ao mesmo tempo, tu deves compreender que o conhecimento de si mesmo é menos que o conhecimento de si juntamente com o conhecimento das outras substâncias. E aí estão outras contradições manifestas. Eis por que quero aconselhar ao Amor de se dar por satisfeito com aquilo que lhe mostro, e não procurar outra coisa.

O AMOR: O que me mostraste de diferente, Infame, foi o que, sem temperança, resulta em minha perda. Pois se me tivesse unido ao que me indicaste, logo teria sido perseguido pelos dois principais inimigos do gênero humano: o Ódio e o Arrependimento, e muitas vezes também pelo Esquecimento. Assim me volto mais uma vez para a Razão, para que ela continue e feche a boca de seus inimigos.

A RAZÃO: O que dizes, Concupiscência, que há substâncias distintas, é falso. Pois vejo claramente que há uma Única, que subsiste por si mesma e é o sustento de todos os demais atributos. E da mesma maneira que queres nomear o corpóreo e o pensável como substâncias em relação aos modos que deles dependem, deves igualmente nomeá-los modos com relação à substância, da qual dependem. Pois eles não são concebidos por ti como subsistentes por si mesmos; e assim como o querer, o sentir, o entender, o amar etc., são modos diferentes do que nomeias uma substância pensante, modos que tu conduzes todos à unidade e dos quais não fazes senão uma coisa, da mesma maneira também concluo, por tuas próprias demonstrações, que a extensão infinita e o pensamento, associados a outros atributos infinitos (ou, em tua linguagem, outras substâncias) são modos de um ser Único, Eterno, Infinito, Existente por si mesmo, e todos compomos, como já se disse, um Único e uma Unidade, fora da qual nada pode ser representado.

(BREVE) TRATADO DE DEUS, DO HOMEM E DE SUA FELICIDADE 65

A CONCUPISCÊNCIA: Nessa maneira de falar que é a tua, vejo uma grande confusão, pois tu pareces querer que o todo seja qualquer coisa fora de suas partes ou sem elas, o que, em realidade, é absurdo; pois todos os filósofos dizem unanimemente que o todo é uma noção secundária, nada sendo de real na Natureza fora do pensamento humano. Além do mais, como extraio de teu exemplo, tu confundes o todo com a causa, pois, assim como digo, o todo não tem existência a não ser por suas partes ou por elas; ora, eis que tu te representas a força pensante como uma coisa da qual dependem o Entendimento, o Amor etc., e tu não podes nomeá-la um Todo, mas uma Causa dos Efeitos, como vens de nomear.

A RAZÃO: Bem vejo como tu reúnes todos os teus amigos contra mim, e como não pudeste e como não chegaste a bom termo com tuas falsas razões, tentas alcançá-lo com ambiguidade de palavras, segundo o uso comum daqueles que se põem contra a verdade. Mas não conseguirás atrair o Amor para o teu lado por esse meio. Tu pretendes pois que a causa, por muito que seja produtora de seus efeitos, deva estar fora deles. E dizes isso pela razão que apenas conheces a causa transitiva e nada sabes da imanente, que nada produz fora de si mesma. É assim, por exemplo, que o entendimento é a causa de suas ideias; eis por que o nomeio uma causa, pois que suas ideias dele dependem. E, de outro lado, um todo, tendo em vista ser composto por suas ideias. Da mesma maneira, Deus, frente a seus efeitos ou criaturas, outra coisa não é que uma causa imanente, sendo ainda um todo relativamente ao segundo aspecto.

Segundo Diálogo
Que se Liga, de um Lado, ao Que Precede;
de Outro, à Segunda Parte Que se Segue

ERASMO: Eu te escutei dizer, Teófilo, que Deus é a causa de todas as coisas; e com isso, que ele não pode ser uma causa a não ser a causa Imanente. Se ele é assim causa imanente de todas as coisas, como podes chamá-lo uma causa afastada? Pois isso é impossível a uma causa imanente.

TEÓFILO: Se digo que Deus é uma causa afastada, é apenas tendo em vista as coisas que Deus não produziu imediatamente por sua própria existência, independentemente de todas as circunstâncias; mas de modo algum o nomeei uma causa afastada em sentido absoluto. O que tu poderias ter deduzido de minhas palavras, já que também disse que podíamos nomeá-lo uma causa afastada de uma certa maneira.

ERASMO: Compreendo agora suficientemente o que me queres dizer; mas observo também que tu disseste: o efeito de uma causa interior permanece unido de tal sorte à causa que o conjunto com esta última forma um todo. E se assim é, parece-me que Deus não é uma causa imanente, pois se ele e o que é por ele produzido formam um todo, tu atribuis a Deus mais essência num momento do tempo do que em outro. Retira-me essa dúvida, te peço.

TEÓFILO: Se tu queres sair dessa confusão, Erasmo, presta muita atenção a uma coisa que vou te dizer agora. A essência de uma coisa não aumenta por sua união com qualquer outra, com a qual forma um todo, mas, ao contrário, a primeira permanece sem mudança.

Para que tu me compreendas melhor, quero te dar um exemplo. Um escultor fez diversas figuras em madeira que se parecem a partes do corpo humano, e ele pega uma que tem a forma do peito humano e a junta a outra que tem a forma de uma cabeça humana e com essas duas faz um todo que representa a parte superior de um corpo humano. Tu dirás agora que por isso a essência da cabeça aumentou por sua união com o peito? Isso é falso, pois ela é a mesma do que era anteriormente.

Para mais clareza te darei ainda um outro exemplo, a saber, a ideia que tenho de um triângulo e uma outra que se forma pelo prolongamento de um lado dos ângulos, em consequência de que o ângulo exterior assim formado é necessariamente igual aos dois ângulos interiores não adjacentes etc. Tais ideias, digo, produziram uma terceira, a saber, que os três ângulos do triângulo igualam dois retos, e essa ideia está unida à primeira de tal modo que não pode, sem esta última, existir nem ser concebida. E de todas essas ideias, formamos um todo, ou, o que é a mesma coisa, um ser de razão, que chamamos Entendimento. Agora vês bem que, a despeito da união dessa nova ideia com a precedente, nenhuma mudança sobrevém à essência da última, mas, ao contrário, ela resta sem a menor alteração. Podes ver [isso] também no que diz respeito a cada ideia que, nela mesma, produz o amor; pois esse amor não tem de maneira nenhuma por efeito fazer com que a essência da ideia aumente.

Mas de que serve acumular tantos exemplos? Tu podes ver claramente por ti mesmo o que está representado nos exemplos e é objeto de nosso discurso. Digo distintamente que todos os atributos que não dependem de qualquer outra causa, e para a definição dos quais nenhum gênero é necessário, pertencem à essência de Deus e, como as coisas criadas não podem formar um atributo, elas também não aumentam a essência de Deus, por mais estreita que seja sua união com ele.

Acrescente ainda que o Todo é apenas um ser de Razão e só se diferencia do geral porque este aqui é formado de indivíduos distintos não reunidos e o Todo, de indivíduos reunidos; e ainda que o geral só compreende parte do mesmo gênero, enquanto o Todo abrange partes do mesmo e de outro gênero.

ERASMO: No que concerne a esse ponto, tu me satisfizeste. Mas, além disso, tu disseste também que o efeito de uma causa interna não pode perecer enquanto durar a causa. O que bem vejo ser verdadeiro. Mas se assim é, como pode Deus ainda ser causa interna de todas as coisas sendo que muitas delas já pereceram? Eu diria, conforme a distinção anteriormente estabelecida, que Deus é apropriadamente causa desses efeitos, mas apenas que os produziu imediatamente por seus atributos, sem outras circunstâncias, e que aqueles não podem perecer enquanto durar sua causa. Ao contrário, tu não chamas Deus de causa interna dos efeitos cuja existência não depende imediatamente dele, mas que provêm de outras coisas quaisquer (salvo enquanto suas causas não atuem e não possam agir sem Deus ou fora dele) e podem perecer justamente porque elas não são imediatamente produzidas por Deus.

Isso, no entanto, não me contenta, pois vejo que tu concluis que o entendimento humano é imortal porque é um efeito que Deus em si mesmo produziu. É impossível então que seja necessária, para a produção de um tal entendimento, alguma coisa a mais do que simplesmente os atributos de Deus. Pois, para que ele seja um ser de tão eminente perfeição, é preciso, assim como para todas as demais coisas dependentes imediatamente de Deus, que ele seja criado desde toda a eternidade. Se não me engano, foi o que te ouvi dizer. E sendo assim, como tu o esclarecerias, sem deixar subsistir dificuldades?

TEÓFILO: É verdade, Erasmo, que as coisas que não têm necessidade de nenhuma outra coisa para existir, a não ser os atributos de Deus, são criadas desde toda a eternidade. Mas deve-se observar que, mesmo sendo necessário que para a existência de alguma coisa uma certa modificação seja requerida, algo portanto a mais do que os atributos de Deus, Deus não deixa, entretanto, de poder produzi-la imediatamente. Pois entre as coisas que são requeridas para fazer com que uma coisa seja, algumas o são para produzir a coisa, e outras para que ela possa ser produzida. Por exemplo, quero ter luz em um certo quarto; acendo uma chama que clareia o quarto por si mesma; ou então abro uma janela e essa abertura não produz a luz por si mesma, mas faz com que a luz possa penetrar no quarto. Também para o movimento de um corpo se requer um outro corpo, o qual deve ter todo o movimento que passa de um a outro. Mas para produzir uma ideia de Deus em nós, nenhuma outra coisa particular, que possua o que em nós se produz, é necessária; basta somente que haja na Natureza um certo corpo tal que, tendo a ideia nele sido posta, Deus se revela imediatamente. E tu podias deduzir isso de minhas palavras quando eu disse que Deus é conhecido por ele mesmo e não por qualquer outra causa.

No entanto, ainda te digo: enquanto não tivermos de Deus uma ideia de suma claridade, unindo-nos a ele de tal modo que se torne impossível amarmos algo fora dele, não poderemos dizer que estamos verdadeiramente a ele unidos e dependemos dele imediatamente. E o que tu poderias ainda ter para me perguntar, remeta a um outro momento, pois a situação presente me obriga a uma outra ocupação. Porta-te bem.

ERASMO: Para o momento, não. Mas me ocuparei com o que acabas de me dizer até outra ocasião, e te recomendarei a Deus.

Capítulo III
Que Deus É Causa de Tudo

Começaremos agora a tratar desses atributos a que chamamos Próprios[13] e, em primeiro lugar, o de que Deus é a causa de tudo.

Nós já dissemos acima como uma substância não pode produzir outra e que Deus é um ser do qual todos os atributos são afirmados. De onde se segue claramente que todas as outras coisas não podem, de maneira alguma, existir nem ser concebidas sem Deus e fora dele. Eis por que temos toda a razão de dizer que Deus é causa de tudo.

Como, de resto, se tem o costume de dividir a causa eficiente em oito partes, procuremos então como e de que maneira Deus é causa:

13. [B. de S.:] Os que se seguem são chamados *Próprios*, porque não são outra coisa senão Adjetivos que não podem ser compreendidos sem seus Substantivos; quer dizer, Deus sem eles não seria na verdade Deus, mas não é, entretanto, por eles que Deus é, pois nada fazem conhecer de substancial, e é somente pelo que há nele de substancial que Deus existe.

1. Dizemos, pois, que ele é uma causa emanativa ou que se faz presente por seus efeitos e, tendo em conta o efeito que se produz, uma causa ativa ou eficiente; é um todo, esclareçamos, porque entre essas coisas há reciprocidade;
2. Ele é uma causa imanente e não transitiva, enquanto age em si e não fora de si, pois nada existe fora de si;
3. Deus é uma causa livre e não uma causa natural como o mostraremos e exporemos muito claramente quando tratarmos da questão se Deus pode omitir o que faz, e nesse momento também explicaremos em que consiste a verdadeira liberdade;
4. Deus é causa por si mesmo e não por acidente, o que se verá mais claramente pelo estudo da Predestinação;
5. Deus é uma causa principal de suas obras, que criou imediatamente, como o movimento na matéria etc., não podendo a causa menos principal ter qualquer lugar em suas obras, pois ela sempre está nas coisas particulares, como quando o mar se retrai por um vento forte e, de modo semelhante, em todas as coisas particulares que estão na natureza;
6. Deus é a única causa primeira ou inicial, como fica evidente pela Demonstração precedente;
7. Deus é também uma causa geral, mas somente enquanto produz obras diferentes; isso não pode ser dito em um outro sentido, pois não tem necessidade de ninguém para produzir efeitos;
8. Deus é a causa próxima das coisas que são infinitas e imutáveis, e dessas dizemos também que são criadas imediatamente. Ao contrário, é a causa última de todas as coisas particulares, em um certo sentido.

Capítulo IV
Da Ação Necessária de Deus

Que Deus não possa fazer o que faz, nós o negamos, e demonstraremos isso também quando tratarmos da Predestinação, e então faremos ver que todas as coisas dependem necessariamente de suas causas.

Isso, de resto, se demonstra ainda pela perfeição de Deus, pois é verdade, sem qualquer dúvida, que Deus pode produzir toda coisa tão perfeita quanto concebida em sua Ideia; e da mesma maneira, as coisas concebidas por ele não podem não ser concebidas mais perfeitamente do que as concebe; por conseguinte, todas as coisas podem ser produzidas por ele tão perfeitamente que dele não podem nascer mais perfeitas. Além do mais, quando decidimos que Deus podia fazer o que faz, deduzimos isso de sua perfeição, porque haveria em Deus uma imperfeição em poder omitir o que ele faz; e, entretanto, nele não podemos supor uma causa inicial menos principal que o teria levado a agir, pois então ele não mais seria Deus.

Agora, põe-se de novo a discutida questão de saber se tudo o que Deus tem em sua Ideia e pode fazer tão perfeitamente, se tudo isso, digo, pode ele deixar de fazê-lo?

E se essa omissão nele for uma perfeição? Dizemos, pois, que tudo o que acontece, tendo sido feito por Deus, deve ser necessariamente predeterminado por ele, pois, de outra forma, seria mutável, o que nele seria uma grande imperfeição. E tal predeterminação deve ser nele de toda a eternidade, na qual não há nem antes nem depois. De onde certamente se segue que Deus não pôde predeterminar as coisas de outra maneira do que são agora determinadas para a eternidade, e que, antes dessa determinação, ou sem ela, Deus não poderia ser.

Ademais, se Deus se omitisse de fazer alguma coisa, ou essa omissão deveria provir de uma causa contida em si ou seria sem causa. Se sim, então é necessário que deva omitir; se não, é necessário que ele não deva omitir. Isso está claro por si. Mais do que isso, é uma perfeição em uma coisa criada ser, e ser causada por Deus, pois de todas as imperfeições a maior é não ser. Ora, sendo a salvaguarda e a perfeição de toda coisa a vontade de Deus, se ele quisesse que tal coisa não fosse, sua salvaguarda e perfeição consistiriam em não ser, o que é contraditório em si. Negamos, pois, que Deus possa omitir--se de fazer o que faz.

Alguns têm isso por uma difamação e uma diminuição; mas tal linguagem vem do fato de que não concebemos bem em que consiste a verdadeira liberdade. Pois ela não é, de modo algum, o que eles imaginam, a saber, um poder de fazer ou de não fazer não importa o quê, de bom ou de mau. Mas a verdadeira liberdade consiste unicamente em que a causa primeira, sem ser constrangida nem levada à necessidade por qualquer outra coisa, só por sua perfeição produz toda perfeição; que se, por consequência, Deus pudesse omitir-se de fazê-lo, não seria perfeito, pois poder abster-se de bem fazer ou de colocar a perfeição naquilo que produz não pode nele ocorrer senão por um defeito. Que somente Deus, portanto, é a única causa livre, isso não é apenas evidente pelo que dissemos, mas ainda por que, fora dele, não existe qualquer causa exterior que o constranja ou lhe imponha necessidade, o que não acontece nas coisas criadas.

Aqui nos opõem uma argumentação desse gênero: o bem só é bom porque Deus o quer. Deus pode, por conseguinte, fazer com que o mau se torne bom. Essa maneira de raciocinar é tão concludente quanto se eu dissesse: como Deus quer ser Deus, por essa razão ele é Deus. Logo, está em seu poder não ser Deus. O que é inteiramente absurdo. Além do mais, se os homens fazem alguma coisa e perguntamos por que o fazem, a razão é: porque a justiça o exige. Perguntemos então por que a justiça, ou antes, a causa primeira de tudo o que é justo, também o exige? A resposta deve ser: porque a justiça o quer assim. Mas, meu caro, a justiça bem poderia abster-se de ser justa? De maneira alguma, pois então não poderia ser a justiça. Para aqueles que dizem que Deus faz tudo o que faz porque isso é bom em si mesmo, esses, digo eu, talvez pensem que não se afastam de nós; no entanto, muito ainda falta, pois assentam alguma coisa que está antes de Deus, e à qual ele estaria obrigado ou ligado, e por isso desejaria que uma coisa fosse boa e outra justa.

Agora, põe-se a questão já discutida de se saber se, no caso de que todas as coisas tivessem sido criadas por Deus de uma outra maneira, desde toda a eternidade, ou se tivessem sido ordenadas e predeterminadas por ele diferentemente do que são, nesse caso, digo eu, ele seria igualmente perfeito. Serve de resposta que se a natureza tivesse sido criada de outra maneira do que é agora, desde toda a eternidade, segundo a tese daqueles que atribuem a Deus vontade e entendimento, necessariamente se seguiria que Deus deveria ter tido uma outra vontade e um outro entendimento do que aqueles que teve no momento da criação, em consequência do que ele teria feito as coisas diversamente. E assim se é obrigado a admitir que Deus seria atualmente outro que ele não foi e sido outro que não é. De sorte que, se nós afirmamos que Deus é atualmente o ser soberanamente perfeito, somos obrigados a dizer: que não tendo sido, teria criado tudo diferentemente. Mas isso não pode de modo algum ser aplicado a Deus senão atualmente e, antes e em toda a eternidade, foi e permanecerá imutável.

Isso ainda decorre, segundo nós, da definição da causa livre que havemos posto; livre não no sentido de que ela pode fazer ou não fazer alguma coisa, mas de que ela não depende de nada mais, de modo que tudo o Deus faz ele o faz e executa em sua qualidade de causa soberanamente livre. Se antes, portanto, ele houvesse feito as coisas de maneira diferente do que são atualmente, segue-se que em um momento foi imperfeito e, assim, isso é falso. Pois, se Deus é a causa primeira de todas as coisas, deve ter em si algo pelo qual ele faz o que faz e não se omite de fazê-lo. E considerando termos dito que a liberdade não consiste em fazer ou não fazer alguma coisa e, ao mesmo tempo, termos demonstrado que o que faz com que ele faça alguma coisa não pode ser nada além de sua própria perfeição, concluímos que, se não fosse a sua perfeição que o faz fazer, então as coisas não existiriam ou não teriam penetrado o ser, para ser o que são atualmente. O que significa dizer exatamente: se Deus fosse imperfeito, as coisas seriam diferentes do que são.

Eis aí quanto à primeira propriedade. Passaremos agora ao segundo atributo que chamamos próprio em Deus e veremos o que se tem a dizer, e desse modo até o fim.

Capítulo v
Da Providência de Deus

O segundo atributo que chamamos de próprio e que lhe pertence é a Providência, que outra coisa não é para nós que a tendência que encontramos em toda a natureza, e nas coisas em particular, tendo por objetivo a manutenção e a conservação de seu próprio ser. Pois é evidente que nada pode, por sua própria natureza, tender ao aniquilamento de si mesmo, mas, ao contrário, cada coisa tem nela própria uma tendência a se manter no mesmo estado e a elevar-se a um melhor.

De sorte que, segundo essa definição dada por nós, pomos uma providência universal e uma particular. A providência universal é aquela pela qual cada coisa é produzida e conservada enquanto parte de toda a natureza. A providência particular é a tendência que tem cada coisa em particular de manter seu próprio ser, enquanto não é considerada uma parte da natureza, mas um todo. Isso se esclarece pelo exemplo seguinte: todos os membros de um homem são previstos e todos ele possui enquanto partes do homem, e isso é a providência universal; e a providência particular é a tendência que possui cada membro particular (tomado como um todo, e não como parte do homem) à conservação e continuidade do seu próprio estado.

Capítuo VI
Da Predestinação de Deus

O terceiro atributo próprio é a predestinação divina.

Demonstramos precedentemente que Deus não pode omitir-se de fazer o que ele faz; que efetivamente ele criou todas as coisas perfeitamente e que elas não podem sê-lo mais. Ademais, que nada pode existir ou ser concebido sem ele.

É preciso examinar agora se há na Natureza coisas contingentes, quer dizer, se há coisas que podem ser e também não ser. De outro lado, se existe uma coisa qualquer a respeito da qual não pudéssemos perguntar por que ela é.

Que não há coisas contingentes, nós o demonstramos assim: se alguma coisa não tem causa de sua existência, é impossível que essa coisa seja; alguma coisa contingente não possui causa.

A primeira Proposição está fora de toda discussão. A segunda demonstramos como se segue.

Se alguma coisa que é contingente tem em sua existência uma causa determinada e assegurada, essa coisa deve ser necessariamente. Mas é contraditório que alguma coisa seja ao mesmo tempo contingente e necessária.

Logo: alguém dirá, talvez, que alguma coisa contingente, se não tem uma causa determinada e assegurada, pode ter uma [causa] contingente. Se assim fosse, isso deveria ser ou em sentido dividido ou em sentido composto, a saber: ou a causa é contingente, enquanto ela existe, e não enquanto é causa, ou o que é contingente é que uma coisa, que ela mesma pode estar necessariamente na natureza, torna-se a causa de que algo contingente seja produzido. Mas uma e outra são falsas.

Quanto à primeira: se alguma coisa é contingente porque sua causa é contingente, então essa causa foi também contingente, porque a causa que a causou também é contingente, e assim ao infinito. E porque foi demonstrado antes que *tudo depende de uma causa única*, seria necessário que também tal causa fosse contingente, o que é, evidentemente, falso. E no que toca à segunda parte: se essa causa não estava mais determinada a produzir isto ou aquilo, quer dizer, a coisa tida por contingente, do que a abster-se de produzi-la, seria igualmente impossível que ela a produzisse e que ela se abstivesse de produzi-la; o que é diretamente contraditório.

No que respeita à segunda questão posta por nós mais acima, a saber, que não há na natureza qualquer coisa da qual não se pudesse perguntar por que ela existe, quisemos fazer reconhecer por esse meio que nos é sempre preciso procurar por que causa uma coisa existe, pois, se ela não tivesse causa, ela não seria.

Essa causa, portanto, devemos procurá-la ou na coisa em si ou fora dela. Porém, se nós nos informarmos sobre uma regra para fazer essa investigação, parece-nos que nenhuma é necessária. Pois se a existência pertence à natureza da coisa, é certo que nós não devemos procurar sua causa fora dela; mas se assim não for, sempre devemos procurar a causa em seu exterior. Como agora o primeiro caso só se encontra em Deus, demonstra-se por isso (como já o demonstramos acima) que apenas Deus é a causa primeira de tudo.

E disso segue-se ainda com evidência que esta ou aquela vontade do homem (pois a existência da vontade não pertence à sua essência) deve também ter uma causa exterior, pela qual é causada necessariamente, o que se vê com bastante clareza em tudo o que dissemos neste capítulo e mais ainda se verá quando, na segunda parte, falarmos e tratarmos da liberdade do homem.

Outros objetam a tudo isso: como é possível que Deus, de quem se diz que é soberanamente perfeito e a causa única de tudo, o ordenador e o provedor universal, permita, no entanto, que uma tal confusão seja visível na Natureza e também por que não criou o homem de tal maneira que não pudesse pecar?

No que tange à primeira objeção, a saber, que há confusão na Natureza, não se tem o direito de afirmar, tendo em vista que ninguém conhece todas as causas, de modo a julgá-las. Essa objeção provém, todavia, da carência de conhecimento, que consiste em formar ideias gerais com as quais se crê que os seres particulares devem se conciliar para ser perfeitos. Essas ideias, pretendem eles ademais, estariam no entendimento de Deus; assim, muitos seguidores de Platão disseram que essas Ideias Gerais, como Racional, Animal e outras semelhantes foram criadas por Deus. E embora os seguidores de Aristóteles digam que essas coisas não são seres reais, mas apenas seres de razão, elas são, porém, frequentemente consideradas por eles como coisas reais, pois disseram claramente que a proteção divina não se estendia sobre os seres particulares, mas apenas sobre as espécies; que Deus, por exemplo, jamais estendeu sua proteção sobre Bucéfalo, mas sim sobre toda a espécie dos cavalos. Dizem também que Deus não tem conhecimento das coisas particulares e passageiras, mas apenas das gerais que, conforme sua opinião, são imutáveis. Mas não temos o direito de considerar tudo isso como ignorância, pois somente as coisas particulares têm uma causa e não as gerais, pois essas últimas nada são.

Deus é assim causa e protetor das coisas particulares. Se, portanto, as coisas particulares devessem conformar-se a uma outra Natureza, elas não poderiam conformar-se então com a sua própria natureza e não poderiam, por conseguinte, ser o que elas são verdadeiramente. Por exemplo, se Deus houvesse criado todos os homens tais como Adão antes da queda, só teria, no entanto, criado Adão e não Pedro ou Paulo; ao passo que, ao contrário, a perfeição de Deus consiste em que ele deu a todos os seres, dos menores aos maiores, sua essência; ou melhor dizendo, que ele tem tudo perfeito em si mesmo.

Quanto à segunda objeção – por que Deus não criou os homens de maneira que não pudessem pecar – nossa resposta será que tudo o que é dito do pecado o é sob nosso ponto de vista, da mesma forma quando comparamos duas coisas ou diferentes aspectos da mesma. Por exemplo, quando alguém fez com exatidão um relógio para que soe e indique as horas; se essa obra se ajusta bem ao desenho do Artesão, então se diz que ele é bom; e se não está conforme, diz-se então que é ruim, sem considerar que, mesmo nesse caso, ele poderia ser bom, caso o seu desígnio fosse fazê-lo assim, desregulado e soando fora de hora.

Concluímos dizendo que Pedro deve concordar, como é necessário, com a ideia de Pedro e não com a ideia de Homem, e que bem, mal ou pecado não são outra coisa senão modos de pensar, e não coisas ou o que quer que seja que tenha existência. Como talvez o demonstremos mais amplamente no que se segue. Pois todos os seres e todas as obras que estão na Natureza são perfeitos.

Capítulo VII
Dos Atributos Que Não Pertencem a Deus

Começamos agora a falar dos atributos que são geralmente atribuídos a Deus e, no entanto, não lhe pertencem[14], e também daqueles pelos quais se procura definir Deus, embora de maneira vã; e, ao mesmo tempo, das regras da verdadeira definição.

Para isso se fazer, nos ocuparemos mais das representações que os homens geralmente têm de Deus; mas, brevemente, examinaremos o que os Filósofos dizem a respeito. Estes aqui definiram Deus como sendo um ser que existe por si, causa de todas as coisas; todo-poderoso, onisciente, eterno, simples, infinito, soberano bem, de infinita misericórdia. Mas antes de empreender esse exame, vejamos antes o que eles nos confessam.

---

14. [B. de S.:] No que respeita aos atributos que pertencem a Deus, eles são apenas substâncias infinitas, cada uma das quais necessita ser por si mesma infinitamente perfeita. Que isso deva ser assim, somos convencidos por razões claras e distintas. É verdade, entretanto, que até hoje apenas dois de todos esses [atributos] infinitos nos são conhecidos através de sua própria essência; são eles o pensamento e a extensão. Tudo mais que é comumente imputado a Deus não é atributo seu, mas são apenas certos modos que podemos atribuir a ele, seja em consideração de tudo, quer dizer, de *todos* os seus atributos, seja em consideração de *um* atributo. Em consideração de *todos*, por exemplo, que ele é eterno, autossubsistente, infinito, causa de todas as coisas, imutável. Em consideração de *um*, por exemplo, que ele é onisciente, sábio etc, que pertencem ao pensamento, e, de novo, que ele é onipresente, tudo preenche etc., que pertence à extensão.

Em primeiro lugar, dizem que nenhuma definição de Deus, verdadeira ou regular, pode ser dada, porque, segundo sua expressão, somente pode ter definição o que se faz por gênero e diferença; e Deus, não sendo espécie de qualquer gênero, não pode ser definido regular e diretamente.

De outro lado, dizem ainda que Deus não pode ser definido porque a definição deve exprimir a coisa absolutamente e também de uma maneira positiva. Ora, segundo sua afirmação, Deus não pode ser por nós conhecido de modo positivo, mas apenas de maneira negativa, de sorte que nenhuma definição regular de Deus pode ser dada.

Além do mais, dizem que Deus jamais pode ser demonstrado *a priori*, pois não tem causa, mas somente expresso de maneira provável ou demonstrado por seus efeitos. Assim, depois de haverem reconhecido por suas proposições que têm de Deus um conhecimento muito pequeno ou modesto, podemos agora examinar sua definição.

Primeiramente, não vemos aqui que eles nos deem qualquer atributo pelo qual a coisa (Deus) seja conhecida, mas apenas certos [atributos] próprios, e esses bem pertencem à coisa, mas jamais explicam o que ela é. Pois existir por si mesmo, ser causa de todas as coisas, soberano bem, eterno, imutável etc. pertencem própria e unicamente a Deus, mas não podemos saber por eles qual é a essência e quais são os atributos do ser ao qual pertencem esses atributos próprios.

Será tempo também de considerarmos por uma vez as coisas que eles atribuem a Deus e que não lhe pertencem[15], como ser onisciente, misericordioso, sábio etc., porque tais coisas são apenas modos da substância pensante e não podem, de maneira alguma, existir nem ser concebidas sem a substância da qual são modos. Eis por que também elas não podem ser atribuídas a Deus, que é um ser que não tem necessidade, para existir, de nada além de si mesmo.

---

15. [B. de S.:] Ou seja, quando ele é considerado como tudo o que é; no que diz respeito à totalidade de seus atributos ver a nota da página anterior.

Enfim, eles o chamam o soberano bem. Se, entretanto, eles entendem por isso outra coisa além do que já disseram, a saber, que Deus é imutável e causa de todas as coisas, perderam-se em seu próprio conceito ou não podem compreender-se a si mesmos. Isso veio de seu erro a respeito do bem e do mal. Com efeito, eles creem que o próprio homem, e não Deus, é a causa de seus pecados e de seu mal. O que, conforme já demonstramos, não pode ser, com o que seríamos obrigados a afirmar que o homem é causa de si mesmo. Isso, porém, se verá mais claramente quando tratarmos adiante da vontade do homem.

Será necessário agora que resolvamos estes sofismas pelos quais eles procuram embelezar sua ignorância no que toca ao conhecimento de Deus. Em primeiro lugar, eles dizem que uma definição regular deve consistir em um gênero e uma diferença. Embora isso seja reconhecido por todos os lógicos, não sei, porém, de onde o sustentam, pois certamente, se for preciso que isso seja verdadeiro, não se poderá saber absolutamente nada; com efeito, se não podemos conhecer uma coisa perfeitamente a não ser por uma definição consistindo em gênero e diferença, jamais poderemos conhecer o gênero mais elevado, que não tem qualquer outro acima; ora, se o gênero mais elevado, causa do conhecimento de todas as outras coisas, não é conhecido, as demais, explicadas apenas por esse gênero, serão ainda menos concebidas e conhecidas. Pois ainda que sejamos livres, e não creiamos estar de nenhum modo ligados às suas afirmações, enunciaremos, conforme a lógica verdadeira, outras regras da definição e isso conforme a distinção que fazemos no que concerne à Natureza.

Nós já vimos que os atributos (ou, como outros os chamam, as substâncias) são coisas ou, para falar melhor e com mais propriedade, são seres existentes por si mesmos e, por conseguinte, se fazem conhecer e se manifestam por si mesmos. Outras coisas vemos que são apenas modos dos atributos, sem os quais elas não podem existir nem ser concebidas. Em seguida, as definições devem ser de dois gêneros ou duas espécies, a saber: 1. aquelas dos atributos que pertencem a seres existente por si mesmos, os quais não requerem qualquer conceito de gênero ou o que quer que seja para melhor concebê-los ou torná-los mais claros, pois eles existem na qualidade de atributos de um ser existente por si, sendo conhecidos por si mesmos; 2. aquelas espécies de outras coisas que não existem por si, mas apenas pelos atributos das quais são modos e pelos quais, sendo esses atributos como seus gêneros, elas devem ser conhecidas.

Eis aí o que se refere à tese que eles sustentam quanto à definição.

No que se refere ao segundo ponto, a saber, que Deus não nos pode ser conhecido por um conhecimento adequado, ele foi suficientemente respondido pelo senhor Descartes em suas respostas às objeções no que tange a esse ponto.

E quanto ao terceiro, que Deus não pode ser demonstrado *a priori*, já respondemos previamente. Pois, tendo em vista que Deus é causa de si, basta que nós o demonstremos por ele mesmo, e uma tal demonstração é bem mais sólida do que a demonstração *a posteriori*, que ordinariamente se faz por meio de causas exteriores.

Capítulo VIII
Da Natureza Naturante

Antes de passar a qualquer outro assunto, dividiremos agora brevemente a Natureza total em Natureza naturante e Natureza naturada.

Por Natureza naturante entendemos um ser que por si mesmo, sem ter necessidade de qualquer outra coisa do que de si mesmo (tais como os atributos que assinalamos até aqui), nós concebemos clara e distintamente, e cujo ser é Deus. Assim também os tomistas entenderam Deus; todavia, sua Natureza naturante era um ser (assim o chamavam) exterior a todas as substâncias.

Quanto à Natureza naturada, nós a dividimos em duas, uma universal e outra particular. A universal se compõe de todos os modos que dependem imediatamente de Deus (nós trataremos deles nos capítulos seguintes). A particular se compõe de todas as coisas particulares que são causadas pelos modos universais. De sorte que a Natureza naturada, para ser bem concebida, tem necessidade de alguma substância.

Capítulo IX
Da Natureza Naturada

No que se refere agora à Natureza naturada, ou os modos ou criaturas que dependem imediatamente de Deus, ou são por ele criados imediatamente, não conhecemos senão dois, a saber, o movimento na matéria e o entendimento na coisa pensante. Deles dizemos que provêm de toda a eternidade e permanecerão imutáveis por toda a eternidade. Obra verdadeiramente tão grande quanto convinha à grandeza do artífice.

No que diz respeito ao movimento em particular, como ele pertence mais apropriadamente àqueles que tratam da ciência da Natureza do que a nós, para explicar como acontece que ele provém de toda a eternidade e deve permanecer imutável pela eternidade, que é infinito em seu gênero, que não pode existir nem ser concebido por si mesmo, mas apenas por meio da extensão, de tudo isso, digo, não trataremos aqui, dizendo somente que ele é um Filho, uma Obra ou um Efeito imediatamente criado por Deus.

No que concerne ao Entendimento na coisa pensante, ele também é um Filho, uma Obra ou uma Criatura imediata de Deus, criada desde toda a eternidade e permanecendo imutável pela eternidade.

Tem por única propriedade tudo perceber clara e distintamente por todo o tempo; daí nasce uma imutável satisfação, infinita ou perfeita, que não pode omitir-se de fazer o que faz. E embora isso já seja bastante claro por si mesmo, nós o demonstraremos ainda mais claramente ao tratar das afecções da alma, e eis por que sobre isso nada aqui acrescentaremos.

Capítulo x
O Que É o Bem e o Mal

Para falar uma vez brevemente sobre o que é em si mesmo o bem e o mal, começaremos assim: certas coisas estão em nosso entendimento e não na Natureza. Elas são assim nossa própria obra e não servem senão para conceber distintamente as coisas; entre elas abarcamos todas as relações que dizem respeito a coisas diferentes e as chamamos Seres de Razão.

A questão agora se põe: o bem e o mal pertencem aos Seres de Razão ou aos Seres Reais? Mas, considerando que o bem e o mal são apenas relações, está fora de dúvida que é preciso colocá-los entre os Seres de Razão. Pois jamais se diz que uma coisa é boa senão em relação a qualquer outra que não é tão boa ou não nos é tão útil quanto outra. Assim, não se diz que um homem é mal a não ser em relação a outro, que é melhor; ou ainda que uma maçã é ruim relativamente a outra boa ou melhor. E seria impossível que tudo isso pudesse ser dito se o bom ou o melhor não existissem, por comparação com algo pelo qual uma coisa é chamada má.

Se, portanto, se diz que uma coisa é boa, isso nada significa senão que ela coincide com a Ideia geral que temos das coisas dessa classe. Ora, como já dissemos antes, as coisas devem concordar com sua Ideia particular, cuja essência deve ser uma essência perfeita, e não com a geral, pois que então elas não existiriam de forma alguma.

Quanto à confirmação daquilo que acabamos de dizer, a coisa é clara segundo nós: no entanto, para concluir o que antecede, acrescentaremos as seguintes provas.

Todos os objetos que estão na Natureza ou são coisas ou são efeitos. Ora, o bem e o mal não são nem coisas nem efeitos. Logo, tanto o bem quanto o mal não existem na Natureza. Pois sendo o bem e o mal coisas ou efeitos, devem ter sua definição. Mas o bem e o mal, assim como a fuga de Pedro e a malícia de Judas, não possuem qualquer definição fora da essência de

Pedro ou de Judas, pois somente essas estão na Natureza e não podem ser definidas independentemente da essência de Pedro ou de Judas. Segue-se daí, como acima, que o bem e o mal não são nem coisas nem efeitos que estejam na Natureza.

PARTE II

Prefácio

Após ter falado, na primeira parte, de Deus e das coisas universais e infinitas, passaremos, nesta segunda parte, ao estudo das coisas particulares e finitas. Não de todas, porém, pois são inumeráveis. Trataremos somente daquelas que dizem respeito ao homem. E, para começar, consideramos primeiramente o que é o homem, enquanto se compõe de certos modos compreendidos nos dois atributos que encontramos em Deus.

Digo certos modos porque não penso, de forma alguma, que o homem, formado por espírito, mente[16] e corpo seja uma

---

16. [B. de S.:] I. Nossa mente é uma substância ou um modo; ela não é uma substância, pois já demonstramos que não pode haver na natureza substância limitada. Portanto, é um modo.

II. Sendo um modo, deve ser um modo da extensão substancial ou então do pensamento substancial. Ora, não é da extensão porque etc.; portanto, do pensamento.

III. O pensamento substancial, porque não pode ser finito, é infinito, perfeito em seu gênero e um atributo de Deus.

IV. Um pensamento perfeito deve ter um conhecimento, uma ideia, um modo de pensar de todas as coisas realmente existentes e de cada uma em particular, tanto das substâncias quanto dos modos, sem nada excetuar.

substância, tendo em vista o que mostramos no início deste livro: 1. que nenhuma substância pode começar; 2. que uma substância não pode produzir outra; 3. enfim, que não pode haver duas substâncias iguais. Depois, como o homem não foi desde a eternidade, sendo limitado e igual a muitos, não pode ser uma substância.

De sorte que, tudo o que ele pensou não são senão modos do atributo pensante que reconhecemos em Deus e, de outro lado, tudo o que possui de forma, movimento e outras coisas, é também modos do outro atributo que foi reconhecido em Deus por nós.

E se alguns tentam tirar a prova de que o homem é uma substância, dado que a natureza do homem não pode existir nem ser concebida sem os atributos que, por seu próprio reconhecimento, são substâncias, fazem, sem outro fundamento, falsas suposições. Pois, dado que já havia a natureza da matéria ou dos corpos antes que a forma do corpo humano existisse, essa natureza não pode ser própria do corpo humano, pois está claro que, no tempo em que o homem não era, ela não podia pertencer à natureza do homem.

v. Dizemos realmente existentes porque não falamos aqui de um conhecimento, de uma ideia etc. que perceberia em conjunto a natureza de todos os seres conforme o encadeamento de suas essências, abstração feita de sua existência particular, mas de um conhecimento, de uma ideia etc. das coisas particulares na medida em que cada uma venha a existir.

vi. Dizemos que esse conhecimento, essa ideia de cada coisa particular que venha a existir realmente, é a alma [mente] de cada uma das coisas particulares.

vii. Cada coisa particular que venha a existir realmente torna-se tal pelo movimento e o repouso, e assim são todos os modos, na extensão substancial, que chamamos de corpos.

viii. A distinção desses corpos resulta apenas de tal ou tal proporção de movimento e de repouso, pela qual este aqui é assim e não de outra maneira, isto é isto e não aquilo.

ix. Dessa proporção de movimento e de repouso provém também a existência deste corpo que é o nosso; do qual, tanto quanto de todas as outras coisas, um conhecimento, uma ideia etc. deve estar na coisa pensante; ideia que, imediatamente, é nossa mente.

x. No entanto, este corpo que é o nosso estava em outra proporção quando era uma criança ainda não nascida e, após nossa morte, estará em outra ainda; mas não havia menos ideia ou conhecimento etc. de nosso corpo na coisa pensante; desde aquele momento e não haverá menos então, tanto quanto agora no entanto, não todavia a mesma, pois ele possui agora uma outra proporção de movimento e de repouso.

E negamos o que eles dão como regra fundamental: que aquilo sem o qual uma coisa não pode existir nem ser concebida pertence à natureza dessa coisa. Pois já demonstramos que sem Deus nada pode existir nem ser concebido. Isto é: Deus deve existir e ser concebido antes que as coisas particulares existam e sejam concebidas. Já mostramos também que os gêneros não pertencem à natureza da definição, mas a coisas tais que elas não podem existir sem outras e também não podem ser concebidas sem essas últimas. Assim sendo, que regra devemos, pois, estabelecer com a qual possamos ver o que pertence à natureza de alguma coisa? A regra é a seguinte: pertence à natureza de uma coisa aquilo sem o que ela não pode existir nem ser concebida; não assim simplesmente, todavia, mas de tal maneira que haja sempre possibilidade de conversão, quer dizer, que aquilo que é afirmado não o possa ser sem a coisa existir nem ser concebida. Começaremos, pois, a tratar dos modos com os quais o homem é formado no início do capítulo i adiante.

xi. Para produzir no pensamento substancial uma ideia, um conhecimento, um modo de pensar tal como é a nossa mente, requer-se não um corpo qualquer (cujo conhecimento deveria então ser outro do que é), mas um corpo que seja tal que possua precisamente tal proporção de movimento e de repouso, e não um outro. Pois a tal corpo, tal mente, também a ideia, o conhecimento etc.

xii. Se, pois, um tal corpo tem e conserva essa proporção que lhe é própria, por exemplo, de 1 para 3, esse corpo e mente serão como são atualmente; submetido, é verdade, a uma mudança constante, mas não tão grande que ultrapasse o limite de 1 para 3; mas, na medida em que se modifica, também a mente, por sua vez, se modifica.

xiii. Essa mudança, que em nós resulta porque outros corpos agem sobre o nosso, não pode ocorrer sem que a mente, que muda também constantemente, a perceba, e essa mudança é o que chamamos apropriadamente de sensação.

xiv. Mas se outros corpos agirem sobre o nosso tão poderosamente que a proporção de 1 para 3 não se possa conservar, então advém a morte e um aniquilamento da mente, enquanto ela é apenas uma ideia, conhecimento etc. de tal corpo, possuindo uma determinada proporção de movimento e de repouso.

xv. Todavia, dado que a mente é um modo dentro da substância pensante, ela pôde também conhecê-la e amá-la ao mesmo tempo que o modo da extensão e, unindo-se às substâncias que sempre permanecem as mesmas, torna-se ela mesma eterna.

Capítulo I
Da Opinião, da Crença e do Saber

Para começar, pois, a falar dos modos[17] com os quais o homem é formado, diremos: 1. o que são; 2. seus efeitos; 3. sua causa. Quanto ao primeiro ponto, comecemos por aqueles que nos são os primeiros conhecidos, a saber, certos conceitos ou a consciência do conhecimento de nós mesmos e das coisas que estão à nossa volta.

Nós adquirimos esses conceitos: a. somente pela crença, que se forma ou por ouvir dizer ou pela experiência[18]; b. por uma crença reta; c. por um conhecimento claro e distinto. O primeiro modo está comumente submetido a erro. O segundo e o terceiro, embora diferentes entre si, não podem se enganar.

Para compreender isso mais distintamente, porém, proporemos um exemplo tomado da regra de três, a saber: alguém ouviu dizer que, segundo a regra de três, se se multiplica o segundo número pelo terceiro e, em seguida, se divide pelo primeiro, encontra-se um quarto número que mantém com o terceiro a mesma relação do segundo para com o primeiro. E sem considerar que aquele que lhe deu a indicação poderia mentir, concluiu seu trabalho a respeito; e isso sem ter mais conhecimento da regra de três, do que um cego das cores. E assim contou tudo o que podia dizer, como faz um papagaio com o que lhe ensinaram[19].

Um outro, que possui uma concepção mais rápida, não se contenta com o ouvir dizer, mas procura uma verificação com certos cálculos particulares e quando constata que esses últimos concordam com a regra, empresta-lhe crença.

---

17. [B. de S.:] Os modos com os quais o homem é formado são conceitos divididos em opinião, crença reta e conhecimento claro e distinto, causados pelos objetos, cada um segundo sua espécie.

18. [B. de S.:] As representações que provêm de uma crença estão expostas no capítulo seguinte, muitas vezes chamadas de "opinião", como elas de fato o são.

19. [B. de S.:] Isso se presume ou, como se diz de ordinário, acredita-se apenas por ouvir dizer.

(BREVE) TRATADO DE DEUS, DO HOMEM E DE SUA FELICIDADE

Mas tivemos razão de dizer que esse modo também está exposto a erro. Com efeito, como ele pode estar seguro de que a experiência em alguns casos particulares possa ser uma regra para todos?[20]

Um terceiro que não se satisfaz nem com o ouvir dizer, porque pode enganar, nem com a experiência de alguns casos particulares, porque não pode oferecer uma regra universal, consulta a verdadeira Razão que jamais enganou os que lhe fazem bom uso. A Razão lhe diz que, pela propriedade dos números proporcionais, isso assim é e não poderia ser diferente[21].

O quarto, que possui o conhecimento mais claro, não tem necessidade nem do ouvir dizer nem da experiência nem da arte de concluir, pois, por sua intuição clara, logo percebe a proporcionalidade em todos os cálculos[22].

Capítulo II
O Que São a Opinião, a Crença e o Verdadeiro Conhecimento

Trataremos agora dos efeitos dos diferentes conhecimentos dos quais falamos no capítulo precedente, e diremos ainda, de passagem, o que são a opinião, a crença e o verdadeiro conhecimento.

Ao primeiro chamamos Opinião porque ela está sujeita ao erro e jamais se produz em alguma coisa da qual estejamos certos, mas no que concerne ao que se conjectura ou se supõe.

Ao segundo chamamos Crença porque as coisas que apreendemos somente pela razão não são vistas por nós, mas nós apenas conhecemos pela convicção que se faz no espírito de que isso deve ser assim e não de maneira diferente.

---

20. [B. de S.:] Isso se presume ou se crê não apenas por ouvir dizer, mas por experiência; e são duas maneiras de se imaginar.

21. [B. de S.:] Isso é certo pela crença reta que não pode enganá-lo e ele é aquele que propriamente acredita.

22. [B. de S.:] Mas este último jamais imagina ou acredita; ele vê a própria coisa não por outra [coisa], mas em si mesma.

Mas chamamos Conhecimento claro aquele que se adquire não por uma convicção nascida de raciocínios, mas pelo sentimento e o prazer da própria coisa, e ele prevalece sobre os demais. Após ter dito isso como preâmbulo, vamos aos efeitos. A esse respeito, diremos que do primeiro saem todas as paixões que são contrárias à reta razão; do segundo, os bons desejos, e do terceiro, o amor puro e verdadeiro, com tudo o que dele nasce.

De tal maneira que damos como causa próxima de todas as afecções na mente o conhecimento, pois vemos como totalmente impossível que alguém que não concebesse ou conhecesse, conforme os modos acima, pudesse ser levado ao Amor, ao Desejo ou a outro modo de querer.

Capítulo III
Origem das Paixões; A Paixão Que Nasce da Opinião

Vejamos agora, pois, como as paixões nascem da opinião. E para bem fazê-lo e inteligivelmente, tomaremos entre as principais algumas como exemplos, e demonstraremos o que queremos dizer sobre o assunto.

O espanto será a primeira com que se depara aquele que conhece as coisas pelo primeiro modo; pois, tirando de algumas observações particulares uma conclusão que é geral, ele se vê como que golpeado pelo estupor quando frente a qualquer coisa que vá contra aquela conclusão por ele tirada[23]. É assim que alguém que jamais houvesse visto carneiros sem ser de cauda

---

23. [B. de S.:] Não é preciso compreender isso como se o espanto devesse ser antecedido por uma conclusão formal; ele ocorre sem isso quando presumimos que a coisa é de outra maneira do que aquela que costumamos ver, entender ou conceber. Assim, quando Aristóteles diz que o cão é um animal que late, ele conclui disso que tudo o que late é um cão. Mas se um camponês diz *um cachorro*, ele entende, tácita e precisamente, a mesma coisa que Aristóteles com sua definição. De modo que, se um camponês ouve latir, diz: é um cachorro. Se, portanto, ambos ouvissem um outro animal latir, o camponês, que não fez nenhum raciocínio, estaria tão espantado quanto Aristóteles, que fez um. Além disso, quando percebemos algo em que nunca antes havíamos pensado, esse objeto não é tal como outro que tenhamos visto, no todo ou em parte.

(BREVE) TRATADO DE DEUS, DO HOMEM E DE SUA FELICIDADE 91

curta se espantaria com os carneiros marroquinos, que têm caudas longas. Assim também se conta do camponês que estava convencido de que não havia campos além dos seus e, tendo uma vaca desaparecido, foi obrigado a procurá-la bem longe, tendo se espantado de que ao redor dos seus próprios campos houvesse outros em grande quantidade.

E certamente a mesma aventura acontece com muitos filósofos que estão persuadidos de que fora deste pequeno campo ou desta pequena bola de terra sobre a qual eles se encontram não existe outra, porque não consideraram haver outras. Mas jamais haverá espanto para aquele que tira conclusões verdadeiras. E essa é a primeira paixão.

A segunda será o Amor. Essa paixão nasce: 1. do ouvir dizer; 2. da opinião; 3. de conceitos verdadeiros.

No que toca ao primeiro amor, o observamos comumente nas crianças em relação a seus pais; porque seus pais lhes dizem que tal ou tal coisa é boa, a elas são levadas sem mais nada saber a seu respeito. O mesmo ocorre com aqueles que por amor à pátria dão suas vidas; e, enfim, com todos aqueles que se deixam arrastar por qualquer coisa por ouvir falar.

Quanto ao segundo, é certo que todas as vezes que alguém vê ou imagina ver alguma coisa de bom, ele se inclina unir-se a ela. E por causa do bem que repara nesse objeto, ele o escolhe como o melhor, não conhecendo então além dele nada de melhor ou de mais agradável. Se vier a conhecer, porém, como acontece frequentemente em tais casos, alguma coisa de melhor do que o bem que lhe é atualmente conhecido, ele muda de imediato seu amor pelo primeiro objeto para o segundo (coisas que exporemos mais claramente ao tratar da liberdade do homem).

No que respeita ao terceiro, a saber, o amor do verdadeiro conhecimento, passaremos aqui em silêncio porque não é o lugar de falar sobre ele[24].

---

24. [B. de S.:] Não se trata aqui do amor nascido de conceitos verdadeiros ou do conhecimento claro, pois ele não provém da opinião; ver a esse respeito o capítulo 22.

O Ódio agora, o oposto exato do amor, nasce do erro que provém da opinião. Pois se alguém concluiu que algum objeto é bom, e se um outro faz algo em detrimento desse objeto, nasce no primeiro o ódio para com o autor daquela ação. Ódio que nele não encontraria lugar se ele conhecesse o verdadeiro bem, como o mostraremos adiante. Pois tudo o que pode existir ou ser pensado, em comparação com o verdadeiro bem, é a própria miséria, e aquele que se liga assim à miséria não é mais digno de compaixão do que ódio? O ódio, enfim, provém ainda do ouvir dizer, como vemos nos turcos contra os judeus e os cristãos, nos judeus contra os turcos e os cristãos e nos cristãos contra judeus e turcos. Efetivamente, quão ignorante é a massa entre eles no que tange ao culto e aos costumes dos demais.

Agora o Desejo, seja quando consiste, como querem alguns, apenas no apetite ou na cobiça de obter aquilo de que estamos privados, ou, como querem outros[25], no apego à conservação do que já possuímos, é certo que não se pode encontrá-lo em ninguém porque alguma coisa pareceu ser boa.

É claro, então, que o desejo, como o amor, de que se falou antes, nasce do primeiro modo de conhecimento, pois se alguém ouviu dizer de alguma coisa que ela é boa, tem por ela apetite e cobiça. Como se vê num enfermo que, pelo simples ouvir dizer de um médico que tal remédio é bom para o seu mal, logo recorre a ele.

O desejo nasce também da experiência como se vê na prática dos médicos que, tendo alguma vez encontrado um certo remédio bom, têm o costume de considerá-lo como algo infalível.

Tudo o que dissemos dessas paixões pode-se também dizê-lo de todas as outras, como está claro para cada um de nós. E como começaremos, no que se segue, a investigar aquelas que são razoáveis, ao contrário das irracionais, deixaremos isso no momento, e assim terminamos com as afecções que nascem da opinião.

---

25. [B. de S.:] A primeira definição é melhor pois, se se goza de uma coisa, o desejo dessa coisa cessa, e a disposição de conservá-la, que está em nós, não é um desejo, mas o medo de perdê-la.

Capítulo IV
O Que Nasce da Crença e do Bem e do Mal do Homem

Após ter mostrado no capítulo precedente como as paixões nascem do erro de opinião, vejamos agora os efeitos dos dois outros modos de conhecimento e, para começar, daquele que chamamos a crença reta[26].

Esse modo de conhecimento nos faz ver o que é preciso que seja a coisa, mas não o que ela é verdadeiramente. E esse é o motivo pelo qual ele não pode jamais nos unir à coisa como ela é. Digo, portanto, que ele nos ensina apenas o que é preciso que seja a coisa, mas não o que ela é, havendo uma grande diferença entre ambos os efeitos, como vimos em nosso exemplo sobre a regra de três. Se alguém pode encontrar pela proporção um número que tenha com o terceiro a mesma relação que o segundo tem com o primeiro, ele pode dizer (após o emprego da multiplicação e da divisão) que os quatro números devem ser proporcionais; e ainda que seja assim, ele fala como de uma coisa que está fora de si. Mas se acontece haver a intuição da proporcionalidade, como demonstramos no quarto exemplo, diz-se então que a coisa é verdadeiramente assim, pois ela não está fora, mas nele mesmo. Eis o que se refere ao primeiro ponto.

O segundo efeito da crença reta é que ela nos conduz a um conhecimento claro, pelo qual amamos Deus, e nos faz perceber intelectualmente não as coisas que estão em nós, mas as que estão fora.

---

26. [B. de S.:] A crença é uma convicção forte, nascida de razões, pela qual estou persuadido de que a coisa, fora do meu entendimento, é verdadeiramente assim como dentro do meu entendimento. Digo *uma convicção forte, nascida de razões*, para distingui-la seja da opinião, sempre sujeita à dúvida e ao erro, seja da ciência, que não consiste de uma convicção nascida de razões, mas de uma união imediata com a própria coisa. Digo também que a coisa é *verdadeiramente assim fora do meu entendimento* (como a concebo), pois nesse modo do conhecimento as razões não podem me enganar, pois não se distinguiriam da opinião. *Assim*, porque esse modo de conhecimento só pode me ensinar o que é preciso que a coisa seja, não o que é verdadeiramente, pois não se distinguiria da ciência. *Fora*, pois não nos faz desfrutar intelectualmente do que está em nós, mas do que está fora de nós.

O terceiro efeito é que ela nos fornece o conhecimento do bem e do mal, e nos indica todas as paixões a serem destruídas. E considerando o que já dissemos antes, que as paixões que nascem da opinião estão sujeitas a um grande mal, vale a pena ver por uma vez como essas paixões passam pela peneira desse segundo modo de conhecimento para descobrir o que há nelas de bom e de mau[27].

E para isso, as consideremos de perto, como convém, da mesma maneira que anteriormente, para poder reconhecer quais dentre elas devem ser escolhidas e quais rejeitadas por nós. No entanto, antes de passarmos a isso, digamos antes brevemente o que é o bem e o mal do homem.

Já dissemos antes que todas as coisas são necessárias e que não há na Natureza nem bem nem mal. Assim, tudo o que queremos do homem deve pertencer a seu gênero, o qual não é outra coisa senão um ser de Razão. Quando, portanto, tivermos concebido em nosso entendimento a Ideia de um homem perfeito, isso pode ser a causa para que vejamos (quando nos estudarmos a nós mesmos) se há em nós algum meio de alcançar tal perfeição.

E por essa razão, tudo o que pode nos aproximar dessa perfeição nós chamamos bom, e mau aquilo que, ao contrário, nos impede de alcançá-la ou dela não nos aproxima.

Devo, pois, conceber um homem perfeito se quiser dizer não importa o que a respeito do bem e do mal; isso porque, se eu tratasse do bem e do mal em Adão, por exemplo, confundiria então um ser real com um ser de Razão, o que um verdadeiro filósofo deve evitar com cuidado, por razões que exporemos em seguida ou em outras ocasiões.

Além do mais, como o destino de Adão, ou de qualquer outra criatura particular que seja, não nos é conhecido senão pelo acontecimento, segue-se que o que podemos dizer do destino

---

27. [B. de S.:] Quanto ao quarto efeito dessa crença verdadeira, é ele que nos indica em que consiste a verdade e a falsidade.

do homem[28] só pode basear-se sobre o conceito do homem perfeito em nosso entendimento; de um tal homem podemos conhecer o destino, porque é um Ser de Razão e podemos também conhecer, como já se disse, seu bem e seu mal, pois são apenas modos de pensar.

Para vir agora pouco a pouco à questão, já mostramos antes como da representação nascem os movimentos, modos, afecções e ações da mente e dividimos em quatro essa representação, a saber: 1. apenas o ouvir dizer; 2. a experiência; 3. a crença; 4. o conhecimento claro. Após termos visto os efeitos de todos, é evidente que o quarto modo, quer dizer, o conhecimento claro, é o mais perfeito de todos; pois a opinião nos induz com frequência ao erro, e a crença reta é apenas boa por ser o caminho que conduz ao conhecimento verdadeiro, estimulando-nos para coisas que são verdadeiramente dignas de amor, de sorte que a finalidade última que procuramos alcançar e a mais nobre que conhecemos é o conhecimento claro.

Todavia, esse conhecimento claro difere segundo os objetos que a ele se apresentam e quanto melhor é o objeto ao qual se une, melhor o conhecimento; por conseguinte, é o homem mais perfeito que se une a Deus, o ser soberanamente perfeito, e assim dele usufrui.

Para descobrir, portanto, o que há de bom e de mau nas paixões, nós as tomamos cada uma à parte para poder considerá-las. E começaremos pelo Espanto. Essa paixão, porque nasce de preconceitos ou da ignorância, é uma imperfeição no homem sujeito a tal perturbação. Digo uma imperfeição porque o espanto, por si mesmo, não conduz a nada de mau.

---

28. [B. de S.:] De nenhuma criatura particular pode-se ter uma ideia perfeita, pois a própria perfeição dessa ideia, quer dizer, se ela é perfeita ou não, é preciso deduzi-la de uma ideia geral ou de um Ser de Razão.

Capítulo v
Do Amor

Dividiremos o Amor, que outra coisa não é senão o prazer de uma coisa e a união com ela, de acordo com a natureza do objeto que o homem procura gozar e a ele unir-se.

Certos objetos são em si mesmos perecíveis e outros imperecíveis por sua causa; um terceiro é, por sua própria força e potência, eterno e imperecível.

As coisas perecíveis são todas as particulares que não procedem de todos os tempos, mas que tiveram um começo. As segundas são modos universais que dissemos ser causas das particulares. Mas a terceira é Deus ou, o que tomamos por uma só e mesma coisa, a Verdade.

O amor nasce, pois, da representação e do conhecimento que temos de uma coisa e, conforme a coisa se mostre maior e magnífica, maior é também o amor em nós.

Temos o poder de nos liberar do amor de duas maneiras: ou pelo conhecimento de algo melhor, ou pela experiência de que a coisa amada, que tínhamos por algo de grandioso e magnífico, traga com ela consequências funestas.

É também uma característica do amor o não nos esforçarmos para dele nos vermos livre (como do espanto ou de outras paixões), e isso por duas razões: primeiro, porque isso é impossível e, em segundo, porque é necessário que dele não nos livremos. É impossível porque não depende absolutamente de nós, mas apenas do que observamos de bom e de útil no objeto, e se não quiséssemos amar, seria necessário inicialmente que não conhecêssemos o objeto, o que não está em nosso poder ou não depende de nós, já que, se nada conhecêssemos, certamente nada seríamos.

É necessário que dele não nos liberemos porque, em razão da fragilidade de nossa natureza, nada havendo para gozarmos, nem a que nos unirmos e com o que nos fortificarmos, não poderíamos existir.

Desses três gêneros de objetos, quais temos de eleger, quais de rejeitar?

Para as coisas perecíveis (pois é necessário, dissemos, que por causa de nossa fraqueza amemos algum objeto e a ele nos unamos para existir), é certo que não seremos de maneira nenhuma fortalecidos em nossa natureza, considerando que elas são débeis por si e um inválido não pode carregar outro. E não apenas não nos são salutares; elas nos são prejudiciais. Pois dissemos do amor que ele é uma união com um objeto que nosso entendimento julga ser magnífico e bom; e entendemos por isso uma união tal que o amante e o amado se convertam em uma só e mesma coisa, e juntos formem um todo. Logo, é bastante miserável aquele que está unido a coisas quaisquer, perecíveis. Pois dado que estão fora de seu poder e sujeitas a muitos acidentes, é impossível que, tendo elas sido atingidas por sofrimentos, ele mesmo reste isento. Por conseguinte, concluímos que se aqueles que amam as coisas perecíveis que ainda contêm um certo grau de essência são miseráveis, qual não será a miséria daqueles que amam as honras, as riquezas e a volúpia, que nada possuem de essência.

Eis o que basta para mostrar como a razão nos adverte separar-nos de tais coisas perecíveis, pois, pelo que acabamos de dizer, está claramente demonstrado o veneno e o mal contidos e escondidos no amor por tais coisas. Porém, vemos de uma maneira incomparavelmente mais clara se considerarmos de que bem magnífico e excelente estamos privados pelo prazer de tais coisas.

Dissemos que as coisas que são perecíveis estão fora de nosso poder; que nos compreendam bem: não queremos dizer com isso que somos uma causa livre, independente de qualquer outra coisa. Quando dizemos que certas coisas estão em nosso poder e outras fora, entendemos por coisas que estão em nosso poder aquelas que executamos segundo a ordem ou de acordo com a Natureza, da qual somos uma parte; e por coisas que não estão em nosso poder aquelas que, sendo exteriores a nós, não estão sujeitas a qualquer mudança, porque estão muito afastadas de nossa verdadeira essência, tal como instituída pela Natureza.

Para continuar, vamos agora à segunda espécie de objetos que, embora eternos e imutáveis, não o são por sua própria força. Entretanto, se empreendermos um pequeno exame deles, logo perceberemos que são apenas modos que dependem imediatamente de Deus. E sendo assim sua natureza, esses objetos não podem ser conhecidos, a menos que tenhamos, ao mesmo tempo, um conceito de Deus, em quem, porque é perfeito, nosso amor deve necessariamente repousar. E para dizer em uma palavra, nos será impossível, se usarmos bem nosso entendimento, nos abstermos de amar a Deus. As razões que fazem com que assim seja são claras.

Primeiramente, porque experimentamos que somente Deus tem existência e que todas as outras coisas não são seres, mas modos; e dado que os modos não podem ser bem concebidos sem o ser do qual dependem imediatamente, e que demonstramos antes que quando conhecemos uma coisa melhor do que aquela que amamos a ela nos lançamos, abandonando a primeira, segue-se, sem contradição, que se viermos a conhecer Deus, que tem em si todas as perfeições, devemos necessariamente amá-lo.

Em segundo lugar, se usarmos bem nosso entendimento no conhecimento das coisas, deveremos conhecê-las por suas causas; e considerando que de todas as demais coisas Deus é a primeira causa, o conhecimento de Deus vem, portanto, segundo a natureza das coisas, antes de todas as outras. Pois o conhecimento dessas últimas decorre da primeira causa. Como agora o amor verdadeiro sempre nasce da magnificência e da bondade do objeto, o que se pode seguir senão que o amor se comporta com mais força sobre o Senhor nosso Deus do que sobre qualquer pessoa, sendo ele magnífico e um bem perfeito?

Vemos assim como tornamos o amor forte e como ele deve repousar somente em Deus.

O que teríamos ainda a dizer do amor, esforçar-nos-emos em dizê-lo quando tratarmos da última espécie de conhecimento. Passaremos agora à investigação prometida antes, a saber: quais as paixões que devem ser admitidas, quais as rejeitadas.

Capítulo VI
Do Ódio

O Ódio é uma inclinação a afastar de nós o que nos causou algum mal.

Deve-se agora considerar como produzimos nossas ações de duas maneiras, a saber: com ou sem as paixões. Com as paixões, é o que se vê comumente nos senhores com relação aos serviçais que cometeram alguma falta, o que de ordinário não se passa sem cólera; sem as paixões, é o que se conta de Sócrates que, se lhe fosse preciso castigar um serviçal para corrigi-lo, não o fazia em seu estado de irritação.

Vendo, pois, que nossas obras são realizadas com as paixões ou sem elas, pensamos ser claro que as coisas que nos põem ou puseram obstáculos podem ser afastadas sem excitação [da alma], se isso for necessário. Desde então, o que mais vale a pena? Fugirmos das coisas com ódio e aversão ou, com a força da razão, aprendermos a suportá-las sem excitação (pois as consideramos possíveis). É certo, de início, que se fizermos as coisas que temos de fazer sem paixão, nada pode resultar de mau. E considerando-se que entre o bom e o mau não há meio termo, vemos que, sendo mau agir com paixão, deve ser bom agir sem paixão.

Examinemos, no entanto, se há qualquer coisa de mau ao se fazer as coisas com ódio e aversão. Para o ódio, que nasce da opinião, é certo que ele não deve se produzir em nós, pois sabemos que uma mesma coisa é em certo momento boa e em outro má para nós, assim como sempre se reconheceu para as ervas oficinais. Trata-se, em definitivo, de saber se o ódio se forma em nós apenas por opinião ou também pelo raciocínio verdadeiro. Mas para examinar esse ponto, parece-nos bom explicar claramente o que é o ódio e distingui-lo da aversão.

O Ódio, digo, é uma excitação da mente contra alguém que nos fez mal, consciente e voluntariamente.

Mas a aversão é uma excitação que está em nós contra um objeto por causa do mal ou do sofrimento que conhecemos ou supomos nele estar por natureza. Disse "por natureza" porque, se não tivermos essa opinião, ainda que com ele tenhamos experimentado alguma dor ou impedimento, não lhe sentiremos aversão porque poderemos esperar dele alguma vantagem. Assim é quando alguém, mesmo se tendo machucado com uma pedra ou uma faca, não lhe cria aversão.

Após ter feito essa observação, vejamos brevemente os efeitos dessas duas paixões.

Do ódio nasce a tristeza e, quando ele é grande, produz a cólera. Ela não se esforça apenas, como o ódio, a afastar-se da coisa odiada, mas tende ainda a destruí-la, se isso for factível. Desse grande ódio sai também a Inveja. Mas da aversão nasce uma certa tristeza, pois nos esforçamos em nos privar de uma coisa que, porque é real, também possui sua essência e perfeição.

Pelo que se acaba de dizer, pode-se facilmente conhecer que, se bem usarmos nossa razão, não poderemos ter ódio ou aversão contra alguma coisa porque, assim agindo, nós nos privaríamos da perfeição que há em cada uma. E também sabemos pela Razão que jamais podemos ter ódio contra alguém, pois tudo o que está na Natureza devemos mudar em alguma coisa de melhor, seja para nós, seja para ela mesma.

E tendo em vista que um homem perfeito é a melhor coisa que conhecemos presentemente, ou temos sob os olhos, é o melhor para nós e para cada um que nos esforcemos em conduzir os homens para a perfeição, pois somente então eles podem tirar de nós, e nós deles, o melhor fruto possível. E o meio para isso é o de formar a esse respeito pensamentos tais como aqueles que nossa boa e própria consciência nos ensina a fazer e nos adverte, para que ela nunca estimule nossa perda, mas sempre nossa salvação.

Concluímos dizendo que o Ódio e a Aversão possuem tantas imperfeições quanto o Amor, ao contrário, possui de perfeições. Pois esse último sempre produz melhorias, reforço e crescimento, o que é perfeição, enquanto o ódio, ao contrário, tende sempre à devastação, ao enfraquecimento, ao aniquilamento, o que é a própria imperfeição.

Capítulo VII
Da Alegria e da Tristeza

Tendo visto de que natureza são o Ódio e o Espanto, e que essas paixões – podemos dizê-lo seguramente – nunca devem ocorrer com aqueles que usam bem de seu entendimento, continuaremos a tratar de outras paixões.

E para começar, que sejam o Desejo e a Alegria; a esse respeito, tendo em vista que elas provêm das mesmas causas de onde nasce o amor, nada mais temos a dizer senão que devemos nos lembrar do que dissemos anteriormente.

A essas paixões acrescentaremos a Tristeza, da qual podemos dizer que nasce da opinião e do erro que dela provém, pois ela tem como causa a perda de algum bem.

Dissemos antes que tudo que o que fazemos deve servir ao avanço e à melhoria. Ora, é certo que enquanto perdura nossa aflição, nos tornamos impróprios a fazer tais coisas. Eis por que nos é necessário nos furtarmos à tristeza, o que podemos fazer pensando no meio de reconquistar a coisa perdida, enquanto estiver em nosso poder fazê-lo. E se não o pudermos, pensar que é necessário nos livrarmos da tristeza, a fim de não cair em todas as misérias que ela necessariamente traz consigo. E é preciso fazermos um e outro com alegria, pois é insensato querer restabelecer e reparar um bem perdido com um mal desejado e mantido por nós.

Enfim, quem usa bem seu entendimento deve necessariamente conhecer Deus, pois que ele é, como demonstramos, o bem soberano e todo o bem. De onde se segue, sem contradição, que quem usa bem do seu entendimento não pode cair em estado de tristeza. Como não? Repousa no bem que é todo bem e no qual há plenitude de toda alegria e de toda satisfação.

Da opinião ou do desconhecimento provém a tristeza, como foi dito.

Capítulo VIII
Da Estima e do Desprezo

Para continuar, falaremos da Estima e do Desprezo, da Nobreza[29] e da Humildade, do Orgulho e da Humildade viciosa. Para bem discernir o bem e o mal nessas paixões, nós as consideraremos à parte nesta ordem.

A Estima e o Desprezo são, pois, relativos a uma coisa grande ou pequena, quando julgamos que em nós ou fora de nós tal coisa seja grande ou pequena.

A Nobreza não tem objeto fora de nós mesmos e é preciso entender por isso que alguém, sem paixão e sem cuidar da estima de si mesmo, conhece a própria perfeição, conforme seu verdadeiro valor.

Há Humildade quando alguém, sem prestar atenção ao desprezo de si mesmo, conhece sua imperfeição; por isso a humildade não contém objeto fora do homem humilde.

Existe Orgulho quando alguém se atribui uma perfeição que nele não se pode encontrar.

Há Humildade viciosa quando alguém se atribui uma imperfeição que não lhe pertence. Não falo aqui dos hipócritas que, para enganar os outros, se rebaixam sem crer no que

---

29. Na versão holandesa, a palavra é *Edelmoedigheid*, comumente traduzível por generosidade, magnanimidade ou nobreza de sentimentos.

dizem, mas daqueles que creem que as imperfeições que se atribuem existem neles.

Após essas observações, aparece bastante claramente o que há de bom e de mau em cada uma dessas paixões. No que toca à Nobreza e à Humildade, elas fazem conhecer por si mesmas suas excelências. Dizemos, com efeito, que aquele que as possui conhece sua própria perfeição e sua imperfeição, conforme o verdadeiro valor de cada uma; o que, como ensina a Razão, é o melhor para se chegar à nossa perfeição, pois se conhecemos exatamente nosso poder e nossa perfeição, vemos claramente o que se deve fazer para alcançar o fim que é bom para nós; e de outro lado, se conhecemos nossos defeitos e nossa impotência, vemos o que para nós deve ser evitado.

Quanto ao Orgulho e à Humildade viciosa, suas definições nos fazem conhecer que nascem sem dúvida nenhuma da opinião, pois o primeiro encontra-se em quem se atribui uma perfeição que não lhe pertence, e a humildade viciosa lhe é precisamente oposta.

Pelo que precede, vê-se com clareza que tanto a Nobreza quanto a verdadeira Humildade são boas e salutares, enquanto o Orgulho e a Humildade viciosa são más e corruptoras. Não apenas as primeiras põem em boas condições os que as possuem, mas são também os degraus pelos quais nos elevamos à mais alta salvação, ao passo que o orgulho e a humildade viciosa não só nos impedem de alcançar nossa perfeição, mas nos conduzem à nossa ruína. É a Humildade viciosa que nos impede de fazer o que, de outro modo, deveríamos fazer para nos tornarmos perfeitos; como vemos entre os céticos, os quais, negando que o homem possa alcançar qualquer verdade, se privam, por si mesmos, da verdade. É o Orgulho que nos faz nos prendermos a coisas que nos conduzem em linha reta à nossa ruína, como se vê entre aqueles que imaginaram e imaginam que Deus faz por eles favores miraculosos e, por essa razão, não temem qualquer perigo, estando dispostos a tudo, a enfrentar a água e o fogo, perecendo assim miseravelmente.

104 SPINOZA: OBRA COMPLETA I

Nada se tem a dizer quanto à Estima e ao Desprezo senão que é preciso guardar na memória o que se disse antes do Amor.

Capítulo IX
Da Esperança e do Medo

Começamos a falar agora da Esperança e do Medo, da Segurança, do Desespero e da Indecisão, da Coragem, da Audácia e da Emulação, da Pusilanimidade e da Consternação e, enfim, do Ciúme. Tomaremos, como é de nosso hábito, uma após a outra e mostraremos aquelas que são para nós entraves e quais auxiliares. Poderemos fazer isso muito facilmente, pois estaremos atentos às ideias que temos de uma coisa por vir, seja ela boa ou má.

As ideias que temos concernentes à própria coisa são: ou a consideramos como contingente, quer dizer, podendo ou não acontecer, ou como devendo acontecer necessariamente. Eis o que é relativo à própria coisa.

A respeito daquele que tem a ideia da coisa, pensamos que ou ele deve fazer algo para estimular sua chegada, ou algo para impedi-la.

Dessas ideias nascem todas as afecções da seguinte maneira: se, de uma coisa a vir, admitimos que ela é boa e pode ocorrer, a mente recebe essa forma que se chama esperança e que outra coisa não é senão uma certa forma de alegria, misturada, porém, a alguma tristeza. Se, ao contrário, julgamos que a coisa que pode ocorrer é má, então penetra em nossa mente a forma que chamamos medo.

Se, no entanto, concebemos a coisa como boa e como devendo acontecer necessariamente, dessa ideia nasce na mente esse repouso que chamamos segurança, que é uma espécie de alegria não mesclada de tristeza, como o é a esperança.

Mas se concebemos a coisa como má e devendo necessariamente ocorrer, isso faz nascer na mente o desespero, que não é outra coisa senão uma espécie de tristeza.

(BREVE) TRATADO DE DEUS, DO HOMEM E DE SUA FELICIDADE 105

Tendo até aqui falado das paixões que estão contidas neste capítulo, e oferecido definições sob forma afirmativa, assim dizendo o que é cada uma delas, podemos também, inversamente, defini-las de modo negativo: esperamos que o mau não sobrevenha; tememos que o bom não chegue; estamos seguros de que o mal não virá; e estamos desesperados porque o bem não deve vir.

Após ter assim falado das paixões que nascem das ideias, relacionando-as às coisas mesmas, falemos agora das paixões nascentes de ideias que se relacionam àquele que concebe a coisa, a saber: quando é preciso fazer algo para produzir a chegada de uma coisa e não podemos tomar uma resolução a respeito, a mente recebe em si uma forma que chamamos indecisão.

Mas se a mente resolve virilmente a consecução de uma coisa, porque ela pode ser produzida, a isso chamamos coragem. E se a coisa é difícil de ser cumprida, dá-se o que chamamos intrepidez ou audácia.

Se, entretanto, alguém resolve a consecução de uma coisa porque um outro a fez em sua frente e foi bem sucedido, a isso se chama emulação.

Se alguém sabe o que deve temer para produzir a chegada de algo bom, ou impedir a de algo ruim, e no entanto não o faz, eis o que chamamos pusilanimidade; e quando é muito grande, consternação.

Enfim, o ciúme é a preocupação que se tem de poder guardar o que se adquiriu e usufruí-lo sozinho.

Agora que sabemos de onde nascem as afeições, nos será muito fácil mostrar quais dentre elas são boas e quais ruins.

Quanto à Esperança, ao Medo, à Segurança, ao Desespero e ao Ciúme, é certo que essas paixões nascem de uma má opinião, pois, assim como demonstramos precedentemente, todas as coisas têm sua causa necessária e, por conseguinte, devem ocorrer necessariamente, como acontecem. E embora a Segurança e o Desespero pareçam se colocar na ordem e na sequência infrangível das causas (tendo-se por estabelecido a impossibilidade de modificá-las), não o são de modo algum quando se percebe o que eles são; jamais existe Segurança ou Desespero se antes não tiver havido Esperança ou Medo (e destas últimas paixões é que ambas retiram sua existência). É assim que, por exemplo, se alguém tem por bom o que ele ainda espera, recebe em sua mente a forma que chamamos Esperança; e quando está seguro de alcançar o bem presumido, a mente ganha o repouso que chamamos Segurança.

No entanto, após o que dissemos do Amor, essas paixões não podem encontrar lugar no homem perfeito, tendo em vista pressupor coisas às quais, em razão de sua natureza submetida à mudança (como observamos na definição do Amor), não devemos nos apegar, e às quais (como demonstrado na definição do Ódio) não devemos ter qualquer aversão. A esse apego e a essa aversão, o homem que tem paixões está sujeito.

Quanto à Indecisão, à Pusilanimidade e à Consternação, elas demonstram sua imperfeição por sua própria natureza ou maneira de ser, pois tudo o que fazem para o nosso proveito não é um efeito de sua natureza, a não ser de uma forma negativa. Com efeito, se alguém espera algo que julga bom e, no entanto, não é bom, e que, por sua indecisão ou pusilanimidade, lhe falta a coragem necessária para sua execução, ele apenas se livra do mal que teria por um bem negativamente advindo e por acidente. Por consequência, tais paixões também não podem encontrar lugar em um homem conduzido pela verdadeira Razão.

Quanto à Coragem, à Intrepidez e à Emulação, nada há a dizer senão o que já dissemos do Amor e do Ódio.

Capítulo x
Do Remorso e do Arrependimento

Falaremos agora, mas só brevemente, do remorso e do arrependimento. Essas paixões nascem apenas de maneira surpreendente, pois o remorso tem unicamente por origem fazermos

(BREVE) TRATADO DE DEUS, DO HOMEM E DE SUA FELICIDADE 107

alguma coisa a respeito da qual duvidamos se é bom ou mau; e o arrependimento provém de termos feito algo que é ruim.

E havendo muitos homens que, bem usando do seu entendimento, por vezes se perdem (porque a habilidade requerida para sempre usar bem do seu entendimento lhes falha), poder-se-ia ser tentado a pensar que o Remorso e o Arrependimento podem tornar mais imediato o retorno ao bom caminho e concluir daí (como o faz todo o mundo) que tais paixões são boas. Se, todavia, as considerarmos como é preciso, verificamos que elas são danosas e, por conseguinte, más.

Pois é evidente que a Razão e o Amor da verdade nos conduzem sempre melhor ao caminho correto do que o remorso e o arrependimento. Estes aqui são danosos e maus por serem uma espécie de tristeza, e demonstramos anteriormente que esse sentimento é nocivo e que devemos, por consequência, nos esforçar em mantê-lo afastado de nós; de modo similar, devemos, pois, evitar e fugir do remorso e do arrependimento.

Capítulo XI
Da Chacota e da Brincadeira

A chacota e a brincadeira repousam sobre uma opinião falsa e demonstram uma imperfeição naquele que burla e brinca.

Elas se fundamentam sobre uma opinião falsa pois se imagina que aquele de quem se zomba é a primeira causa de suas ações e que elas não dependem necessariamente de Deus (como todas as demais coisas existentes na Natureza). Elas fazem conhecer uma imperfeição no burlador porque o objeto da zombaria é ou não é de tal natureza que mereça ser caçoado; se não é de tal natureza, o zombeteiro mostra possuir uma má natureza, caçoando do que não é para ser caçoado; e se o objeto merece a zombaria, o burlador mostra que ele reconhece alguma imperfeição naquilo de que se mofa; mas a imperfeição não se corrige pela zombaria, antes por palavras benevolentes.

Quanto ao riso, ele não possui objeto exterior, mas se relaciona apenas ao homem que observa em si mesmo algo de bom; e porque é uma espécie de alegria, não há nada a dizer que não tenha sido dito da Alegria. Falo de um riso tendo como causa uma certa ideia que o excita e não, em absoluto, de um riso provocado pelo movimento dos espíritos animais. Está completamente fora de nosso propósito falar deste último, que nada tem a ver com o bem e o mal.

Da Inveja, da Cólera e da Indignação nada há a dizer senão lembrar o que já dissemos do Ódio.

Capítulo XII
Da Honra, da Vergonha e da Impudência

Falaremos agora brevemente da honra, da vergonha e da impudência.

A primeira é uma certa espécie de alegria que alguém ressente em si mesmo quando percebe que sua maneira de agir é estimada e apreciada por outros, sem que tenham em vista qualquer vantagem ou proveito.

A Vergonha é uma espécie de tristeza que nasce em alguém quando vê que sua maneira de agir é desprezada por outros, sem que tenham em vista qualquer detrimento ou dano, sofrido ou a sofrer.

A Impudência não é outra coisa senão a falta ou a rejeição da vergonha, cuja origem não é a Razão, mas sim a ignorância da vergonha, como entre as crianças ou os selvagens, ou a grande desestima na qual se foi mantido e que faz com que se passe por cima [da vergonha], sem se inquietar.

Conhecendo essas afecções, examinaremos ao mesmo tempo a vanidade e a imperfeição que nelas existem. Pois a Honra e a Vergonha, conforme observamos em nossa definição, não apenas não têm nada de útil, mas repousando apenas sobre o egoísmo e sobre a opinião de que o homem é a causa primeira de suas obras e merece repreensão e louvor, são nocivas e dignas de rejeição.

Não quero porém dizer que se deve viver entre os homens como se vivêssemos em um mundo estranho, onde nem a honra nem a vergonha tivessem lugar; ao contrário, reconheço que não apenas nos é permitido usá-las quando as empregamos para a utilidade e melhoramento dos homens, mas que podemos mesmo fazê-lo ao restringir nossa própria liberdade (sob outros pontos de vista, perfeita e legítima). Se, por exemplo, alguém se veste suntuosamente para ser assim considerado, ele procura uma honra que nasce do amor de si, sem nenhuma relação com seu próximo. Mas se alguém percebe que a sua sabedoria, com a qual pode ser útil a seu próximo, é menosprezada e pisoteada simplesmente porque traja um mau hábito, ele age bem, caso sua intenção for prestar um favor, ao se vestir de modo a não chocar, tornando-se assim semelhante ao seu próximo, para conquistá-lo.

Quanto à Impudência, ela se mostra sob um aspecto tal que, para ver sua feiúra, só temos necessidade de sua definição, e isso nos bastará.

Capítulo XIII
Do Favor, do Reconhecimento e da Ingratidão

Vêm agora o favor, o reconhecimento e a ingratidão. Para os dois primeiros, eles são uma inclinação que a mente possui de querer e fazer algum bem ao próximo. Digo "querer" quando se trata de um bem feito a alguém que, ele mesmo, fez um bem qualquer. Digo "fazer" quando nós mesmos obtivemos ou recebemos algum bem.

Bem sei que, segundo o julgamento da maior parte dos homens, essas ações são boas; no entanto, ouso dizer que elas não devem encontrar lugar em um homem perfeito, pois um homem perfeito, para ajudar seu próximo, será unicamente movido pela necessidade, sem outra causa, e, por conseguinte, ele se encontra obrigado a ajudar os mais abandonados de Deus. Tanto mais que neles vê uma grande necessidade e uma miséria maior.

A ingratidão é um menosprezo ao Reconhecimento, como a Impudência à Vergonha, e isso sem que se considere minimamente a razão; ela nasce apenas ou da avidez ou de um egoísmo excessivo. Eis por que ela não pode encontrar lugar no homem perfeito.

Capítulo XIV
Do Pesar

O Pesar é o último objeto do qual falaremos no estudo das paixões, e por ele terminaremos. O Pesar é, pois, uma espécie de tristeza que nasce da consideração de um bem que nós perdemos, e isso sem que tenhamos qualquer esperança de reencontrá-lo. Ele nos faz conhecer sua imperfeição de tal maneira que, se apenas o considerarmos, o declaramos imediatamente mau. Pois demonstramos antes que é mau ligar-se e apegar-se a coisas que podem facilmente, ou a qualquer momento, nos faltar, e que não podemos ter como o queremos. E porque é uma espécie de tristeza, devemos evitá-lo, como já observamos acima ao tratar da tristeza.

Creio assim ter mostrado suficientemente e provado que pertence apenas à Crença Reta ou à Razão conduzir-nos ao conhecimento do bem e do mal. E assim, quando mostrarmos que a primeira e principal causa de todas essas afecções é o Conhecimento, aparecerá claramente que, se bem usamos de nosso entendimento e de nossa Razão, jamais cairemos em uma dessas paixões que devem ser rejeitadas. Digo "nosso entendimento" porque penso que só a Razão não tem o poder de nos livrar de todas elas, como o demonstraremos no lugar adequado.

Há ainda uma coisa excelente a ser observada a respeito das paixões, a saber, que nós vemos e achamos que todas as que são

(BREVE) TRATADO DE DEUS, DO HOMEM E DE SUA FELICIDADE

boas são de uma natureza tal que não podemos ser e subsistir sem elas e que, por conseguinte, elas nos pertencem essencialmente, como o Amor, o Desejo e tudo o que pertence ao Amor.

Mas é totalmente diferente com as que são más e devem ser rejeitadas por nós, pois não somente podemos existir sem elas, mas apenas somos como devemos ser após nos termos delas livrado.

Para trazer ainda mais clareza a esse assunto, reparemos que o fundamento de todo bem e de todo mal é o Amor quando recai sobre um certo objeto; pois, como já dissemos antes, se não amamos o objeto que merece ser amado, a saber, Deus, mas as coisas que por seu próprio caráter ou natureza são perecíveis, segue-se necessariamente (por estar o objeto sujeito a acidentes e mesmo à destruição) o ódio, a tristeza etc. após uma mudança ter sobrevindo ao objeto amado: o Ódio, se alguém rouba a coisa amada; a Tristeza, se a perdemos; a Honra, se nos apoiamos sobre o Egoísmo; o Favor e o Reconhecimento, se não se ama o próximo por amor a Deus. Se, ao contrário, o homem consegue amar a Deus, que é e sempre permanece imutável, então lhe é impossível cair no lamaçal das paixões. Por isso, estabelecemos como regra fixa e inquebrantável que Deus é a primeira e única causa de todo o nosso bem e o libertador de todo o nosso mal.

É preciso observar, enfim, que apenas o Amor é ilimitado, quer dizer, que quanto mais cresce, mais se torna excelente, pois que recai sobre um objeto que é infinito, podendo assim sempre crescer. O que não ocorre com qualquer outra coisa mais. E talvez esteja ali a matéria de onde tiraremos a demonstração da imortalidade da alma, ao mesmo tempo em que mostraremos como e de que maneira ela pode ser (no capítulo XXIII).

Capítulo xv
Do Verdadeiro e do Falso

Vejamos agora o que do verdadeiro e do falso nos faz conhecer o quarto e último efeito da verdadeira crença. Para o que estabeleceremos, primeiramente, a definição da Verdade e da Falsidade.

A Verdade é uma afirmação ou uma negação relativa a uma coisa que concorda com essa mesma coisa.

A Falsidade é uma afirmação ou negação relativa a uma coisa que não concorda com essa mesma coisa.

Se assim é, parece, entretanto, que entre a ideia verdadeira e a falsa não há qualquer diferença, senão que uma concorda com a coisa e a outra não, e que entre uma e outra então, sendo verdadeiros modos de pensar, caso afirmem ou neguem, só haveria uma distinção de razão, e não uma distinção real.

Se assim fosse, poder-se-ia perguntar com todo o direito que proveito tem uma com a sua Verdade e que dano causa a outra com a sua Falsidade. Ou ainda, como uma pode saber que seu conceito ou sua ideia melhor concorda com a coisa do que a outra? E de onde vem que uma se engane e a outra não?

O que serve aqui como primeiro elo de resposta é que as coisas claras, acima de tudo, não se fazem apenas conhecer a si mesmas, mas também fazem conhecer a falsidade, de sorte que seria uma grande loucura perguntar: como se toma consciência disso? Pois já que são claras acima de tudo, não pode haver outra clareza pela qual se tornassem mais claras.

Segue-se daí que a verdade se faz reconhecer ela própria e faz igualmente conhecer a falsidade, mas jamais a falsidade se reconhece e se demonstra por si própria. Aquele, portanto, que possui a verdade, não pode duvidar que a tenha; ao contrário, aquele que está mergulhado na falsidade ou no erro, bem pode pensar que está com a verdade, como alguém que sonha bem pode pensar que está acordado, mas ninguém que esteja em vigília pensa que sonha.

Pelo que acaba de ser dito, também se explica, em certa medida, o que nós dizemos: que Deus é a verdade ou que a verdade é Deus, ele mesmo.

Quanto à causa pela qual alguém tem de sua verdade uma consciência maior do que o outro, é que a ideia que afirma, ou nega, concorda inteiramente com a natureza da coisa e é, por consequência, mais rica de essência.

Para melhor conceber isso, é preciso observar que o Conhecer (embora o termo tenha um outro sentido) é um puro padecer; quer dizer, que nossa mente se modifica de uma certa maneira quando nela recebe outros modos de pensar que anteriormente não possuía. Logo, se alguém recebe em si uma forma ou modo de pensar na sequência de uma ação exercida pela totalidade do objeto, é claro haver um sentimento diferente da forma e da natureza do objeto do que um outro que não teve tantas causas [atuando sobre ele], sendo movido por uma ação diversa e mais ligeira ao afirmar ou negar, pois percebeu o objeto por um número pequeno ou menor de atributos que lhe pertencem.

Vê-se por aí a perfeição daquele que está com a Verdade se o opusermos a quem não a tem. Pois enquanto um é facilmente modificado, o outro não o é; de onde se segue que um tem mais constância e essência do que o outro. Além disso, esses modos de pensar, que concordam com a coisa, tendo mais causas, têm também em si mais constância e essência; e dado que concordam inteiramente com a coisa, é impossível que sejam a cada momento afetados de outra maneira por ela, ou sofram alguma modificação. Tanto mais que, como já visto anteriormente, a essência de uma coisa é imutável. Nada disso se produz na falsidade. E pelo que acaba de ser dito, respondeu-se com suficiência à questão posta acima.

Capítulo xvi
Da Vontade

Sabendo agora o que é o Bem e o Mal, a Verdade e a Falsidade, assim como em que consiste a felicidade de um homem perfeito, será tempo de voltar ao estudo de nós mesmos e de ver se é por livre vontade ou em virtude de uma necessidade que chegamos a um estado de felicidade. Para isso, é preciso pesquisar o que é a Vontade, para aqueles que a admitem, e em que ela se distingue do Desejo.

O Desejo, dissemos, é uma inclinação que a mente tem para qualquer coisa que ela escolhe como boa; de onde se segue que, antes de o nosso desejo tender exteriormente para um objeto, uma decisão já foi tomada, pronunciando que aquele objeto é bom; essa afirmação prévia, ou, em sentido geral, o poder de afirmar ou de negar, é chamada, portanto, Vontade[30].

Trata-se agora de ver se essa afirmação ocorre por nossa livre vontade ou por necessidade, quer dizer, se nós podemos afirmar ou negar alguma coisa de algo sem estarmos coagidos por alguma causa exterior. Mas como foi por nós demonstrado anteriormente que uma coisa que não se explica por ela própria, ou cuja existência não pertence à essência, deve necessariamente ter uma causa exterior, e que uma causa que deve produzir algo não pode deixar de necessariamente produzi-la, segue-se também que querer particularmente isso ou aquilo, afirmar ou negar particularmente uma coisa, são operações que devem provir de uma causa exterior, assim como, segundo a definição que demos de causa, tal causa não pode ser livre[31].

---

30. [B. de S.:] Logo, a vontade, tomada como afirmação ou decisão, é distinta da crença reta, pois que ela se estende também ao que não é bom. E isso porque a convicção é de tal sorte que não se pode ver claramente que não possa ser de outro modo, como sempre acontece na crença reta, e deve necessariamente acontecer, pois dela só pode nascer o desejo bom. Ela difere da opinião naquilo que, por vezes, bem pode ser certa e infalível. O que não sucede com a opinião, que consiste em conjecturar e a se manter no provável. De maneira que poderíamos chamar Crença quando certa e Opinião quando sujeita a erro.

31. [B. de S.:] É certo que o querer particular deve ter uma causa exterior pela qual exista. Pois dado que à sua essência não pertence a existência, ele deve ser necessariamente pela existência de outra coisa. Há os que dizem: a causa eficiente de um querer particular não é uma Ideia, mas a própria Vontade no homem, e o Entendimento é uma causa sem a qual a Vontade nada pode; e, assim, a Vontade, tomada sem determinação, assim como o Entendimento, não são seres de razão, mas seres reais.

No que me concerne, e quando as considero atentamente, elas me parecem ser noções gerais, e não lhes posso atribuir qualquer realidade. Suponhamos que seja como eles dizem: então, é preciso confessar que a Volição é um modo da Vontade, e que as Ideias são modos do Entendimento; de onde segue, necessariamente – pois a substância é modificada, não o modo – que o Entendimento e a Vontade são

(BREVE) TRATADO DE DEUS, DO HOMEM E DE SUA FELICIDADE   115

Isso poderá não satisfazer alguns, mais habituados a ocupar seu Entendimento com seres de razão do que com coisas particulares que existem realmente na Natureza, o que os fazem considerá-las não mais como seres de Razão, mas como seres reais. Pois o homem, tendo às vezes essa vontade aqui, às vezes aquela ali, elabora em sua mente um modo geral a que chama Vontade, assim como a ideia deste homem aqui e daquele homem lá fazem a ideia de Homem; e não distinguindo suficientemente os seres reais dos seres de Razão, acabam por considerar os seres de Razão como coisas que verdadeiramente existem na Natureza e se tomam eles mesmos como causas de certas coisas, como não é raro que se faça no estudo da questão sobre a qual falamos. Pois, se perguntarmos a alguém: por que o homem quer isso ou

substâncias diferentes e realmente distintas. Caso se diga então que a mente governa essas suas substâncias, é porque existe uma terceira substância; e tudo isso torna as coisas tão confusas que é impossível fazer delas uma ideia clara e distinta. Pois como a ideia não está na Vontade, mas no Entendimento, em virtude da máxima segundo a qual uma substância não pode passar para outra, não pode nascer qualquer amor na Vontade. Haveria contradições inextrincáveis caso se pudesse querer aquilo em que não existe qualquer ideia no poder que quer. Dir-se-á que a Vontade, por sua união com o Entendimento, também percebe o que o Entendimento percebe e, por consequência, o ama. Nós objetamos que uma percepção, sendo ainda uma ideia, seja também um modo do Entendimento e que esse modo não possa, pelo que antecede, encontrar-se na Vontade, embora houvesse uma tal união como aquela entre o corpo e a mente. Pois admitamos que a mente esteja unida ao corpo como habitualmente ensinam os filósofos, ainda que o corpo não sinta e a mente não seja extensa. De outra maneira, uma Quimera, na qual reunimos pelo pensamento duas substâncias, poderia tornar-se uma coisa, o que é falso. E se dissermos que a mente governa ao mesmo tempo o Entendimento e a Vontade, isso não é apenas impossível de conceber, mas é contraditório, pois assim falando parece negar-se que a Vontade seja livre. E para terminar aqui, pois não tenho desejo de ajuntar tudo o que tenho a dizer contra a afirmação de uma substância finita e criada, mostrarei apenas que a Liberdade da Vontade não concorda em nada com uma criação continuada (como a que admitem), a saber: que uma mesma atividade é requerida em Deus para manter na existência e no criar, pois de outra maneira uma coisa não poderia subsistir um instante. Se assim é, não se pode falar de liberdade a respeito de uma coisa. Deve-se dizer que Deus a criou tal como é; porque se ela não tem nenhum poder de se conservar pelo tempo que existir, menos ainda pode produzir alguma coisa por ela mesma. Caso se dissesse que a mente produz a volição por ela mesma, eu perguntaria: por qual força? Não por aquela que foi, pois não é mais; nem por aquela que tem agora, pois não tem nenhuma, pela qual pudesse subsistir ou durar o menor instante, já que é continuamente criada. Não havendo nada, então, que possa ter alguma força para se conservar ou produzir algo, nenhuma conclusão é possível, a não ser que Deus é e deve ser a causa eficiente de todas as coisas e que todas as volições são determinadas por ele.

aquilo? A resposta será: porque tem uma vontade. Porém, como a Vontade é apenas uma ideia geral de tal ou qual volição, como já dissemos, e, por conseguinte, apenas um modo de pensar, ou seja, um ser de Razão e não uma coisa real, nada também pode ser por ela causado, pois do nada, nada resulta. E porque mostramos que a Vontade não é algo existente na Natureza, mas apenas uma ficção, sou também da opinião de que não temos necessidade de perguntar se ela é livre ou não.

Não digo isso apenas da Vontade em geral, que mostramos ser um modo de pensar, mas de qualquer querer particular, querer que consiste, segundo alguns, em afirmar ou negar livremente isso ou aquilo. Quem estiver atento a tudo o que já demonstramos, o verá claramente. Pois dissemos que o Conhecer é uma pura paixão, quer dizer, uma percepção na mente da essência e da existência das coisas; de maneira que jamais somos nós que afirmamos alguma coisa de algo, mas ela própria que, em nós, afirma ou nega alguma coisa dela mesma.

Alguns não concordarão com isso porque lhes parece que podem afirmar ou negar de algo outra coisa que tenham na consciência; isso vem de não terem qualquer ideia da noção que a mente possui das coisas sem as palavras ou exteriormente às palavras. É bem verdade (quando existem razões que a isso nos impelem) que podemos dar a outros, por palavras ou por outros meios, uma noção diferente da coisa do que aquela de que temos consciência; mas não o faremos, nem por palavras nem por outro meio sensível, a respeito de coisas que não sentimos; isso é impossível, como está claro para todos aqueles que, fora do uso das palavras ou de outros signos expressivos, prestaram atenção uma vez apenas ao seu Entendimento.

Alguns, no entanto, poderão objetar; se não somos nós que afirmamos ou negamos, mas somente a coisa que em nós afirma ou nega a si própria, nada pode ser afirmado ou negado senão o que concorda com a coisa; e, por conseguinte, não pode haver falsidade. Pois a falsidade, dissemos, consiste em que algo é negado ou afirmado da coisa que não concorda com ela, quer

(BREVE) TRATADO DE DEUS, DO HOMEM E DE SUA FELICIDADE 117

dizer que ela não nega ou afirma por si mesma. Mas penso que apenas estando bem atentos ao que dissemos da Verdade e da Falsidade, veremos que tal objeção já foi suficientemente respondida. Com efeito, dissemos que o objeto é a causa daquilo que, verdadeiro ou falso, é afirmado ou negado de si; a falsidade consiste, quando percebemos algo proveniente do objeto, em imaginar que o objeto (embora tenhamos percebido [dele] apenas uma pequena parte), em sua totalidade, afirma ou nega de si aquilo que dele percebemos. E isso se produz sobretudo em almas fracas que, desde que sofreram uma leve ação do objeto, dão acolhida muito facilmente a um modo, ou Ideia, além do qual não há mais nem afirmação nem negação.

Poder-se-ia, enfim, nos objetar que há muitas coisas que queremos e que não queremos, como, por exemplo, afirmar ou não afirmar algo de alguma coisa, dizer ou não dizer a verdade etc. Isso provém do fato de não se distinguir muito o Desejo da Vontade, pois a Vontade, para aqueles que a admitem, é obra somente do Entendimento[32], pelo qual nós afirmamos ou negamos qualquer coisa de algo, sem ter em vista o bem e o mal. O Desejo, ao contrário, é uma forma que tem por finalidade na mente a busca ou a realização de uma coisa, tendo em vista o bem ou o mal que nela existe. De maneira que o Desejo também está em nós depois de termos afirmado ou negado algo de alguma coisa, a saber: após termos provado ou afirmado que uma coisa é boa – e, segundo eles dizem, nisso consiste a Vontade – só então vem o desejo ou a inclinação para perseguir essa coisa. Assim, segundo sua própria linguagem, a Vontade bem pode existir sem o Desejo, mas não o Desejo sem a Vontade, que deve tê-lo antecedido.

Todas as ações das quais falamos acima, visto que elas são realizadas porque parecem boas, ou evitadas porque parecem más, só podem ser compreendidas nas inclinações que se chamam desejos, e não de outra forma, a não ser totalmente imprópria, sob a denominação de Vontade.

32. No holandês, como no alemão, *Verstand*. Em latim, *intelligere* (inteligir), embora não dicionarizado em português.

Capítulo XVII
Da Diferença Entre a Vontade e o Desejo

Sendo, portanto, manifesto que não temos como afirmar ou negar qualquer vontade, vejamos agora uma vez mais a diferença real e verdadeira entre a vontade e o desejo, ou o que pode ser propriamente a Vontade, que os latinos chamaram *voluntas*.

Segundo a definição de Aristóteles, o desejo parece ser um gênero que abrange duas espécies, pois ele diz que a Vontade é o apetite ou o desejo que se tem do que parece ser bom. Por conseguinte, parece-me que em sua ideia de Desejo (*cupiditas*) estão todas as inclinações, quer elas tendam para o bem ou para o mal. Ao contrário, quando a inclinação tende somente ao que é bom, ou que ao homem que a possua ela pareça dirigir-se ao que é bom, ele a chama *voluntas*, ou vontade boa; mas quando ela é má, quer dizer, quando vemos em outrem uma inclinação para algo que parece mau, ele a chama *voluptas*, ou vontade má. De maneira que a inclinação da mente não tem por finalidade afirmar ou negar alguma coisa, mas é apenas uma inclinação para adquirir algo que tem a aparência do bem e fugir de alguma coisa que tem a aparência do mal.

Resta agora investigar se o Desejo é livre ou não. Após já se ter dito que o Desejo depende da ideia que se tem das coisas, e que para se ter uma ideia é necessária uma causa exterior, só resta mostrar que o Desejo não é livre.

Apesar de muitos virem que o conhecimento que o homem possui de diferentes coisas é um meio pelo qual seu desejo ou apetite passa de uma a outra, não reparam qual pode ser o meio que atrai assim seu desejo de uma para outra. Mas, a fim de mostrar que essa inclinação não é livre, iremos supor, para estampar com vivacidade diante dos olhos o que é passar ou ser atraído de uma coisa para outra, uma criança que, pela primeira vez, acaba de perceber uma coisa: eu lhe mostro, por exemplo, um sininho que produz em seus ouvidos um som agradável, e assim ela adquire o desejo desse objeto. Vede, agora, se ela poderia esquivar-se de ter esse desejo ou apetite. Se responderdes sim, perguntarei: por quê? Não é, certamente, porque ela conheceria algo de melhor, já que esse é o único objeto que conhece. Também não é porque lhe parece ruim, pois não conhece nenhum outro e a atração que lhe invade é a maior que já experimentou. Talvez tenha ela a liberdade de pôr para fora de si o apetite que possui? De onde se seguiria que o apetite bem pode começar em nós sem termos liberdade, mas que nós também não teríamos ao mesmo tempo em nós uma liberdade de pô-lo para fora; tal liberdade, todavia, não resiste à prova. O que, portanto, poderia destruir este apetite? O próprio apetite? Seguramente, não, pois nada existe que procure, por sua própria natureza, sua própria destruição. O que em verdade poderia então retirar da criança esse apetite? Nada, por certo, senão que, seguindo a ordem e o curso da natureza, ela seja afetada por alguma coisa que lhe seja mais agradável do que o primeiro objeto.

Por conseguinte, da mesma maneira que ao tratar da Vontade mostramos que no homem ela não é outra coisa que este ou aquele Querer, da mesma forma nele o Desejo não é outra coisa que este ou aquele Desejo, causado por esta ou aquela ideia. Pois o Desejo não é algo que esteja realmente na Natureza, sendo apenas abstrato neste ou naquele estado particular de Desejo; e o Desejo, que não é verdadeiramente nada, não pode também ser causa de nada. Quando, pois, dizemos que o Desejo é livre, isso equivaleria a dizer que este ou aquele Desejo é causa de si, quer dizer, que antes que fosse ele fez com que ele fosse, o que é absurdo e não pode ser.

Capítulo XVIII
Da Utilidade do Que Precede

Vemos assim que o homem, sendo uma parte do conjunto da Natureza, da qual depende e pela qual é também governado, nada pode fazer por si mesmo para seu bem-estar[33] e felicidade. Vejamos então agora que utilidade nos pode provir dessas proposições que sustentamos, visto que, não temos dúvidas, elas parecerão chocantes para muitos.

Em primeiro lugar, resulta que somos servidores e, diria, escravos de Deus, sendo nossa maior perfeição a de sê-lo necessariamente. Pois se estivéssemos reduzidos a nós mesmos, e assim não dependêssemos de Deus, haveria pouca ou mesmo coisa alguma que poderíamos realizar e encontraríamos nessa impotência, com justo motivo, uma causa de aflição, ao contrário do que vemos agora, a saber: que dependemos daquilo que é o mais perfeito, de tal maneira que somos uma parte do todo, quer dizer, dele mesmo, e contribuímos, de alguma maneira, para a efetivação de tantas obras habilmente ordenadas e perfeitas que dele dependem.

Em segundo lugar, esse conhecimento faz com que, ao terminarmos o que quer que seja de maneira excelente, não nos orgulhemos a seu respeito. Esse orgulho é a causa de, pensando ser alguma coisa de grande e não ter necessidade de nada mais, permanecermos no ponto onde estamos, quando íamos precisamente ao encontro de nossa perfeição, que consiste em sempre nos esforçarmos para progredir mais. Ao contrário, atribuamos a Deus tudo o que fazemos, pois é ele a primeira e única causa de tudo o que realizamos e executamos.

Em terceiro lugar, esse conhecimento, além do amor verdadeiro ao próximo, que ele faz penetrar em nós, nos predispõe de tal sorte que jamais odiamos e nos irritamos com ele; ao contrário, nos leva a socorrê-lo e a colocá-lo em melhor situação. E todas essas maneiras de agir são aquelas de um homem de grande perfeição ou essência.

Em quarto lugar, esse conhecimento serve também para o crescimento do Bem Comum; pois por seu intermédio um juiz

---

33. O termo utilizado aqui, como ainda no *Tratado Político*, é *salus, salutis* e nos indica, além de outras acepções, o estado de perfeita saúde ou de bem-estar, físico ou mental. Daí termos optado por bem-estar.

não poderá ser mais parcial com um do que com outro. E se lhe é necessário punir a um e recompensar o outro, ele o fará com o propósito de ajudar e melhorar tanto um quanto o outro.

Em quinto lugar, esse conhecimento nos libera da Tristeza, do Desespero, da Inveja, do Pavor e de outras paixões más que, assim como diremos mais adiante, são, elas próprias, o inferno.

Em sexto lugar, esse conhecimento nos conduz também a não temer a Deus, como outros têm medo de pensar que o Diabo que imaginaram possa lhes fazer mal. Como temeríamos a Deus, se é ele próprio o soberano bem e para quem todas as coisas, as que possuem alguma essência, são o que são, e nós também, que nele vivemos?

Além do mais, esse conhecimento nos leva a relacionar tudo a Deus e a amá-lo, unicamente porque é soberanamente magnífico e perfeito, e a fazer de nós [mesmos] sua completa oferenda, pois nisso consiste tanto o verdadeiro serviço divino quanto a nossa salvaguarda e felicidade. Pois a única perfeição e o fim último de um escravo ou de um instrumento consiste em realizar, como deve ser, o serviço que lhe for imposto. Se, por exemplo, um carpinteiro, na execução de seu trabalho, encontra-se melhor servido por seu machado, este aqui alcança seu fim e perfeição; se, no entanto, ele decide pensar – tal machado serviu-me muito bem, quero deixá-lo descansar e não fazer mais uso dele –, tal o machado será afastado de sua finalidade e não será nem mesmo um machado.

Da mesma forma, o homem, enquanto parte da Natureza, deve seguir suas leis, o que é o verdadeiro serviço divino; e enquanto agir assim, se manterá em seu estado de felicidade. Todavia, se Deus, por assim dizer, quisesse que o homem não mais o servisse, seria exatamente a mesma coisa que lhe despojar de sua felicidade e destruí-la, pois tudo o que há consiste em servir a Deus.

Capítulo xix
Da Nossa Felicidade

Após ter visto a múltipla utilidade da Crença Reta, nos esforçaremos em cumprir a promessa anteriormente feita, a saber, a de investigar se, pelo conhecimento adquirido do que é bom e do que é mau, do que são a verdade e a falsidade, e saber qual é, de maneira geral, a utilidade de tudo isso, se por isso, digo, podemos alcançar nossa felicidade, quer dizer, o Amor de Deus, que consiste, como observamos, em nossa soberana felicidade. E também de que maneira podemos nos liberar das paixões que reconhecemos como más.

E para tratar inicialmente desse último ponto – a supressão de nossas paixões[34] –, supondo-se que não tenham outras causas senão aquelas que já admitimos, digo que, se apenas fizermos bom uso de nosso entendimento, como o podemos fazer muito facilmente, estando de posse de uma medida da verdade e da falsidade, jamais seremos arrastados pelas paixões[35].

Que as paixões não têm outras causas, é o que temos de demonstrar. Para isso é preciso, ao que me parece, que nos estudemos inteiramente, tanto em relação ao corpo quanto ao espírito. Em primeiro lugar, temos de mostrar que há na Natureza um corpo pela conformação e pelos efeitos do qual somos afetados e, assim ocorrendo, percebemos esse corpo. Nós o fazemos ver porque, se chegarmos a conhecer os efeitos do

---

34. [B. de S.:] Todas essas paixões que combatem a razão reta, como foi demonstrado anteriormente, nascem da Opinião, e tudo o que nas paixões é bom ou mau, a Crença Reta no-lo demonstra. Mas nem esses dois modos juntos, nem um deles tomado à parte, podem delas nos livrar. Só o terceiro modo, quer dizer, o conhecimento verdadeiro pode nos libertar. Sem esse conhecimento, é impossível nos liberarmos delas, como o demonstraremos na sequência. Não é disso que outros, servindo-se de outras palavras, tanto falam e escrevem? Quem não vê que justamente pela Opinião podemos entender o pecado; pela Crença, a lei que nos mostra o pecado, e pelo conhecimento verdadeiro, a graça que dele nos livra?

35. [B. de S.:] Entenda-se: se tivermos um conhecimento aprofundado do bem e do mal, da verdade e da falsidade, é então impossível estar sujeito àquilo de onde nascem as paixões; com efeito, se conhecemos os melhores e deles usufruímos, o pior não tem nenhum poder sobre nós.

corpo e o que eles podem produzir, descobriremos também a primeira e principal causa de todas as paixões e, ao mesmo tempo, aquilo pelo qual elas podem ser aniquiladas. Por aí poderemos ver também se é possível chegar-se à Razão. Após o que, falaremos de nosso Amor de Deus.

Não nos é difícil mostrar que existe um corpo na Natureza, pois já sabemos que Deus é e o que ele é, tendo sido definido como um ser de atributos infinitos, sendo cada um deles infinito e perfeito; e considerando que a extensão é um atributo que mostramos ser infinito em seu gênero, ela deve ser também um atributo do ser infinito [conforme Parte i, Capítulo ii]; e como, da mesma forma, já demonstramos que esse ser infinito é real, segue-se que esse atributo é igualmente real.

Além disso, após ter mostrado que fora da Natureza, que é infinita, não há e não pode haver nenhum ser, aparece com evidência que esses efeitos do corpo, pelos quais nós percebemos [as coisas], só podem vir da própria extensão e de maneira alguma de qualquer outra coisa possuindo a extensão eminentemente (como o querem alguns). Pois, assim como mostramos anteriormente em nosso primeiro capítulo, não há tal coisa.

Consequentemente, deve-se observar que todos os efeitos que vemos que dependem necessariamente da extensão devem ser relacionados a esse atributo, assim como o Movimento e o Repouso. Pois se o poder de produzir esses efeitos não estivesse na Natureza, não poderiam existir de maneira alguma, mesmo que houvesse na Natureza muitos outros atributos. Pois se uma coisa deve produzir algum efeito, é preciso que tenha nela algo pelo qual possa, mais do que qualquer outra, produzi-lo. O que dizemos da extensão, dizemos também do pensamento e de tudo o que é.

É ainda preciso observar que nada pode estar em nós que não tenhamos também a possibilidade de ter dela consciência; de sorte que, se apenas encontramos em nós os efeitos da coisa pensante e os da extensão, podemos também dizer com confiança que nada mais existe em nós. Para conhecer portanto claramente os efeitos desses dois atributos, tomaremos primeiramente um e outro em separado e, depois, ambos em conjunto, o mesmo se fazendo quanto aos efeitos de um e de outro.

Se, portanto, considerarmos apenas a extensão, nada perceberemos nela a não ser o Movimento e o Repouso, dos quais achamos que são formados todos os efeitos que dela saem; e esses dois modos [pois o Repouso não é um puro nada] estão de tal maneira no corpo que nenhuma outra coisa, senão eles próprios, pode nele provocar mudança; se, por exemplo, uma pedra jaz imóvel, é impossível que seja movida pela força do pensamento ou por qualquer outra coisa; só pode ser movida pelo movimento de qualquer outro objeto, como o de outra pedra que, tendo um movimento maior do que o seu repouso, a põe em movimento. Da mesma maneira, a pedra que se movimenta não pode chegar ao repouso a não ser por algum objeto que tenha um movimento menor. De onde se segue que nenhum modo de pensar pode produzir movimento ou repouso no corpo.

Mas, segundo o que percebemos em nós, bem pode ocorrer que um corpo, tendo um movimento dirigido para um lado, venha a se movimentar para o outro; assim, quando estendo o braço, sou a causa pela qual os espíritos animais, que já tinham seu movimento, tenham agora esse que os leva para o lado; isso, todavia, não acontece sempre, mas depende da disposição dos espíritos, como mais tarde será mostrado. A causa disso não é nem pode ser outra senão que a mente, na qualidade de Ideia do corpo, a ele está unida, de maneira que ela e o corpo fariam dessa forma um todo.

Quanto aos efeitos do outro atributo (o pensamento), o mais importante dentre eles é uma Ideia das coisas; ideia tal que, conforme a maneira pela qual as coisas são percebidas, dela nascerá o Amor, o Ódio etc. Esse efeito, porque não envolve qualquer extensão, não pode ser relacionado ao último atributo, mas apenas ao pensamento; de sorte que, de todas as mudanças sobrevindas dessa maneira, a causa não deve ser procurada na extensão, mas apenas na coisa pensante, assim

(BREVE) TRATADO DE DEUS, DO HOMEM E DE SUA FELICIDADE   125

como podemos ver no Amor. Pois para que este último seja suprimido ou excitado, é preciso que a própria ideia intervenha como causa e isso, como já demonstramos, se produz como consequência do conhecimento que se adquire de alguma coisa de má no objeto, ou de algo melhor.

Se, agora, esses dois atributos agirem um sobre o outro, resulta uma paixão produzida num deles pelo outro; assim, pela determinação do movimento é que temos o poder de nos desviar em uma direção qualquer. Os efeitos, portanto, pelos quais um atributo experimenta pelo outro uma certa paixão, são os seguintes: a mente bem pode fazer, como já foi dito, com que no corpo os espíritos, que sem ela se moveriam numa direção, se movam agora em outra; mas como esses espíritos são também movidos pelo corpo, causa de seus movimentos, e podem ser determinados por ele, pode acontecer com frequência que, tendo do corpo um movimento em direção a um lugar, e pela mente em outra direção, eles produzam e nos causem uma angústia, como percebemos com frequência em nós, sem sabermos a razão. Mas em outras ocasiões, a razão de um tal estado nos é habitualmente conhecida.

Além do mais, a mente pode ser impedida em seu poder de mover os espíritos animais, seja porque o movimento dos espíritos esteja bastante diminuído, seja por estar muito aumentado. Diminuído quando, por exemplo, correndo muito, fazemos com que os espíritos abandonem o corpo em maior quantidade do que a habitual de movimento e, por essa perda de movimento, se enfraqueçam na mesma medida; isso também pode ocorrer como consequência de uma quantidade insuficiente de alimentos. Aumentado quando, tendo bebido bastante vinho ou outras bebidas fortes, nos tornamos alegres ou embriagados, fazendo com que a mente não tenha poder de dirigir o corpo.

Tendo assim falado dos efeitos que a mente tem no corpo, vejamos agora aqueles que o corpo tem na mente. Pomos como principal entre eles o fato de o corpo fazer com que a mente lhe perceba e, por esse meio, outros corpos também; o que tem como causa que o movimento se junta ao repouso, não havendo no corpo outras coisas pelas quais pudesse agir.

De maneira que nada do que acontece na mente para além dessa percepção pode ser causado pelo corpo. Como o primeiro objeto do qual a mente adquire conhecimento é o corpo, daí resulta que a mente tem por ele amor e assim lhe está unida. Mas como já foi antes demonstrado, a causa do Amor, do Ódio e da Tristeza não deve ser procurada no corpo, mas apenas na mente, já que todos os efeitos do corpo devem provir unicamente do movimento e do repouso, e como vemos claramente que um amor é destruído pela ideia que podemos adquirir de algo melhor, disso se segue claramente que, *se nós começarmos uma vez a conhecer a Deus, ao menos com um conhecimento tão claro quanto aquele com que conhecemos nosso corpo, estaremos mais estreitamente unidos a ele do que ao nosso corpo, destacando-nos deste último.* Digo *mais estreitamente* porque já mostrei que não podemos existir nem ser concebidos sem Deus, e porque o conhecemos não por outra coisa qualquer (como é o caso de tudo o que não é ele), mas por si mesmo, e assim o devemos conhecer. Podemos dizer que o conhecemos melhor do que a nós mesmos, pois sem ele não podemos de forma alguma nos conhecer.

Do que dissemos até aqui, é fácil deduzir quais são as principais causas das paixões, pois, no que toca ao corpo e seus efeitos, o Movimento e o Repouso, eles só podem causar na mente o conhecimento de si mesmos, na qualidade de objetos; e de acordo com o que lhe apresentam, que seja o bem ou o mal[36],

---

36. [B. de S.:] Mas de onde vem que uma coisa nos seja conhecida como boa, e outra como má? Resposta: como são os objetos que fazem com que percebamos, somos afetados por um de outra maneira que por outro, segundo a proporção do movimento e do repouso de que são compostos. Aqueles pelos quais somos movidos da maneira a mais justamente medida, são os mais agradáveis. E assim nascem todas as espécies de sentimentos que percebemos em nós e que são frequentemente produzidos por objetos que agem sobre nosso corpo, e que chamamos impulsos; assim, quando podemos fazer rir, alegrar alguém que está triste, fazendo-lhe cócegas ou beber vinho, o que a mente percebe, mas não produz. Quando ela age, as alegrias são certamente de outra ordem: não é um corpo que age sobre um corpo, mas a mente usa do corpo como de um instrumento e, por conseguinte, quanto mais a mente age, mais perfeito é o sentimento.

a mente é também diversamente por eles afetada; mas o corpo não age assim enquanto é um corpo (pois se tornaria assim a causa principal das paixões), mas como um objeto como todas as outras causas, as quais produziriam o mesmo efeito se elas se manifestassem na mente da mesma maneira.

Não quero dizer com isso que o Amor, o Ódio e a Tristeza, que nascem da consideração das coisas imateriais, produzam os mesmos efeitos daqueles que nascem da consideração das coisas corporais; pois as primeiras, como demonstraremos adiante, possuirão ainda efeitos diversos, conforme a natureza da coisa, cuja percepção desperta na mente o Amor, o Ódio, a Tristeza etc., ao considerar as coisas imateriais.

Para voltar ao que foi dito precedentemente, quando algo de mais magnífico do que o corpo se mostra à mente, o corpo não terá mais nenhum poder de produzir esses efeitos como o faz agora. De onde resulta não apenas que o corpo não é a causa principal das paixões, mas também que, mesmo se existisse em nós algo mais do que observamos, alguma outra coisa que pudesse produzir em nós as paixões das quais falamos, essa outra coisa não poderia entretanto produzir nada de diferente ou a mais na mente do que o corpo o faz. Essa outra coisa, com efeito, não poderia ser mais do que um objeto inteiramente diferente da mente e que, por conseguinte, a ela se mostraria da mesma maneira e não de modo diferente do que já dissemos do corpo.

Podemos, pois, concluir com certeza que o Amor, o Ódio, a Tristeza e outras paixões são causadas na mente de diversas maneiras, e isso conforme a natureza do conhecimento que ela tem das coisas, uma a cada vez; e, por consequência, se ela vier a conhecer enfim o ser soberanamente magnífico, será impossível que qualquer dessas paixões nela produzam a menor excitação.

Capítulo xx
Confirmação do Precedente

A respeito do que dizíamos no capítulo precedente, poderíamos levantar as seguintes dificuldades: 1. se o movimento não é a causa das paixões, como acontece de podermos afastar a tristeza por certos meios, como o fazemos frequentemente com o vinho? Aqui é preciso responder que se deve distinguir entre a percepção da mente no exato momento em que ela percebe o corpo e o julgamento pelo qual ela decide, imediatamente, se ele é bom ou mau para ela[37]. Quando a mente se encontra em uma situação tal como foi dita, ela tem, mediatamente, como nós demonstramos antes, o poder de dirigir para onde queira os espíritos animais, mas esse poder lhe pode ser arrancado quando, por outras causas, provenientes do corpo em geral, a medida estabelecida nos espíritos lhes é retirada e seu estado modificado. Quando a mente percebe isso, nasce-lhe uma tristeza, seguindo a mudança que experimentam os espíritos animais, que é causada pelo amor que ela tem do corpo e de sua união com ele[38]. Que assim seja se deduz facilmente daquilo que pode socorrer essa tristeza, das seguintes duas maneiras: ou pelo restabelecimento dos espíritos animais a seu estado primitivo, ou pela convicção, devida a boas razões, de que não há com o que se inquietar com esse corpo. A primeira forma de alívio é temporária e sujeita a recaída; a segunda é eterna, constante, inal-

---

37. [B. de S.:] Diferença entre o conhecimento em geral e o conhecimento relativo ao bem e ao mal.

38. [B. de S.:] A tristeza é produzida no homem por uma opinião de que algo de mal o espera, a saber, a perda de algum bem. Quando lhe ocorre tal ideia, ela produz como consequência que os espíritos animais se movam ao redor do coração e o constrinjam e apertem (o que é, precisamente, o contrário da alegria). A alma, por sua vez, percebe essa compressão e atormenta-se com ela. O que faz aqui o remédio ou o vinho? Eles fazem com que os espíritos animais se afastem do coração e um espaço é ganho; e a alma, ao percebê-lo, experimenta um alívio que consiste no fato de que a representação do mal é afastada pela nova proporção de movimento e de repouso e uma outra [representação] toma lugar, o que permite ao entendimento encontrar mais satisfação. Mas isso não pode ser o efeito direto do vinho [ou do remédio] sobre a alma; apenas sobre os espíritos animais.

(BREVE) TRATADO DE DEUS, DO HOMEM E DE SUA FELICIDADE   129

terável; 2. a segunda objeção pode ser a seguinte: se vemos que a mente, embora não tendo nada de comum com o corpo, pode, no entanto, ser causa de que os espíritos animais que se moviam de um certo lado, se movam agora de outro, por que não poderia fazer também que um corpo, imóvel em seu conjunto, começasse a se mover? Da mesma forma, por que não poderia ela mover, conforme sua vontade, todos os corpos que já têm movimento?

Se nos lembrarmos, porém, do que já dissemos sobre a coisa pensante, podemos sem esforço afastar essa dificuldade. Dissemos então que a Natureza, ainda que possuindo diversos atributos, não é menos um só ser[39], do qual todos esses atributos são afirmados. Acrescentamos que a coisa pensante é única na Natureza e que ela se exprime em uma infinidade de Ideias correspondentes a uma infinidade de objetos que estão na Natureza. Pois se o corpo recebe um certo modo, como, por exemplo, o

---

39. [B. de S.:] Não há dificuldade em entender que um modo diferente de outro possa agir sobre esse outro, pois o faz como parte do todo, não estando a mente jamais separada do corpo, nem o corpo sem mente. Estabelecemos isso como se segue: 1. existe um ser perfeito; 2. não pode haver duas substâncias; 3. nenhuma substância pode começar; 4. cada uma delas é infinita em seu gênero; 5. deve haver também um atributo do pensamento; 6. não há nada na natureza da qual a coisa pensante não tenha uma ideia, a qual provém ao mesmo tempo de sua essência e de sua existência; 7. em seguida; 8. enquanto sob a designação da coisa se concebe a essência sem a existência, a ideia de essência não pode ser considerada como alguma coisa de particular; isso só é possível quando a existência é dada com a essência, e isso porque existe, então, um objeto que antes não existia. Se, por exemplo, a muralha é toda branca, nela não se distingue nem isso nem aquilo etc; 9. Essa ideia, portanto, isolada, considerada fora de outras ideias, não pode ser nada a mais do que a ideia de uma certa coisa, e não pode ter uma ideia dessa coisa; dado que uma ideia assim considerada, sendo apenas uma parte, não pode ter dela mesmo e de seu objeto um conhecimento claro e distinto; isso só é possível à coisa pensante que é a Natureza inteira, já que um fragmento considerado fora do todo ao qual pertence não pode etc; 10. entre a Ideia e seu objeto deve haver, necessariamente, união, pois nenhum dos dois pode existir sem o outro; pois não há nada cuja ideia não esteja na coisa pensante, e nenhuma ideia pode existir sem que a coisa também seja. Além disso, o objeto não pode experimentar mudança a menos que a ideia o experimente, e vice-versa, de sorte que não é preciso um terceiro para produzir a união da mente e do corpo. Mas é de se observar que falamos das Ideias que nascem necessariamente em Deus da existência das coisas, conjuntamente com sua essência, e não das Ideias que as coisas, atualmente existentes, fazem aparecer e produzem em nós. Essas últimas diferem em muito das precedentes, pois em Deus as Ideias não nascem, como em nós, de um sentido ou de vários (o que faz com que tenhamos um conhecimento incompleto e que minha ideia e a vossa sejam diferentes), mas da essência e da existência, em conformidade com tudo o que são as coisas.

corpo de Pedro, e depois, de novo, um outro, tal qual o de Paulo, segue-se daí que há na coisa pensante duas ideias diferentes, a saber, uma ideia do corpo de Pedro, que forma a mente de Pedro, e uma ideia do corpo de Paulo, que forma a mente de Paulo. A coisa pensante bem pode mover o corpo de Pedro pela ideia do corpo de Pedro, mas não pela ideia do corpo de Paulo; da mesma forma, a mente de Paulo bem pode mover seu próprio corpo, mas de maneira nenhuma o corpo de outro, por exemplo, o de Pedro[40]. E eis por que ela não pode também mover qualquer pedra que esteja em repouso ou jaza imóvel, pois a pedra faz ainda outra ideia na mente. Portanto, é absolutamente claro que nenhum corpo que esteja inteiramente em repouso pode ser movido por qualquer modo do pensamento, pelas razões já ditas.

A terceira objeção seria a seguinte: cremos, entretanto, poder ver claramente que nos é possível ser a causa de um repouso completo no corpo. Com efeito, após termos durante muito tempo movido nossos espíritos animais, sentimos que estamos cansados; e isso não é outra coisa senão o repouso que introduzimos nos espíritos animais.

Respondemos, porém, que a mente é certamente causa desse repouso, mas só uma causa indireta; pois ela não introduz esse repouso diretamente no movimento e sim por meio de outros corpos que havia movido e que perdem, necessariamente, tanto repouso quanto haviam transferido aos espíritos. De onde aparece com clareza que existe apenas uma só e mesma espécie de movimento.

---

40. [B. de S.:] É claro que no homem, por ter tido um começo, não se podem encontrar outros atributos senão aqueles que antes estavam na natureza; e como ele se compõe de um tal corpo do qual uma Ideia deve estar necessariamente na coisa pensante, e que essa própria Ideia deve estar necessariamente unida ao corpo, afirmamos convincentemente que sua mente não é outra coisa senão a Ideia de seu corpo na coisa pensante. Agora, como o corpo tem uma certa proporção de movimento e de repouso, habitualmente modificada por objetos externos, e que não pode haver ali modificações que não se deem também na mente, isso tem por efeito a sensação dos homens. Todavia, digo: como há uma certa proporção de movimento e de repouso, nenhum efeito pode ocorrer no corpo sem o concurso de um e de outro.

Capítulo XXI
Da Razão

Temos agora que investigar de onde vem que, às vezes, embora percebendo que uma coisa é boa ou má, não encontramos em nós nenhum poder de fazer o bem ou de renunciar ao mal (e ainda às vezes, pelo contrário, o achamos bom).

Podemos facilmente conceber isso se estivermos atentos às causas que indicamos das *opiniões*, elas mesmas reconhecidas como causas de nossas afecções. Essas opiniões, dizíamos nós, nascem ou por ouvir dizer ou por experiência. Como, por outro lado, tudo o que experimentamos em nós mesmos tem mais poder sobre nós do que aquilo que em nós penetra do exterior, resulta daí que a Razão bem pode ser causa da destruição das opiniões que temos apenas por ouvir dizer, e isso porque a Razão, ela mesma, não nos vem do exterior; mas não de todas daquelas opiniões que temos por experiência[41].

Pois o poder que nos dá a própria coisa é sempre maior do que aquele que tiramos das consequências de uma outra coisa, distinção já observada por nós quando falávamos do raciocínio e do conhecimento claro [capítulo I], tendo-se como exemplo a regra de três. Pois adquirimos mais poder pelo conhecimento da proporção do que pelo conhecimento da regra da proporcionalidade. Eis também por que dissemos frequentemente que um amor é destruído por um outro maior; com isso não quisemos de maneira alguma dar a entender o desejo, que nasce [não do claro conhecimento, como o Amor, mas] do raciocínio.

---

41. [B. de S.:] Seria o mesmo se empregássemos as palavras *opiniões* ou *paixões*; é claro, com efeito, que se não pudéssemos vencer pela razão aquelas que estão em nós por experiência, é que elas não são outra coisa em nós senão um gozo ou uma união imediata com algo que temos por bom; e embora a razão nos mostre o que é bom, ela não nos faz dele gozar. Ora, o que gozamos em nós mesmos não pode ser vencido por algo de que não gozamos, e que, ao contrário, está fora de nós, como o demonstra a razão. Para vencê-lo, é preciso algo mais poderoso, e de tal maneira será o prazer de alguma coisa, e sua união imediata com ela, cujo conhecimento e gozo valham mais a pena. Nesse caso, a vitória é sempre necessária. Ou ainda ela se produz pela experiência de um mal reconhecidamente maior do que o bem de que usufruímos, vindo após ele.

Capítulo XXII
Do Conhecimento Verdadeiro, da Regeneração

Dado, pois, que a Razão não pode nos conduzir à felicidade da alma, resta examinar se podemos alcançá-la pelo quarto e derradeiro modo de conhecimento. Dissemos, aliás, que esse tipo de conhecimento não se tira de outra coisa, mas nasce daquilo que o próprio objeto manifesta imediatamente ao entendimento e, se esse objeto é bom e magnífico, a mente a ele se unirá, necessariamente, como dissemos do corpo.

Daí resulta, sem contradição, que é o conhecimento a causa do amor, de sorte que, se aprendermos a conhecer Deus dessa forma, devemos necessariamente nos unir a ele, pois que só pode manifestar-se e ser conhecido por nós como soberanamente magnífico e bom, e apenas nessa união consiste nossa felicidade. Não digo que devamos conhecê-lo tal como é, ou adequadamente, mas basta, para estar unido a ele, que o conheçamos em alguma medida, da mesma maneira que o conhecimento que temos do corpo não é tal como é, ou perfeito; e, todavia, que união, que Amor!

Que a quarta forma de conhecimento, que é o conhecimento de Deus, não é uma consequência tirada de outra coisa, mas imediata, é o que ressalta com evidência do que demonstramos antes, a saber, que ele é causa de todo conhecimento, causa essa conhecida por si mesma e não por outra coisa, e também por estarmos tão naturalmente unidos a ele que não podemos existir e ser concebidos sem ele. Por conseguinte, dado que entre Deus e nós há uma estreita união, é evidente que só podemos conhecê-lo imediatamente.

Agora nos esforçaremos para tornar mais clara essa união que, naturalmente e por amor, temos com Deus. Dissemos antes que nada pode existir na Natureza sem que uma ideia não esteja na mente dessa coisa[42], e, conforme a coisa seja mais ou

---

42. [B. de S.:] Por aí se explica, ao mesmo tempo, o que dissemos na primeira parte, a saber, que o entendimento infinito, que chamaríamos filho de Deus, deve estar por

(BREVE) TRATADO DE DEUS, DO HOMEM E DE SUA FELICIDADE   133

menos perfeita, a união dessa ideia com a coisa ou com o próprio Deus e seu efeito é também mais ou menos perfeita[43].

Por outro lado, como a natureza inteira é uma só substância, cuja essência é infinita, todas as coisas estão unidas a uma só, a saber, Deus; e o corpo, por ser a primeira coisa que nossa mente percebe (pois, como dissemos, nada pode existir na Natureza da qual não haja uma ideia na coisa pensante, ideia que é a alma dessa coisa), deve ser necessariamente a primeira causa dessa Ideia[44]. Porém, dado que essa ideia não pode encontrar repouso no conhecimento do corpo sem passar ao conhecimento do ser, na ausência do qual nem o corpo nem a própria ideia podem existir e ser concebidos, ela se unirá por amor imediatamente ao ser, após havê-lo conhecido.

Para conceber essa união o melhor possível e deduzir o que ela deve ser, é preciso considerar o efeito que produz a união com o corpo, pois ali vemos como, pelo conhecimento das coisas corporais e das afecções que com elas se relacionam, se produzem em nós todos os efeitos que constantemente percebemos em nosso corpo pelo movimento dos espíritos animais. E se nosso conhecimento e nosso amor acabam por recair sobre esse ser sem o qual não podemos existir nem ser concebidos, e que não é de forma alguma corporal, os efeitos que tal união terão em nós serão incomparavelmente maiores e magníficos, pois devem sempre coincidir com a natureza das coisas às quais estamos unidos.

E quando percebermos tais efeitos, poderemos dizer que, em verdade, nascemos mais uma vez, pois nosso primeiro nascimento ocorreu quando nos unimos ao corpo, por onde tais

---

toda a eternidade na natureza; pois como Deus está desde toda a eternidade, também sua ideia deve estar na coisa pensante ou em si mesmo eternamente; ideia que concorda objetivamente com ele.

43. Tudo o que existe na natureza está também, em forma de ideia, na coisa pensante e, portanto, em Deus, já que a coisa pensante é um de seus dois atributos conhecidos pelo homem

44. [B. de S.:] Isto é, nossa alma, enquanto ideia do corpo provém da verdade da essência dele; porém, tanto na totalidade quanto em cada uma de suas partes, ela não é senão uma representação na coisa pensante.

efeitos e os movimentos dos espíritos animais se produziram; mas este outro e segundo nascimento acontecerá quando percebermos em nós todos os demais efeitos do amor, graças ao conhecimento desse objeto imaterial. Efeitos que diferem dos primeiros tanto quanto o corpóreo difere do incorpóreo, o espírito da carne. Isso pode ser melhor chamado de uma Regeneração, e desse Amor e dessa União somente pode seguir-se a estabilidade Eterna e inalterável, assim como o mostraremos.

Capítulo XXIII
Da Imortalidade da Alma

Se nós considerarmos uma vez com atenção o que é a mente e de onde vem sua mudança e sua duração, veremos facilmente se é mortal ou imortal. Por já termos dito que a mente é uma ideia que está na coisa pensante e que nasce da existência[45] de uma coisa que está na Natureza, resulta daí que, igualmente da mudança e da duração da coisa, devem ser a mudança e a duração da mente. Observamos, além do mais, que a mente pode estar unida ou ao corpo, da qual é uma ideia, ou a Deus, sem o qual ela não pode existir nem ser concebida.

Disso se pode ver facilmente: 1. que se a mente estiver unida só ao corpo e esse corpo perecer, ela também deve perecer, pois se estiver privada do corpo que é o fundamento de seu amor, ela deve também morrer com ele; 2. mas se a alma estiver unida a outra coisa que permanece inalterada, ela deve também permanecer inalterada. Com efeito, por que seria possível que fosse aniquilada? Não por ela mesma, pois tanto quanto não podia começar a ser quando não era, não pode agora alterar-se e perecer por si mesma. De sorte que, aquilo que é a causa de sua existência deve também, quando perece, ser causa de sua não existência, pois que se altera e perece.

---

45. Em holandês, *Wezentlijkheid*.

Capítulo xxiv
Do Amor de Deus pelo Homem

Cremos ter até aqui suficientemente demonstrado o que é o nosso amor por Deus, assim como seus efeitos, a saber: nossa própria duração eterna. De maneira que julgamos inútil aqui dizer algo a mais, tais como a alegria em Deus, a tranquilidade da mente etc., já que, depois do que foi dito, pode-se ver facilmente do que se trata e do que haveria a dizer.

Mas, considerando que até aqui falamos de nosso amor por Deus, resta agora ver se existe igualmente um amor de Deus por nós, quer dizer, se Deus ama também os homens e isso quando eles o amam.

Ora, de início dissemos que não se pode atribuir a Deus qualquer modo de pensar fora daqueles que estão nas criaturas, de sorte que não se pode dizer que Deus tem amor pelos homens, e menos ainda que os ama porque eles o amam, ou os odeia porque é por eles odiado. Se assim o fizéssemos, dever-se-ia primeiramente admitir que os homens podem agir por livre vontade, que não dependem de uma causa primeira, o que demonstramos antes ser falso. Além do mais, isso só produziria em Deus uma grande alteração se antes não houvesse nem amado nem odiado e devesse então começar a amar e a odiar e a isso ser determinado por algo exterior a si, o que é absurdo.

Se dizemos, porém, que Deus não ama os homens, isso não deve ser entendido como se ele os abandonasse, por assim dizer, a si mesmos, mas no sentido de que, estando o homem em Deus e conjuntamente com tudo o que há, e sendo Deus formado pela totalidade do que é, não pode aí haver propriamente amor de Deus por outra coisa, pois tudo o que existe forma uma só coisa, a saber, o próprio Deus.

Daí resulta que Deus não dá aos homens leis para recompensá-los quando eles as cumprem e para puni-los quando as transgridem; ou, para falar mais claramente, as leis de Deus não são de tal natureza que possam ser transgredidas. Isso porque as regras que Deus estabeleceu na Natureza, e segundo as quais todas as coisas nascem e perduram – se quisermos chamá-las leis – são de tal forma que não podem ser transgredidas: assim, que o mais fraco deve ceder ao mais forte, que nenhuma causa pode produzir mais do que ela contém em si e outras semelhantes, que são de tal maneira que não podem ser modificadas nem ter um começo; ao contrário, tudo lhes está submetido ou subordinado.

E aqui, para falar brevemente a respeito, todas as leis que não podem ser transgredidas são leis divinas por esta razão – a de que tudo o que acontece não é contrário, mas conforme seu decreto. Todas as leis que podem ser transgredidas são leis humanas pela razão de que se tudo o que os homens decretam eles têm em vista seu bem-estar, disso não se segue que a Natureza inteira deva aí se encontrar; ao contrário, elas podem tender à destruição de muitas outras coisas.

Quando as leis da Natureza são mais poderosas, as dos homens são destruídas. As leis divinas não têm nenhuma finalidade em vista, fora de si mesmas; elas não são subordinadas, como o são as humanas. Embora os homens façam leis para seu próprio bem-estar e não tenham em vista qualquer outro fim senão melhorar por esse meio sua própria condição, esse fim a que se propõem – estando subordinado a outros fins que têm em vista um ser superior aos homens e que os deixa agir de uma certa maneira, enquanto partes da Natureza – pode, no entanto, fazer com que suas leis colaborem com as leis eternas estabelecidas por Deus e ajudem, com todo o resto, a produzir a obra total. Como exemplo, embora as abelhas não tenham outra finalidade, com todo o seu trabalho e a firme manutenção da ordem estabelecida entre elas, a não ser assegurar uma provisão para o inverno, o homem, que lhes é superior, ao cuidar e conservá-las, propõe-se a um fim totalmente diferente, que é o de obter mel para si mesmo. Da mesma maneira o homem, na qualidade de um ser particular, não tem um objetivo mais distante do que possa alcançar sua limitada essência. Mas considerando que é uma parte e um instrumento de toda a natureza, essa finalidade do homem não pode ser a finalidade última da natureza, pois ela é infinita e utiliza o homem, como tudo de resto, como seu instrumento.

Após ter até aqui tratado das leis dadas por Deus, deve-se observar agora que o homem percebe em si uma dupla lei, ao menos aquele que bem usa seu entendimento e chega ao conhecimento de Deus. Tais leis têm como causa: uma, a sua comunhão com Deus, e a outra, a comunhão com os modos da Natureza.

A primeira dessas leis é necessária, mas não a segunda. No que tange à lei que nasce da comunhão com Deus, pois que o homem deve estar sempre e sem descanso necessariamente unido a Deus, ele deve sempre ter diante dos olhos as leis segundo as quais deve viver por Deus e com ele. Ao contrário, no que refere à lei que nasce de sua comunhão com os modos, dado que ele [Deus] pode separar-se dos homens, ela também não é necessária.

Após termos estabelecido uma tal comunhão entre Deus e o homem, poderíamos perguntar com razão como Deus se faz conhecer aos homens e se tal coisa se produz ou pode se produzir por palavras. Ou ainda, se ele se faz conhecer imediatamente por si mesmo, sem empregar qualquer outra coisa, por que ele o faria?

Ao que respondemos: de modo algum por palavras, pois se assim fosse, seria necessário que o homem tivesse conhecido a significação dessas palavras antes que elas fossem pronunciadas. Por exemplo, se Deus houvesse dito aos israelitas – *Eu sou Jeová, vosso Deus* –, teria sido preciso que já antes, sem essas palavras, eles tivessem sabido que Deus existe, antes de poderem estar seguros de que era ele quem lhes falava. Pois eles bem sabiam naquele momento que a voz, o trovão, o relâmpago, não eram Deus, ainda que a voz dissesse que era Deus. E o que dizemos aqui sobre as palavras, estendemos a todos os signos exteriores. E assim consideramos impossível que Deus se tenha feito conhecer aos homens por qualquer signo exterior que fosse.

E temos por inútil que isso tenha ocorrido por qualquer outro meio que não a essência de Deus e o entendimento do homem, pois, com efeito, o que em nós deve conhecer Deus é o

Entendimento, que lhe é tão imediatamente unido que, sem ele, não poderia existir nem ser concebido; disso aparece, sem contradição, que nada pode estar também estreitamente unido ao Entendimento senão o próprio Deus.

É impossível também que se conheça Deus por qualquer outra coisa. Primeiro, porque a coisa que o faria conhecer deveria então nos ser mais conhecida do que o próprio Deus, o que vai manifestamente contra tudo o que demonstramos claramente aqui: que Deus é causa de nosso conhecimento e de toda a essência, que as coisas particulares, sem exceção, não poderiam não só existir sem ele, mas não poderiam nem mesmo ser concebidas. Em segundo lugar, porque não podemos de nenhum modo chegar ao conhecimento de Deus por intermédio de uma coisa cuja essência é, necessariamente, finita, ainda que nos fosse mais conhecida. Com efeito, como é possível que possamos concluir de uma coisa finita e limitada uma coisa infinita e ilimitada?

Mesmo se observássemos na Natureza alguns efeitos ou uma obra cuja causa nos fosse desconhecida, ainda nos seria impossível chegar à conclusão de que, para produzir esse efeito, uma coisa infinita e ilimitada deve existir na Natureza. Para produzir esse efeito, um grande número de causas foram reunidas ou só há uma apenas? Como podemos sabê-lo? Quem nos dirá?

Eis por que concluímos, enfim, que Deus, para se fazer conhecer pelos homens, não pode usar nem tem necessidade de palavras nem de milagres, ou de qualquer outra coisa criada, mas somente de si mesmo.

Capítulo xxv
Dos Diabos

Diremos agora brevemente algo a respeito dos diabos, se eles existem ou não, e isso como se segue: se o Diabo é uma coisa inteira e absolutamente contrária a Deus, e nada tem de Deus, então é idêntico ao Nada, sobre o qual já falamos anteriormente [Parte i, Capítulo ii].

(BREVE) TRATADO DE DEUS, DO HOMEM E DE SUA FELICIDADE   139

Admitamos, todavia, com alguns, que há um ser pensante que não quer nem faz absolutamente nada de bom e assim se opõe a Deus; então ele é bastante miserável, e se as preces pudessem lhe servir, haveria de se rezar por ele, para sua conversão.

Vejamos, no entanto, se um ser assim miserável poderia subsistir um só instante. De imediato, achamos que ele não é nada, pois toda a duração de uma coisa provém de sua perfeição e que, quanto mais essência e divindade houver, mais ela é subsistente; como, penso eu, poderia o Diabo subsistir, já que não possui a menor perfeição? Ajuntemos que a subsistência ou a duração de um modo na coisa pensante é causada unicamente pela união que tem esse modo com Deus, união produzida pelo amor; mas nos diabos supõe-se que sejam o contrário absoluto dessa união; por conseguinte, é impossível que subsistam.

Mas se não há a menor necessidade de se admitir os diabos, por que admiti-los? Pois não nos é necessário, como ocorre com outros, admitir os diabos para encontrar as causas do Ódio, do Ciúme, da Cólera e de outras paixões de mesmo gênero, pois nós as encontramos suficientemente sem tais ficções.

Capítulo XXVI
Da Verdadeira Liberdade

Pela nossa Proposição do capítulo precedente, quisemos não só fazer saber que não há demônios, mas ainda que as causas (ou o que chamamos pecados, melhor dizendo) que nos impedem de alcançar nossa perfeição estão em nós mesmos.

Nós também mostramos antes de que maneira, tanto pela razão quanto pelo quarto tipo de conhecimento, chegamos à nossa felicidade e como nossas paixões devem ser destruídas. Não, como se diz comumente, que devem ser vencidas antes que possamos alcançar o conhecimento e, em seguida, o amor de Deus, pois o mesmo valeria dizer que alguém que é ignorante deve destituir-se de sua ignorância antes de poder chegar ao conhecimento, pois só o conhecimento é a causa da destruição da ignorância. Da mesma forma, pode-se deduzir claramente do que precede como sem a Virtude, ou melhor dizendo, sem a soberania do entendimento, tudo se encaminha para a perda, sem que possamos gozar de qualquer descanso, vivendo como se estivéssemos fora de *nosso* elemento.

Ainda que pela força do conhecimento e do amor divino adviesse para o entendimento não um repouso eterno, como mostramos, mas apenas um repouso temporário, ainda assim seria nosso dever procurá-lo, pois também não consentiríamos trocá-lo, quando dele desfrutamos, por nada deste mundo.

Porque assim é, podemos considerar como um grande absurdo, a justo título, o que dizem muitos homens reputados e grandes teólogos: que se nenhuma vida eterna devesse ser a consequência do amor de Deus, eles procurariam então seu próprio bem. Isso é também tão insensato quanto um peixe para quem se nenhuma vida fosse possível fora da água dissesse: se nenhuma vida eterna existe para mim após a vida na água, quero sair da água para ir à terra. O que outra coisa podem dizer os que não conhecem Deus?

Vemos, assim, que, para alcançar a verdade do que afirmamos, no tocante ao nosso bem e repouso, nenhum outro princípio é necessário senão o de procurar o que nos é útil, como é natural a todos os seres. Constatando agora que ao nos esforçarmos pelos prazeres dos sentidos e da volúpia ali não encontraremos nossa salvação, mas nossa perda, preferimos então a soberania do entendimento; mas esta aqui, não podendo fazer qualquer progresso sem que antes tenhamos chegado ao conhecimento e ao amor de Deus, é portanto altamente necessária na procura de Deus. E o tendo reconhecido como o melhor de todos os bens, segundo as considerações e estimações precedentes, somos obrigados a nele nos deter e descansar. Pois vimos que fora dele nada há que nos possa dar qualquer salvação. E nisso consiste nossa verdadeira liberdade – que estejamos e permaneçamos ligados pelas correntes amáveis do amor de Deus.

(BREVE) TRATADO DE DEUS, DO HOMEM E DE SUA FELICIDADE

Vemos, enfim, como o conhecimento pelo raciocínio não é em nós o principal, mas apenas um degrau sobre o qual nos elevamos ao fim desejado, ou como um bom espírito que, sem falsidade ou enganos, nos traz uma mensagem do bem soberano para nos excitar a procurá-lo e com ele unir-se; união essa que é nossa mais alta salvação e felicidade.

Nada mais resta para dar conclusão a esta obra do que mostrar brevemente o que é a liberdade humana e no que ela consiste; para fazê-lo, usarei das seguintes proposições como coisas certas e demonstradas: 1. quanto mais uma coisa tem essência, mais tem atividade e menos passividade. Pois é certo que o agente atua porque possui, e o paciente sofre porque não possui; 2. toda paixão, quer seja ela uma passagem do não ser ao ser, ou do ser ao não ser, deve ter por origem um agente exterior, e não um agente interior. Isso porque nada considerado em si mesmo tem em si uma causa que torne possível destruir-se, se existe, ou produzir-se, se não existe; 3. tudo o que não é produzido por causas exteriores não pode também ter nada em comum com elas e, consequentemente, não pode ser mudado ou transformado por elas; 4. da segunda e da terceira proposições, concluo esta quarta – nenhum dos efeitos de uma causa interior ou imanente (é um só todo para mim) pode perecer ou alterar-se enquanto essa causa persistir. Pois da mesma forma que um tal efeito não pode ser produzido por causas exteriores, também não pode (conforme a terceira Proposição) ser por elas alterado. E dado que nada pode ser destruído a não ser por causas exteriores, não é possível, portanto, que esse efeito pereça enquanto dure a sua causa, conforme a segunda Proposição; 5. a causa mais livre e a de maior conformidade a Deus é a imanente, pois dessa causa o efeito produzido depende de tal maneira que não pode sem ela existir ou ser concebido, não estando submetido a nenhuma outra causa; ao que se acrescenta que está unido de tal modo a fazer com ela um todo.

Vejamos, pois, agora o que temos para concluir dessas proposições: 1. dado que a essência de Deus é infinita, nele há uma atividade infinita e uma negação infinita de toda passividade (conforme a primeira Proposição); e, consequentemente, na medida em que, possuindo mais essência, as coisas se encontram mais unidas a Deus, possuem também mais atividade e menos passividade, estando assim mais isentas de mudança e corrupção; 2. o verdadeiro entendimento jamais pode perecer, pois, de acordo com a segunda Proposição, ele não pode ter em si mesmo nenhuma causa para se destruir. E não sendo produzido por causas exteriores, mas por Deus, não sofre delas qualquer alteração (de acordo com a terceira Proposição); e por que Deus o produziu imediatamente, e é sua causa interior, segue-se daí necessariamente que o entendimento não pode perecer enquanto essa causa perdure, conforme a quarta Proposição. Ora, essa causa é eterna e ele também o é; 3. todos os efeitos do entendimento que estão unidos a ele são os mais excelentes de todos e devem também ser estimados acima de todos os demais. Pois sendo efeitos interiores, são os mais excelentes de todos, de acordo com a quinta Proposição e, além disso, são eternos porque sua causa também o é; 4. todos os efeitos que produzimos fora de nós são mais perfeitos quanto mais capazes de unir-se a nós para formar conosco uma só e mesma natureza, pois é assim que mais se aproximam dos efeitos interiores. Se, por exemplo, ensino ao meu próximo a amar os prazeres, a glória, a avareza, amando-os ou não, sou por eles marcado e derrotado, de alguma forma; mas não se meu único fim, que me esforço em alcançar, é o de poder apreciar a união com Deus e de produzir em mim ideias verdadeiras, e fazer conhecer essas mesmas coisas aos meus próximos. Pois podemos todos ter igualmente parte nessa salvação, como acontece quando ela lhes aviva o mesmo desejo que há em mim e faz com que suas vontades se confundam com a minha, assim formando uma só natureza sempre de acordo em tudo.

Por tudo o que foi dito, pode-se bem facilmente conceber o que é a liberdade humana[46]; eu a defini dizendo que ela é uma realidade sólida que nosso entendimento obtém por sua

---

46. [B. de S.:] A escravidão a uma coisa consiste em se estar submetido a causas exteriores; a liberdade, ao contrário, em não se estar submetido, mas liberto.

união imediata com Deus, para que se produzam nele próprio ideias, e dele mesmo se extraiam efeitos que concordem com sua natureza, sem que esses efeitos estejam submetidos a quaisquer causas exteriores, pelas quais pudessem ser alterados ou transformados. Vê-se também de maneira clara, pelo que foi dito, o que são as coisas que estão em nosso poder, não submetidas a qualquer causa exterior. Ao mesmo tempo, demonstramos a duração eterna e constante de nosso entendimento, já estabelecida de uma outra forma. Enfim, que espécie de efeitos devemos estimar mais elevados do que os outros.

Resta-me, para conduzir todo este trabalho a seu fim, dizer aos amigos por que o escrevo: não vos espantais com essas novidades, pois vos é bem sabido que uma coisa não cessa de ser verdadeira por não ser aceita por muitos homens. E como vós não ignorais a disposição do século em que vivemos, vos peço com insistência serem muito prudentes no que respeita à comunicação destas coisas. Não digo que as deveis guardar inteiramente para vós, mas apenas que, se começais a comunicá-las a qualquer um, nenhuma outra finalidade ou motivo vos deve inspirar senão a salvaguarda de vosso próximo; e que vos é preciso estar seguros, tanto quanto se possa a esse respeito, de que vosso trabalho não será sem recompensa. Enfim, se à leitura desta obra vos encontrais detidos por alguma dificuldade que declaro como certa, peço-vos para não vos apressar em refutá-la antes de ter meditado bastante tempo e com muita reflexão. Se vós o fizerdes, dou por seguro que alcançareis o prazer dos frutos que vós vos prometeis desta árvore.

ΤΕΛΟΣ

[*Telos*, fim]

APÊNDICES

1. Da Natureza da Substância

I – Axiomas

1. Em virtude de sua natureza, a substância é anterior a seus acidentes [*toevallen*] ou modificações.
2. As coisas que são diferentes, distinguem-se uma das outras ou realmente ou modalmente [*toevallig*].
3. As coisas que se distinguem realmente, ou têm atributos diferentes, tais como o pensamento e a extensão, ou se relacionam a atributos diferentes, assim como o entendimento e o movimento, o primeiro pertencendo ao pensamento e o segundo, à extensão.
4. As coisas que têm atributos diferentes, assim como aquelas que pertencem a atributos diferentes, nada possuem umas das outras.
5. Uma coisa que não tem em si nada de outra não pode ser causa de tal coisa.
6. O que é causa de si não pode limitar-se a si mesmo.

7. Aquilo pelo que as coisas se conservam é, por sua natureza, a primeira dentre elas.

PROPOSIÇÃO I

A nenhuma substância que realmente exista pode se relacionar um atributo que se refere a uma outra substância; ou, o que é o mesmo, duas substâncias não podem existir na natureza, a menos que não sejam realmente distintas.

DEMONSTRAÇÃO

Essas substâncias são distintas se são duas e, por conseguinte, elas se distinguem (pelo Axioma 2) ou realmente ou modalmente; elas não se distinguem modalmente, pois então os modos seriam (pelo Axioma 7) anteriores à substância, por sua natureza, contrariando o Axioma 1; portanto, elas se distinguem realmente. Por consequência (conforme o Axioma 4), não se pode afirmar de uma coisa o que se afirma de outra. O que era preciso demonstrar.

PROPOSIÇÃO II

Uma substância não pode ser causa da existência de outra substância.

DEMONSTRAÇÃO

Uma tal causa não teria nela nenhum efeito (Proposição I), pois há uma diferença de uma para a outra e, consequentemente, pelo Axioma 5, uma não pode produzir a outra.

PROPOSIÇÃO III

Todo atributo ou substância é, por sua natureza, infinito e soberanamente perfeito em seu gênero.

DEMONSTRAÇÃO

Nenhuma substância tem por causa uma outra substância (Proposição II); por conseguinte, se ela existe ou é um atributo de Deus ou, fora de Deus, foi causa de si mesma. No primeiro caso, ela é necessariamente infinita e soberanamente perfeita em seu gênero, pois tal é a condição de todos os atributos de Deus. No segundo caso, tal seria também, necessariamente, sua condição, pois ela não teria se limitado a si própria (Axioma 6).

PROPOSIÇÃO IV

Por sua natureza, pertence à essência de cada substância existir, a tal ponto que é impossível colocar em um entendimento infinito a Ideia de essência de uma substância que não existisse na Natureza.

DEMONSTRAÇÃO

A essência verdadeira de um objeto é qualquer coisa que difere realmente da Ideia desse objeto; e essa qualquer coisa é (Axioma 3) ou realmente existente ou está contida em uma outra coisa que existe realmente e da qual não se poderia distinguir, mas apenas em modo; dessa espécie são todas as essências das coisas que vemos que, antes, quando não existiam, estavam compreendidas na extensão – o movimento e o repouso – e que, tornadas reais, não se distinguem, de fato, da extensão, mas sim modalmente. Todavia, implica contradição que a essência de uma substância esteja assim contida em outra coisa, da qual essa substância, contrariamente à Proposição I, não poderia realmente se distinguir. Como também que ela seja, contrariamente à Proposição II, produzida pelo sujeito que, por hipótese, a teria contido. Enfim, ela não poderia ser assim, por sua natureza, infinita e soberanamente perfeita em seu gênero, contrariamente à Proposição III. Portanto, como sua essência não está contida em uma outra coisa, ela é uma coisa que existe por si.

COROLÁRIO

A natureza é conhecida por si e não por outra coisa. Ela é formada por atributos infinitos, dos quais cada um é infinito e soberanamente perfeito em seu gênero, à essência dos quais pertence a existência, de sorte que, fora deles, nenhuma essência existe ou nenhum ser; e assim ela coincide com a essência de Deus, o único augusto e benigno.

ii – Da Mente Humana

Tendo em vista que o homem é uma coisa criada, finita etc., é necessário que aquilo que há de Pensamento, a que chamamos mente, seja uma modificação do atributo ao qual damos o nome de Pensamento, sem que à sua essência pertença nada mais do que essa modificação; e isso de tal forma que, se essa modificação for aniquilada, a mente o será igualmente, embora o atributo acima referido continue inalterável.

O mesmo para o que há de Extensão e que chamamos Corpo, nada mais do que uma modificação de outro atributo a que chamamos Extensão e também de maneira que, se essa modificação for aniquilada, o corpo humano não será mais, ainda que o atributo da Extensão permaneça inalterável.

E para compreender agora de que maneira é esse modo que chamamos mente, como tem sua origem do corpo, como sua mudança depende apenas do corpo (no que consiste, para mim, a união da mente e do corpo), é preciso observar que: 1. a modificação mais imediata do atributo que denominamos pensamento contém em si, objetivamente, a essência formal de todas as coisas; e isso de tal maneira que, se se supusesse um ser formal qualquer cuja essência não estivesse contida objetivamente no atributo acima designado, este último não seria infinito e soberanamente perfeito em seu gênero, o que vai contra a demonstração dada na terceira Proposição.

E como a Natureza, ou Deus, é um ser de quem atributos infinitos são afirmados e que contém em si as essências de todas as coisas criadas, é preciso que de tudo isso seja produzida uma ideia no pensamento, a qual contém em si, objetivamente, a natureza inteira, tal como é realmente em si mesma.

Deve-se observar que todas as demais modificações, tais como o Amor, o Desejo, a Alegria etc. tiram sua origem dessa modificação primeira e imediata, de maneira que, se esta aqui não as precedesse, não poderia haver amor, desejo, nem alegria etc.

De onde se conclui claramente que o amor natural que se encontra em cada coisa, o de conservar seu corpo, não pode ter outra origem senão a Ideia ou essência objetiva do corpo, que está no atributo pensante.

Além do mais, dado que para a existência de uma Ideia (ou de uma essência objetiva) nada mais é requisitado a não ser o atributo do pensamento e o objeto (ou essência formal), o que dissemos é certo, a saber, que a Ideia ou essência objetiva é a modificação mais imediata do atributo do pensamento[47]. Por consequência, em tal atributo não pode haver qualquer outra modificação pertencente à essência da mente de uma coisa, senão a Ideia que, da coisa realmente existente, deve necessariamente ali existir no atributo pensante. Pois uma tal ideia traz com ela as outras modificações do Amor, do Desejo etc. Tendo em vista agora que a Ideia nasce da existência do objeto, quando o objeto se altera ou se aniquila, sua ideia deve também, na mesma medida, alterar-se ou aniquilar-se e, assim sendo, ela é o que está unida ao objeto.

Enfim, se nós quisermos ir mais longe e relacionar à essência da mente aquilo pelo que ela pode realmente existir, encontrar-se-ão apenas o atributo e o objeto de que acabamos de falar. Mas nem um nem outro podem pertencer à essência da mente, pois o objeto nada tem do pensamento, sendo realmente dele distinto, e, quanto ao atributo, já demonstramos que ele não pode pertencer à essência acima designada, o que ainda se vê mais claramente pelo que dissemos, pois o atributo, na qualidade de atributo, não está unido ao objeto, visto não ser alterado nem aniquilado, enquanto o objeto é alterado e aniquilado.

A essência da mente consiste unicamente, portanto, em ser, dentro do atributo pensante, uma ideia ou uma essência objetiva que nasce da essência de um objeto realmente existente na Natureza. Digo *de um objeto realmente existente*, e sem mais

---

47. [B. de S.:] Entendo por modificação mais imediata de um atributo um modo tal que não tenha necessidade, para existir realmente, de qualquer outro modo de mesmo atributo.

particularizar, a fim de abranger aqui não apenas as modificações da extensão, mas ainda as modificações de todos os atributos infinitos, que possuem uma mente da mesma forma que a extensão.

Para conceber, todavia, um pouco mais exatamente esta definição, deve-se ter em vista o que já disse quando falava dos atributos, a saber, que estes últimos não se distinguem quanto à existência[48], pois são eles mesmos os sujeitos de suas essências, e também que a essência de todas as manifestações está contida nos mencionados atributos; enfim, que todos os atributos são os atributos de um ser infinito. Eis por que também chamamos essa ideia de criatura imediata de Deus (capítulo IX da primeira Parte), porque contém em si, objetivamente, a essência formal de todas as coisas sem aumento ou diminuição. E ela é necessariamente uma, em razão de que todas as essências dos atributos são essência de um só ser infinito.

Mas há que se observar ainda que esses modos considerados, enquanto não existentes realmente, estão, porém, todos compreendidos em seus atributos; e como não há entre os atributos nenhuma espécie de desigualdade, assim como entre as essências dos modos, também não pode haver na Ideia qualquer distinção, pois não estaria na natureza. Mas, se alguns desses modos revestem sua existência particular e assim se distinguem de alguma maneira de seus atributos (pois a existência particular que possuem no atributo é o sujeito de sua essência), então se produz uma distinção entre as essências dos modos e, na sequência, também entre suas essências objetivas que estão, necessariamente, contidas na Ideia.

E essa é a causa pela qual usamos estas palavras em nossa definição: *a Ideia nasce de um objeto realmente existente na Natureza*. Pelo que acreditamos ter explicado suficientemente que tipo de coisa é a mente em geral, entendendo por isso não apenas as Ideias que nascem das modificações corporais, mas

---

48. [B. de S.:] Pois as coisas se distinguem pelo que é principal em suas naturezas; ora, aqui, a essência das coisas está acima de suas existências.

também aquelas que nascem de uma modificação determinada dos outros atributos.

No entanto, como não temos um conhecimento dos outros atributos como o que temos da extensão, vejamos se podemos encontrar, concernente às modificações da extensão, uma definição mais precisa e mais apropriada para exprimir a essência de nossa mente, que é o nosso verdadeiro propósito.

Começaremos por estabelecer como coisa demonstrada que há na extensão outras modificações além do movimento e do repouso, e que cada coisa corporal nada mais é do que uma proporção determinada de movimento e de repouso, de sorte que, se não houvesse na extensão senão movimento, ou apenas repouso, nenhuma coisa particular poderia mostrar-se ou existir; assim, o corpo humano outra coisa não é senão uma certa proporção de movimento e de repouso.

A essência objetiva, que no atributo pensante corresponde a essa proporção existente, é a mente do corpo, diríamos nós. Se, agora, uma dessas modificações, seja o repouso, seja o movimento, vier a mudar, sendo aumentada ou diminuída, a Ideia muda também na mesma medida. Quando, por exemplo, acontece de o repouso aumentar e o movimento diminuir, isso causa a dor ou a tristeza que chamamos *frio*. Se, ao contrário, o movimento aumenta, isso causa a dor que denominamos *calor*.

Quando os graus de movimento e de repouso não são os mesmos em todas as partes do corpo, tendo uma mais movimento ou repouso do que as outras, então nascem sensações diversas. (É assim que experimentamos uma espécie particular de dor quando nos batem nos olhos ou nas mãos com um pau.) Quando as causas exteriores que produzem as mudanças são diferentes e não têm o mesmo efeito, diversas sensações nascem da mesma parte (assim experimentamos uma sensação diferente quando nos batem na mesma mão com madeira ou com ferro). De outro lado, se a mudança que se introduz em alguma parte é a causa dessa mesma parte ser reconduzida à sua proporção primitiva de movimento e de repouso, segue-se disso o regozijo que nós chamamos repouso, exercício agradável e alegria.

Enfim, após ter explicado o que é a sensação, podemos ver facilmente como uma Ideia reflexiva, ou o conhecimento de nós mesmos, a Experiência e o Raciocínio emergem daí. E por tudo isso (como também por nossa mente estar unida a Deus e ser uma parte da Ideia infinita, que nasce imediatamente dele), pode-se ver muito distintamente a origem do Conhecimento claro e a imortalidade da alma. Mas a esse respeito já dissemos por agora o bastante.

PRINCÍPIOS DA FILOSOFIA
CARTESIANA

(*PRINCIPIA PHILOSOPHIAE
CARTESIANAE*)

PREFÁCIO

Ao leitor benevolente, Lodewijk Meyer apresenta suas saudações:

É o sentimento unânime de todos aqueles que querem elevar-se acima do vulgar pela clareza de pensamento, que o método de investigação e de exposição científica dos matemáticos, isto é, aquele que consiste em demonstrar conclusões por meio de definições, postulados e axiomas, é a melhor via, e a mais segura, para buscar e ensinar a verdade. E isso em bom direito. Com efeito, como não se pode adquirir e tirar nenhum conhecimento firme e seguro de uma coisa desconhecida, senão de coisas previamente conhecidas com certeza, é necessário colocar em primeiro lugar essas na base, como um fundamento sólido sobre o qual se possa erguer mais tarde todo o edifício do conhecimento humano, sem o risco de ele se vergar por si mesmo ou se desmoronar ao menor choque. Ora, que esse caráter de noções fundamentais cabe àquelas que, sob o nome de definições, de postulados e de axiomas, são de um uso tão frequente entre as pessoas que cultivam a matemática, é algo de que não poderá duvidar quem quer que tenha apenas saudado, do limiar, essa nobre ciência. As definições, com efeito, não são outra coisa além de explicações muito abertas dos termos e nomes pelos quais são designados os objetos dos quais se tratará; quanto aos postulados e axiomas, ou noções comuns do espírito, eles são enunciações tão claras e distintas que ninguém, por pouco que haja compreendido as palavras, pode recusar-lhes seu assentimento.

A despeito disso, não se encontra, entretanto, quase nenhuma ciência, posta à parte a matemática, em que esse método tenha sido seguido; ou dele segue outra, quase diametralmente oposta, na qual tudo se faz por meio de definições e divisões concatenadas entre si e entremescladas aqui e ali por questões e explicações. Julgou-se, com efeito, quase universalmente, e muitos que se aplicam a constituir as ciências ou a tratar delas em seus escritos julgam ainda que esse método é particular às matemáticas e que todas as outras disciplinas lhe são opostas e o rejeitam. Assim adveio que esses autores não demonstram as teses que aduzem por quaisquer razões apodícticas, mas se esforçam somente em sustentá-las por verossimilhanças e argumentos prováveis e publicam, destarte, um amontoado confuso de grossos livros nos quais não se pode encontrar nada de sólido e de certo; do que eles estão totalmente cheios é de controvérsias e dissentimentos, e aquilo que um estabelece por algumas razões de pouco peso, logo o outro o refuta e por armas inteiramente semelhantes o inverte e reduz a pedaços; de tal forma que o espírito ávido de verdade inquebrantável, em que pensava encontrar um lago tranquilo à medida de seus anseios e, após uma travessia feliz e segura, chegar segundo seu desejo ao porto do conhecimento, vê-se flutuando ao acaso sobre o mar encapelado das opiniões, cercado de toda parte das borrascas da discussão e sacudido e submerso pelas vagas da dúvida, sem nenhuma esperança de retomar pé.

Encontrou-se, no entanto, alguns homens, que julgaram [a questão] de outro modo e, cheios de piedade para com esse destino lamentável da filosofia, desviaram-se da via comumente trilhada nas ciências e batida por todos, para enveredar por novos caminhos, árduos sem dúvida, eriçados de dificuldades, e transmitir à posteridade, demonstradas pelo método de certeza matemática, as partes da filosofia distintas da matemática. Dentre esses homens, uns foram expostos a essa nova ordem de uma filosofia já admitida e habitualmente ensinada nas escolas, outros, a uma nova filosofia, descoberta por seus próprios meios e que eles apresentaram ao mundo científico. E, depois que essa empresa havia sido tentada por longo tempo e por muitos sem êxito, despontou enfim esse astro dos mais brilhantes de nosso século, René Descartes, que primeiro, por um novo método, fez passar das trevas à luz tudo o que na matemática permanecera inacessível aos antigos e tudo o que os contemporâneos não puderam descobrir e, depois, estabeleceu os fundamentos inabaláveis da filosofia; fundamentos sobre os quais é possível assentar a maior parte das verdades na ordem e com a certeza matemática, tal como ele realmente demonstrou a todos aqueles que tenham estudado atentamente seus escritos, os quais nunca o louvor há de igualar o mérito, e como aparece com uma clareza que supera a da luz do dia.

Se, além disso, nas obras filosóficas desse homem ilustre e incomparável, ele procedeu segundo a razão demonstrativa e a ordem matemática, não foi, entretanto dessa maneira comum, empregada pelos *Elementos* de Euclides e por outros geômetras, que consiste em concatenar as proposições e suas demonstrações às definições, postulados e axiomas colocados de início, mas de outra e muito diferente via, que ele mesmo proclama como o verdadeiro e o melhor método de ensinamento e à qual denomina analítica; ele distingue, com efeito, no fim da "Resposta às Segundas Objeções", dois tipos de demonstrações apodícticas: uma por análise, "que mostra o verdadeiro caminho pelo qual uma coisa foi metodicamente descoberta e revela como os efeitos dependem das causas"; a outra pela síntese que se serve "de uma longa série de definições, postulados, axiomas, teoremas e problemas, para que, caso lhe neguem algumas consequências, mostre como elas se contêm nos antecedentes, de modo a arrancar o consentimento do leitor, por mais obstinado e opiniático que seja".

Ainda que em uma ou outra dessas maneiras de demonstrar se encontre aquela certeza que se eleva acima de todo risco de dúvida, elas não são, entretanto, todas as duas igualmente úteis e cômodas para todos. Pois, a maior parte dos homens, não sendo versados nas ciências matemáticas e ignorando assim completamente quer o método pela qual elas são expostas (síntese), quer aquele pelo qual elas são inventadas (análise), não podem nem apreender por si próprios nem explicar aos outros as coisas apodicticamente demonstradas das quais se trata nesses livros. Assim sobreveio que muitos, após terem sido alistados entre os defensores de Descartes por meio de um dogma ou pela docilidade em ser influenciados por outros, hão somente guardado de memória seu modo de pensar e seus ensinamentos, e quando discutem o assunto, não sabem senão responder por chavões e tagarelices vãs, como era antes e ainda é o costume dos partidários da filosofia peripatética, mas nada demonstrar. Para ajudá-los eu muitas vezes desejei que um homem, igualmente douto na ordem analítica e na sintética e que, muito familiarizado com as obras de Descartes e conhecedor profundo de sua filosofia, quisesse se por à faina de expor na ordem sintética e demonstrar por meio da geometria comum aquilo que Descartes havia apresentado na ordem analítica. Eu mesmo, embora plenamente consciente de minha fraqueza e me reconhecendo muito abaixo de obra de tal monta, muitas vezes tive em mente esse propósito, e até comecei a emprendê-la, no entanto, outras tarefas, as quais muitas vezes me distraem, tem me impedido de realizá-la.

Assim, fiquei muito gratificado em saber que o nosso autor tinha ditado a um discípulo, a quem ele ensinava a filosofia de Descartes, a segunda parte dos *Princípios da Filosofia* e um fragmento da terceira, demonstrados à maneira dos geômetras, bem como as principais e mais difíceis questões suscitadas pelos pensamentos metafísicos e ainda não resolvidas por Descartes; e que, com a vívida ajuda de seus amigos, ele traria à lume esta obra, depois de corrigida e aumentada. Nada me faltava para também aprovar esse plano com todo o ânimo e ofereci minha ajuda ao autor, no caso de ser necessária, para a edição; além disso aconselhei, ou melhor roguei, para que tivesse a mesma ordem geométrica e antepusesse ao resto a primeira parte dos *Princípios* de modo que, assim dispostas desde o início, essas coisas fossem melhor compreendidas e acolhidas. Vendo que era perfeitamente razoável, ele não quis nem se recusar nem dizer não às súplicas de um amigo e ao interesse público, e visto que, morando no campo, longe da cidade, ele não podia por si só cuidar da impressão, confiou-a aos meus cuidados.

Nós o oferecemos então, leitor benevolente, neste pequeno livro, a *primeira parte* e a *segunda parte* dos *Princípios da Filosofia* de René Descartes e um fragmento da *terceira parte*, tendo ajuntado, a título de apêndice, os *pensamentos metafísicos* do nosso autor. No entanto se o declaramos aqui, e se o próprio título do livro o anuncia, a primeira parte dos *Princípios*, nós não quisemos dar a entender que se encontrará aqui exposto, com demonstração conforme a ordem geométrica, tudo quanto Descartes disse nessa parte; mas essa demonstração foi tomada como a mais adequada e, assim, as principais questões relativas à metafísica tratadas por Descartes em suas *Meditações* (o que interessa à lógica, e que é considerado como uma característica somente histórica, foi posto de lado) foram extraídas de lá. Para se desempenhar mais facilmente de sua tarefa, o autor, portanto, reproduziu aqui palavra por palavra, quase tudo o que Descartes havia exposto na ordem geométrica no final de sua "Resposta às Segundas Objeções"; ele colocou à frente todas as definições de Descartes; inseriu essas proposições por meio das suas próprias, não dispondo, no entanto, os axiomas depois das definições, mas somente depois da quarta proposição, e modificou sua ordem para tornar a demonstração mais fácil; deixou, enfim, de lado aquilo que para ele era supérfluo. Nosso autor não ignora que seus axiomas (assim como o próprio Descartes o diz na "Sétima Objeção") podem ser demonstrados como teoremas e se encontrariam até melhor situados em seu lugar entre as proposições; muito embora, nós lhe tenhamos pedido que efetuasse essa mudança, todavia, negócios mais importantes que o preocupavam não lhe permitiram dedicar a esta obra mais de duas semanas, e foram a causa pela qual ele não pôde satisfazer o nosso desejo e o seu próprio. Assim, ele há simplesmente, até agora, juntado aos axiomas uma curta explicação em lugar da demonstração, adiando para mais tarde uma demonstração mais longa e inteiramente acabada que dará, se, após esgotada a presente edição, houver oportunidade de preparar uma nova.

Não apenas na posição e na explicação dos axiomas, mas também na demonstração dos teoremas e de outras consequências, nosso autor frequentemente se afasta de Descartes, utilizando provas diversas. Que não se interprete que ele quisesse corrigir esse homem claríssimo; ao contrário, que se persuada que tem em vista melhor observar a ordem precedentemente adotada, sem aumentar ilegitimamente o número dos axiomas. Pela mesma causa, houve por bem demonstrar muitas proposições deixadas sem demonstração por Descartes, que as deixou de lado.

Antes de tudo, desejo que se observe que em toda a obra, tanto na primeira quanto na segunda partes dos *Princípios da Filosofia*, como no fragmento da terceira e nos pensamentos metafísicos, nosso autor quis apenas expor as ideias de Descartes e suas demonstrações, tais como estão em seus escritos, ou como se pode deduzir legitimamente dos princípios estabelecidos. Tendo prometido instruir seu discípulo na filosofia de Descartes, propôs-se como religião a não se afastar dela minimamente, e nada ditar ou responder que fosse contrário aos ensinamentos daquele filósofo. Não se deve crer que ele faça conhecer aqui suas próprias ideias ou as que aprova. Se julga algumas verdadeiras, e se confessa ter juntado algumas de si mesmo, encontrou muitas que rejeita como falsas e às quais opõe uma convicção diferente.

PRINCÍPIOS DA FILOSOFIA CARTESIANA

Para dar dessas últimas somente um exemplo, entre muitos outros, citarei aqui o que diz da Vontade no Escólio da Proposição 15 da Parte I dos *Princípios*, e o capítulo 12, da Parte II do apêndice[1], ainda que pareçam estabelecidas com peso e aparato. Com efeito, não vê distinção entre a Vontade e o Intelecto, e menos ainda que seja dotada de liberdade. Descartes, quando enuncia sua opinião a respeito, e isso pode ser visto no *Discurso do Método*, quarta parte, e na "Segunda Meditação", ele apenas supõe, mas não prova, que a mente humana seja uma substância absolutamente pensante. Nosso autor, ao contrário, admite na Natureza uma substância pensante, mas nega que ela constitua a essência da mente humana. E sustenta que o pensamento, não mais do que a extensão, tenha limites e que, por consequência, da mesma maneira que o corpo humano não existe em absoluto, sendo apenas uma extensão determinada de um certo modo pelo movimento e pelo repouso, segundo as leis da Natureza extensa, também a mente ou a alma humana não existe em absoluto, mas é bem um pensamento determinado de um certo modo por ideias da Natureza pensante; pensamento cuja existência está posta necessariamente, tão logo o corpo comece a existir. Por essa definição, ele não crê difícil demonstrar que a Vontade não se distingue do Intelecto, e que muito falta para que ela goze da liberdade que lhe atribui Descartes; mais ainda, que a própria faculdade de afirmar e de negar é uma pura ficção, pois afirmar e negar nada são fora das ideias; que, as demais faculdades, tais como o Intelecto, o Desejo etc., devem ser classificadas entre os seres imaginários, ou ao menos entre as noções que os homens forjam por conceberem as coisas abstratamente, tais como a humanidade, a dureza e outras do mesmo gênero.

Cumpre ainda não deixar em silêncio que se atribua unicamente a Descartes o que se encontra em certas passagens, a saber, que *isso ou aquilo supera a compreensão humana*. Deve-se resguardar de entender isso como se o nosso autor

---

1 *Os Pensamentos Metafísicos.*

pronunciasse a mesma sentença. Pois julga que todas essas coisas, e mesmo muitas outras mais elevadas e sutis, podem não apenas ser clara e distintamente por nós concebidas como pode ser ainda possível explicá-las mais comodamente, desde que o intelecto humano se dirija para a busca da verdade e o conhecimento das coisas pela via aberta e franqueada por Descartes. E assim, *os fundamentos* das ciências encontrados por Descartes, assim como o edifício que ele ergueu, não são suficientes para elucidar e resolver todas as dificílimas questões que ocorrem na metafísica; mas que outros são requeridos se quisermos elevar nosso intelecto ao cimo do conhecimento.

Enfim (para terminar o prefácio), lembraríamos ao leitor que a publicação de todos esses tratados é feita tendo em vista unicamente a procura e a propagação da verdade, assim como o incitar dos homens ao estudo da sincera filosofia, de maneira a dela recolher o fruto abundante que desejamos de coração.

INTRODUÇÃO

Antes de se chegar às próprias proposições e às suas demonstrações, pareceu-me bom expor brevemente por que Descartes duvidou de tudo, por que caminho encontrou os fundamentos estáveis das ciências e, enfim, por que meios livrou-se de todas as dúvidas. Teríamos disposto tudo isso em ordem matemática se não houvéssemos pensado que a inevitável prolixidade dessa exposição impediria que fosse devidamente percebida de uma só mirada pelo entendimento, assim como em um quadro.

Descartes, portanto, a fim de proceder com a maior prudência em sua investigação das coisas, esforçou-se por: 1. rejeitar todos os preconceitos; 2. encontrar fundamentos sobre os quais se ergueria todo o edifício; 3. descobrir a causa do erro; 4. conhecer toda coisa clara e distintamente.

Para chegar ao primeiro, ao segundo e ao terceiro pontos, ele começa por colocar tudo em dúvida. Não, certamente, à maneira de um cético, para quem a dúvida é a única finalidade a ser perseguida, mas com o intuito de liberar seu espírito de todos os preconceitos e assim encontrar os fundamentos sólidos e inquebrantáveis das ciências, como não poderia deixar de fazer, se eles existem. Com efeito, os verdadeiros princípios das ciências devem ser tão claros e certos que não precisem de qualquer demonstração, excluam todo risco de dúvida e que nada se possa demonstrar sem eles. Ele os encontrou após uma prolongada dúvida. Quando o conseguiu, não lhe foi difícil distinguir o falso do verdadeiro, descobrir a causa do erro e também tomar cuidado para não colocar o falso e o duvidoso no lugar do verdadeiro e do certo.

Para alcançar o quarto e último ponto, quer dizer, para conhecer todas as coisas clara e distintamente, sua regra principal foi a de fazer uma revisão de todas as ideias simples, das quais todas as demais são compostas, e examiná-las uma a uma. De fato, tão logo ele pudesse perceber as ideias simples clara e distintamente, sem dúvida conheceria, com a mesma clareza e distinção, todas as demais que com elas são compostas. Após essas preliminares, explicaremos como Descartes pôs todas as coisas em dúvida, encontrou os princípios verdadeiros das ciências e isentou-se das dificuldades das dúvidas.

Dúvida Universal: Em primeiro lugar, ele considera todas as coisas percebidas pelos sentidos, a saber, o céu, a terra e coisas semelhantes, e até seu próprio corpo; todas as coisas que, até então, tinha acreditado existir na Natureza. E ele duvida de sua certeza porque havia observado que seus sentidos o enganavam algumas vezes e estava com frequência persuadido, durante os sonhos, da existência real de muitas coisas, para depois reconhecer suas ilusões. Enfim, porque havia escutado outros homens terem afirmado, mesmo em estado de vigília, sentir dor em membros perdidos depois de muito tempo. Ele pôde assim, não sem razão, duvidar da existência de seu próprio corpo. E tudo isso lhe permitiu concluir verdadeiramente que seus sentidos não são (pois podemos colocá-los em dúvida) o fundamento mais sólido sobre o qual toda a ciência deve ser edificada, e que a certeza deve depender de outros princípios certos.

Para prosseguir a investigação desses princípios, ele considera, em segundo lugar, todas as coisas universais, tais como a natureza corpórea em geral e sua extensão, a forma, a quantidade etc., assim como todas as verdades matemáticas. Embora essas noções lhe parecessem mais certas do que todas as que obteve pelos sentidos, encontrou uma razão para delas duvidar: pois a outros aconteceu de se enganarem a esse respeito e, sobretudo, porque havia fixado no espírito uma antiga opinião segundo a qual existiria um Deus todo-poderoso; um Deus lhe tendo criado tal como era e podendo fazer com que fosse enganado mesmo nas coisas que lhe pareciam as mais claras. Por tal motivo, pôs tudo em dúvida.

Descoberta do Fundamento de Toda Ciência: para encontrar os verdadeiros princípios das ciências, procurou em seguida pôr em dúvida tudo o que caísse sob seu pensamento, o que era uma maneira de examinar se não sobraria talvez alguma coisa da qual não duvidasse. Se, com efeito, duvidando como o fazia, encontrasse alguma coisa que, por qualquer das razões precedentes, ou por qualquer outra, não pudesse pôr em dúvida, julgou com acerto que poderia tomá-la como fundamento para assentar todo o conhecimento. E embora aparentemente tenha colocado tudo em dúvida, pois que duvidava igualmente dos sentidos e do entendimento, ainda achou um objeto a ser examinado, a saber, ele mesmo que duvidava. Não como alguém composto de cabeça, de mãos e de outros membros corporais, coisas já incluídas na dúvida; mas apenas enquanto alguém que duvidava, pensava etc. Reconheceu por um exame bastante atento que nenhuma das razões acima indicadas podia justificar a dúvida; que pensasse em sonho ou em estado de vigília, ainda assim é verdade que pensa e que é; que ele ou outros tenham errado a propósito de outros assuntos, também não era menos verdade, pois haviam errado. Também não podia supor por qualquer ficção um autor que, por sua própria natureza, fosse tão astucioso que pudesse enganá-lo a respeito; pois ao mesmo tempo que se supusesse enganado, ele existiria. Enfim, qualquer que fosse a causa de dúvida que pudesse conceber, não poderia achar nenhuma que não lhe desse, ao mesmo tempo, e no mais alto grau, a certeza de sua própria existência. Melhor ainda, quanto mais encontrasse razões para duvidar, mais teria argumentos convencê-lo de sua existência. Tanto que, para qualquer lado que se volte, não está menos impedido de bradar: "eu duvido, eu penso, logo sou". Descoberta essa verdade, encontrou, ao mesmo tempo, o fundamento de todas as ciências e também uma medida e uma regra de todas as demais verdades, a saber: tudo o que é percebido tão clara e distintamente quanto esta primeira verdade é verdadeiro.

Que não possa haver outro fundamento das ciências, aquilo que precede mostra com clareza suficiente, e mais do que suficiente, pois todo o resto pode ser posto em dúvida sem dificuldade, mas isso não o pode de modo algum. Todavia, com respeito a esse princípio, *eu duvido, eu penso, logo sou*, importa antes de tudo observar que tal afirmação não é um silogismo, no qual a maior passaria em silêncio. Pois, se fosse um silogismo, as premissas deveriam ser mais claras e melhor conhecidas do que a própria conclusão, *logo sou* e, por consequência, *eu sou* não seria o primeiro fundamento de todo o conhecimento. Além disso, essa conclusão não seria segura, pois sua verdade dependeria de premissas universais que nosso autor há muito pôs em dúvida. Assim, *penso, logo sou* é uma Proposição única equivalente a esta aqui: *eu sou pensante*.

É preciso saber, além do mais, para evitar a confusão no que se seguirá (pois a coisa deve ser percebida clara e distintamente), o que nós somos. Pois uma vez conhecida clara e distintamente, nossa essência não poderá mais ser confundida com outras. Para deduzi-lo do que antecede, nosso autor continua como se segue.

Ele recorre em sua memória a todos os pensamentos que teve no passado sobre si mesmo: que sua alma era um corpo sutil, semelhante ao vento, ao fogo ou ao éter, espalhado pelas partes mais espessas do corpo; que seu corpo era mais conhecido do que sua alma e que dele tinha uma percepção mais clara e distinta. Ele acha que tudo isso está em contradição manifesta com o que ele acaba de conhecer com certeza. Pois ele podia duvidar de seu corpo, mas não de sua essência enquanto pensava. Mais do que isso, não podendo perceber clara e distintamente essas coisas, ele devia, para se adequar à regra do método que havia prescrito, rejeitá-las como se fossem falsas. Uma vez que não podia reconhecê-las como lhe pertencendo, tendo em vista o que já sabia de si mesmo, ele continua a procurar além das coisas que pertenciam propriamente à sua essência, aquelas que não pôde colocar em dúvida e, por causa delas, era necessário afirmar sua existência. Dessa natureza são as seguintes: "ele queria tomar cuidado para não se enganar; ele desejava adquirir ideias claras de muitas coisas; duvidava de tudo o que não podia conceber claramente; até o presente, só havia afirmado uma só verdade; negava e rejeitava como falso todo o resto; imaginava, apesar de si, muitas coisas; observava, enfim, que muitas delas pareciam provir dos sentidos". Como de cada uma dessas maneiras de ser, vistas à parte, sua existência se revelava com a mesma evidência, e não podia organizar nenhuma dentre as coisas postas em dúvida, e que, enfim, todas podiam ser concebidas sob o mesmo atributo, segue-se disso que são verdades e maneiras de ser que pertencem à sua natureza. Assim, ao dizer *eu penso*, como havia feito, entendia todos esses modos do pensar: *duvidar, conhecer, afirmar, negar, querer, não querer, imaginar e sentir.*

Antes de tudo, é preciso notar aqui, o que será de grande uso na sequência, onde se tratará da distinção da mente e do corpo: 1. que esses modos de pensar são conhecidos clara e distintamente, sem as demais coisas das quais ele duvida; 2. que o conceito claro e distinto que deles temos torna-se obscuro e confuso caso se queira juntar algumas das coisas duvidosas.

Emancipação de Todas as Dúvidas: Para se tornar certo das coisas que havia posto em dúvida e delas se emancipar, ele continua por dirigir sua investigação sobre a natureza do Ser mais perfeito e sobre sua existência. Tão logo, com efeito, tenha visto que existe um Ser todo perfeito, pelo poder de quem todas as coisas são produzidas e conservadas, e cuja natureza repugna que seja enganador, a razão de duvidar, provinda da ignorância de sua própria causa, será suprimida. Pois ele saberá que a faculdade de discernir o verdadeiro do falso não lhe foi dada por um Deus, soberanamente bom e verídico, para que fosse enganado. E assim, as verdades matemáticas e todas as coisas que parecem muito evidentes não mais serão suspeitas. É preciso então um novo passo para que se retirem as outras causas de dúvidas e se pergunta: de onde vem que erramos? E quando ele acha que isso vem do fato de usarmos nossa vontade livre para dar nosso assentimento àquilo que percebemos confusamente, ele tem logo o direito de concluir que poderá, na sequência, guardar-se do erro, desde que não dê seu assentimento a não ser ao que tenha percebido clara e distintamente. Ora, todos podemos conseguir isso facilmente, pois temos o poder de constranger a vontade e fazer com que seja contida nos limites do entendimento. Mas como nas primeiras idades adquirimos muitas ideias preconcebidas, das quais não nos liberamos facilmente, para livrarmo-nos delas e nada admitir que não seja percebido clara e distintamente, ele continua a fazer uma revisão de todas as noções e ideias simples das quais todo o nosso pensamento é composto. Ele as examina uma a uma, a fim de observar o que há de claro e de obscuro. Assim poderá facilmente distinguir o claro do obscuro e formar pensamentos claros e distintos. Por esse meio será fácil encontrar uma distinção real entre a alma e o corpo, o que há de claro e de obscuro nas percepções que temos pelos sentidos; e em que, por fim, o sonho difere do estado de vigília. Após o que, não pode nem duvidar da vigília nem ser enganado pelos sentidos. E assim emancipou-se de todas as dúvidas acima enumeradas.

Antes, porém, que eu termine esta introdução, parece-me ser preciso dar satisfação àqueles que objetariam: como a existência de Deus não nos é conhecida por si mesma, não parece que possamos estar certos de alguma coisa, pois de premissas incertas (e dissemos que tudo era incerto enquanto ignorássemos nossa origem) nada se pode concluir de certo.

PRINCÍPIOS DA FILOSOFIA CARTESIANA 169

Para afastar essa dificuldade, Descartes responde assim: daquilo que não ainda sabemos, ainda que o autor de nossa origem nos tenha criado de tal forma que possamos ser enganados, mesmo nas coisas que nos pareçam mais evidentes, não se segue que possamos duvidar do que conhecemos clara e distintamente em si mesmo, ou ainda pelo raciocínio, enquanto estivermos atentos. Podemos duvidar somente do que demonstramos anteriormente que era verdadeiro, e que a lembrança pode nos trazer de volta, não estando mais atentos às razões das quais deduzimos, tendo-as esquecido. Eis por que, embora a existência de Deus seja conhecida não por ela mesma, mas por outra coisa, podemos, no entanto, chegar a um conhecimento certo de sua existência, desde que ponhamos a maior atenção a todas as premissas de onde o concluímos. Ver *Princípios da Filosofia*, parte I, artigo 13, Resposta às segundas objeções, n. 3, e o fim da Quinta Meditação.

Como essa resposta, porém, não satisfaz todo mundo, darei uma outra. Vimos mais acima, quando falávamos da certeza e da evidência de nossa existência, que ela se conclui do fato de que, qualquer que seja o lado para o qual dirigimos o olhar de nossa mente, não encontraremos razão alguma de duvidar e que, por isso mesmo, não nos convença de nossa existência: que estejamos atentos à nossa própria natureza; que representemos o autor de nossa natureza como um astucioso enganador; ou que, enfim, invoquemos qualquer outra razão de duvidar, exterior a nós, que jamais tenhamos visto antes e tenha intervindo em qualquer outra matéria. Pois, embora prestemos atenção à natureza do triângulo, e sejamos obrigados a concluir que seus três ângulos são iguais a dois retos, disso não podemos concluir, todavia, que talvez sejamos enganados pelo autor de nossa natureza; ao passo que, ao contrário, disso mesmo nossa existência ressalta com maior certeza. Não somos, portanto, obrigados a concluir, para qualquer lado que dirigirmos o olhar de nossa mente, que os três ângulos de um triângulo sejam iguais a dois retos, mas encontramos, ao contrário, um motivo de duvidar. E isso por que não temos de Deus uma ideia tal que, sendo por ela afetados, nos seja impossível pensar que Deus seja enganador. Pois para aquele que não tenha de Deus a ideia verdadeira que supomos não termos, é tão fácil conceber seu autor como sendo enganador e como não sendo. Da mesma forma, para aquele que não tenha uma ideia do triângulo é fácil pensar que seus três ângulos igualem ou não igualem dois retos. Concordamos, pois, que, fora de nossa existência, não podemos estar absolutamente certos de coisa alguma, por atentos que estejamos à sua demonstração, enquanto não tivermos de Deus uma concepção clara e distinta nos obrigando a afirmar que ele é soberanamente verídico, assim como nossa ideia do triângulo nos obriga a concluir que seus três ângulos igualem dois retos. Mas negamos que não possamos alcançar qualquer conhecimento. Pois, isso é evidente por tudo o que antecede, o ponto central de toda a questão consiste apenas nisto: que possamos formar uma concepção de Deus que não nos permita pensar com igual facilidade que ele é enganador e não é, mas que nos obrigue a afirmar que ele é soberanamente verídico. Com efeito, desde que tenhamos formado essa ideia, a razão que tínhamos de duvidar das verdades matemáticas será suprimida; pois para qualquer lado que então dirigirmos o olhar de nossa mente, para colocar uma delas em dúvida, nada encontraremos que não devamos concluir, por isso mesmo, que ela é bastante certa, assim como acontece a respeito de nossa existência. Por exemplo, se após ter-se chegado à ideia de Deus nós considerarmos atentamente a ideia do triângulo, tal ideia nos obrigará a afirmar que seus três ângulos igualam dois retos; se considerarmos a ideia de Deus, ela nos obrigará a afirmar que ele é soberanamente verídico, autor e conservador incessante de nossa natureza e, por conseguinte, não nos engana a propósito dessa verdade concernente ao triângulo. Também não poderemos, tão logo consideramos a ideia de Deus (que supomos já estar em nossa posse), pensar que é enganador, assim como, ao considerar a ideia de triângulo, não podemos considerar que seus três ângulos difiram de dois retos. E, da mesma maneira que podemos formar essa ideia do triângulo, embora não sabendo se o autor de nossa natureza não nos engana, também podemos tornar clara para nós a ideia de Deus e colocá-la diante dos olhos, ainda que duvidando se o autor de nossa natureza não nos engane de algum modo. E desde que a tenhamos, de qualquer maneira que a tenhamos adquirido, isso bastará, como se mostrou, para suprimir toda dúvida. Tendo isso posto, respondo à objeção levantada: não podemos estar certos de coisa alguma, não enquanto ignorarmos a existência de Deus (pois não falei disso), mas também enquanto não tivermos dele uma ideia clara e distinta. Se, portanto, alguém quiser argumentar contra mim, deverá dizer: nós não podemos estar certos de alguma coisa antes de termos uma ideia clara e distinta de Deus. Ora, não podemos ter uma ideia clara e distinta de Deus enquanto ignorarmos se o autor de nossa natureza não nos engana. Portanto, não podemos estar certos de coisa alguma enquanto não soubermos se o autor de nossa natureza não nos engana etc. Ao que respondo que concordo com a maior [premissa], mas nego a menor. Pois temos uma ideia clara e distinta do triângulo, embora não sabendo se o autor de nossa natureza não nos engana; e dado que temos de Deus uma tal ideia, como demonstrei absolutamente acima, não podemos duvidar nem de sua existência nem da de qualquer verdade matemática.

Após esta introdução, começaremos nossa exposição.

PARTE I

DEFINIÇÃO 1

Compreendo pelo nome de *pensamento* tudo o que está em nós e de que temos imediatamente consciência. Assim, todas as operações da vontade, do entendimento, da imaginação e dos sentidos. Acrescentei *imediatamente* para excluir as coisas que são consequências dos pensamentos; assim, o movimento voluntário bem tem o pensamento por princípio, mas ele próprio não é um pensamento.

DEFINIÇÃO 2

Entendo pelo nome de *ideia* a forma de qualquer pensamento, com cuja percepção imediata tenho consciência do próprio pensamento. Assim, nada posso exprimir por palavras (quando entendo o que digo) sem que, por isso mesmo, esteja certo de que tenho em mim a ideia do que significam essas palavras. E assim, não chamo de ideias as simples imagens que se pintaram na imaginação. Também não chamo de modo algum essas imagens de ideias enquanto estiverem na imaginação corporal, quer dizer, enquanto estiverem pintadas em alguma parte do cérebro, mas apenas quando elas informam o próprio espírito voltado para tal parte do cérebro.

DEFINIÇÃO 3

Por *realidade objetiva de uma ideia* entendo o ser ou a entidade da coisa representada pela ideia, quando essa entidade está na ideia. Poder-se-á dizer da mesma maneira: *perfeição objetiva, artifício objetivo* etc. Pois tudo o que percebemos nos objetos das ideias está objetivamente nas próprias ideias.

DEFINIÇÃO 4

Das mesmas coisas se diz estarem *formalmente* nos objetos das ideias quando estão nelas tais como as percebemos; e *eminentemente* quando estão não tais como são na verdade, mas tão grandes que poderiam substituir as que ali estariam. Observar-se-á que se digo que uma causa contém *eminentemente* as perfeições de seu efeito, quero com isso significar que a causa contém as perfeições do efeito de modo mais excelente do que o próprio efeito possa conter (ver também Axioma 6)[1].

DEFINIÇÃO 5

É chamada *substância* toda coisa cuja ideia real esteja em nós e na qual resida imediatamente, como em um sujeito, ou pela qual exista qualquer coisa que percebamos, quer dizer, alguma propriedade, qualidade ou atributo. Com efeito, não temos outra ideia da substância, ela mesma exatamente entendida, senão que é uma coisa na qual existe formal e eminentemente esse algo que percebemos, quer dizer, que está objetivamente em uma de nossas ideias.

DEFINIÇÃO 6

A substância na qual reside imediatamente o pensamento é chamada *Mente*. Falo aqui de uma mente, de preferência a alma, porque o nome de Alma é equívoco e frequentemente tomado para designar uma coisa corporal.

---

1. Na edição francesa, na tradução em inglês de Samuel Shirley (1998) e na edição de Bruder (1843) a remissão é ao Axioma 8. A nosso ver ambas se justificam.

DEFINIÇÃO 7

A substância que é o sujeito imediato da extensão e dos acidentes que pressupõem a extensão, como a forma, a posição, o movimento no espaço etc., é chamada Corpo. Quanto a saber se é uma só e mesma substância, chamada mente e Corpo, ou se são duas substâncias diferentes, isso deverá ser examinado mais tarde.

DEFINIÇÃO 8

A substância que conhecemos que é por si mesma soberanamente perfeita e na qual não concebemos absolutamente nada que envolva qualquer defeito, quer dizer, qualquer limitação de perfeição, é Deus.

DEFINIÇÃO 9

Quando dizemos que algum atributo está contido na natureza ou no conceito de algo, é o mesmo se disséssemos que este atributo é a verdade dessa coisa, quer dizer, que ele pode ser afirmado como verdadeiro.

DEFINIÇÃO 10

Duas substâncias são ditas realmente distintas quando cada uma delas pode existir sem a outra. Omitimos aqui os *Postulados* de Descartes porque não tiramos qualquer conclusão do que se segue. Porém, pedimos seriamente aos leitores para lê-los e sobre eles meditar com atenção.

AXIOMA 1

Não chegamos ao conhecimento e à certeza de alguma coisa desconhecida a não ser pelo conhecimento e a certeza de outra coisa que lhe é anterior em conhecimento e certeza.

AXIOMA 2

Existem razões que nos fazem duvidar da existência de nossos corpos. Isso foi efetivamente estabelecido na Introdução; eis por que o pusemos como Axioma.

AXIOMA 3

Se temos em nós algo além da mente e do corpo, isso nos é menos conhecido do que a mente e o corpo. Dever-se-á observar que esses Axiomas não afirmam nada sobre coisas exteriores, mas apenas sobre o que encontramos em nós enquanto seres pensantes.

PROPOSIÇÃO 1

Não podemos estar absolutamente certos de alguma coisa enquanto não soubermos que existimos.

DEMONSTRAÇÃO

Essa Proposição é evidente por si mesma, pois aquele que não sabe de maneira absoluta que ele é, também não sabe que é um ser que afirma ou nega, quer dizer, que certamente afirma ou nega. Dever-se-á observar aqui que, embora afirmemos ou neguemos muitas coisas com grande certeza, sem prestarmos atenção à nossa existência, se isso não fosse inicialmente posto como indubitável, tudo poderia ser posto em dúvida.

PROPOSIÇÃO 2

O eu sou deve ser conhecido de si próprio.

DEMONSTRAÇÃO

Se o negais, é porque apenas será conhecido por outra coisa (Axioma 1), cujo conhecimento e certeza deverão estar em nós anteriormente a esta afirmação – eu sou. Ora, isso é absurdo (pela Proposição precedente); logo, o eu sou deve ser conhecido de si.

PROPOSIÇÃO 3

O eu sou não é a primeira verdade e não é conhecido de si por ser uma coisa composta de um corpo.

DEMONSTRAÇÃO

Há certas razões que nos fazem duvidar da existência de nosso corpo (Axioma 2); assim (pelo Axioma 1), não chegaremos à certeza a seu respeito a não ser pelo conhecimento e a certeza de outra coisa que é, ela mesma, anterior em conhecimento e certeza. Daí esta afirmação: o *eu sou* não é a primeira certeza e não é conhecido de si pelo fato do *eu* ser formado por um corpo.

PROPOSIÇÃO 4

Eu sou *só pode ser a primeira verdade conhecida porque pensamos.*

DEMONSTRAÇÃO

Este juízo – eu sou uma coisa corporal ou formada de um corpo – não é a primeira verdade conhecida (pela Proposição precedente); e também não estou certo de minha existência se sou formado por outra coisa além da mente e do corpo; pois se formos formados por outra coisa, distinta da mente e do corpo, essa outra coisa nos é menos conhecida do que o corpo (pelo Axioma 3). Assim, *eu sou* só pode ser a primeira verdade porque pensamos.

COROLÁRIO

Por isso, é evidente que a mente, isto é, a coisa pensante, é mais conhecido do que o corpo (para maiores explicações, ver *Princípios da Filosofia*, parte I, 11 e 12).

ESCÓLIO

Cada um de nós percebe com a maior certeza que *afirma, nega, duvida, conhece, imagina etc.*, quer dizer, que existe como *duvidante, conhecedor, afirmante*; em uma palavra, que *sou pensante* não pode ser colocado em dúvida. Eis por que esse juízo – *eu penso* ou *sou pensante* – é o fundamento único ou o mais seguro de toda a Filosofia. E como nas ciências não se pode, para se conhecer as coisas com maior certeza, procurar ou desejar outra coisa senão tudo deduzir de princípios os mais seguros, e tudo tornar tão claro e distinto quanto os princípios do qual se deduz, segue-se daí que tudo o que para nós é evidente e tudo o que também percebemos tão clara e distintamente quanto o princípio já encontrado, e tudo o que concorde com esse princípio e dele depende de tal maneira que, se quiséssemos duvidar, seria preciso também duvidar do princípio, devemos ter por verdadeiro. Para avançar, no entanto, o mais prudentemente que se possa na enumeração de tais coisas, apenas admitiria de início como igualmente evidentes e clara e distintamente percebidas aquelas que cada um observa em si mesmo enquanto ser pensante. Como, por exemplo, que quer isso ou aquilo, que tem tais ideias determinadas e que uma ideia contém em si mais realidade e perfeição do que uma outra. Assim, aquela que contém objetivamente o ser e a perfeição da substância é muito mais perfeita do que aquela que só contém a perfeição objetiva de um acidente. Enfim, aquela que é de todas a mais perfeita é a que tem por objeto o ser soberanamente perfeito. Percebemos tais coisas, digo, não apenas com uma evidência igual, uma clareza e uma distinção iguais, mas talvez mais ainda distintamente. Pois elas não só afirmam que nós pensamos, mas de que maneira pensamos. Além do mais, dizemos também que concordam com o princípio estabelecido essas coisas que não podem ser postas em dúvida sem que o fundamento inquebrantável seja, ao mesmo tempo, posto em dúvida. Assim, por exemplo, se alguém quiser pôr em dúvida se ele poderia ter saído do nada, no mesmo instante poderá colocar em dúvida se existimos quando pensamos. Pois se posso afirmar qualquer coisa do nada, a saber, que ele pode ser causa de alguma coisa, poderia com o mesmo direito afirmar também do nada o pensamento e dizer que não sou nada porque penso. Como isso me é impossível, ser-me-á igualmente impossível pensar alguma coisa proveniente do nada. Após essas considerações, decidi colocar aqui, em uma ordem conveniente, os princípios que agora nos são necessários para ir além e colocá-los entre os Axiomas, considerando que Descartes os propõe como Axiomas no final de sua "Resposta às Segundas Objeções" e que eu não quero ser mais rigoroso do que ele próprio. Porém, para não me afastar da ordem seguida no começo, dedicar-me-ei a esclarecê-los o máximo possível e a mostrar como eles dependem um do outro e todos desse princípio – *sou pensante* – ou com ele concordam pela evidência e a razão.

AXIOMA 4

Há diversos graus de realidade ou de entidade, pois a substância possui mais realidade do que o acidente ou o modo; e a substância infinita mais do que a finita. Por conseguinte, há mais realidade objetiva na ideia de substância do que na de acidente, e mais na de substância infinita do que na de finita. Este Axioma se conhece apenas pela contemplação de nossas ideias, de cuja existência estamos seguros, pois são modos de pensar. Pois sabemos quanto de realidade ou de perfeição a ideia de substância afirma da substância e quanto a ideia de modo afirma do modo. Como assim é, também sabemos, necessariamente, que a ideia de substância contém mais realidade objetiva do que a ideia de um acidente qualquer etc. (ver Proposição 4, Escólio).

AXIOMA 5

Se uma coisa pensante chega a conhecer algumas perfeições que não possui, ela se as dará tão logo estejam em seu poder. Cada qual observa isso em si mesmo enquanto coisa pensante; eis por que (pela Proposição 4, Escólio) estamos dela seguros e, pela mesma causa, não estamos menos certos do seguinte Axioma, a saber:

AXIOMA 6

Na ideia ou conceito de toda coisa está contida a existência possível ou necessária (ver Axioma 10 de Descartes). A existência necessária no conceito de Deus, quer dizer, do ser soberanamente perfeito, pois, de outra forma, ele seria concebido como coisa imperfeita, o que vai de encontro à concepção que se supõe; a existência contingente ou possível no conceito de uma coisa limitada.

AXIOMA 7

Nenhuma coisa e nenhuma perfeição atualmente existente de uma coisa pode conter o nada, quer dizer, uma coisa não existente, por causa de sua existência. Este Axioma é tão evidente quanto o *eu sou pensante*, como demonstrei na Proposição 4, Escólio.

AXIOMA 8

Tudo o que há de realidade ou de perfeição em uma coisa se encontra formalmente ou eminentemente em sua causa primeira e adequada. Entendo por *eminentemente* que a causa contém toda a realidade do efeito mais perfeitamente do que o próprio efeito; por *formalmente*, que ele a contém com uma perfeição igual. Este Axioma depende do precedente, pois se supusermos que na causa há o nada, ou que haja menos do que o efeito, o nada da causa seria a causa do efeito. Mas isso é absurdo (pelo Axioma precedente); eis por que não é uma causa qualquer a causa de um efeito, mas precisamente aquela onde se encontra eminentemente, ou ao menos formalmente, toda a perfeição que está no efeito.

AXIOMA 9

A realidade objetiva de nossas ideias requer uma causa na qual essa mesma realidade esteja contida não apenas objetiva, mas formal ou eminentemente. Este Axioma é reconhecido por todos, embora muitos o usem mal. Tão logo, com efeito, alguém tenha concebido algo de novo, não há ninguém que não procure a causa desse conceito ou ideia. E quando se pode indicar uma na qual esteja contida formal ou eminentemente tanta realidade quanto há objetivamente no conceito, dá-se por satisfeito. O exemplo da máquina que dá Descartes, nos *Princípios da Filosofia*, Parte I, artigo 17, o explica suficientemente. O mesmo ocorre caso se pergunte de onde o homem apreende a ideia de seu próprio pensamento e de seu corpo; não há ninguém que não veja que ele a apreende de si mesmo, por conter em si formalmente tudo o que suas ideias contêm objetivamente. Eis por que se o homem tivesse alguma ideia contendo mais realidade objetiva do que ele mesmo tem de realidade formal, procuraríamos, dirigidos pela Luz Natural, necessariamente fora do homem uma outra causa que contivesse toda essa perfeição formal ou eminentemente. Jamais alguém indicou outra causa além daquela que ele concebe com clareza e distinção iguais. Mais do que isso, no que concerne à verdade deste Axioma, ela depende dos precedentes. Com efeito, existem (pelo Axioma 4) graus diversos de realidade ou de entidade nas ideias; e além disso (pelo Axioma 8), na proporção de seu grau de perfeição, elas requerem uma causa mais perfeita. Mas os graus de realidade[2] que observamos nas ideias não estão nelas enquanto consideradas como modos de pensar, mas enquanto uma representa uma substância, outra apenas um modo da substância ou, em uma palavra, na medida em que consideramos como imagens das coisas. De onde se segue claramente não existir nenhuma outra causa primeira das ideias do que aquela que, como mostramos há pouco, todos conhecem clara e distintamente pela Luz Natural, a saber, aquela em que está contida formal ou eminentemente a mesma realidade que nelas está objetivamente. Para que essa conclusão seja melhor entendida, a esclarecerei por um ou dois exemplos. Se alguém vir escritos pela mesma mão dois livros (pode-se imaginar que um seja de um insigne filósofo e outro de um falastrão insípido) e não preste atenção ao sentido das palavras (quer dizer, não atente para as palavras na qualidade de imagens), mas apenas aos caracteres traçados e à ordem das letras, ele não discernirá qualquer diferença que o obrigue a procurar as causas das diferenças entre os livros; eles lhe parecerão ter sido produzidos pela mesma causa e da mesma forma. Se, ao contrário, prestar atenção ao sentido das palavras e dos discursos, perceberá entre os livros uma grande desigualdade e concluirá que a causa primeira de um é bastante diferente da causa primeira do outro, e que uma sobrepujou realmente a outra tanto em perfeição quanto nos discursos contidos em ambos os livros, nos quais as palavras, consideradas como imagens, diferem entre si. Falo, ademais, da causa primeira do livro que deve necessariamente existir,

2. [B. de S.:] Estamos certos disso porque o encontramos em nós na medida em que pensamos.

embora concorde e mesmo suponha, por ser evidente, que um livro possa ser a cópia de outro. Isso também pode ser esclarecido pelo exemplo de um retrato, digamos o de um príncipe. Se, com efeito, observarmos apenas a matéria do retrato, não encontraremos nenhum diferença entre ele e outros retratos que nos obrigue a procurar causas diferentes. Nada nos impedirá até mesmo de pensar que esse retrato tenha sido copiado de outro e este aqui de outro, e assim ao infinito. Pois percebemos suficientemente que nenhuma outra causa foi requerida para traçar linhas. Mas se observarmos com atenção a imagem como tal, logo seremos obrigados a procurar uma causa primeira que contenha formal ou eminentemente o que essa imagem contém representativamente. E não vejo nada mais que se deva pedir para estabelecer e esclarecer este Axioma.

AXIOMA 10

Para conservar uma coisa não é preciso uma causa menor do que aquela que, na origem, a criou. Do que pensamos nesse momento não se segue necessariamente que pensaremos mais tarde, pois a concepção que temos de nosso pensamento não envolve ou contém a existência necessária do pensamento. Com efeito, posso conceber um pensamento claro e distinto, ainda que supondo que ele não exista. Agora, como a natureza de cada causa deve conter em si ou envolver a perfeição de seu efeito (pelo Axioma 8), segue-se claramente que em nós ou fora de nós existe presentemente alguma coisa que ainda não conhecemos, cujo conceito ou natureza envolve a existência, sendo causa de que nosso pensamento tenha começado e também continue a existir. Embora o nosso pensamento tenha efetivamente começado a existir, sua natureza e sua essência não envolvem a existência necessária mais do que antes que ele existisse e, por conseguinte, tem necessidade, para perseverar na existência, da mesma força que para começar a existir. E o que dizemos do pensamento também diremos

PRINCÍPIOS DA FILOSOFIA CARTESIANA 183

de qualquer coisa cuja essência não envolva a existência necessária.

AXIOMA 11

Nada existe que não possamos perguntar qual a causa (ou razão) pela qual existe (Ver Axioma 1 de Descartes). Como a existência é algo de positivo, não podemos dizer que tenha o nada por causa (pelo Axioma 7). Devemos, pois, assinalar uma causa ou razão positiva pela qual uma coisa existe, e essa coisa será externa, quer dizer, fora da coisa, ou interna, quer dizer, contida dentro da natureza e da definição da coisa existente em si mesma.

As quatro proposições seguintes foram tomadas de Descartes.

PROPOSIÇÃO 5

A existência de Deus se conhece apenas pela consideração de sua natureza.

DEMONSTRAÇÃO

Dizer que algo está contido na natureza ou no conceito de uma coisa é o mesmo que dizer que esse algo é a verdade dessa coisa (pela Definição 9). Ora, a existência necessária está contida no conceito de Deus (pelo Axioma 8). Assim, é verdadeiro dizer de Deus que a existência necessária está nele ou que ele existe.

ESCÓLIO

Desta Proposição decorrem importantes consequências; dela pode-se dizer que a existência pertence à natureza de Deus, ou que o conceito de Deus envolve a existência necessária como o conceito do triângulo, em que seus três ângulos igualam dois retos; ou que de sua existência, não menos que de sua essência, o que é uma verdade eterna, depende quase todo o conhecimento dos atributos de Deus, o qual nos conduz ao amor de Deus (quer dizer, à suprema beatitude). Eis por que seria de se desejar que o gênero humano compreendesse enfim essas coisas conosco.

Reconheço, todavia, que existem preconceitos (que se leiam os *Princípios da Filosofia*, Parte 1, artigo 16) que impedem que facilmente assim seja compreendido. Se, porém, com uma reta intenção, e impelido apenas pelo amor da verdade e por seu verdadeiro interesse, se quisesse examinar esse ponto e pesar o que é dito na "Quinta Meditação", no final da Resposta às "Primeiras Objeções" e também o que dizemos sobre a eternidade na parte II, capítulo 1 de nosso Apêndice[3], não há dúvida que se possa conhecer a coisa tão claramente quanto possível e ninguém poderá duvidar que há uma ideia de Deus (que é, seguramente, o primeiro fundamento da beatitude humana). Pois se verá claramente que a ideia de Deus difere muito das ideias dos outros objetos, tão logo se conheça que Deus difere inteiramente, quanto à essência e existência, dos demais seres. Não é, pois, necessário reter por mais tempo o leitor neste ponto.

PROPOSIÇÃO 6

A existência de Deus é demonstrada a posteriori *unicamente porque sua ideia está em nós.*

DEMONSTRAÇÃO

A realidade objetiva de cada uma de nossas ideias requer uma causa na qual esta mesma realidade esteja contida não apenas objetivamente, mas formal ou eminentemente (pelo Axioma 9). Ora, nós temos a ideia de Deus (pelas Definições 2 e 8) e a realidade objetiva dessa ideia não está contida em nós nem eminentemente nem formalmente (pelo Axioma 4) e ela não pode estar contida em qualquer outra coisa senão em Deus mesmo (pela Definição 8). Portanto, essa ideia de Deus que está em nós requer Deus como causa e, por consequência, Deus existe (Axioma 7).

---

3. Referência aos *Pensamentos Metafísicos*, publicados originalmente como Apêndice nas primeiras edições de *Pensamentos da Filosofia Cartesiana*.

ESCÓLIO

Há homens que dizem que não têm de Deus qualquer ideia e, no entanto, pelo que dizem, o amam e lhe rendem culto. E então, mesmo que se lhes ponha sob os olhos a definição e os atributos de Deus, nada se ganha. Em verdade, nada mais do que se experimentasse ensinar um cego de nascença a distinção das cores, tais como as vemos. A menos, no entanto, que não queiramos tê-los por um novo gênero de animal, intermediário entre o homem e os brutos, devemos ter pouca preocupação com suas palavras. De que outra maneira, pergunto, podemos fazer conhecer a ideia de uma coisa senão enunciando a definição e explicando seus atributos? E como é o que fazemos a respeito da ideia de Deus, não há motivo para nos demorarmos com as palavras de pessoas que negam a ideia de Deus pela única razão de que dele não podem formar qualquer imagem no cérebro. É preciso notar, em seguida, que Descartes, quando cita o Axioma 4 para mostrar que a realidade objetiva da ideia de bem não está contida nem formal nem eminentemente em nós, supõe que cada um sabe que ele não é uma substância infinita, quer dizer, soberanamente conhecedora, soberanamente poderosa etc. E ele pode supor; quem sabe haver pensamento, sabe também, com efeito, que se duvida de muitas coisas e não se conhece tudo clara e distintamente. É preciso notar, enfim, que da Definição 8 segue-se também claramente que não pode haver vários deuses, mas apenas um, assim como o demonstramos claramente na Proposição 11 e em nosso Apêndice, parte II, capítulo II.

PROPOSIÇÃO 7

A existência de Deus é também demonstrada pelo único fato de que nós mesmos, por termos dele a ideia, existimos.

ESCÓLIO

Para demonstrar esta Proposição, Descartes admite estes dois Axiomas: 1. aquilo que pode fazer o mais difícil pode fazer também o mais fácil; 2. é algo maior criar ou (pelo Axioma 10) conservar uma substância do que criar ou conservar seus atributos ou propriedades. Não sei o que ele quer dizer com isso. Com efeito, o que ele chama fácil e difícil? Nada é dito fácil ou difícil absolutamente[4], mas apenas em relação à sua causa. De maneira que uma só e mesma coisa, ao mesmo tempo, considerando-se causas diferentes, pode ser fácil ou difícil. Se Descartes chama difícil o que pode ser feito com grande trabalho e fácil o que pode ser feito com pequeno trabalho, pela mesma causa, por exemplo, uma força que levanta um peso de 50 libras poderia levantar um de 25 duas vezes mais facilmente, então o Axioma não será certamente verdadeiro em absoluto, e ele não poderá demonstrar por esse meio o que se propõe. Com efeito, quando ele diz: se eu tivesse o poder de me conservar, também teria o poder de me dar todas as perfeições que me faltam (pois em verdade não requerem um poder assim tão grande), concordaria com ele que as forças que gasto com minha conservação poderiam fazer várias coisas mais facilmente, se não tivesse necessidade delas para me conservar; mas enquanto as utilizo para minha conservação, nego que as possa despender para fazer outras coisas, mesmo mais fáceis, como podemos ver claramente em nosso exemplo. E ele não desfaz a dificulade ao dizer que, sendo coisa pensante, eu deveria saber necessariamente se gasto todas as minhas forças para minha conservação e se é por esse motivo que não me dou as outras perfeições. Com efeito (além de não se discutir esse ponto, mas o de saber se do Axioma resulta necessariamente a Proposição a ser demonstrada), se eu o soubesse, seria maior, e talvez me exigisse, para me conservar nessa maior perfeição, forças

---

4. [B. de S.:] Para não procurar outros exemplos, que se tome aqui o da aranha que tece facilmente uma teia que os homens não poderiam fazer sem grandes dificuldades; em compensação, os homens fazem com grande facilidade um grande número de coisas impossíveis para os anjos.

maiores do que aquelas que possuo. De resto, não sei se é maior o trabalho de criar uma substância do que o de criar ou conservar atributos; quer dizer, para falar em linguagem mais clara e filosófica, não sei se uma substância não tem necessidade de toda a virtude e essência, pela qual talvez se conserve, para conservar seus atributos. Mas deixemos isso e examinemos o que quer aqui o ilustre autor, isto é, o que ele entende por fácil e difícil. Não creio e não me posso persuadir, de nenhuma maneira, que ele entenda por difícil o que é impossível e, por fácil, o que não implica qualquer contradição; e isso apesar de uma passagem da "Terceira Meditação" na qual ele parece, num primeiro olhar, querer dizê-lo: "E não devo crer que as coisas que me faltem sejam talvez mais difíceis de adquirir do que aquelas que já tenho em mim. Pois, ao contrário, é bastante certo que tenha sido muito mais difícil que eu, quer dizer, que uma coisa ou substância que pensa, tenha saído do nada que ele seria etc." Com efeito, isso não estaria de acordo com as palavras do autor e seria pouco digno de seu gênio; pois sem insistir sobre o primeiro ponto, entre o possível e o impossível, quer dizer, entre o concebível e o não concebível, não existe qualquer proporção, assim como entre o nada e alguma coisa; e um poder também não se pode aplicar a coisas impossíveis como a criação e a geração de coisas que não existem; portanto, não se pode estabelecer qualquer comparação entre o possível e o impossível. Acrescente-se que, para poder comparar coisas entre si e conhecer suas relações, é preciso ter delas um conceito claro e distinto. Nego, portanto, que possamos raciocinar assim – quem pode fazer o impossível pode também fazer o que é possível. Com efeito, pergunto que tipo de raciocínio seria esse: se alguém pode fazer um círculo quadrado, poderá também fazer um círculo em que todas as linhas levadas do centro até a circunferência sejam iguais; ou ainda, se alguém pode impor ao nada alguma ação e dele servir-se como de uma matéria para produzir alguma coisa, terá também o poder de fazer qualquer coisa de qualquer coisa? Como já disse, entre o impossível e o possível, nesse caso e em outros semelhantes, não há conveniência nem analogia, nem comparação ou relação de qualquer espécie. E todos podem vê-lo por pouco que prestem atenção. Logo, penso que essa maneira de entender as coisas é totalmente estranha ao espírito de Descartes. Se, agora, considero atentamente o segundo desses Axiomas citados há pouco, parece que por maior e mais difícil Descartes quer dizer o que é mais perfeito, e por menor e mais fácil o que é mais imperfeito. Assim mesmo, é bastante obscuro. A dificuldade é a mesma da anterior. Pois nego, como fiz acima, que aquele que pode fazer uma coisa maior possa, ao mesmo tempo, e pela mesma atividade, fazer o que é menor, como se deve supor para estabelecer a Proposição a ser demonstrada. Além do mais, quando ele diz que é uma coisa maior *criar ou conservar uma substância do que atributos*, seguramente não pode entender por atributos o que está contido formalmente na substância e dela não se distingue a não ser por uma distinção de razão. Pois é a mesma coisa criar uma substância e criar seus atributos. Pela mesma razão, ele também não pode entender as propriedades da substância que se seguem necessariamente de sua essência e de sua definição. Menos ainda pode ele entender, o que todavia parece querer, as propriedades e os atributos de uma outra substância. Por exemplo, se digo que tenho o poder de me conservar, eu, substância pensante finita, não posso dizer por isso que tenho o poder de me dar as perfeições da substância infinita, a qual difere, em toda a sua essência, da minha. Pois a força ou a essência pela qual me conservo[5] difere inteiramente da força ou da essência pela qual se conserva uma substância

---

5. [B. de S.:] A notar que a força pela qual uma substância se conserva não está fora da essência e dela não difere senão nominalmente; isso se encontrará sobretudo no Apêndice, onde falaremos da potência de Deus.

PRINCÍPIOS DA FILOSOFIA CARTESIANA 189

absolutamente infinita, uma vez que entre ela, suas forças e propriedades existe apenas uma distinção de razão. E, por conseguinte (ainda que supusesse que me conservo a mim mesmo), se quisesse conceber que me posso dar as perfeições da substância infinita, isso significaria exatamente supor que poderia aniquilar toda a minha essência e criar de novo uma substância infinita. O que seria certamente maior do que imaginar-me capaz de me conservar como substância finita. Em seguida, pois que por atributos ou propriedades ele nada pode entender de tudo isso, resta somente que sejam as qualidades que contenham a própria substância eminentemente (como este ou aquele pensamento na mente que claramente percebo que me faltam), de modo algum aquele que contém eminentemente outra substância (como este ou aquele movimento na extensão, pois perfeições desse gênero não estão para mim enquanto sou uma substância pensante e, por consequência, não me faltam). Mas então não se pode concluir deste Axioma o que Descartes quer demonstrar, a saber, que se eu me conservo, tenho também o poder de me dar todas as perfeições que acho claramente pertencer ao ser soberanamente perfeito, assim como está suficientemente estabelecido pelo que dissemos. Porém, para não deixar uma coisa sem ser demonstrada e evitar toda confusão, acreditamos dever demonstrar previamente os lemas seguintes e sobre eles basear a Demonstração da Proposição 7.

LEMA 1

Quanto mais uma coisa é perfeita em sua natureza, maior e mais necessária é a existência que ela envolve. Inversamente, quanto maior e mais necessária é a existência de alguma coisa, mais perfeita ela é.

DEMONSTRAÇÃO

Na ideia ou no conceito de toda coisa está contida a existência (pelo Axioma 6). Seja pois *A* algo que se suponha ter dez graus de perfeição. Digo que seu conceito contém mais existência do que se supusse ter apenas cinco graus de perfeição. Como, efetivamente, nada podemos afirmar do nada (ver Escólio da Proposição 4), na mesma medida que pelo pensamento eliminamos algo à perfeição de *A* (concebendo-o cada vez mais como participante do nada), negamos-lhe a possibilidade de existência. E, por conseguinte, se concebermos que os graus de sua perfeição sejam diminuídos ao infinito ou, dito de outra forma, até zero, *A* não conterá nenhuma existência, quer dizer, conterá uma existência absolutamente impossível. Se, ao contrário, aumentarmos ao infinito seus graus, nós o conceberemos como envolvendo a suprema existência e, por consequência, a suprema necessidade. Eis aí a primeira parte da Proposição. Agora, como a necessidade e a perfeição não podem estar de nenhuma maneira separadas (como é bastante certo pelo Axioma 6 e por toda a primeira parte desta Demonstração), segue-se claramente o que era preciso demonstrar em segundo lugar.

Observação I: Embora de muitas coisas se diga que existem necessariamente só porque uma causa determinada existe para lhes produzir, não é de tais coisas que aqui falamos, mas apenas da necessidade e da possibilidade que se seguem da consideração da natureza ou da essência de uma coisa, sem relação a qualquer causa.

Observação II: Não falamos aqui da beleza e de outras perfeições que os homens quiseram chamar perfeições por superstição e ignorância. Mas entendo por perfeição apenas a realidade ou o ser; assim, percebo que está contida na substância mais realidade do que nos modos ou nos acidentes e, por consequência, conheço claramente que ela contém uma existência mais necessária e perfeita do que os acidentes, como é bastante certo pelos Axiomas 4 e 6.

COROLÁRIO

Segue-se disso que tudo o que envolve a existência necessária é o ser supremamente perfeito, quer dizer, Deus.

LEMA 2

Quem tem o poder de se conservar, [é porque] sua natureza envolve a existência necessária.

DEMONSTRAÇÃO

Quem tem a força de se conservar tem também a força de se criar (pelo Axioma 10), quer dizer, não tem necessidade de qualquer causa exterior para existir (como todos concordarão facilmente), sendo-lhe a sua natureza causa suficiente de existência, seja possível, seja necessária. Mas não pode ter existência possível, pois então (porque foi demonstrado a respeito do Axioma 10) não se seguiria do fato de já existir que ele exista depois (o que é contra a hipótese). É, pois, de existência necessária, quer dizer, que sua natureza envolve a existência necessária.

DEMONSTRAÇÃO DA PROPOSIÇÃO

Se eu tivesse a força de me conservar, seria de uma tal natureza que envolveria a existência necessária (pelo Lema 1), e assim (pelo Corolário do Lema 2) minha natureza conteria todas as perfeições. Ora, encontro em mim, enquanto coisa pensante, muitas imperfeições (por exemplo, que duvido, que desejo etc.), das quais estou seguro (pelo Escólio da Proposição 4); não tenho, portanto, qualquer poder de me conservar. E não posso dizer que me faltam essas perfeições porque quis recusá-las a mim, pois isso contradiria evidentemente o primeiro Lema e o que claramente encontro em mim. Além do mais, não posso existir atualmente sem ser conservado enquanto existo, seja por mim mesmo, se tiver o poder, seja por um outro que tenha esse poder. Ora (pelos Axiomas 10 e 11), eu existo e, no entanto, não tenho o poder de me conservar; logo, sou conservado por um outro. Mas não por um outro que não tenha força de se conservar (pela mesma razão que acabo de demonstrar e pela qual não me podia conservar); logo, por um outro que tenha a força de se conservar, quer dizer (pelo Lema 2), cuja natureza envolve a existência necessária, ou ainda (pelo Corolário do

Lema 1) que contenha todas as perfeições que conheço claramente pertencer ao ser supremamente perfeito; e assim (pela Definição 8), esse ser supremamente perfeito, quer dizer, Deus, existe.

COROLÁRIO

Deus pode fazer todas as coisas que percebemos claramente da maneira como as percebemos.

DEMONSTRAÇÃO

Todas essas coisas seguem-se claramente da Proposição anterior. A existência de Deus está ali deduzida do fato de que algum ser deve existir em que estejam todas as perfeições de que fazemos alguma ideia. Ora, possuímos em nós a ideia de um poder tão grande que, apenas por aquele em que ela reside, o céu, a terra e todas as outras coisas conhecidas por mim como possíveis podem ser feitas. Logo, ao mesmo tempo que a existência, tudo isso também foi provado a seu respeito.

PROPOSIÇÃO 8

A mente e o corpo são realmente distintos.

DEMONSTRAÇÃO

Tudo o que percebemos claramente pode ser feito por Deus da maneira como percebemos (pelo Corolário da Proposição precedente). Mas nós percebemos claramente a mente, quer dizer (pela Definição 6), uma substâcia pensante, sem o corpo, quer dizer, sem uma substância extensa (pelas Proposições 3 e 4) e, inversamente, o corpo sem a mente (como todos concordam facilmente). Logo, ao menos pelo poder de Deus, a mente pode existir sem o corpo e o corpo sem a mente. Agora, as substâncias que podem ser uma sem a outra são realmente distintas (pela Definição 10); ora, a mente e o corpo são substâncias (pelas Definições 5, 6 e 7) que podem existir uma sem a outra (acabamos de prová-lo); assim, a mente e o corpo são realmente distintos. Ver Proposição 4 ao fim da Resposta às Segundas Objeções

PRINCÍPIOS DA FILOSOFIA CARTESIANA

e o que se encontra na parte 1 dos *Princípios da Filosofia*, e em seguida o artigo 22 até o 29, pois não julgo que valha a pena transcrevê-los aqui.

PROPOSIÇÃO 9

Deus é supremamente conhecedor.

DEMONSTRAÇÃO

Caso o neguemos, então Deus ou não conhece nada, ou não conhece tudo, mas apenas certas coisas. Mas conhecer apenas certas coisas e ignorar outras supõe um entendimento limitado e imperfeito que é absurdo de se atribuir a Deus (pela Definição 8). Quanto a nada conhecer, ou isso indica em Deus uma falta de capacidade de conhecer, como acontece com os homens, quando não conhecem nada, e nessa falta está contida uma imperfeição que não se pode encontrar em Deus (pela mesma Definição), ou indica que isso mesmo, ou seja, conhecer alguma coisa, repugna a natureza de Deus. Mas se a capacidade de conhecer for assim inteiramente recusada a Deus, ele não poderá criar qualquer entendimento (pelo Axioma 8). Ora, como percebemos clara e distintamente o entendimento, Deus pode ser sua causa (pelo Corolário da Proposição 7). Está muito distante repugnar à natureza de Deus conhecer alguma coisa. Logo, ele será supremamamente conhecedor.

ESCÓLIO

Embora seja preciso concordar que Deus é incorporal, como o mostra a Proposição 16, isso, porém, não deve ser entendido como se todas as perfeições da Extensão devessem ser dele afastadas, mas apenas enquanto a natureza da extensão e suas propriedades envolvam alguma imperfeição. É preciso dizer a mesma coisa da capacidade de conhecer Deus, como confessam todos aqueles que querem se elevar pela clareza acima da multidão dos filósofos, assim como será mais amplamente explicado em nosso Apêndice, parte II, capítulo VII.

PROPOSIÇÃO 10

Tudo o que se encontra de perfeição em Deus é de Deus.

DEMONSTRAÇÃO

Suponhamos, para negar, que exista em Deus alguma perfeição que não seja de Deus. Essa perfeição estará em Deus ou por ela mesma ou por algum ser diferente de Deus. Se ela está por si mesma, ela tem então uma existência necessária (pelo Lema 2 da Proposição 7) e será, portanto, alguma coisa de perfeito no grau supremo; e assim (pela Definição 8), será Deus. Logo, se se diz que uma coisa está em Deus por si mesma, isso equivale a dizer que ela é de Deus. Se, ao contrário, ela está em Deus por um ser diferente de Deus, Deus não pode então ser conhecido por si mesmo como perfeito no grau supremo, o que é contra a Definição 8. Tudo o que se encontra de perfeição em Deus é, portanto, de Deus.

PROPOSIÇÃO 11

Não existem vários Deuses.

DEMONSTRAÇÃO

Que se o negue e se concebam vários Deuses, por exemplo A e B. Então, necessariamente (pela Proposição 9), tanto A quanto B serão supremamente conhecedores, quer dizer, que A conhecerá todas as coisas e, portanto conhecerá a si mesmo e também B. Inversamente, B se conhecerá a si mesmo e também A. Mas como A e B existem necessariamente (pela Proposição 5), a causa da verdade e da necessidade da ideia de B, que está em A, é B, ele mesmo; ao contrário, a causa da verdade e da necessidade da ideia de A, que está em B, é A, ele mesmo. Por consequência, haverá em A uma perfeição que não é de A, e em B uma perfeição que não é de B. Logo, pela proposição precedente, nem A nem B serão Deuses e, por conseguinte, não pode haver vários Deuses. Deverá se observar aqui que, do fato de que uma coisa envolva por si a existência necessária, assim como Deus, segue-se necessariamente que ela é única, como qualquer um

PRINCÍPIOS DA FILOSOFIA CARTESIANA 195

poderá reconhecer por si próprio, através de uma meditação atenta, e como aqui teria podido demonstrar, mas não de uma maneira tão perceptível por todos, como a precedente.

PROPOSIÇÃO 12

Tudo o que é se conserva unicamente pela força de Deus.

DEMONSTRAÇÃO

Que se o negue e se suponha que alguma coisa se conserva por si mesma. Será então preciso (pelo Lema da Proposição 7) que sua natureza envolva a existência necessária; e, por conseguinte (pelo Corolário do Lema 1 da Proposição 7), essa coisa seria Deus, o que é absurdo (pela Proposição precedente). Logo, nada existe que não seja conservado unicamente pela força de Deus.

COROLÁRIO 1

Deus é o criador de todas as coisas.

DEMONSTRAÇÃO

Deus, pela Proposição precedente, tudo conserva, quer dizer (pelo Axioma 10) que ele criou tudo o que existe e continua a criar.

COROLÁRIO 2

As coisas não possuem em si mesmas qualquer essência que seja causa de um conhecimento contido em Deus; ao contrário, Deus é causa das coisas no que também concerne às suas essências.

DEMONSTRAÇÃO

Como não se encontra em Deus qualquer perfeição que não seja de Deus (pela Proposição 10), as coisas não terão nelas mesmas qualquer essência que possa ser causa de um conhecimento contido em Deus. Ao contrário, como Deus não apenas não fez nascer outra coisa, mas criou inteiramente todas (pela Proposição 12 e seu primeiro Corolário) e a ação criadora reconhece apenas a causa eficiente (é assim que defino a criação), que é Deus, segue-se que as coisas, antes da criação, nada eram e assim Deus também foi a causa de suas essências. Deve-se notar que este Corolário resulta manifestamente de ser Deus a causa ou o criador de todas as coisas (pelo primeiro Corolário) e que a causa deve conter nela todas as perfeições do efeito (pelo Axioma 8), como qualquer um pode ver facilmente.

COROLÁRIO 3

Disso se segue claramente que Deus não sente e, propriamente dito, nada percebe, pois seu entendimento não é determinado por coisa alguma a ele exterior, mas tudo dele escoa.

COROLÁRIO 4

Deus é, por sua causalidade, anterior à essência e à existência das coisas, como claramente resulta dos Corolários 1 e 2 e da Proposição anterior.

PROPOSIÇÃO 13

Deus é verídico no grau supremo; de forma alguma é enganador.

DEMONSTRAÇÃO

Nada do que reconheçamos como imperfeição podemos atribuir ficticiamente a Deus (pela Definição 8). E como todo engano (tal como conhecido por si) ou vontade de enganar não tem outra origem senão o medo ou a malícia, nenhum logro ou vontade de enganar poderá ser atribuído a Deus, quer dizer, a um ser bom e poderoso em supremo grau; ao contrário, dele se deverá dizer que é supremamente verídico e de forma alguma enganador.

Ver "Resposta às Segundas Objeções", nº 4.

PROPOSIÇÃO 14

Tudo o que percebemos clara e distintamente é verdadeiro.

DEMONSTRAÇAO

A faculdade, que está em nós, de discernir o verdadeiro do falso (como qualquer um descobre em si mesmo e como se pode ver em tudo o que já foi demonstrado) foi criada por Deus e é continuamente por ele conservada (pela Proposição 12 e seus

Corolários); quer dizer (pela Proposição precedente), por um ser verídico no mais elevado nível e de forma alguma enganador; e ele não nos deu nenhum poder (como cada um em si mesmo descobre) de nos abstermos de crer nas coisas que concebemos claramente e de lhes recusar nosso assentimento. Logo, se nos enganássemos a esse respeito, seríamos inteiramente enganados por Deus e ele seria enganador, o que (pela Proposição antecedente) é absurdo. Logo, tudo o que percebemos clara e distintamente é verdadeiro.

ESCÓLIO

Como essas coisas às quais damos necessariamente nosso assentimento porque as percebemos clara e distintamente são necessariamente verdadeiras, e como temos (como cada um descobre em si mesmo) a faculdade de recusar nosso assentimento àquelas que são obscuras e duvidosas, quer dizer, não deduzidas dos princípios os mais corretos, resulta claramente daí que sempre podemos tomar cuidado para não cair no erro e jamais nos enganarmos (o que se saberá mais claramente ainda pelo que adiante virá), desde que tomemos seriamente a decisão de nada afirmar sem que percebamos clara e distintamente, quer dizer, que não tenha sido deduzido de princípios claros e certos.

PROPOSIÇÃO 15

O erro não é algo de positivo.

DEMONSTRAÇÃO

Se fosse o erro algo de positivo, teria unicamente Deus como causa e deveria ser continuamente por ele criado (pela Proposição 12). Ora, isso é absurdo (pela Proposição 13). Logo, o erro não é algo de positivo.

ESCÓLIO

Dado que o erro não é algo de positivo, ele só poderá ser a privação do bom uso da liberdade (pelo Escólio da Proposição 14); e assim Deus não deverá ser apontado como a causa do erro, senão nesse sentido em que dizemos que a ausência do sol é a causa das trevas, ou ainda no sentido que se diz que Deus é causa da cegueira porque criou uma criança igual a outra, salvo a visão; quer dizer, porque nos deu um entendimento que se estende apenas a um pequeno número de coisas. Para saber isso claramente e, ao mesmo tempo, como o erro provém unicamente do abuso de nossa vontade e, enfim, como podemos nos preservar do erro, lembremos todos os modos de pensar que temos, quer dizer, todas as maneiras de perceber (sentir, imaginar e conhecer puramente) e de querer (tais como desejar, ter aversão, afirmar, negar, duvidar); pois todas elas podem estar contidas em ambos.

É preciso notar a esse respeito: primeiro que a mente, enquanto ele conhece as coisas clara e distintamente, e dá àquelas que assim são conhecidas o seu assentimento, não pode estar enganado (pela Proposição 14); não mais enquanto apenas percebe as coisas sem lhes dar seu assentimento. Com efeito, mesmo quando percebe um cavalo alado, é certo que essa percepção não contém qualquer falsidade enquanto não afirmar ser verdade que exista um cavalo alado e mesmo enquanto duvide que exista um cavalo alado. E como afirmar ou dar seu assentimento não é outra coisa senão determinar sua vontade, resulta daí que o erro depende apenas do uso da vontade.

Para que se se faça mais claro, é preciso notar, em segundo lugar, que temos não apenas o poder de dar o nosso consentimento ao que percebemos clara e distintamente, mas também ao que percebemos de outra maneira.

Pois nossa vontade não é determinada por qualquer limite. O que todos podem ver claramente, desde que se observe que Deus, se quisesse tornar infinita nossa faculdade de conhecer, não teria necessidade de nos dar uma faculdade de afirmar mais ampla do que aquela que já temos, para que possamos dar nosso assentimento a tudo o que seria percebido por nosso entendimento. Essa mesma faculdade que temos seria suficiente para afirmar uma infinidade de coisas. E experimentamos também, realmente, que afirmamos muitas coisas que não deduzimos de princípios certos. Pode-se ver por isso, além do mais, que se o entendimento se estendesse tão longe quanto a faculdade de querer, ou se a faculdade de querer não se estendesse mais do que o entendimento, ou se, enfim, pudéssemos conter a faculdade de querer nos limites do entendimento, jamais cairíamos no erro (pela Proposição 14).

Mas não temos qualquer poder para fazer com que o entendimento se estenda tão longe quanto a vontade, ou que a vontade não vá mais longe do que o entendimento, pois um tal poder implica que a vontade não seja infinita e que o entendimento não tenha sido criado finito. Resta a considerar se temos o poder de conter nossa faculdade de querer nos limites do entendimento. Ora, como a vontade é livre para se determinar, segue-se que temos o poder de conter nossa faculdade de afirmar nos limites do entendimento e, assim, fazer com que não caiamos no erro. Segue-se com toda a evidência que depende unicamente do livre uso da vontade o jamais sermos enganados. Que, de resto, nossa vontade seja livre, isso se demonstra nos *Princípios da Filosofia*, parte I, artigo 39, e na Quarta Meditação e, para nós, ainda mais amplamente, em nosso Apêndice, capítulo primeiro. E se, quando percebemos uma coisa clara e distintamente, não lhe podemos recusar nosso assentimento, esse ato necessário não decorre da fraqueza, mas apenas da liberdade e da perfeição de nossa vontade. Pois afirmar é em nós uma perfeição (como é conhecido por si) e a vontade não é nunca tão perfeita nem tão livre que quando se determina inteiramente. Ora, isso pode acontecer tão logo a mente tenha um conhecimento claro e distinto; então, ela não deixará de se dar imediatamente essa perfeição (pelo Axioma 5). Eis por que falta muito para que nos imaginemos menos livres porque somos menos indiferentes ao apreender o verdadeiro. Ao contrário, temos por certo que somos tanto menos livres quanto mais somos indiferentes.

Por fim, falta somente explicar aqui como o erro, relativamente ao homem, não é senão uma privação e, relativamente a Deus, uma simples negação. Nós o veremos facilmente se observarmos em primeiro lugar que, percebendo muitas coisas além daquelas que percebemos claramente, somos assim mais perfeitos do que se não as percebêssemos, como aparece com evidência se supuséssemos não possuir qualquer percepção clara e distinta, mas apenas percepções confusas, pois não teríamos então maior perfeição do que perceber as coisas confusamente e nada seria desejável para nossa natureza. Além disso, por ser uma ação, continua a ser uma perfeição dar às coisas, mesmo confusas, o nosso assentimento. Isso também se tornará manifesto a cada um se supusermos, como há pouco, que repugna à natureza do homem ter percepções claras e distintas; pois então aparecerá claramente que é muito melhor para o homem afirmar coisas mesmo confusas e exercer sua liberdade do que permanecer sempre indiferente, quer dizer, no mais baixo degrau da liberdade. E se também considerarmos o uso e o interesse da vida humana, acharemos isso absolutamente necessário e a experiência cotidiana o ensinará a cada um de nós.

Desde que todos os modos de pensar que temos são perfeitos, considerados em si mesmos, o que constitui a forma do erro não pode neles residir enquanto tal. Mas se nós considerarmos os modos de querer, enquanto diferem uns dos outros, acharemos alguns mais perfeitos que outros, na medida em que uns tornam a vontade menos indiferente, isto é, mais livre do que outros. Veremos também que, no tempo em que afirmamos coisas confusas, fazemos com que a mente esteja menos apto a discernir o verdadeiro do falso e estejamos assim privados da melhor liberdade. Logo, afirmar coisas confusas, enquanto é algo de positivo,

PRINCÍPIOS DA FILOSOFIA CARTESIANA

não é uma imperfeição e não contém a forma do erro; mas somente enquanto nos privamos da melhor liberdade que pertence à nossa natureza e está em nosso poder. Toda a imperfeição do erro consistirá, portanto, apenas nessa privação da melhor liberdade; e essa privação é que se denomina erro. Ela é dita privação porque somos privados de uma perfeição reclamada por nossa natureza; erro porque é por nossa falta que somos privados dessa perfeição, não tendo contido nossa vontade, como o poderíamos, nos limites do entendimento. Depois, porque o erro não é outra coisa, relativamente ao homem, do que uma privação do uso correto ou perfeito da liberdade, segue-se que ela não reside em qualquer das faculdades que o homem tem de Deus, nem mesmo em qualquer operação de suas faculdades enquanto ela depende de Deus. Não podemos dizer que Deus nos privou de um entendimento mais amplo que podia nos dar e assim fez para que caíssemos em erro. Pois a natureza do que quer que seja nem pode exigir de Deus seja o que for, e não há nada que pertença a qualquer coisa fora daquilo com que a vontade de Deus a quis gratificar, pois nada existe e nem pode ser concebido antes da vontade de Deus (como explicamos amplamente em nosso Apêndice, Parte II, capítulos VII e VIII). Eis por que Deus não nos privou mais de um entendimento mais amplo ou de uma faculdade de conhecer mais perfeita, assim como não privou o círculo das propriedades da esfera ou a circunferência daquelas da superfície esférica.

Depois, porque nenhuma de nossas faculdades, de qualquer modo que se as considere, pode mostrar em Deus qualquer imperfeição, segue-se claramente que essa imperfeição, em que consiste a forma do erro, é, relativamente ao homem, uma privação; mas com relação a Deus, assim como à sua causa, ela não pode ser dita uma privação, mas apenas uma negação.

PROPOSIÇÃO 16
Deus é incorpóreo.

DEMONSTRAÇÃO

O corpo é sujeito ao movimento no espaço (pela Definição 7); logo, se Deus fosse corporal, seria divisível em partes; ora, como isso envolve uma imperfeição, é absurdo (pela Definição 8) afirmá-lo de Deus.

OUTRA DEMONSTRAÇÃO

Se Deus fosse corpóreo, poderia ser dividido em partes (pela Definição 7) e cada uma delas ou poderia subsistir por si mesma ou não o poderia; se não pudesse, seria igual às outras coisas que Deus criou e, por conseguinte, como toda coisa criada, seria continuamente criada com a mesma força por Deus (pela Proposição 10 e Axioma 11), não mais pertencendo à natureza de Deus do que as demais coisas, o que é absurdo (pela Proposição 5). Mas se cada parte existe por si, deve envolver a existência necessária (pelo Lema 2 da Proposição 7) e, em consequência, seria um ser supremamente perfeito. Mas isso também é absurdo (pela Proposição 11). Logo, Deus é incorpóreo.

PROPOSIÇÃO 17
Deus é um ser totalmente simples.

DEMONSTRAÇÃO

Se fosse Deus composto de partes, tais partes deveriam ser, ao menos por sua natureza, anteriores a Deus (como todos concordarão facilmente), o que é absurdo (pelo Corolário 4 da Proposição 12). Portanto, Deus é um ser totalmente simples.

COROLÁRIO

Resulta daí que o entendimento de Deus, sua vontade, ou seu Decreto, e seu Poder não se distinguem de sua essência a não ser por uma distinção de razão.

PROPOSIÇÃO 18
Deus é imutável.

DEMONSTRAÇÃO

Se Deus fosse mutável, não deveria mudar parcialmente, mas ser mudado seguindo a totalidade de sua essência (pelo Proposição 17). Mas a essência de Deus existe necessariamente (pelas Proposições 5, 6 e 7). Logo, Deus é imutável.

PROPOSIÇÃO 19

Deus é eterno.

DEMONSTRAÇÃO

Deus é um ser soberanamente perfeito (pela Definição 8). De onde se segue (pela Proposição 5) que existe necessariamente. Se nós lhe atribuirmos uma existência limitada, os limites de sua existência devem ser necessariamente conhecidos, senão de nós, de Deus mesmo (pela Proposição 9), pois ele é supremamente conhecedor. Assim, Deus, para além de seus limites, se conheceria a si mesmo, quer dizer, conheceria um ser perfeito (pela Definição 8) como não existente, o que é absurdo (pela Proposição 5). Logo, Deus tem uma existência não limitada, mas infinita, a que chamamos eternidade (ver capítulo I, da Parte II de nosso Apêndice[6]). Portanto, Deus é eterno.

PROPOSIÇÃO 20

Deus preestabeleceu todas as coisas para toda a eternidade.

DEMONSTRAÇÃO

Porque Deus é eterno (pela Proposição anterior), seu conhecimento será eterno, pois ele pertence à sua essência eterna (pelo Corolário da Proposição 17). Ora, seu entendimento não difere realmente de sua vontade ou de seu Decreto (pelo Corolário da Proposição 17); portanto, ao dizermos que Deus conheceu todas as coisas desde toda a eternidade, dizemos, ao mesmo tempo, que ele assim as quis e decretou por toda a eternidade.

---

6. Ou seja, os *Pensamentos Metafísicos*.

204 SPINOZA: OBRA COMPLETA I

COROLÁRIO

Segue-se desta Proposição que Deus é constante no mais elevado grau em suas obras.

PROPOSIÇÃO 21

A substância extensa em comprimento, largura e profundidade realmente existe, e nós estamos unidos a uma de suas partes.

DEMONSTRAÇÃO

A coisa extensa, segundo é por nós percebida clara e distintamente, não pertence à natureza de Deus (pela Proposição 16), mas pode ser criada por Deus (pelo Corolário da Proposição 7 e pela Proposição 8). De outro lado, percebemos clara e distintamente que a substância extensa é uma causa suficiente para nos produzir cócegas, dor e ideias similares, quer dizer, sensações que se produzem continuamente em nós, apesar de nós. Mas se quisermos forjar uma causa das sensações diferente da substância extensa, digamos Deus ou um Anjo, destruímos imediatamente o conceito clara e distinto que temos. Por essa razão[7], enquanto estivermos atentos a nossas percepções, de modo a nada admitir que não percebamos clara e distintamente, seremos levados ao ponto máximo, quer dizer, não seremos de maneira alguma indiferentes a essa afirmação de que a substância extensa é a única causa de nossas sensações; e, na sequência, que uma coisa extensa, criada por Deus, existe. E nisso não podemos ser enganados (pela Proposição 14 com Escólio). Logo, afirma-se verdadeiramente que a substância extensa em comprimento, largura e profundidade existe. O que foi demonstrado em primeiro lugar. Além disso, observamos uma grande diferença entre nossas sensações que (assim como acabamos de demonstrar) devem ser produzidas em nós pela substância extensa, a saber, quando digo que sinto

---

7. Ver a Demonstração da Proposição 14 e da Proposição 15, Escólio.

ou que vejo uma árvore, que tenho sede, que sofro etc. De resto, vejo que não posso perceber claramente a causa dessa diferença se não conhecer primeiramente que estou estreitamente unido a uma parte da matéria e não a outras partes. Porque conheço isso clara e distintamente, e isso não pode ser de outro modo percebido por mim, é verdade, portanto, que estou unido a uma parte da matéria (pela Proposição 14 com Escólio). O que era o segundo ponto.

Observação: a menos que o leitor não se considere aqui apenas como coisa pensante e sem corpo, e não renuncie a todas as razões que teve antes para crer que o corpo existe, como sendo preconceitos, ele tentará em vão entender esta demonstração.

PARTE II

POSTULADO

Pede-se aqui somente que cada um considere suas percepções com a atenção a mais diligente, a fim de poder distinguir o claro do obscuro.

DEFINIÇÃO 1

A *Extensão* é aquilo que compreende três dimensões; mas não entendemos por extensão o ato de estender-se ou o que quer que seja diferente da quantidade.

DEFINIÇÃO 2

Por *Substância* entendemos aquilo que só tem necessidade, para existir, do concurso de Deus.

DEFINIÇÃO 3

Um *Átomo* é uma parte da matéria indivisível por sua natureza.

DEFINIÇÃO 4

O *Indefinido* é aquilo cujos limites (se existirem) não podem ser explorados pelo entendimento humano.

DEFINIÇÃO 5

O *Vazio* é a extensão sem substância corporal.

DEFINIÇÃO 6

Entre o *Espaço* e a extensão só concebemos uma distinção de razão, o que quer dizer que não são realmente distintos. Ler os *Princípios da Filosofia*, Parte ii, artigo 10.

DEFINIÇÃO 7

Chamamos *divisível*, ao menos em potência, aquilo que, pelo pensamento, conhecemos como passível de divisão.

DEFINIÇÃO 8

O movimento no espaço é o transporte de uma parte da matéria, quer dizer, de um corpo, da vizinhança dos corpos que o tocam imediatamente, e que são considerados como imóveis na vizinhança de outros corpos. Descartes usa essa definição para explicar o movimento no espaço; para bem entendê-la, é preciso considerar: 1º. que por parte da matéria ele entende tudo o que pode ser transportado de uma só vez, ainda que isso possa ser, por sua vez, composto de muitas partes; 2º. que para evitar a confusão nesta definição, ele fala apenas do que sempre está na coisa móvel, a saber, o transporte, que não deve ser confundido (como ocorreu com alguns) com a força ou a ação do transporte. Crê-se, comumente, que essa força ou ação é requerida apenas para o movimento, não para o repouso, no que se erra inteiramente. Pois, assim como se conhece, a mesma força requerida para imprimir a um corpo qualquer certos graus de movimento o é também para tirar desse corpo os mesmos graus de movimento, de modo que ele volte ao repouso. Isso é provado pela experiência, pois nos é preciso para pôr em movimento um navio em repouso numa água estagnada uma força quase igual [à empregada] para pará-lo bruscamente quando está em movimento. E a igualdade seria seguramente completa se, para retê-lo, não fôssemos ajudados pelo peso e a inércia da água produzida pelo navio; 3º. que ele diz que o transporte se faz da vizinhança dos corpos contíguos para a vizinhança de outros corpos, mas não de um lugar para outro. Pois o lugar (como explicou no artigo 13, da Parte II) não é algo de real, mas depende de nosso pensamento, de tal sorte que do mesmo corpo pode ser dito às vezes mudar e não mudar de lugar; mas não se pode dizer, ao mesmo tempo, que ele é transportado e não transportado da vizinhança de um corpo contíguo, pois somente certos corpos determinados podem estar no mesmo instante contíguos ao mesmo corpo móvel; 4º. que ele não diz que o transporte ocorre absolutamente da vizinhança dos corpos contíguos, mas somente daqueles   que são considerados como estando em repouso. Com efeito, para que um corpo A seja transportado à distância de um corpo B, a mesma força é necessária de um lado e do outro, o que aparece claramente, por exemplo, de um barco aderente à lama ou à areia que está no fundo da água; para que ele seja deslocado, é preciso aplicar a mesma força no barco e no fundo. Por essa razão, a força que deve mover os corpos é despendida igualmente sobre o corpo a ser movido e sobre o que permanece imóvel. O transporte, aliás, é recíproco, pois se o barco está afastado da areia, a areia está também afastada do barco. Se, portanto, falando de maneira absoluta, quisermos atribuir movimentos iguais em direções opostas a um como a outro corpo que se separam, por motivo de haver ação em um e outro, seríamos então coagidos a atribuir movimento tanto aos corpos considerados imóveis, por exemplo à areia do qual o barco se destaca, como aos corpos movidos; pois, assim como mostramos, a mesma ação é requerida de ambos os lados e o transporte é recíproco. Mas isso seria afastar-se demais da maneira comum de falar. Todavia, embora esses corpos, dos quais os outros estão separados, sejam considerados imóveis, e assim chamados, nós nos lembraremos de que tudo que está em um corpo que se move está igualmente em um corpo imóvel; 5º. enfim, aparece claramente por esta Definição que cada corpo tem apenas um movimento que lhe seja próprio, pois é concebido como afastando-se apenas de certos corpos determinados que lhe são contíguos e imóveis. Todavia, se um corpo móvel é uma parte de outros corpos que possuem outros movimentos, conhecemos claramente que pode participar de inúmeros movimentos. Mas como não é fácil conceber uma tal quantidade ao mesmo tempo, e nem todos podem ser reconhecidos, bastará considerar em cada corpo este único movimento que lhe é próprio (ver *Princípios da Filosofia*, Parte II, art. 31).

DEFINIÇÃO 9

Por círculo de corpos móveis entendemos apenas aquele que se produz quando o último corpo movido pelo impulso de um 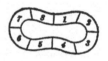 outro está imediatamente contíguo ao primeiro, ainda que a figura formada por todos os corpos sob o impulso de um mesmo movimento seja muito sinuosa.

AXIOMA 1

O Nada não tem propriedades.

AXIOMA 2

Tudo o que pode ser retirado de uma coisa sem atentar à sua integridade não constitui sua essência; mas aquilo que retirado suprime a coisa constitui sua essência.

AXIOMA 3

Os sentidos nada nos ensinam sobre a duração e sobre ela nada podemos conhecer clara e distintamente, senão que as parte dos corpos duros resistem ao movimento de nossas mãos.

AXIOMA 4

Se dois corpos se aproximam ou se afastam um do outro, nem por isso ocuparão um espaço maior ou menor.

AXIOMA 5

Uma parte da matéria, se ela cede ou resiste, não perde por isso a natureza de corpo.

AXIOMA 6

O movimento, o repouso, a forma e outras coisas semelhantes não podem ser concebidas sem a extensão.

AXIOMA 7

Além das qualidades sensíveis, só resta em um corpo a extensão e suas afecções, enumeradas na primeira parte dos *Princípios da Filosofia*.

AXIOMA 8

Um mesmo espaço ou uma extensão qualquer não pode ser maior uma vez do que em outra.

AXIOMA 9

Toda extensão pode ser dividida, ao menos em pensamento. A verdade deste Axioma não parecerá duvidosa a ninguém que tenha aprendido os elementos da matemática. Pois o espaço dado entre a tangente e o círculo sempre pode ser dividido por uma infinidade de círculos maiores. A mesma coisa se percebe por meio das assíntotas de uma hipérbole.

AXIOMA 10

Ninguém pode conceber os limites de uma extensão ou de um espaço sem conceber, além desses limites, outros espaços que se sigam imediatamente ao primeiro.

AXIOMA 11

Se a matéria é múltipla e uma não toca a outra imediatamente, cada uma está compreendida em limites além dos quais não há mais matéria.

AXIOMA 12

Corpos muito pequenos cedem facilmente ao movimento de nossas mãos.

AXIOMA 13

Um espaço não penetra outro espaço e não é maior mais do que uma vez.

AXIOMA 14

Se um tubo A tem o mesmo comprimento que um outro C e C é duas vezes mais largo do que A, e se alguma matéria fluida passa duas vezes mais rapidamente através do tubo A do que através do tubo C, a mesma quantidade de massa passará no mesmo espaço de tempo através do tubo A e do tubo C. E se a mesma quantidade de matéria que passa pelo tubo A passar pelo tubo C, a que passa pelo tubo A terá uma velocidade dupla.

AXIOMA 15

Duas coisas que concordam com uma terceira, sendo essa a mesma, concordam entre si. E as que são duplas de uma terceira, sendo ela a mesma, são iguais entre si.

AXIOMA 16

Uma matéria que é movida de diferentes maneiras tem ao menos tantas partes separadas entre si quanto as graduações diferentes de velocidade que, ao mesmo tempo, se pode observar.

AXIOMA 17

A linha mais curta entre dois pontos é a reta.

AXIOMA 18

O corpo A, que se move de C para B, se for repelido por um impulso de sentido contrário, mover-se-á sobre a mesma linha em direção a C.

AXIOMA 19

Quando se encontram, dois corpos com movimentos opostos devem sofrer ambos alguma mudança ou, ao menos, um deles.

AXIOMA 20

A mudança em alguma coisa provém de uma força maior.

AXIOMA 21

Se, quando o corpo 1 se move em direção ao corpo 2 e o empurra, o corpo 8, por esse impulso, move-se em direção a 1, os corpos 1, 2 e 3 não podem estar em linha reta, mas todos, até o 8, formam um círculo completo.

Lemas e Proposições

LEMA 1

Onde houver Extensão ou Espaço, haverá necessariamente uma substância.

DEMONSTRAÇÃO

A extensão ou o espaço (pelo Axioma 1) não pode ser um puro nada; é, portanto, um atributo que deve necessariamente pertencer a alguma coisa. Não é a Deus (pela Proposição 16, da Parte 1); é, portanto, a alguma coisa que, para existir, só tem necessidade do concurso de Deus (pela Proposição 12, da Parte 1), quer dizer, a uma substância (pela Definição 2, da Parte II).

LEMA 2

A rarefação e a condensação são concebidas clara e distintamente por nós, embora não concordemos que os corpos ocupem na rarefação um espaço maior do que na condensação.

DEMONSTRAÇÃO

Com efeito, a rarefação e a condensação apenas podem ser concebidas porque as partes de um corpo se afastam ou se aproximam umas das outras; logo (pelo Axioma 4), elas não ocuparão um espaço nem maior nem menor. Pois se as partes de um corpo, suponhamos de uma esponja, porque se aproximam umas das outras expulsam os corpos que preenchiam os intervalos que os separam, por isso mesmo esse corpo tornar-se-á mais denso e, no entanto, suas partes não ocuparão um espaço maior do que antes (pelo Axioma 4). E se elas se afastam de novo umas das outras e as cavidades se enchem de outros corpos, haverá rarefação e, no entanto, as partes não ocuparão um espaço maior. Isso, que pela ajuda dos sentidos percebemos claramente na esponja, podemos concebê-lo, apenas pelo entendimento, em todos os corpos, embora os intervalos das partes escapem inteiramente aos sentidos humanos.

Assim, a rarefação e a condensação são concebidas clara e distintamente por nós, embora etc. Julgou-se conveniente colocar estes lemas acima para livrar o entendimento de preconceitos sobre o espaço, a rarefação etc. e torná-lo apto a entender o que se seguirá.

PROPOSIÇÃO 1

Ainda que se retire de um corpo a duração, o peso e outras qualidades sensíveis, a natureza desse corpo não guardará menos integridade.

DEMONSTRAÇÃO

O sentido nada nos ensina sobre a duração e nada podemos conceber clara e distintamente senão que as partes dos corpos duros resistem ao movimento de nossas mãos (pelo Axioma 3). Logo (pela Proposição 14, parte I), a duração não será nada além disso. Ora, se dividirmos o corpo duro em pó, tão fino quanto possível, suas partes cederão facilmente (pelo Axioma 12) e, mesmo assim, não perderão a natureza de corpo (pelo Axioma 5). Com relação ao peso e demais qualidades sensíveis, a demonstração se procede da mesma forma.

PROPOSIÇÃO 2

A natureza do Corpo ou, dito de outra maneira, da matéria, consiste apenas na extensão.

DEMONSTRAÇÃO

A natureza do corpo não é destruída pela supressão das qualidades sensíveis (pela Proposição 1, parte II); logo, elas não constituem sua essência (pelo Axioma 2). Nada resta senão a extensão e suas afecções (pelo Axioma 7). Assim, se a extensão for retirada, nada restará que pertença à natureza do corpo; ela será inteiramente destruída. Portanto (pelo Axioma 2), a natureza do corpo consiste apenas na extensão.

COROLÁRIO

O espaço e o corpo não diferem em realidade.

PRINCÍPIOS DA FILOSOFIA CARTESIANA   215

DEMONSTRAÇÃO

O corpo e a extensão não diferem em realidade (pela Proposição anterior); o espaço e a extensão também, em realidade, não diferem (pela Definição 6); logo, o espaço e o corpo não diferem em realidade.

ESCÓLIO

Embora digamos[8] que Deus está em todos os lugares, isso não significa que Deus seja extenso; isto é, que seja corpóreo (pela Proposição precedente); pois essa ubiquidade de Deus relaciona-se apenas à potência de Deus e ao seu concurso, pelo qual todas as coisas se conservam. De maneira que a ubiquidade de Deus também não se relaciona a uma extensão ou a um corpo, assim como a anjos ou almas humanas. Mas deve-se notar que, quando dizemos que sua potência está em todos os lugares, dela não separamos sua essência, pois onde está sua potência também ali se encontra sua essência (Proposição 17, Corolário da Parte 1). Mas excluamos toda corporeidade, quer dizer, Deus não é onipresente por uma potência corporal, mas por uma potência divina, que serve igualmente à conservação da extensão e das coisas pensantes (Proposição 17, Parte 1), que ele certamente não poderia conservar se sua potência, ou essência, fosse corporal.

PROPOSIÇÃO 3

Não se admite existir o vazio.

DEMONSTRAÇÃO

Entende-se por vazio uma extensão sem substância corporal (pela Definição 5), isto é, um corpo sem corpo, o que é absurdo. Para uma explicação mais ampla, e para corrigir o preconceito relativo ao vazio, que se leiam os artigos 17 e 18 da Parte II dos *Princípios da Filosofia*, onde se observará principalmente que, corpos entre os quais nada se

---

8. Ver a esse respeito, com mais amplos detalhes, o Apêndice [*Pensamentos Metafísicos*], Parte II, capítulos 6 e 9.

interpõe, se tocam necessariamente e, assim, o nada não tem propriedades.

PROPOSIÇÃO 4

Uma mesma parte de um corpo não ocupa um espaço maior uma vez e não outra e, inversamente, o mesmo espaço não contém mais corpos uma vez do que em outra.

DEMONSTRAÇÃO

O espaço e o corpo realmente não diferem (pelo Corolário da Proposição 2, parte II). Logo, quando dizemos que um espaço não é maior uma vez do que em outra (pelo Axioma 13), dizemos também que um corpo não pode ser maior, isto é, ocupar um espaço maior uma vez do que em outra. O que era o primeiro ponto a demonstrar. Agora, como o espaço e o corpo em realidade não diferem, segue-se que, ao se dizer que um corpo não pode ocupar um espaço maior uma vez do que em outra, dizemos, simultaneamente, que o mesmo espaço não pode ser ocupado por mais corpos uma vez do que em outra.

COROLÁRIO

Corpos que ocupam o mesmo espaço, suponhamos o ouro e o ar, contêm uma quantidade igual de matéria ou de substância corporal.

DEMONSTRAÇÃO

A substância corporal não consiste na dureza, por exemplo, na dureza do ouro, nem na moleza, por exemplo, a do ar, nem em qualquer das qualidades sensíveis (pela Proposição 1 da Parte II), mas apenas na extensão (pela Proposição 2 da Parte II). De resto, como, por hipótese, existe o mesmo espaço ou extensão num e noutro, haverá pois a mesma [quantidade de] substância corporal.

PROPOSIÇÃO 5

Não existem Átomos.

DEMONSTRAÇÃO

Os átomos são partes indivisíveis por sua natureza (pela Definição 3). Mas como a natureza da matéria consiste na extensão (pela Proposição 2 da Parte II), a qual, por sua natureza, é divisível por menor que seja, uma parte da matéria, por menor que ela seja, será portanto divisível por sua natureza, o que quer dizer que não existem átomos ou partes da matéria que sejam indivisíveis por sua natureza.

ESCÓLIO

A questão dos átomos sempre foi difícil e embrulhada. Alguns afirmam que existem átomos porque um infinito não pode ser maior do que outro infinito; ora, se duas quantidades, digamos A e uma quantidade dupla de A, são divisíveis ao infinito, elas poderiam também, pelo poder de Deus, que conhece suas partes infinitas de uma só mirada, serem agora divididas em partes infinitas. Logo, dado que um infinito não pode ser maior do que outro infinito, como dissemos, a quantidade A será igual a uma quantidade dupla, o que é absurdo. Pergunta-se, além do mais, se a metade de um número infinito é também infinito, se é par ou ímpar, e outras questões semelhantes. A tudo isso Descartes responde que não devemos rejeitar as coisas que vêm ao nosso entendimento, e são concebidas clara e distintamente, por causa de outras coisas que ultrapassam nosso entendimento ou compreensão e, por conseguinte, não podem ser percebidas por nós senão de modo muito inadequado. Ora, o infinito e suas propriedades ultrapassam o entendimento humano, que é, por sua natureza, finito. Seria, portanto, inepto rejeitar como falso o que concebemos clara e distintamente em relação ao espaço, ou tê-lo como duvidoso porque não compreendemos o infinito. Por essa razão, Descartes tem por indefinidas ou ilimitadas as coisas nas quais não observamos limites, como a extensão do mundo, a divisibilidade da matéria etc. Ler os *Princípios da Filosofia*, Parte 1, artigo 26.

PROPOSIÇÃO 6

A matéria é indefinidamente extensa, e a matéria do céu e da terra é una e mesma.

DEMONSTRAÇÃO

1ª parte – Não podemos imaginar quaisquer limites da extensão, quer dizer (pela Proposição 2, parte II), da matéria, sem conceber, para além desses limites, outros espaços que lhes sejam imediatos, isto é (pela Definição 6), de extensão ou ainda de matéria, e assim indefinidamente. O que era preciso demonstrar em primero lugar.

2ª parte – A essência da matéria consiste na extensão (pela Proposição 2, parte II) e ela é indefinida (pela primeira parte daquela Demonstração), ou seja, ela não pode ser percebida sob quaisquer limites pelo entendimento humano (pela Definição 4); logo (pelo Axioma 11), ela não é múltipla, mas una e a mesma em todos os lugares. O que era o segundo ponto.

ESCÓLIO

Até aqui tratamos da natureza ou essência da extensão. Que de resto ela existe, criada por Deus, tal como a concebemos, demonstramos na última Proposição da parte I. E resulta da Proposição 12, da parte I, que ela é agora conservada pela mesma potência que a criou. Além disso, nessa mesma Proposição demonstramos que nós, na qualidade de coisas pensantes, estávamos unidos a uma certa parte dessa matéria e que, com sua ajuda, percebemos a existência atual de todas as mudanças das quais, pela simples contemplação da matéria, sabêmo-la capaz. Assim como percebemos a divisibilidade, o movimento no espaço, isto é, a passagem de uma parte de um lugar a outro, passagem da qual temos uma ideia clara e distinta, pois que sabemos que outras partes da matéria vêm tomar o lugar daquelas que se deslocaram. Essa divisão da matéria e o movimento são concebidos por nós de infinitas maneiras e, por conseguinte, pode-se conceber uma infinidade de mudanças na matéria. Digo que elas são concebidas clara e distintamente por nós enquanto as concebemos como modos da extensão, mas não como coisas realmente distintas da extensão, assim como foi amplamente explicado na primeira parte dos *Princípios da Filosofia*. E embora os filósofos tenham forjado outros movimentos (Aristóteles em sua *Física*), nós, que não admitimos nada que não concebamos clara e distintamente, não admitimos outro movimento senão o movimento no espaço, pois conhecemos clara e distintamente que a extensão não é capaz de qualquer outro e nenhum outro está ao alcance de nossa imaginação.

Zenão, no entanto, segundo consta, negou o movimento no espaço e isso por diversas razões que Diógenes, o Cínico, refutou à sua maneira, ao andar pela escola onde Zenão ensinava, incomodando seus ouvintes. Quando sentiu que um deles o segurava, impedindo-o de continuar, apostrofou nestes termos: "Como ousas refutar os raciocínios de teu mestre?" Para que ninguém, entretanto, enganado pelos raciocínios de Zenão, deixe de crer que os sentidos nos fazem ver alguma coisa, a saber, o movimento, contradizendo inteiramente o entendimento, de tal maneira que a mente seria enganado mesmo a respeito de coisas que ele percebe clara e distintamente, com a ajuda do entendimento, reproduzirei aqui os principais argumentos de Zenão, e mostrarei, ao mesmo tempo, que eles se apoiam apenas em falsos preconceitos, isto é, que esse filósofo não possuía qualquer conceito verdadeiro da matéria.

Em primeiro lugar, teria dito que, se existisse um movimento no espaço, o movimento de um corpo movido circularmente com a maior celeridade possível não difereria do repouso; ora, essa conclusão é absurda, assim como a suposição de onde a tira. Ele prova assim essa conclusão: um corpo está em repouso quando todos os pontos permanecem constantemente em um mesmo lugar; ora, todos os pontos de um corpo movido circularmente com a maior velocidade permanecem em um mesmo lugar. Assim etc. E isso seria explicado pelo exemplo de uma roda, digamos ABC. Se esta roda se move em torno de seu centro com grande velocidade, o ponto A descreverá um círculo por B e C mais rapidamente do que se a roda se movesse mais lentamente. Suponhamos assim, por exemplo, quando ela começa a se mover lentamente, que o ponto A volte ao

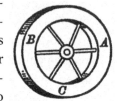

seu ponto de partida após uma hora. Se a velocidade for o dobro, ele voltará ao ponto de partida em meia hora; e se a supusermos o quádruplo, ao fim de quinze minutos; e se concebermos que essa velocidade aumenta infinitamente e que o tempo de rotação diminua até a instantaneidade, então o ponto A, nesta maior velocidade, estará, em todos os instantes, em seu lugar de partida e assim permanecerá sempre no mesmo lugar. O que dissemos do ponto A se estende a todos os pontos da roda; e assim, todos os pontos na maior velocidade estarão constantemente no mesmo lugar.

Para responder, é preciso observar que esse argumento contradiz antes uma velocidade suposta como infinita do que o próprio movimento. No entanto, não examinaremos aqui se Zenão argumenta corretamente, mas antes os preconceitos sobre os quais se apoia toda a argumetação, uma vez que pretende combater o movimento. Primeiramente, pois, ele supõe que os corpos podem ser concebidos como se movimentando com uma velocidade tal que não podem ir mais rapidamente. Em segundo lugar, ele compõe o tempo de instantes, como outros conceberam a quantidade composta por pontos indivisíveis. Uma e outra suposição são falsas. Pois, de início, jamais podemos conceber um movimento tão rápido que não possamos conceber um outro mais rápido ainda; com efeito, nosso entendimento rechaça conceber um movimento, por pequena que seja a linha descrita, tão rápido que não possa existir um mais rápido. E o mesmo se dá com respeito à lentidão, pois implica contradição conceber um movimento tão lento que não possa existir outro além. Afirmamos a mesma coisa do tempo, que é a medida do movimento, quer dizer, que nosso entendimento recusa claramente conceber um tempo tal que não possa existir um mais curto. Para provar tudo isso, sigamos os rastros de Zenão.

Suponhamos, assim como ele, uma roda ABC movendo-se em torno de seu centro com uma velocidade tal que 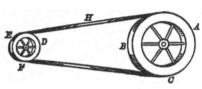 o ponto A esteja em todos os instantes no ponto de onde A parte. Digo que concebo claramente uma velocidade indefinidamente maior e, por consequência, instantes menores, ao infinito. Suponhamos, com efeito, que, enquanto a roda ABC gira em torno de seu eixo, que uma outra roda DEF (a imagino duas vezes menor), com a ajuda da corda H, seja ela também posta em movimento, em torno de seu eixo. Como a roda DEF é duas vezes menor que ABC, está claro que esta roda DEF se moverá duas vezes mais rapidamente que a roda ABC e, por conseguinte, que o ponto D se encontrará no ponto de onde parte ao fim de um tempo duas vezes menor. Em seguida, se atribuirmos à roda ABC o movimento da roda DEF, então DEF se moverá quatro vezes mais rapidamente do que antes; e se de novo atribuirmos a ABC essa velocidade de DEF, então DEF se moverá oito vezes mais rapidamente, e assim ao infinito. Mas isso já se vê unicamente pelo conceito de matéria. Pois a essência da matéria consiste na extensão ou no espaço, sempre divisível, como provamos; e não há movimento sem espaço. Também demonstramos que uma mesma parte da matéria não pode ocupar ao mesmo tempo dois espaços, o que seria a mesma coisa dizer-se que uma mesma parte da matéria iguala uma quantidade em dobro de si mesma, como se evidencia pelo que se demonstrou acima. Logo, se uma parte da matéria está em movimento, ela se move em um certo espaço e esse espaço, por pequeno que seja, será, no entanto, divisível e, por consequência, também o tempo pelo qual o espaço é medido. Em seguida, a duração ou o tempo desse movimento será também divisível e isso ao infinito.

Passemos agora a um outro sofisma, atribuído ao mesmo Zenão, que se enuncia assim: se um corpo está em movimento, ou ele se move no lugar em que está ou no lugar em que não está. Ora, não é no lugar onde ele está, pois, se está em algum lugar, ele é imóvel. Também não é no lugar onde não está. Logo, esse corpo não se move. Mas essa argumentação é completamente idêntica à anterior, pois supõe-se haver um tempo tal que não haja outro menor. Se, com efeito, respondermos a Zenão que o corpo se move não em um lugar, mas de um lugar onde está para o lugar onde não está, ele nos perguntará: esse corpo não esteve em lugares intermediários? Se nós respondermos com esta distinção: se entendeis por essas palavras *que permaneceu em repouso*, negamos que ele tenha estado em qualquer lugar enquanto estava em movimento; se *esteve* significa que *existiu*, dizemos que existia necessariamente durante o tempo em que se movia. Zenão então perguntará: onde ele existiu durante o tempo em que se movia? Se nós respondermos mais uma vez: perguntais com essas palavras *onde ele existiu* em que lugar se manteve enquanto estava em movimento, responderemos que ele não se mantinha em nenhum lugar enquanto se movia. Mas se vós perguntais *que lugar ele abandonou*, diremos que ele abandonou todos os lugares que se quiser assinalar no espaço que percorreu. Zenão perguntará ainda se ele pôde, no mesmo instante de tempo, ocupar um lugar e abandoná-lo. Ao que responderemos com essa nova distinção: se por instante de tempo entendeis um tempo tal que não pudesse existir menor, isso é perguntar algo que não se entende, como já mostramos com suficiência, e que, por conseguinte, não merece resposta. Se o tempo se toma no sentido que expliquei acima, quer dizer, em seu verdadeiro sentido, jamais se poderá assinalar um tempo tão pequeno que, ainda que o supondo indefinidamente mais curto, um corpo não pudesse, durante esse tempo, ocupar e abandonar um lugar. Coisa evidente para quem é bastante atento. Por aí se vê claramente que Zenão supõe um tempo tão pequeno que não possa existir outro menor, o que, na sequência, nada prova.

Além desses dois argumentos, atribui-se a Zenão um outro argumento que se pode ler, junto com sua refutação, em Descartes (em suas cartas).

Desejo, porém, que meus leitores observem aqui que, aos raciocínios de Zenão, eu opus raciocínios e assim o refutei pela Razão e não pelos sentidos, como o fez Diógenes. Com efeito, os sentidos jamais podem fornecer ao homem que procura a verdade senão fenômenos da natureza, pelos quais ele se determina na procura de suas causas. Eles não lhe podem fornecer o que quer que seja que mostre a falsidade daquilo que o entendimento reconhece clara e distintamente como verdadeiro. É assim que nós ajuizamos e é o nosso método: demonstrar as coisas que nos propomos por razões que o entendimento perceba clara e distintamente, e tendo por negligenciável o que os sentidos podem dizer que lhes pareçam contrários. Assim como já dissemos, eles podem somente propor ao entendimento a procura disso e não daquilo, mas não convencê-lo da falsidade quando percebeu alguma coisa clara e distintamente.

PROPOSIÇÃO 7

Nenhum corpo pode tomar o lugar de outro, a não ser que esse outro tome o lugar de um terceiro.

DEMONSTRAÇÃO[9]

Que se negue o que supomos, se for possível, e que um corpo A tome o lugar de um corpo B, considerado igual a A,

---

9. [B. de S.:] Ver a figura junto à Proposição seguinte.

que não deixou o seu lugar. O espaço que então continha apenas B contém (pela hipótese) A e B, ou seja, o dobro da substância corporal que antes continha, o que é absurdo (pela Proposição 4 da Parte II). Logo, nenhum corpo pode tomar o lugar de outro etc.

PROPOSIÇÃO 8
Quando um corpo toma o lugar de outro, no mesmo instante de tempo o lugar abandonado por ele é ocupado por um outro corpo que, imediatamente, o toca.

DEMONSTRAÇÃO

Se o corpo B se move em direção a D, os corpos A e C se aproximarão no mesmo instante um do outro e se tocarão, ou então nada farão. Se se aproximam um do outro e se tocam, nossa suposição será reconhe- 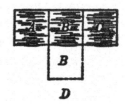 cida como verdadeira. Se não se aproximarem, e todo o espaço abandonado por B continue a separar A de C, é que um corpo igual a B (pelos Corolários das Proposições 2 e 4, parte II) está situado entre eles. Mas esse corpo não é B (por hipótese). Portanto, é um outro que, no mesmo instante de tempo, toma o lugar de B e, como o toma instantaneamente, só pode ser um corpo que toca B imediatamente (pelo Escólio da Proposição 6 desta Parte); pois ali demonstramos não existir movimento de um lugar a outro que não requeira um tempo que jamais será tão pequeno que não possa existir um menor. Daí resulta que o lugar do corpo B não pode, no mesmo instante de tempo, ser ocupado por um outro que devesse percorrer um certo espaço antes de ocupá-lo. Logo, somente um corpo que toque imediatamente B toma seu lugar no mesmo instante.

ESCÓLIO

Dado que as partes da matéria são realmente distintas umas das outras (pelo Artigo 61, parte I dos *Princípios da*

Filosofia), uma pode existir sem a outra e não dependem umas das outras (pelo Corolário da Proposição 7, parte I). Eis por que todas as ficções sobre a Simpatia e a Antipatia devem ser rejeitadas como falsas. Além do mais, como a causa de um certo efeito deve sempre ser positiva, não se deverá dizer que um corpo é movido porque não há vácuo, mas apenas que é movido pelo impulso que recebe de um outro.

COROLÁRIO

Em todo movimento, há sempre um círculo completo de corpos móveis ao mesmo tempo.

DEMONSTRAÇÃO

No tempo em que o corpo 1 ocupa o lugar do corpo 2, este aqui deve ocupar o lugar de um outro, digamos 3, e assim por diante (pela Proposição 7, parte II). Além do mais, no mesmo instante em que 1 toma o lugar de 2, o lugar abandonado por 1 deve ser ocupado por um outro (pela Proposição 8, parte II), digamos 8, ou qualquer outro que toque 1 imediatamente. Ora, considerando que isso se produz unicamente pelo impulso de um outro corpo (pelo Escólio da Proposição anterior), que aqui se supõe ser 1, todos esses corpos não podem mover-se em linha reta (pelo Axioma 21), mas formam um círculo completo (pela Definição 9).

PROPOSIÇÃO 9

Se um canal circular ABC está cheio de água e for em A quatro vezes mais largo do que B, quando a água (ou qualquer outro corpo fluido) que está em A se movimentar em direção a B, a água que está em B se moverá quatro vezes mais rapidamente.

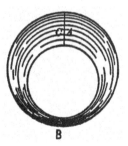

DEMONSTRAÇÃO

Dado que toda a água que está em A se move em direção a B, uma quantidade igual, vinda de C e tocando imediatamente A, deve tomar seu lugar (pela Proposição 8, parte II); e vindo de B, uma quantidade de água igual deve ocupar o lugar C. Logo (pelo Axioma 4), essa quantidade se moverá quatro vezes mais rapidamente. O que dizemos de um canal circular deve estender-se ainda a todos os espaços desiguais por onde corpos que se movem são obrigados a passar. A demonstração será a mesma em todos os casos.

LEMA

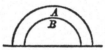 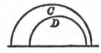

Se os dois semicírculos são descritos como A e B, o espaço compreendido entre as periferias será o mesmo em ambos; mas se dois semicírculos são traçados de centros diferentes, como C e D, o espaço compreendido entre as periferias será diferente. A demonstração decorre, única e evidentemente, da definição de círculo.

PROPOSIÇÃO 10

Um corpo fluido que se move através de um canal ABC recebe graus de velocidade em número ilimitado.

DEMONSTRAÇÃO

(Ver a figura anterior) O espaço entre A e B é diferente (pelo Lema precedente); logo (pela Proposição 9), a velocidade com a qual o corpo fluido se move no canal ABC é diferente em todos os pontos. Mais do que isso, como entre A e B podemos imaginar pelo pensamento uma infinidade de espaços cada vez menores (pela Proposição 5 da Parte II), também concebemos em número ilimitado as desigualdades que estão em todos os lugares e, por conseguinte, haverá velocidades em número ilimitado.

PROPOSIÇÃO 11

Na matéria que escoa pelo canal ABC, há uma divisão entre partículas ilimitadas em número.

DEMONSTRAÇÃO

(Ver a figura da Proposição 9) A matéria que escoa pelo canal ABC adquire ao mesmo tempo graus de velocidade em número ilimitado (pela Proposição 10 da Parte II); logo, ela possui realmente partes diferenciadas em número ilimitado.

ESCÓLIO

Até aqui falamos da natureza do movimento; é preciso agora que investiguemos a causa, que é dupla, a saber, uma causa primeira, em geral, causa de todos os movimentos que estão no mundo, e uma causa particular, pela qual acontece de partes singulares da matéria adquirirem movimentos que antes não possuíam. No que tange à causa geral, como não devemos nada admitir que não percebamos clara e distintamente, e como não conhecemos clara e distintamente nenhuma outra causa senão Deus (quer dizer, o criador da Matéria), aparece de modo manifesto que nenhuma outra causa geral deve ser admitida. De resto, o que dizemos do movimento deverá estender-se ao repouso.

PROPOSIÇÃO 12

Deus é a causa do movimento.

PROPOSIÇÃO 13

A mesma quantidade de movimento e de repouso que Deus imprimiu uma vez à matéria se conserva agora por seu concurso.

DEMONSTRAÇÃO

Como Deus é causa do movimento e do repouso (pela Proposição 12 da Parte II), ele os conserva ainda agora pelo mesmo poder com o qual os criou (pelo Axioma 10 da Parte I), e isso na mesma quantidade com que inicialmente os criou.

ESCÓLIO

I. Embora se diga na Teologia que Deus faz muitas coisas para o bom prazer e para mostrar aos homens o seu poder, como essas coisas que dependem de seu prazer só são conhecidas por revelação divina, elas não deverão ser admitidas na

Filosofia, na qual se procura apenas o que a Razão ensina, a fim de que ela não se confunda com a Teologia. II. Embora o movimento não seja, na matéria que se move, senão um modo dessa matéria, há, porém, uma certa quantidade determinada; ver-se-á, pelo que segue, como é preciso entendê-lo. Ler o artigo 36 da Parte II, dos *Princípios da Filosofia*.

PROPOSIÇÃO 14

Cada coisa, enquanto é simples e indivisa, e considerada apenas em si mesma, sempre se mantém no mesmo estado.

Esta proposição é tida por muitos como um Axioma; entretanto, nós a demonstraremos.

DEMONSTRAÇÃO

Como nada se encontra em um certo estado a não ser pelo concurso de Deus (pela Proposição 12 da Parte I) e Deus é constante no máximo grau em suas obras (pelo Corolário da Proposição 20 da Parte I), se não considerarmos nenhuma causa exterior, mas uma coisa em si mesma, será preciso afirmar que, enquanto ela é, sempre se mantém no estado em que está.

COROLÁRIO

Um corpo que se move uma vez continua a se mover se não for refreado por causas exteriores.

DEMONSTRAÇÃO

Ela se segue claramente da Proposição precedente; todavia, para corrigir o preconceito relativo ao movimento, ler os artigos 37 e 38 da Parte II, dos *Princípios da Filosofia*.

PROPOSIÇÃO 15

Todo corpo em movimento tende a continuar se movendo em linha reta e não em linha curva.

Poder-se-ia colocar esta Proposição entre os Axiomas, mas a demonstrarei pelas que a precedem.

DEMONSTRAÇÃO

O movimento, pois que tem unicamente Deus por causa (pela Proposição 12, parte II), não possui em si qualquer força para existir (pelo Axioma 10, parte I), mas é a todo momento procriado por Deus. Por essa razão, enquanto considerarmos apenas a natureza do movimento, jamais poderemos lhe atribuir, como pertencendo à sua natureza, uma duração que pudesse ser maior do que outra. Ora, caso se dissesse que pertence à natureza de um corpo em movimento descrever uma linha curva qualquer, se atribuiria à natureza do movimento uma duração maior do que se supõe ser da natureza do corpo movido continuar a mover-se seguindo uma linha reta (pelo Axioma 17). Ora, como não podemos atribuir uma tal duração à natureza do movimento (como já demonstramos), não se pode também dizer que é da natureza do corpo movido continuar seguindo uma linha curva, mas apenas uma linha reta.

ESCÓLIO

Talvez essa demonstração pareça a muitos não mostrar que não pertence à natureza do movimento descrever uma linha curva, não mais do que lhe pertence descrever uma reta. E isso porque não se pode assinalar qualquer linha reta que não possua uma linha menor, seja reta ou curva, e qualquer linha curva que não contenha outra curva menor. No entanto, mesmo tendo em conta tudo isso, julgo que a demonstração não é menos correta, pois que ela se conclui unicamente da essência universal, quer dizer, da diferença essencial das linhas (e não da quantidade de linhas, que é uma diferença acidental), o que se havia proposto demonstrar. Todavia, para não tornar mais obscura a demonstração de algo bastante claro por si mesmo, reenvio os leitores à definição do movimento, que nada afirma do movimento e sim do transporte de uma parte da matéria da vizinhança à vizinhança etc. Por conseguinte, a menos que não concebamos esse transporte como o mais simples possível, quer dizer, ocorrendo em linha reta, atribuiremos ficticiamente ao movimento alguma coisa que não está contida em sua definição ou essência, e que assim não pertence à sua natureza.

COROLÁRIO

Segue-se desta Proposição que todo corpo que se move seguindo uma linha curva é continuamente desviado da linha seguinte em que continuaria a se mover, e isso pela força de uma causa exterior (pela Proposição 14, parte II).

PROPOSIÇÃO 16

Todo corpo movido circularmente, por exemplo, uma pedra lançada de uma funda, está constantemente determinado a se mover seguindo a tangente.

DEMONSTRAÇÃO

Um corpo movido circularmente está constantemente impedido, por uma força exterior, de continuar a se mover em linha reta (pelo Corolário da Proposição anterior); se essa ação se interrompe, o corpo continuará, por

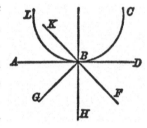

si mesmo, a mover-se seguindo em linha reta (pela Proposição 15). Digo, além disso, que um corpo que se move circularmente está determinado por uma causa exterior a se mover seguindo a tangente. Caso isso seja negado, que se imagine, por exemplo em B, uma pedra determinada por uma funda a mover-se sem seguir a tangente, mas seguindo uma outra reta partindo do mesmo ponto e compreendido ou não no círculo, seja BF quando a funda vier de L em direção a B; ou BG (que faz com o diâmetro BH um ângulo igual ao ângulo FBH) se, ao contrário, supusermos que a funda venha de C em direção a B. Se a pedra estiver no ponto B, supostamente determinado pela funda, indo de L a B, a continuar a mover-se em direção a F, é necessário (pelo Axioma 18), quando a funda, por uma determinação oposta, vier de C em direção a B, que a pedra seja determinada a continuar se movendo seguindo a mesma linha reta e, por conseguinte, em direção a K, e não em direção a

G, o que é contra a hipótese. E como nenhuma linha[10] podendo ser conduzida pelo ponto B, salvo a tangente, pode fazer com a linha B dois ângulos iguais, como DBH e ABH, nenhuma linha, senão a tangente, pode concordar com a hipótese, seja que a funda vá de L para B ou de C para B. Como resultado, não se pode admitir outra linha pela qual a pedra tenda a mover-se.

OUTRA DEMONSTRAÇÃO

Que se conceba, em lugar de um círculo, um hexágono ABH inscrito em um círculo e um corpo C em repouso em um dos lados AB do hexágono; em seguida, uma régua DBE (na qual suponho uma extremidade fixa no centro D e outra 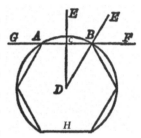 móvel) movendo-se ao redor do centro D e ocupando constantemente a linha AB. É claro que, se a régua DBE, quando assim se move, encontra o corpo C, no momento em que ela corta em ângulo reto a linha AB, essa régua determina, por seu impulso, o corpo C a continuar movendo-se em direção a G, seguindo a linha FBAG, quer dizer, seguindo o lado AB do hexágono indefinidamente prolongado. Mas como escolhemos um hexágono arbitrariamente, poder-se-á afirmar a mesma coisa de toda figura supostamente inscrita no círculo, quer dizer que, quando o corpo C, em repouso durante um certo instante sobre um dos lados da figura, é empurrado pela régua DBE, no momento em que ela ocupa esse lado em ângulo reto, é determinado pela régua a mover-se segundo o prolongamento desse lado. Concebamos pois, em lugar do hexágono, uma figura retilínea com um número infinito de lados (quer dizer, um círculo, segundo a definição de Arquimedes), e é claro que a régua DBE, em qualquer lugar que encontrar o corpo C,

---

10. [B. de S.:] Isso é evidente pelas Proposições 18 e 19 do terceiro livro dos *Elementos*.

o encontrará sempre num momento em que ela corta em ângulo reto um lado da figura. E, assim, ela jamais encontrará o corpo C sem determiná-lo a mover-se segundo esse lado indefinidamente prolongado. E como esse lado qualquer, prolongado num ou noutro sentido deve sempre cair fora da figura, ele será tangencial à figura de um número infinito de lados, isto é, ao círculo. Portanto, se em lugar de uma régua concebermos uma funda movida circularmente, ela determinará a pedra a continuar a mover-se seguindo uma tangente. Deve-se notar que uma e outra demonstração se aplicam a figuras curvilíneas quaisquer.

PROPOSIÇÃO 17

Todo corpo movido circularmente tende a se afastar do centro do círculo que ele descreve.

DEMONSTRAÇÃO

Enquanto um corpo movido circularmente, ele está coagido por uma causa exterior e, tão logo esta ação cesse, ele continua a se mover seguindo uma tangente (pela Proposição anterior) cujos pontos, salvo o de contato, caem fora do círculo 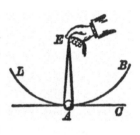 (pela Proposição 16 do livro III dos *Elementos*) e, por conseguinte, estão mais afastados do centro. Assim, quando uma pedra movida circularmente por uma funda EA está no ponto A, ela tende a continuar em uma linha cujos pontos estão mais distantes do centro E do que todos aqueles da circunferência LAB, o que não é outra coisa senão tender a afastar-se do centro que o círculo descreve.

PROPOSIÇÃO 18

Se um corpo, digamos A, se move para um corpo imóvel B, B não perde nada de seu repouso pelo choque do corpo A e A também nada perde de seu movimento, mas retém

PRINCÍPIOS DA FILOSOFIA CARTESIANA

inteiramente a mesma quantidade de movimento que possuía antes.

DEMONSTRAÇÃO

Caso isso seja negado, imagine-se que o corpo A perca seu movimento e não transporte para outro, digamos B, aquilo que ele perdeu. Quando isso ocorrer, haverá na Natureza uma quantidade de movimento menor do que antes, o que é absurdo (pela Proposição 13 da Parte II). A demonstração procede da mesma maneira com respeito ao repouso no corpo B; eis por que se um não o transporta para outro, B conservará todo o seu repouso e A todo o seu movimento.

PROPOSIÇÃO 19

O movimento considerado em si mesmo difere de sua determinação para seguir esta ou aquela direção, e não é necessário que um corpo movido esteja algum tempo em repouso para ser levado em direção oposta ou repelido.

DEMONSTRAÇÃO

Que se imagine, como na Proposição anterior, que o corpo A se move em direção a B e seja impedido por B de continuar seu movimento; assim, ele conservará a totalidade de seu movimento (pela Proposição precedente) e só restará imóvel no menor espaço de tempo; todavia, quando continuar a se mover, não se moverá na mesma direção anterior, pois supõe-se que seja impedido por B; logo, conservando inteiramente seu movimento e tendo perdido a determinação anterior, se moverá na direção oposta (pelo que é dito no Capítulo II da *Dióptrica*), e assim (pelo Axioma 2) a determinação para seguir uma determinada direção não pertence à essência do movimento, mas dele difere, e o corpo movido, quando é repelido, não está em repouso em momento algum.

COROLÁRIO

Segue-se daí que o movimento não se opõe ao movimento.

PROPOSIÇÃO 20

Se um corpo A encontra um corpo B e o arrasta consigo, A perde de seu movimento tanto quanto B adquire de A na sequência do choque.

DEMONSTRAÇÃO

Caso o neguemos, suponhamos que B adquira de A mais ou menos movimento do que A perca em movimento; toda a diferença deverá ser acrescida à quantidade de movimento da Natureza inteira, ou deverá ser retirada, o que é absurdo (pela Proposição 13 da Parte II). Logo, como o corpo B não pode adquirir nem mais nem menos movimento do que a perda em A, ele obterá justamente a mesma quantidade.

PROPOSIÇÃO 21

Se um corpo A é duas vezes maior do que um corpo B, e se move com uma velocidade igual, A terá um movimento em dobro de B, quer dizer, para manter a mesma velocidade de B.

DEMONSTRAÇÃO

Que se ponha em lugar de A duas vezes B, quer dizer (por hipótese) A dividido em duas partes iguais; os dois B's terão força para se manter no estado em que se encontram (pela Proposição 14 da Parte II) e essa força é igual em ambos (por hipótese). Se agora os dois B's estiverem juntos, ter-se-á um único A, cuja força e quantidade serão iguais aos dois B's, quer dizer, dobros de um só B. Notar-se-á que isso decorre apenas da definição do movimento; com efeito, quanto maior é o corpo que se move, mais ele possui matéria que está separada de uma outra quantidade de matéria, e assim há maior separação, quer dizer (pela Definição 8), mais movimento.

PROPOSIÇÃO 22

Se um corpo A é igual a um corpo B e A se move duas vezes mais rapidamente do que B, a força ou o movimento será em A o dobro de B.

DEMONSTRAÇÃO

Suponhamos que B, quando adquiriu uma certa força de se mover, tenha obtido quatro graus de velocidade. Se nada sobrevém, ele continuará a se mover (pela Proposição 14 da Parte II) e se preservará em seu estado. Suponhamos agora que por novo impulso ele adquira uma nova força igual à primeira. Ele conseguirá pois mais quatro graus além dos quatro primeiros que manterá (pela mesma Proposição); quer dizer que ele se moverá duas vezes mais rapidamente, ou seja, com uma velocidade igual à de A e, ao mesmo tempo, terá uma força em dobro, quer dizer, igual à de A; logo, o movimento em A é o dobro de B.

Deve-se observar que entendemos aqui por força nos corpos em movimento uma quantidade de movimento, quantidade que em corpos iguais deve ser maior na proporção da rapidez do movimento, já que por essa velocidade corpos iguais estão separados dos que lhe são imediatamente contíguos mais do que estariam se eles se movessem mais lentamente; e por isso (pela Definição 8) têm também mais movimento. Nos corpos em repouso entende-se por força de resistência uma quantidade de repouso. De onde se segue:

COROLÁRIO 1

Quanto mais os corpos se movem lentamente, mais eles participam do repouso, pois resistem mais aos corpos móveis que encontram e que possuem uma força menor do que eles mesmos, e também estão menos separados daqueles que os tocam imediatamente.

COROLÁRIO 2

Se um corpo A se move duas vezes mais rapidamente do que um corpo B e B for duas vezes maior do que A, há tanto movimento em A quanto em B, o maior dos dois, e, por conseguinte, também uma força igual.

DEMONSTRAÇÃO

Seja B duas vezes maior do que A, A se movendo duas vezes mais rapidamente do que B e, em seguida, C, duas vezes menor do B e duas vezes mais lento do que A; B terá portanto (pela Proposição 21 da Parte II) um movimento em dobro de C e A (pela Proposição 22 da Parte II), um movimento em dobro de C; logo (pelo Axioma 15), B e A terão movimentos iguais, pois o movimento de cada um deles é o dobro do mesmo e terceiro C.

COROLÁRIO 3

Segue-se daí que *o movimento é distinto da velocidade*. Com efeito, concebemos que entre dois corpos que tenham a mesma velocidade um possa ter mais movimento do que outro (pela Proposição 21 da Parte II); inversamente, que tendo velocidades desiguais eles possam ter movimentos iguais (pelo Corolário anterior). De resto, isso aparece também pela definição de movimento, que outra coisa não é senão o transporte de um corpo da vizinhança etc.

Notar que este terceiro Corolário não contradiz o primeiro, pois a velocidade é concebida por nós de duas maneiras: ou na medida em que, mais ou menos no mesmo instante, um corpo se separa de outros que o tocam imediatamente e, como tal, participa mais ou menos do movimento e do repouso; ou uma vez que percorra, num mesmo tempo, uma distância maior ou menor e, sob tal ponto de vista, distinta do movimento.

PROPOSIÇÃO 23

Quando os modos de um corpo devem experimentar uma mudança, ela é sempre a menor que possa ser.

DEMONSTRAÇÃO

Esta Proposição resulta claramente da Proposição 14 desta parte.

PROPOSIÇÃO 24

REGRA 1

Se dois corpos, digamos A e B são inteiramente iguais e se movem em linha reta, uma em direção à outra, quando se chocarem cada um deles rebaterá do lado oposto, sem perder sua velocidade.

Nesta hipótese, é claro que, para suprimir a oposição dos dois corpos, é preciso ou que um e outro sejam remetidos para o lado oposto, ou que um arraste o outro consigo; pois eles são opostos quanto à determinação para seguir uma direção, mas não quanto ao movimento.

DEMONSTRAÇÃO

Quando A e B se encontram, devem experimentar uma certa mudança (pelo Axioma 19); como, de resto, o movimento não se opõe ao movimento (pelo Corolário da Proposição 19 da Parte II), nada devem perder de seus movimentos (pelo Axioma 19). Eis por que a mudança se produzirá somente na direção; mas não podemos conceber que a direção de um só, que seja B, seja mudada, a menos que A, que deveria produzir esta mudança, seja mais forte do que B (pelo Axioma 20). Mas isso seria contra a hipótese. Portanto, dado que a mudança de direção não pode ocorrer somente com um, A e B serão enviados a lados opostos e conservarão a totalidade de seus movimentos (pelo que é dito no capítulo II da *Dióptrica*).

PROPOSIÇÃO 25
REGRA 2

Se os corpos são desiguais, a saber, B maior do que A, as outras condições permanecendo as mesmas, então somente A rebaterá e os dois corpos continuarão a se mover com a mesma velocidade.

DEMONSTRAÇÃO

Dado que A é supostamente menor do que B, terá igualmente uma força menor; ora, como nesta hipótese, assim como na precedente, há oposição apenas na direção, e só aí deve haver mudança, ela se produzirá em A e não em B (pelo Axioma 20); assim, apenas A será rebatido para o lado oposto a B, que é mais forte, conservando inteiramente sua velocidade.

PROPOSIÇÃO 26

Se os corpos são desiguais em volume e velocidade, a saber, se B é duas vezes maior do que A, mas o movimento de A duas vezes mais rápido do que B, e as outras condições conservando-se as mesmas como precedentemente, ambos se rebaterão para o lado oposto, cada um conservando a velocidade que possuía.

DEMONSTRAÇÃO

Dado que A e B se movem um em direção ao outro, conforme a hipótese, há tanto movimento em um quanto em outro (pelo Corolário da Proposição 22 da Parte II); logo, o movimento de um não é contrário ao movimento de outro. Tal hipótese é assim inteiramente semelhante àquela da Proposição 24 acima; e assim, pela mesma demonstração, A e B se repelirão em sentido contrário, mantendo inteiramente seus movimentos.

COROLÁRIO

Das três proposições anteriores segue-se claramente que a direção de um corpo requer, para ser alterada, a mesma força que o movimento; do que resulta que um corpo que perde mais da metade da sua determinação em seguir uma direção experimenta mais mudança do que aquele que perde a totalidade de sua determinação.

PROPOSIÇÃO 27

REGRA 3

Se os corpos são iguais em volume, mas B se move um pouco mais velozmente que A, não apenas A rebaterá do lado oposto, mas B transportará para A a metade do excesso de velocidade que tem sobre A, e ambos continuarão a se mover do mesmo lado.

DEMONSTRAÇÃO

A, por hipótese, não é apenas oposto a B por sua direção, mas também por sua lentidão, já que esta aqui participa do repouso (pelo Corolário da Proposição 22 da Parte II). Por conseguinte, se ele é lançado para o lado oposto e apenas a direção se modifica, nem por isso toda a oposição é destruída entre os dois corpos; logo (pelo Axioma 19), deve haver mudança na direção e no movimento. Mas como, por hipótese, B se move mais rapidamente do que A, B (pela Proposição 22 da Parte II) será mais forte do que A e, assim (pelo Axioma 20), uma alteração será produzida em A por B, pela qual A será relançado para o lado oposto. O que era o primeiro ponto.

Agora, enquanto A se move mais lentamente do que B, ele se opõe a B (pelo Corolário da Proposição 22 da Parte II) e assim a mudança deve prosseguir (pelo Axioma 19) até que A não se mova mais lentamente do que B. Não há, na hipótese examinada, uma causa bastante forte para fazer A mover-se mais rapidamente do que B; logo, se não pode mover-se nem mais lentamente do que B, quando impulsionado por B, nem mais rapidamente do que B, ele continuará a mover-se com a mesma velocidade que B. Mais do que isso, se B transporta para A menos da metade de seu excesso de velocidade, A se moverá com menos velocidade do que B; se B transporta mais da metade do excesso, então A se moverá mais rapidamente do que B, mas ambas são absurdas, como já demonstramos. Logo, a mudança prosseguirá até que B faça passar para A a metade de seu exceso de velocidade que deve perder (pela Proposição 20 Parte II); e assim, ambos continuarão a se movimentar do mesmo lado e igualmente rápidos sem mais oposição entre si.

COROLÁRIO

Resulta daí que quanto mais rápido um corpo se move, mais está determinado a se mover seguindo a linha que percorre e, ao contrário, quanto mais lentamente se move, menos determinação possui para seguir uma certa direção.

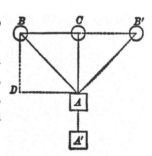

ESCÓLIO

Para que os leitores não confundam aqui a força de determinação com a força de movimento, parece-me aconselhável juntar algumas observações estabelecendo claramente a distinção dessas duas forças. Se, portanto, concebermos dois corpos iguais A e C movendo-se diretamente um em direção ao outro com velocidades iguais, ambos os corpos (pela Proposição 24 da Parte II) se rebaterão para o lado oposto, conservando todo o seu movimento. Mas se o corpo C está em B e se move obliquamente em direção a A, está claro haver uma menor determinação para se mover seguindo a linha BD ou CA. Logo, embora tenha tanto movimento quanto em A, a força de determinação de C, movendo-se em direção a A, que é igual à força de determinação do corpo A, é maior do que a força de determinação do mesmo C ao mover-se de B para A. E tanto maior quanto a linha BA for maior do que a linha CA, pois quanto mais a linha BA suplante em grandeza a linha CA, mais tempo será requerido (o corpo estando situado em B, e supondo-se mover-se A com a mesma velocidade) para que o corpo situado em B possa mover-se seguindo a linha BD ou CA, pela qual ele se opõe à direção de A. Assim, quando C, vindo de B encontrar A obliquamente, ele é determinado da mesma maneira como se devesse continuar a se mover para B, seguindo a linha AB (sendo B' um ponto da linha BC prolongada, situado à mesma distância de C que B). Todavia, A, conservando todo o seu movimento e determinação, continuará a se movimentar em direção a C e empurrará com ele o corpo situado primeiramente em B; dado que esse corpo, enquanto for determinado a se mover seguindo a diagonal AB' e mover-se com a mesma velocidade de A, necessita de mais tempo para descrever um segmento qualquer da linha AC, e por isso se opõe à determinação mais forte de A. Mas para que a força de determinação de C, movendo-se de B para A, seja igual à força de determinação do mesmo C movendo-se diretamente para A (força, por hipótese, igual à de A), é preciso que o corpo situado em B possua tantos graus de movimento a mais do que o corpo A, que a linha

BA tenha um comprimento a mais do que a linha CA e então, quando esse corpo encontrar o corpo A obliquamente, será lançado para B' em uma direção oposta à que seguia, e A para A', um e outro conservando todo o seu movimento. Ao contrário, se o excesso de movimento do corpo situado em B suplanta o excesso de comprimento que tem a linha BA sobre a linha CA, então esse corpo repelirá A em direção a A' e lhe comunicará uma parte de seu movimento até que a igualdade dos dois excessos se estabeleça (quer dizer, que haja entre os movimentos dos dois corpos a mesma relação que entre as linhas BA e CA), ele próprio perdendo tanto movimento quanto cede, e continuará a se mover do mesmo lado que antes do encontro. Por exemplo, se a linha AC estiver para AB como 1 para 2, e o movimento do corpo A estiver para aquele situado em B como 1 para 5, este último corpo transportará para A um grau de seu movimento, o repelirá para o lado oposto e continuará, ele mesmo, a mover-se na direção que seguia com quatro graus de movimento.

PROPOSIÇÃO 28
REGRA 4

Se um corpo A (ver primeira figura) se encontra em repouso, sendo um pouco maior do que o corpo B, com qualquer velocidade que B se mova em direção a A, jamais colocará A em movimento, mas será repelido por ele para o lado oposto, conservando todo seu movimento.

Observar-se-á que a oposição desses corpos pode ser destruída de três maneiras: quando um arraste o outro consigo e continuem em seguida a mover-se do mesmo lado, com a mesma velocidade; quando um é lançado para o lado oposto e o outro conserva todo o seu repouso; ou quando um é lançado para o lado oposto e transfere uma parte de seu movimento ao outro que está em repouso. Não há uma quarta possibilidade (em virtude da Proposição 13 da Parte II). Haverá de se demonstrar agora (por causa da

Proposição 23 da Parte II) que em nossa hipótese a alteração que se faz nesses corpos é a menor possível.

DEMONSTRAÇÃO

Se B pusesse A em movimento, deveria (pela Proposição 20 da Parte II), até o momento em que ambos os corpos se movessem com a mesma velocidade, ceder para A a mesma quantidade de movimento que A obteria e (pela Proposição 21 da Parte II) deveria perder mais da metade de seu movimento e, consequentemente, mais da metade de sua determinação. E se A perde algo de seu repouso, mas não o bastante para poder continuar a se mover com a mesma velocidade que B, então a oposição dos dois corpos não é destruída; pois A vai se opor, por sua lentidão, já que ela participa do repouso (pelo Corolário da Proposição 22 da Parte II), à velocidade de B e, assim, B deverá ser lançado para o lado oposto e perderá, com toda a sua determinação, a parte de seu movimento que terá feito transpor para A, o que é uma mudança maior do que se perdesse apenas sua determinação. A mudança, portanto, em nossa hipótese, será a menor possível nesses corpos, porque só ocorre na determinação e, por conseguinte, nenhuma outra se produzirá (pela Proposição 23 da Parte II).

Deverá notar-se na demonstração desta Proposição que a mesma coisa também ocorre em outros casos; nós não citamos, com efeito, a Proposição 19 da Parte II, na qual se demonstra que a direção pode ser inteiramente alterada, subsistindo inteiro, no entanto, o movimento; é preciso, todavia, prestar atenção nisso para que a força da demonstração seja bem percebida. Pois na Proposição 23 da Parte II, não dizíamos que a mudança deve ser absolutamente a menor, mas a menor possível. Que uma mudança consistindo unicamente da determinação possa ocorrer, tal como a que imaginamos, vê-se pelas Proposições 18 e 19 da Parte II, com o Corolário.

PROPOSIÇÃO 29
REGRA 5

Se um corpo A em repouso é menor do que B, por mais lentamente que B se mova em direção a A ele o porá consigo em movimento, transferindo-lhe uma parte do seu movimento de modo que os dois, em conjunto, se movam em seguida igualmente rápidos (ler artigo 50 da Parte II dos Princípios da Filosofia*).*

Nesta regra, como na precedente, podem-se conceber três casos apenas nos quais a oposição é destruída: nós demonstraremos que em nossa hipótese essa mudança que se faz nos corpos é a menor possível e, assim (pela Proposição 23 da Parte II), que é aquela que deverá se fazer.

DEMONSTRAÇÃO

Em nossa hipótese, B transporta para A (pela Proposição 21 da Parte II) menos da metade do seu movimento e (pelo Corolário da Proposição 26 da Parte II) menos da metade de sua determinação. Ora, se B não arrastasse A consigo, mas fosse lançado para o lado oposto, ele perderia toda a sua determinação e a mudança seria maior (pelo Corolário da Proposição 26 da Parte II); e maior ainda se B perdesse toda a sua determinação e, ao mesmo tempo, uma parte do seu movimento, como se supõe no terceiro caso; logo, em nossa hipótese, a mudança é a menor possível.

PROPOSIÇÃO 30
REGRA 6

Se um corpo A em repouso fosse rigorosamente igual a um corpo B que se movesse em sua direção, ele seria em parte empurrado e, em parte, o repeliria para o lado oposto.

Aqui, como na Proposição precedente, três casos apenas podem ser concebidos; é preciso, portanto, mostrar que a mudança por nós imaginada é a menor possível.

DEMONSTRAÇÃO

Se o corpo B arrasta consigo o corpo A, até que todos os dois se movam com a mesma velocidade, haverá então tanto movimento em um quanto em outro (pela Proposição 22 da Parte II) e (pelo Corolário da Proposição 27 da Parte II) B deverá perder a metade de sua determinação e também (pela Proposição 20 da Parte II) a metade do seu movimento. Se, ao contrário, ele é repelido por A para o lado oposto, então perderá sua determinação por completo e conservará seu movimento (pela Proposição 18 da Parte II), mudança igual à anterior.

Mas nenhum desses casos pode ocorrer, pois se A conservasse seu estado e pudesse mudar a determinação de B, ele deveria ser necessariamente (pelo Axioma 20) mais forte do que B, o que seria contra a hipótese. E se B arrastasse A consigo, até que ambos se movessem com a mesma velocidade, B seria mais forte do que A, o que é contra a hipótese. Como pois nem um nem outro desses casos é possível, é, pois, o terceiro que se produzirá, a saber, que B empurrará A um pouco e será repelido por A.

PROPOSIÇÃO 31
REGRA 7

Se B e A se movessem na mesma direção, A mais lentamente e B o seguindo mais rapidamente, de tal modo que por fim o alcançasse, sendo A maior do que B, mas o excesso de velocidade em B maior do que o excesso de grandeza em A, então B fará transpor para A uma parte do seu movimento de modo que todos os dois avancem em seguida com a mesma velocidade e na mesma direção. Se, ao contrário, o excesso de grandeza em A fosse maior do que o excesso de velocidade em B, B seria repelido na direção oposta, conservando todo seu movimento.

Ler artigo 52 Parte II dos *Princípios da Filosofia*. Aqui, ainda, somente três casos podem ser concebidos.

DEMONSTRAÇÃO

Primeira parte. B não pode ser lançado na direção oposta por A, pois ele é (pelas Proposições 21 e 22 da Parte II)

PRINCÍPIOS DA FILOSOFIA CARTESIANA 245

supostamente mais forte do que A; logo, sendo B mais forte, ele arrasta A consigo e isso de tal maneira que os dois continuam a se mover com a mesma velocidade. Então a mudança será a menor possível, como se vê facilmente pelo que precede.

Segunda parte. B não pode, supondo-o menos forte do que A (pelas Proposições 21 e 22 da Parte II), impulsionar A nem lhe ceder qualquer parte do seu movimento (pelo Axioma 20); portanto (pelo Corolário da Proposição 14 da Parte II), ele reterá todo o seu movimento, mas não se moverá do mesmo lado, pois é, por hipótese, impedido por A; logo (pelo que é dito no capítulo II da *Dióptrica*), ele será lançado (pela Proposição 18 da Parte II) para o lado oposto, conservando todo o seu movimento.

Deverá ser observado que nesta Proposição e nas precedentes quisemos demonstrar que todo corpo que encontra outro diretamente e é absolutamente impedido por ele de continuar a avançar no mesmo lado, deve rebater para o lado oposto e não para qualquer outra direção. Para bem entendê-lo, ler o capítulo II da *Dióptrica*.

ESCÓLIO

Até aqui, para explicar as mudanças resultantes do encontro, consideramos os dois corpos como inteiramente separados de todos os outros, sem ter a menor consideração pelos corpos que os envolvem de todos os lados. Agora, consideraremos o estado e as alterações, tendo em vista os corpos ao redor.

PROPOSIÇÃO 32

Se um corpo é envolvido por todos os lados de pequenos corpos em movimento, empurrando-o com a mesma força em todas as direções, enquanto nenhuma outra causa intervier, ele permanecerá imóvel no mesmo lugar.

DEMONSTRAÇÃO

Esta Proposição é evidente por si mesma; com efeito, se o corpo fosse movido em uma direção qualquer pelo impulso dos corpúsculos vindos de um certo lado, os corpúsculos que o poriam em movimento o empurrariam com uma força maior do que aqueles que, no mesmo instante, o empurram para o lado oposto e não podem obter seu efeito (pelo Axioma 20), o que seria contra a hipótese.

PROPOSIÇÃO 33

Nas condições acima, o corpo B pode, pela interferência de uma força tão pequena quanto se queira, ser movido em qualquer direção.

DEMONSTRAÇÃO

Todos os corpos que tocam imediatamente B, que por hipótese estão em movimento, permanecendo B imóvel (pela Proposição anterior), tão logo o toquem rebaterão para o lado oposto, conservando todo o seu movimento (pela Proposição 28 da Parte II); e assim o corpo B vê-se constantemente abandonado pelos corpos que o tocam imediatamente; por grande que se queira imaginar o corpo B, nenhuma ação é requerida para o separar dos corpos que o tocam imediatamente (por nossa quarta observação a respeito da Definição 8). Logo, qualquer força exterior, por pequena que a queiramos imaginar, não pode ser aplicada a B que não seja maior do que a força pela qual B permanece no mesmo lugar (pois, já o demonstramos, ele mesmo não possui qualquer força capaz de mantê-lo atrelado aos corpos que o tocam imediatamente); e também tão grande, juntamente com o impulso dos corpúsculos que empurram B do mesmo lado que ela, do que a força dos corpúsculos que empurram B do lado oposto (que se supõe igual ao impulso contrário). Assim (pelo Axioma 20), o corpo B será posto em movimento por esta força exterior, por pequena que seja.

PROPOSIÇÃO 34

O corpo B, nas mesmas condições que acima, não pode ser movido mais rapidamente do que o empurra a força exterior,

PRINCÍPIOS DA FILOSOFIA CARTESIANA 247

ainda que as partículas, pelas quais está envolvido, estejam agitadas por um movimento muito mais rápido.

DEMONSTRAÇÃO

Os corpúsculos que empurram o corpo B para um certo lado, ao mesmo tempo que a força exterior, ainda que agitados por um movimento mais rápido do que o impulso dado a B pela força exterior, não possuem (por hipótese) uma força maior do que os corpúsculos que empurram B pelo lado oposto; por conseguinte, gastarão todas as suas forças de determinação somente para resistir àqueles últimos e não conferirão a B qualquer velocidade (pela Proposição 32 da Parte II). Logo, já que não se supõem outras circunstâncias nem causas, B não receberá velocidade de nenhuma outra causa, a não ser da força exterior e, por consequência (pelo Axioma 8 da Parte I), não poderá ser movido mais rapidamente do que o empurra a força exterior.

PROPOSIÇÃO 35

Quando o corpo B é assim movido por uma força exterior, recebe a maior parte do seu movimento dos corpos pelos quais está constantemente envolvido, e não da força exterior.

DEMONSTRAÇÃO

O corpo B, por grande que se possa imaginá-lo, deve ser movido por um impulso tão pequeno quanto for (pela Proposição 33 da Parte II). Concebamos, pois, o corpo B quatro vezes maior do que o corpo exterior, com cuja força é empurrado; como, em seguida, ambos devem mover-se igualmente rápidos, haverá quatro vezes mais movimento em B do que no corpo exterior que o empurra (pela Proposição 21 da Parte II); não é, pois, pela força exterior (pelo Axioma 8 da Parte I) que ele conserva a parte principal do seu movimento. E como não se supõem outras causas senão os corpos pelos quais está constantemente envolvido (tendo-se com efeito o corpo B imóvel por si mesmo), ele recebe, portanto (pelo Axioma 7 da Parte I), a parte principal do seu movimento apenas dos corpos pelos quais está envolvido, e não da força exterior.

Que se observe que não podemos aqui dizer, como acima, que esse movimento das partículas vindo de um lado é exigido para resistir às partículas vindas do lado oposto, pois os corpos que se movimentam uns em direção a outros, com igual movimento (como aqui se supõe) opõem-se unicamente pela determinação[11], não pelo movimento (pelo Corolário da Proposição 19 da Parte II) e, portanto, gastam em resistência apenas sua determinação, e não seu movimento. Eis por que B não pode receber dos corpos que o circundam qualquer determinação e, consequentemente, qualquer velocidade (pelo Corolário da Proposição 27 da Parte II), já que a velocidade é distinta do movimento, mas ele recebe movimento; bem mais do que a ocorrência de uma força adicional, ele deve ser movido por eles, como demonstramos nesta Proposição e como se vê claramente pela maneira como demonstramos a Proposição 33.

PROPOSIÇÃO 36

Se um corpo, por exemplo nossa mão, pode ser movido com um certo movimento igual em todas as direções, de maneira a não resistir de nenhuma maneira a qualquer corpo, *e nenhum corpo lhe resistir de nenhuma maneira, é necessário que no espaço em que se ela assim se mova haja tantos corpos movidos, de um lado como de outro qualquer, com uma força de velocidade igual à da mão.*

DEMONSTRAÇÃO

Um corpo não pode mover-se em um espaço que não esteja cheio de corpos (pela Proposição 3 da Parte II). Digo, portanto, que o espaço no qual nossa mão pode mover-se está cheio de corpos que se movem nas condições ditas.

---

11. [B. de S.:] Ver a Proposição 24 da Parte II; ali demonstramos que dois corpos que resistam um ao outro dispendem sua determinação, não seu movimento.

Caso isso seja negado, que se imagine que eles estejam em repouso ou se movam de outra maneira. Se eles estão em repouso, eles resistirão necessariamente ao movimento da mão (pela Proposição 14 da Parte II), até que esse movimento lhes seja comunicado de modo que possam mover-se do mesmo lado que ela, com a mesma velocidade (pela Proposição 20 da Parte II). Mas em nossa hipótese eles não resistem; portanto, esses corpos estão em movimento, o que era o primeiro ponto.

Agora, eles devem mover-se de todos os lados. Caso se negue isso, que se suponha um lado para o qual não se movam, digamos de A para B. Se então a mão se move de A para B, ela encontrará necessariamente corpos em movimento (pela primeira parte desta Demonstração) e, conforme a hipótese que acabamos de fazer, com uma determinação diferente daquela da mão; eles lhe resistirão (pela Proposição 14 da Parte II) até que sejam movidos no mesmo lado da mão (pela Proposição 24 e o Escólio da Proposição 27 da Parte II). Logo, eles se movem em todas as direções possíveis, o que era o segundo ponto.

Digo agora que esses corpos se moverão para todos os lados com a mesma força de velocidade. Suponhamos, com efeito, que assim não seja e que aqueles que se movem de A para B tenham uma força de velocidade menor do que aqueles que se movem de A para C. Então, se a mão fosse movida de A para B com a mesma velocidade com que são movidos os corpos que vão de A para C (supõe-se, com efeito, que ela possa ser movida com um movimento igual para todos os lados, sem resistência), os corpos indo de A para B resistiriam ao movimento da mão (pela Proposição 14 da Parte II), até que eles se movessem com a mesma força de velocidade que ela própria (pela Proposição 31 da Parte II). Mas isso é contra a hipótese; logo, os corpos se moverão com a mesma força de velocidade para todos os lados, o que era o terceiro ponto.

Enfim, se os corpos se movessem com uma força de velocidade igual àquela da mão, ou a mão se moveria mais lentamente, quer dizer, com uma força de velocidade menor do que a dos corpos, ou então ela se moverá mais rapidamente, quer dizer, com uma força de velocidade maior. No primeiro caso, a mão resistirá aos corpos que a seguem na mesma direção (pela Proposição 31 da Parte II). No segundo caso, os corpos que seguem a mão, indo na mesma direção, lhe oporão resistência (pela mesma Proposição). Uma e outra consequência são contra a hipótese. Logo, já que a mão não pode mover-se nem mais lenta nem mais rapidamente, mover-se-á com a mesma força de velocidade dos corpos.

Caso se pergunte por que digo a mesma força de velocidade e não simplesmente a mesma velocidade, que se leia o Escólio do Corolário da Proposição 27 da Parte II. Se, em seguida, me perguntam se a mão que vai por exemplo de A para B não resiste aos corpos que se movem ao mesmo tempo com uma força igual de B para A, que se leia a Proposição 33 da Parte II, pela qual se compreenderá que a força desses corpos é compensada por aquela dos corpos que se movem ao mesmo tempo com a mão de A para B (força que, pela terceira parte da Demonstração acima, deve igualar a primeira).

PROPOSIÇÃO 37

Se um corpo, digamos A, pode ser posto em movimento de um lado qualquer por uma força pequena que seja, ele está necessariamente envolvido por corpos movidos com uma velocidade que é a mesma para todos.

DEMONSTRAÇÃO

O corpo B deve estar circundado por corpos (pela Proposição 6 da Parte II) e de corpos movidos igualmente em todas as direções. Com efeito, se esses corpos estivessem em repouso, A não poderia, como se supõe, ser movido para um lado qualquer por uma força por menor que fosse, mas sim por uma força capaz, ao menos, de mover com ela os corpos que tocam imediatamente A (pelo Axioma 20 da Parte II). Além disso, se os corpos pelos quais A está envolvido fossem movidos por uma força maior de um lado do que de outro, digamos de B para C do que de C para B, como ele está circundado por todos os lados por corpos em movimento (assim como já demonstramos), ocorrerá necessariamente que os corpos se movendo de B para C arrastarão consigo o corpo A (pelo que demonstramos na Proposição 33). E assim uma força, por pequena que fosse, não bastaria para mover A em direção a B, mas deveria ser bastante grande para compensar o excesso de movimento dos corpos vindo de B para C (pelo Axioma 20). Assim, todos os corpos que circundam A devem mover-se com uma força igual de todos os lados.

ESCÓLIO

Como o que supusemos se produz com os corpos chamados fluidos, segue-se que os corpos fluidos são aqueles que se dividem em um grande número de pequenas partículas movidas com uma força igual para todos os lados. E embora essas partículas não possam ser percebidas por nenhum olho, fosse mesmo de um lince, não se deve, entretanto, negar o que demonstramos claramente. Pois por aquilo que foi dito nas Proposições 10 e 11, já conseguimos estabelecer uma tal sutileza na Natureza que nosso pensamento (para não mencionar os sentidos) não pode delimitá-la nem atingi-la. De mais, como é bastante certo pelo que precede que corpos resistem a outros corpos, unicamente por seu repouso, e que na duração, assim como os sentidos o indicam, nada percebemos a não ser que as partes dos corpos duros resistem ao movimento de nossas mãos, concluímos claramente que os corpos duros são aqueles nos quais todas as partículas estão em repouso, umas em relação às outras. Ler os artigos 54, 55, 56 da Parte II dos *Princípios da Filosofia*.

PARTE III

Prefácio

Após essa exposição dos princípios mais universais das coisas naturais, é preciso passar à explicação das coisas que deles decorrem. Todavia, como estas aqui são muito numerosas para que a nosso mente possa percorrê-las todas pelo pensamento, e não estamos por elas determinados a considerar algumas em detrimento de outras, é preciso, antes de tudo, apresentar aqui uma curta história dos principais fenômenos dos quais investigamos as causas. Essa história encontra-se na parte III dos *Princípios da Filosofia*, após o artigo 5 e até o artigo 15. E do artigo 20 ao artigo 43 é apresentada a hipótese que Descartes julga a mais cômoda, não apenas para conceber os fenômenos celestes, mas ainda para procurar-lhes as causas naturais.

Além do mais, como, para conhecer a natureza das plantas ou do homem, o melhor caminho é considerar de que maneira eles nascem e são engendrados pouco a pouco, a partir de certas sementes, será preciso descobrir pelo pensamento princípios tais que sejam bastante simples e fáceis de ser conhecidos, para que desses princípios demonstremos que os astros, a Terra e tudo, enfim, que descobrimos no mundo visível tenha podido se originar como de sementes, ainda que saibamos, por outro lado, que eles assim não provieram. Pois desse modo exporemos sua natureza muito melhor do que se os descrevêssemos apenas como são.

Digo que procuramos princípios simples e fáceis de conhecer; a menos que eles assim o sejam, efetivamente, teremos que torná-los, pois é claro que não supomos as sementes das coisas por outra razão senão para que a natureza das coisas nos seja conhecida e nos elevemos, como os matemáticos, das mais claras às mais obscuras, e das mais simples às mais complexas.

Dizemos em seguida que procuramos princípios dos quais demonstramos que os astros e a Terra etc. tenham podido provir. Com efeito, não procuramos, como acontece com os astrônomos, as causas suficientes apenas para explicar os fenômenos celestes, mas os que nos conduzem ao conhecimento das coisas que estão sobre a Terra (considerando que devemos organizar entre os Fenômenos da Natureza tudo o que observamos advir à superfície da Terra). Para encontrar tais princípios, é preciso observar que uma boa hipótese deve: 1. não implicar qualquer contradição (quando a consideramos apenas em si); 2. ser a mais simples que possa haver; 3. ser a mais fácil de ser entendida, o que é consequência da segunda condição; 4. tornar possível a dedução de tudo o que se observa em toda a Natureza.

Enfim, dissemos que nos é permitido tomar uma hipótese da qual possamos deduzir como efeitos os Fenômenos da Natureza; ainda que sabendo, por outro lado, que dela eles não tenham provindo. Para que se entenda, usarei este exemplo: se se encontra traçada sobre o papel a linha curva chamada parábola e se queira achar a sua natureza, dá no mesmo supor essa linha produzida primeiramente pela seção de um cone e em seguida impressa em papel, traçada pelo movimento de duas linhas retas ou produzida de alguma outra maneira, desde que daquilo que se supõe se possam deduzir todas as propriedades da parábola. Melhor ainda se se sabe que ela provém da impressão sobre papel da seção de um cone, pois se poderá supor à vontade uma outra causa que pareça mais cômoda para explicar todas as propriedades da parábola. Assim também, para explicar as linhas da Natureza, é permitido tomar uma hipótese à vontade, desde que dela se deduza, por consequências matemáticas, todos os Fenômenos da Natureza. E o que é digno de se notar, só dificilmente poderemos tomar alguma da qual os mesmos efeitos possam ser deduzidos, ainda que talvez mais arduamente, pelas Leis da Natureza anteriormente explicadas. Com efeito, como por meio dessas Leis a matéria deve necessariamente tomar todas as formas que pode receber, se as considerarmos na ordem, poderemos enfim chegar à forma que é aquela do mundo presente. Assim, não temos que recear qualquer erro de uma hipótese falsa.

POSTULADO

Pode-se concordar que toda essa matéria com a qual está composto o mundo visível foi dividida por Deus, no princípio, em partículas tão iguais entre elas quanto possível; não em partículas esféricas, pois que vários corpos globulares juntos não preenchem um espaço contínuo, mas em partes com figuras de outra forma, medianamente grandes, quer dizer, intermediárias entre todas aquelas com as quais são compostas o céu e os astros. Que, além disso, essas partículas tenham tido tantos movimentos quantos os que se encontram atualmente no mundo, e sido igualmente movidas, e isso ou com um movimento particular a cada uma, ao redor de um centro próprio, permanecendo separadas umas das outras e compondo um corpo fluido, como imaginamos ser o céu, ou com vários movimentos em conjunto ao redor de certos pontos, igualmente distantes uns dos outros e dispostos da mesma maneira como são agora os centros das estrelas fixas, e mesmo ao redor de um número um pouco maior de centros, de modo a incluir os planetas, embora tenham composto tantos turbilhões quanto os astros no mundo.

Ver a figura do artigo 47, Parte III dos *Princípios da Filosofia*. Esta hipótese considerada em si não envolve nenhuma contradição. Pois não se atribui nada à matéria fora da divisibilidade e do movimento, e nós demonstramos acima que essas modificações existem realmente na matéria; e como fizemos ver que a matéria é indefinida, e que a do céu e a da Terra são uma só, podemos supor, sem qualquer risco de contradição, que tais modificações puderam existir em toda a matéria.

Esta hipótese, além disso, é a mais simples, porque não supõe qualquer desigualdade ou dessemelhança nem entre as partículas, nas quais a matéria foi dividida em sua origem, nem mesmo em seu movimento. De onde resulta que esta hipótese é também a mais fácil de se entender. Também decorre com evidência de que por esta hipótese nada se supõe na matéria, salvo o que é conhecido por cada um pelo simples conceito da matéria, a saber, a divisibilidade e o movimento no espaço. Que agora desta mesma hipótese se possa deduzir realmente, tanto quanto possível, tudo o que se observa na Natureza, nós nos esforçaremos por mostrá-lo e isso na seguinte ordem: em primeiro lugar, deduziremos a fluidez dos céus e explicaremos como ela é a causa da luz; em seguida, passaremos à natureza do sol e, ao mesmo tempo, ao que se observa nas estrelas fixas; após o quê, falaremos dos cometas e, enfim, dos planetas e dos seus fenômenos.

DEFINIÇÃO 1

Por *Eclíptica* entendemos essa parte do turbilhão que, enquanto gira em torno do seu eixo, descreve o círculo maior.

DEFINIÇÃO 2

Por *Polos* entendemos essas partes do turbilhão que estão mais afastadas da Eclíptica, quer dizer, que descrevem os círculos menores.

DEFINIÇÃO 3

Por *Tendência ao Movimento* entendemos não um pensamento qualquer, mas apenas que uma parte da matéria situa-se e é levada a se mover de tal sorte que deveria realmente ir a algum lugar se não estivesse impedida por alguma causa.

DEFINIÇÃO 4

Por *Ângulo* entendemos tudo o que num corpo produz saliência para além da figura esférica.

AXIOMA 1

Vários pequenos globos juntos não podem ocupar um espaço contínuo.

AXIOMA 2

Uma porção da matéria dividida em partes angulosas, cujas partes se movam ao redor de seus próprios centros, requer um espaço maior do que se todas as partes estivessem em repouso e todos os seus lados estivessem em contato imediato uns com os outros.

AXIOMA 3

Quanto menor for uma parte da matéria, mais facilmente é dividida por uma mesma força.

AXIOMA 4

Partes da matéria que se movem numa mesma direção, e nesse movimento não se afastam umas das outras, não estão atualmente separadas.

PROPOSIÇÃO 1

As partes da matéria nas quais ela foi dividida na origem não eram redondas, mas angulosas.

DEMONSTRAÇÃO

Toda a matéria foi dividida na origem em partes iguais e semelhantes (pelo Postulado); logo (pelo Axioma 1 da Parte III, e a Proposição 2 da Parte II), elas não eram redondas e, por conseguinte, eram angulosas (pela Definição 4).

PROPOSIÇÃO 2

A força que fez com que as partículas se movimentassem ao redor de seus próprios centros fez, ao mesmo tempo, com que seus ângulos fossem polidos pelo choque de umas contra as outras.

DEMONSTRAÇÃO

Toda a matéria em sua origem foi dividida em partes iguais (pelo Postulado) e angulosas (pela Proposição 1 da Parte III). Portanto, se seus ângulos não tivessem sido polidos, tão logo começaram a se mover em torno de seus próprios centros, necessariamente (pelo Axioma 2) toda a matéria deveria ocupar um espaço maior do que quando estava em repouso; ora, isso é absurdo (pela Proposição 4 da Parte II). Logo, seus ângulos foram polidos tão logo elas começaram a mover-se.

PENSAMENTOS METAFÍSICOS

(*COGITATA METAPHYSICA*)

PRIMEIRA PARTE

Capítulo I
Do Ser Real, do Ser Forjado e do Ser de Razão

Eu não digo nada da definição desta ciência nem mesmo do objeto do qual ela tratou; minha intenção é apenas explicar aqui, brevemente, os pontos que são mais obscuros e que são tratados pelos autores em seus escritos metafísicos.

Definição do Ser:
Comecemos, portanto, pelo Ser, o qual eu entendo como sendo: tudo o que, quando temos disso uma percepção clara e distinta, achamos que existe necessariamente ou ao menos pode existir.

Uma Quimera, um Ser Forjado e um Ser de Razão não são Seres:
Dessa definição ou, caso se prefira, dessa descrição, segue--se que uma *Quimera*[1], um *Ser Forjado* e um *Ser de Razão* não

---

1. [B. de S.:] Observe-se que, pelo termo Quimera aqui e no que se segue, entende--se aquilo cuja natureza envolve uma aberta contradição, tal como explicado no capítulo 3.

podem, de modo algum, ser classificados entre os seres, pois uma *Quimera*, por sua natureza, não pode existir. Quanto a um *Ser Forjado*, ele exclui a percepção clara e distinta, visto que o homem, usando simplesmente de sua liberdade, e não, como no erro, sem o saber, mas sabendo e de propósito, junta as coisas que lhe apraz juntar e separa aquelas que lhe apraz separar. Um *Ser de Razão*, enfim, não é nada mais senão um modo de pensar que serve para *reter, explicar e imaginar* mais facilmente as coisas conhecidas. E é preciso notar aqui que por *modo de pensar* entendemos o que já explicamos no Escólio da Proposição 4 da Parte 1, a saber, todas as afecções do pensamento, tais como o entendimento, a alegria, a imaginação etc.

Por quais modos de pensar nós retemos as coisas:

Que, aliás, existem certos modos de pensar que nos servem para *reter* as coisas mais firme e facilmente e para no-las trazer de volta ao espírito, quando queremos, ou para mantê-las no espírito, é o que é bastante certo para aqueles que utilizam esta regra bem conhecida da Memória: para reter uma coisa inteiramente nova e imprimi-la na Memória, nós recorremos a uma outra coisa que nos é familiar e que concorda com a primeira seja apenas pelo nome, seja na realidade. É de semelhante maneira que os filósofos reduziram todas as coisas naturais a certas classes às quais recorrem quando alguma coisa de novo se lhes oferece e que eles chamam de gênero, espécie etc.

Por quais modos de pensar nós explicamos as coisas:

Para explicar uma coisa, temos também modos de pensar; nós a determinamos por comparação com outra. Os modos de pensar que usamos para esse efeito se denominam: *tempo, número, medida*, e talvez existam outros.

Daqueles que indico, um, o *tempo*, serve para a explicação da duração; o *número*, para a da quantidade discreta; a *medida*, para a da quantidade contínua.

Por quais modos de pensar nós imaginamos as coisas:

Como, enfim, nós nos acostumamos, todas as vezes que conhecemos uma coisa, a figurá-la também por alguma imagem em nossa imaginação, acontece que nós imaginamos positivamente, como seres, não seres. A mente humana, com efeito, considerada em si mesma, enquanto coisa pensante, não tem um poder maior de afirmar do que de negar; mas como imaginar não é outra coisa senão sentir os traços deixados no cérebro pelo movimento dos espíritos, ele próprio excitado pelos objetos, tal sensação não pode ser senão uma afirmação confusa. E assim advém de nós imaginarmos como seres todos esses modos que o espírito usa para negar, tais, por exemplo, como a *cegueira*, a *extremidade* ou o *fim*, o *termo*, as *trevas* etc.

Por que os Seres de Razão não são Ideias de coisa e são, entretanto, tidas como tais:

É claro, pelo que precede, que esses modos de pensar não são ideias de coisas e não podem ser, de modo algum, classificados entre as ideias; eles também não têm nenhum objeto que exista necessariamente ou possa existir. Mas a causa que faz com que esses modos de pensar sejam tomados por ideias de coisas é que eles, provindo e nascendo de ideias de coisas de maneira assaz imediata são muito facilmente confundidos com elas, a não ser para a mais diligente atenção; eis por que se lhes aplicaram nomes como para designar seres situados fora de nosso espírito e esses Seres, ou melhor, Não Seres, foram denominados Seres de Razão.

Falsidade da divisão do Ser em Ser Real e Ser de Razão:

É fácil ver, pelo que precede, quão desarrazoada é essa divisão pela qual o Ser é dividido em Ser Real e Ser de Razão: divide-se assim o Ser em Ser e não Ser ou em Ser e Modo de Pensar. Eu não me espanto, entretanto, que os Filósofos apegados às palavras ou à gramática tenham caído em semelhantes erros; eles julgam as coisas pelos nomes, e não os nomes pelas coisas.

Como se pode dizer que um Ser de Razão é um puro Nada e como se pode dizer que é um Ser Real:

Não menos desarrazoada é a linguagem de quem diz que um Ser de Razão não é um puro Nada. Pois, se ele procurar o que é significado por esses nomes, fora do entendimento, verificará que é um puro Nada; se ele entende ao contrário os próprios modos de pensar, eles são Seres Reais. Quando eu pergunto, com efeito, o que é uma *espécie*, eu não pergunto nada mais senão qual a natureza desse modo de pensar que é realmente um Ser e se distingue de todo outro modo; mas esses modos de pensar não podem ser chamados de ideias e não se pode dizer que são verdadeiros ou falsos, assim como não pode ser dito que o amor seja verdadeiro ou falso, mas, sim, bom ou mau. É assim que Platão, quando disse que o homem era um animal bípede sem penas, não cometeu um erro maior do que aqueles que disseram que o homem era um animal racional. Pois Platão reconheceu que o homem era um animal racional, tanto quanto os outros; mas ele colocou o homem em certa classe a fim de que, posteriormente, quando quisesse pensar no homem recorrendo a essa classe, pudesse se lembrar facilmente. Mais ainda, Aristóteles caiu em erro maior se julgou haver explicado a essência do homem por sua própria definição; quanto a saber se Platão o fez bem, isso a gente pode se perguntar. Mas não é aqui o momento.

Em uma busca relativa às coisas, os Seres Reais não devem ser confundidos com os Seres de Razão:

De tudo isso que acaba de ser dito, segue-se claramente que não há nenhuma concordância entre o Ser Real e os objetos aos quais se referem os Seres de Razão. Vê-se por aí com que cuidado é preciso resguardar-se, no estudo das coisas, de confundir os Seres Reais e os Seres de Razão. Uma coisa, com efeito, é aplicar-se ao estudo das coisas e outra estudar os modos segundo os quais nós as percebemos. Confundindo tudo, nós não poderemos reconhecer nem os modos de perceber

nem a própria natureza; além disso, e é o mais grave, cairemos em grandes erros, como aconteceu a muitos até o presente
momento.

Como se distinguem o Ser de Razão e o Ser Forjado:
Cumpre notar ainda que muitos confundem o Ser de Razão com o Ser Forjado ou a Ficção; eles creem que este último
é também um Ser de Razão porque não tem de modo algum
existência fora do espírito. Mas se se atentar às definições, dadas
acima, do Ser de Razão e do Ser Forjado, verificar-se-á que há
entre eles uma grande diferença não só em relação à sua causa,
mas em consequência também de sua natureza e sem que se tenha em conta sua causa. Nós dissemos, com efeito, que uma Ficção não era nada mais senão dois *termos* unidos simplesmente
pela exclusiva vontade não guiada pela razão; de onde segue
que o Ser Forjado pode ser verdadeiro por acidente; quanto
ao Ser de Razão, ele não depende da exclusiva vontade, nem se
compõe de termos conjuntos, como é assaz evidente por sua
definição. Portanto, a quem nos perguntasse se o Ser Forjado
é um Ser Real ou um Ser de Razão, nós repetiríamos e repre-
sentaríamos somente o que já havíamos dito: que a divisão do
Ser em Ser Real e Ser de Razão é má; e que, por conseguinte,
pergunta-se erradamente se um Ser Forjado é um Ser Real ou
um Ser de Razão; pois supõe-se que todo Ser é dividido em Ser
de Razão e Ser Real.

Divisão do Ser:
Para retornar ao nosso objeto, do qual parece que nos afastamos um pouco, vê-se facilmente, pela definição, ou, se se
prefere, pela descrição dada do Ser, que o Ser deve ser dividido
em Ser que existe *necessariamente* por sua exclusiva natureza,
quer dizer, cuja natureza envolve a existência, e em Ser cuja
essência não envolve senão uma existência *possível*. Este último Ser é dividido em Substância e Modo, sendo as definições
de substância e modo dadas nos artigos 51, 22 e 56 da Parte I

dos *Princípios de Filosofia*, daí por que é inútil repeti-los aqui. Quero somente que se note, a respeito dessa divisão, que dissemos expressamente: *o Ser se divide em Substância e Modo*, mas não em Substância e Acidente; pois o Acidente não é nada mais do que um modo de pensar; visto que ele denota somente um aspecto. Por exemplo, quando eu digo que um triângulo é movido, o movimento não é um modo do triângulo, mas antes do corpo que é movido; em relação ao triângulo, o movimento é um Acidente, mas em relação ao corpo, o movimento é um ser real ou um modo; não se pode, com efeito, conceber esse movimento sem o corpo, mas muito bem sem o triângulo. Além disso, para fazer entender melhor o que já foi dito e o que vai seguir, nós nos esforçaremos por explicar o que é preciso entender pelo *ser da essência*, pelo *ser da existência*, pelo *ser da ideia* e, enfim, pelo *ser do poder*. Nosso motivo é a ignorância de alguns que não conhecem nenhuma distinção entre a essência e a existência, ou, se reconhecem uma, confundem o ser da essência com o ser da ideia ou o ser do poder. Para satisfazê-los e pôr a questão a claro, explicaremos a coisa o mais distintamente que pudermos no capítulo seguinte.

Capítulo II
O Que é o Ser da Essência, o Ser da Existência, o Ser da Ideia e o Ser do Poder

Para que se perceba claramente o que se deve entender por esses quatro *Seres*, é necessário somente pôr debaixo dos olhos o que dissemos da substância incriada, isto é, de Deus, a saber:

As criaturas estão em Deus eminentemente:

1º. Deus contém, eminentemente, o que se encontra formalmente nas criaturas criadas; isto é, Deus tem atributos tais que todas as coisas criadas aí estejam contidas de maneira mais eminente (ver Parte I, Axioma 8 e Corolário 1 da Proposição

PENSAMENTOS METAFÍSICOS   267

12). Por exemplo, nós concebemos claramente a extensão sem nenhuma existência e assim, como ela não tem por si nenhuma força de existir, demonstramos que ela havia sido criada por Deus (Última Proposição da Parte I). E porque deve haver na causa tanta perfeição ao menos quanto no efeito, segue-se que todas as perfeições da extensão pertencem a Deus. Mas, vendo em seguida que a coisa extensa é por sua natureza divisível, isto é, contém uma imperfeição, nós não pudemos, em consequência, atribuir a Deus a extensão (Proposição 16 da Parte I), e tivemos de reconhecer assim que há em Deus algum atributo que contém todas as perfeições da matéria de maneira excelente (Escólio da Proposição 9 da Parte I) e que pode servir de matéria.

2º. Deus se conhece a si próprio e conhece todas as coisas, quer dizer que ele também tem nele todas as coisas objetivamente (Proposição 9 da Parte I).

3º. Deus é causa de todas as coisas e opera pela liberdade absoluta de sua vontade.

O que é o Ser da essência, da existência, da ideia e do poder: Vê-se claramente por aí o que se deve entender por esses quatro [tipos de] *ser*. Em primeiro lugar, o *ser da Essência* não é outra coisa senão a maneira como as coisas criadas estão compreendidas nos atributos de Deus; o *ser da Ideia*, em segundo lugar, se diz, na medida em que todas as coisas estão contidas objetivamente na ideia de Deus; o *ser do Poder* se diz, a seguir, tendo em vista o poder de Deus, pelo qual ele pôde, na liberdade absoluta de sua vontade, criar tudo o que não existia ainda; enfim, o *ser da Existência* é a essência mesma das coisas fora de Deus e considerada em si própria, e ele é atribuído às coisas depois que elas foram criadas por Deus.

Esses quatro [tipos de] "ser" não se distinguem uns dos outros senão nas criaturas:
Aparece claramente por aí que esses quatro [tipos de] "ser" não se distinguem senão nas coisas criadas, mas de modo

algum em Deus. Pois nós não concebemos que Deus tenha estado em potência em outro ser e sua existência assim como seu entendimento não se distinguem de sua essência.

Resposta a certas questões sobre a Essência:
É fácil também responder às questões que as pessoas colocam de vez em quando sobre a essência. Essas questões são as seguintes: *se a essência é distinta da existência; e se, caso seja distinta, é alguma coisa de diferente da ideia; e, no caso de que ela seja diferente da ideia, se ela tem alguma existência fora do entendimento*; não podendo, aliás, este último ponto, deixar de ser reconhecido.

À primeira questão respondemos que, em Deus, a essência não se distingue da existência, visto que, sem a existência, a essência não pode ser concebida; nos outros seres a essência difere da existência; pois se pode conceber a primeira sem a última. À segunda questão respondemos que uma coisa que é percebida, fora do entendimento, clara e distintamente, quer dizer, em verdade, é alguma coisa diferente de uma ideia. Perguntar-se-á de novo *se aquilo que está fora do entendimento é por si ou então criado por Deus*. Ao que nós respondemos que a essência formal não é de modo algum por si e não é tampouco criada; pois um e outro implicariam uma coisa existente em ato; mas que ela depende da exclusiva essência divina em que tudo está contido; e que assim, nesse sentido, nós aprovamos aqueles que dizem que as essências das coisas são eternas. Poder-se-ia perguntar ainda *como nós conhecemos as essências das coisas antes de conhecer a natureza de Deus*; quando todas, eu acabo de dizê-lo, dependem da exclusiva natureza de Deus. A isso respondo que isso provém do fato de que as coisas já estão criadas, pois se não estivessem criadas eu concordaria inteiramente que esse conhecimento seria impossível se antes eu não tivesse um conhecimento adequado de Deus; isso seria também impossível e mesmo ainda bem mais impossível do que ele é, quando não se conhece ainda a natureza da parábola, que é a de conhecer a natureza de suas ordenadas.

Por que o autor, na definição da essência, recorre aos atributos de Deus:

Cabe notar, por outro lado, que, embora as essências dos modos não existentes estejam compreendidas em suas substâncias e que *seu ser da essência* esteja aí contido, nós quisemos recorrer a Deus para explicar de uma maneira geral a essência dos modos e das substâncias e também porque a essência dos modos não estava nas substâncias desses modos antes que esses últimos fossem criados e que nós procurássemos o *ser* eterno *das essências*.

Por que o autor não examinou as definições dadas pelos outros:

Não penso que valha a pena refutar aqui os autores cujo sentimento difere do nosso e examinar suas definições ou descrições da essência e da existência, pois, desse modo, tornaríamos mais obscura uma coisa que é clara. O que há de mais claro do que conhecer o que é a essência e a existência, uma vez que não podemos dar nenhuma definição de nenhuma coisa sem que expliquemos ao mesmo tempo sua essência.

Como a distinção entre a essência e a existência pode ser facilmente apreendida:

Enfim, caso algum Filósofo duvide ainda se a essência se distingue da existência nas coisas criadas, ele não precisa dar-se muito trabalho a respeito das definições da essência e da existência para dirimir sua dúvida; que ele vá simplesmente à casa de um estatuário ou de um escultor em madeira; eles lhe mostrarão como concebem, segundo certa ordem, uma estátua que não existe ainda e em seguida lha apresentarão existente.

Capítulo III
Daquilo que é Necessário, Impossível, Possível e Contingente

O que é preciso entender aqui por afecções:

Depois da explicação sobre a Natureza do ser, na medida em que é um ser, passamos à de algumas afecções do Ser; em que cabe notar que entendemos aqui por *afecções* aquilo que Descartes, aliás, designou por atributos (na Parte I dos *Princípios da Filosofia*, artigo 52). Pois o Ser, na medida em que é um ser, não nos afeta por si mesmo, como substância; cumpre, portanto, explicá-lo por algum atributo, sem que ele se distinga deste de outro modo exceto por uma distinção de Razão. Não posso, pois, me espantar o suficiente com a excessiva sutileza de espírito daqueles que procuraram, sem grande dano para a verdade, um intermediário entre o Ser e o Nada. Mas não me deterei para refutar o erro deles, visto que eles mesmos, quando tentam dar definições de tais afecções, se volatilizam inteiramente em sua própria vã sutileza.

Definição das afecções:

Prosseguiremos, pois, em nosso assunto, dizendo que as afecções do Ser são certos atributos sob os quais nós conhecemos a essência ou a existência de cada ser, da qual, entretanto, ele não se distingue exceto por uma distinção de Razão. Dessas afecções, tentarei explicar aqui algumas (pois não assumo a tarefa de tratar de todas) e de distingui-las das denominações que não são afecções de nenhum ser. E, em primeiro lugar, falarei do que é necessário e impossível.

De quantas maneiras se diz que uma coisa é necessária e impossível:

Diz-se que uma coisa é *necessária* e *impossível* de duas maneiras: ou em relação à sua essência, ou então em relação à sua causa. Em relação à sua essência, sabemos que Deus existe necessariamente; pois sua essência não pode ser concebida sem a existência; mas a Quimera, por causa da contradição contida em sua essência, não pode existir. Em relação à causa, diz-se que as coisas, por exemplo as coisas materiais, são impossíveis ou necessárias, pois, se temos em vista apenas a sua essência, podemos concebê-la clara e distintamente sem a existência; por essa razão, elas não podem jamais existir pela força e pela necessidade de sua essência, mas apenas pela força de sua causa, a saber, Deus, o criador de todas as coisas. Se, portanto, está no decreto divino que uma coisa existe, ela existirá necessariamente; se não, será impossível que ela exista. Pois é evidente por si que é impossível que uma coisa exista se ela não tem nem causa interna nem externa de existência. Ora, nessa segunda hipótese, considera-se uma coisa tal que, nem pela força de sua essência, que é o que eu entendo por causa interna, nem pela força do decreto divino, causa externa e única de todas as coisas, ela possa existir; de onde se segue que é impossível que coisas como as que supusemos aqui existam.

Como a Quimera pode ser denominada ser verbal:

Cumpre notar a esse propósito: 1º. que uma Quimera, não estando nem no entendimento nem na imaginação, pode ser propriamente denominada por nós um ser Verbal; pois não se pode exprimi-lo de outro modo senão por palavras. Por exemplo, nós exprimimos pela linguagem um círculo quadrado, mas não podemos imaginá-lo de nenhuma maneira e, menos ainda, conhecê-lo. Eis por que uma quimera não é nada mais senão uma palavra. A impossibilidade, portanto, não pode ser contada no número das afecções do ser, pois ela é uma simples negação.

As Coisas criadas dependem de Deus quanto à essência e quanto à existência:

2º. Cumpre notar ainda que não só a existência das coisas criadas, mas ainda, assim como o demonstraremos mais tarde na segunda parte com a última evidência, sua essência e sua natureza dependem do exclusivo decreto de Deus. Donde se segue que as coisas criadas não têm por si próprias nenhuma necessidade: visto que elas não têm por si próprias nenhuma essência e não existem por si próprias.

A necessidade posta nas coisas criadas é relativa ou à sua essência ou à sua existência:

3º. Cumpre notar, enfim, que essa espécie de necessidade que está nas coisas criadas pela força de sua causa pode ser relativa ou à sua essência ou à sua existência; pois, nas coisas criadas, elas se distinguem uma da outra. A essência depende das exclusivas leis eternas da Natureza, da existência da sucessão e da ordem das causas. Mas, em Deus, de quem a essência não se distingue da existência, a necessidade da essência não se distingue tampouco da necessidade da existência; donde segue que, se concebêssemos toda a ordem da Natureza, verificaríamos que muitas coisas, cuja natureza não percebemos clara e distintamente, isto é, cuja essência é necessariamente esta ou aquela, não podem existir de nenhuma maneira; pois é também impossível que tais coisas existam na Natureza que conhecemos presentemente, como é impossível que um grande elefante possa penetrar pelo buraco de uma agulha; se bem que percebemos claramente um e outro. Por conseguinte, a existência dessas coisas não seria senão uma Quimera que poderíamos não mais imaginar do que perceber.

A possibilidade e a contingência não são afecções das coisas:

Pareceu-me conveniente acrescentar a essas observações sobre a necessidade e a impossibilidade algumas palavras sobre a *possibilidade e a contingência*: pois uma e outra foram tidas por alguns como afecções das coisas, ao passo que elas não são, no entanto, nada mais senão faltas de nosso entendimento. Eu o mostrarei claramente após haver explicado o que se deve entender por esses dois termos.

O que é o possível e o que é o contingente:

Diz-se que *uma coisa é possível quando nós conhecemos sua causa eficiente, mas ignoramos se essa causa é determinada.*

Donde se segue que podemos considerá-la, ela mesma, como possível, mas não como necessária nem como impossível. Se, de outra parte, *temos em conta simplesmente a essência de uma coisa, mas não sua causa,* diremos que ela é *contingente*; isto é, nós a consideraremos, por assim dizer, como intermediária entre Deus e uma Quimera; porque, com efeito, nós não encontramos nela, encarando-a pelo lado da essência, nenhuma necessidade de existir, como na essência divina, e nenhuma contradição ou impossibilidade, como em uma Quimera.

Porque se quiserem chamar *contingente* o que chamo de *possível* e, ao contrário, *possível* ao que chamo *contingente*, eu não contradiria isso, visto que não tenho o costume de entrar em disputa por palavras. Bastará que nos concedam que essas duas coisas não são nada mais do que faltas de nossa percepção e não o que quer que seja de real.

A possibilidade e a contingência não são nada mais do que faltas de nosso entendimento:

Se aprouvesse a alguém negá-lo, não seria difícil demonstrar-lhe seu erro. Se ele considera, com efeito, a Natureza, e como ela depende de Deus, ele não encontrará nas coisas nada de contingente, quer dizer que, encarado pelo lado do ser real, possa existir ou não existir, ou, para falar conforme o uso comum, seja *contingente realmente*; isto se vê facilmente pelo que ensinamos no Axioma 10 da Parte 1: a mesma força que é requerida para criar uma coisa o é para conservá-la. Por conseguinte, nenhuma coisa criada faz o que quer que seja por sua própria força, do mesmo modo que nenhuma coisa criada começou a existir por sua própria força, de onde segue que nada ocorre senão pela força da causa que criou todas as coisas, isto é, Deus, que, por seu concurso, prolonga a cada instante a existência de todas as coisas. Como nada ocorre a não ser pelo exclusivo poder divino, é fácil ver que tudo o que ocorre, ocorre pela força do decreto de Deus e de sua vontade.

Ora, como em Deus não há nem inconstância nem mudança (pela Proposição 18 e o Corolário da Proposição 20 da Parte I), ele deve ter decretado para toda a eternidade que ele produziria as coisas que ele produz atualmente; e, como nada é mais necessário do que a existência daquilo que Deus decretou que existiria, segue-se que a necessidade de existir é de toda a eternidade nas coisas criadas. E nós não podemos afirmar que essas coisas são contingentes porque Deus poderia ter decretado outra coisa; pois, não havendo na eternidade nem quando nem antes nem depois, nenhuma afecção temporal, não podemos dizer que Deus existiu antes desses decretos de modo a poder decretar outra coisa.

A conciliação da liberdade de nosso arbítrio com a predestinação de Deus ultrapassa a compreensão do homem:

Pelo que toca à liberdade da vontade humana que dissemos ser livre (Escólio da Proposição 15 da Parte 1), ela se conserva também pelo concurso de Deus, e nenhum homem quer ou faz o que quer que seja senão o que Deus decretou desde toda a eternidade que ele quereria ou faria. Como isso é possível mantendo-se ao mesmo tempo a liberdade humana, isso ultrapassa nossa compreensão; e não se deve rejeitar o que percebemos claramente por causa daquilo que ignoramos; nós conhecemos, com efeito, claramente, se somos atentos à nossa natureza, que nós somos livres em nossas ações e que nós deliberamos sobre muitas delas por esta única razão, a de que nós queremos realizá-las; se somos atentos também à natureza de Deus, percebemos clara e distintamente, como acabamos de mostrar, que tudo depende dele e que nada existe salvo aquilo cuja existência foi decretada para toda a eternidade por Deus. Como agora a existência da vontade humana é criada por Deus a cada instante de tal modo que ela permanece livre, nós o ignoramos; há, com efeito, muitas coisas que ultrapassam nossa compreensão e que sabemos, no entanto, que são feitas por Deus, como, por exemplo, a divisão real da matéria em partículas indefinidas em número demonstrada por nós com bastante evidência (na Proposição 11 da Parte II), embora ignoremos como essa divisão se

PENSAMENTOS METAFÍSICOS

deu. Notar-se-á que supomos aqui conhecido que essas duas noções de possível e contingente significam somente uma falta de nosso conhecimento a respeito da existência de uma coisa.

Capítulo IV
Da Duração e do Tempo

Da divisão feita acima do Ser em ser cuja essência envolve a existência e em ser cuja essência não envolve senão uma existência possível, provém a distinção entre a eternidade e a duração. Falaremos, em seguida, mais amplamente da *eternidade*.

O que é a eternidade:
Aqui diremos somente que ela é o atributo sob o qual nós concebemos a existência infinita de Deus.

O que é a duração:
Ela é *o atributo sob o qual nós concebemos a existência das coisas criadas na medida em que elas perseveram na sua existência atual*. Donde se segue claramente que entre a duração e a existência total de uma coisa qualquer não há nenhuma distinção de Razão. Tanto quanto se tira da duração de uma coisa, tira-se necessariamente de sua existência.

Para determinar a duração de uma coisa agora, nós a comparamos à duração das coisas que têm um movimento invariável e determinado, e essa comparação denomina-se tempo.

O que é o tempo:
Assim, o tempo não é uma afecção das coisas, mas somente um simples modo de pensar, ou, como já o dissemos, um ser de Razão; é um modo de pensar que serve para a explicação da duração. Deve-se notar aqui o que nos servirá mais tarde quando falarmos da eternidade, que a duração é concebida como maior

e menor, como composta de partes, e, enfim, que ela é um atributo da existência, mas não da essência.

Capítulo v
Da Oposição, da Ordem etc.

Da comparação que fazemos das coisas entre si nascem certas noções que, no entanto, nada são, fora das próprias coisas, senão simples modos de pensar. Isso se vê pelo fato de que, se quisermos considerar coisas situadas fora de nosso pensamento, tornaremos, de outra parte, confuso o conceito claro que temos delas. Tais são as noções de *Oposição*, de *Ordem*, de *Concordância*, de *Diversidade*, de *Assunto*, de *Complemento*, e outras semelhantes, que podem ser acrescentadas àquelas.

O que são a Oposição, a Ordem, a Concordância, a Diversidade, o Assunto, o Complemento etc.:

Essas coisas, digo eu, são percebidas por nós assaz claramente, enquanto as concebemos não como algo distinto das essências das coisas opostas, ordenadas etc., mas somente como modos de pensar pelos quais retemos ou imaginamos mais facilmente as próprias coisas. Daí por que não julgo necessário falar delas de maneira mais ampla e passo aos termos ditos comumente *transcendentais*.

Capítulo vi
Do Um, do Verdadeiro e do Bem

Esses termos são tidos por quase todos os Metafísicos como as afecções mais gerais do Ser; eles dizem, com efeito, que todo Ser é Um, Verdadeiro e Bom, mesmo quando ninguém pensa nisso. Mas veremos o que se deve entender por esses termos quando tivermos examinado cada um deles separadamente.

O que é a unidade:

Comecemos pelo primeiro, a saber, o Um. Diz-se que esse termo significa alguma coisa de real fora do entendimento, mas o que ele acrescenta ao ser não se sabe explicar, e isso mostra suficientemente que se confunde seres de Razão com o ser Real, por onde ocorre que se torna confuso o que é concebido claramente. Quanto a nós, dizemos que a Unidade não se distingue, de nenhuma maneira, da coisa e nada acrescenta ao ser, mas é apenas um modo de pensar pelo qual separamos uma coisa das outras que lhe são semelhantes ou se acordam com ela de alguma maneira.

O que é a pluralidade e a que respeito se pode dizer que Deus é um, e a que respeito, único:

À unidade se opõe a pluralidade que certamente não é nada mais do que um modo de pensar como nós o conhecemos clara e distintamente. Não vejo o que resta a dizer a respeito de uma coisa clara; cumpre notar somente que se pode dizer que Deus, na medida em que o distinguimos de outros seres, é um; mas, na medida em que achamos que não pode haver muitos seres com sua natureza, diz-se que ele é *único*. Se, entretanto, quiséssemos examinar a coisa mais atentamente, poderíamos talvez mostrar que Deus não é chamado senão impropriamente um e único; mas a coisa não tem tanta importância, ela não tem mesmo nenhuma importância para aqueles que se ocupam com as coisas e não com as palavras. Deixando isso, passemos, pois, ao segundo ponto e diremos assim mesmo o que é o falso.

O que é o Verdadeiro, o que é o Falso, tanto para o Vulgo como para os Filósofos:

Para fazermos uma ideia justa dessas duas coisas, do Verdadeiro e do Falso, começaremos pelo significado das palavras, pelo que parecerá que são apenas denominações extrínsecas às coisas e que só as podemos atribuir-lhes por efeito oratório. Mas, como o vulgo encontrou primeiro as palavras, que em seguida são empregadas pelos filósofos, pertence àquele que procura o significado primeiro de uma palavra perguntar-se o que ela significou para o povo; sobretudo na ausência de outras causas que poderiam ser extraídas da natureza da linguagem para fazer essa investigação. O primeiro significado, portanto, de Verdadeiro e de Falso parece ter retirado sua origem dos relatos; e dizia-se verdadeiro um relato quando o fato contado havia realmente acontecido. Falso, quando o fato contado não havia ocorrido em lugar algum. Mais tarde, os filósofos empregaram a palavra para designar o acordo ou a não concordância de uma ideia com seu objeto; assim, chama-se ideia verdadeira aquela que mostra uma coisa como ela é em si mesma. Falsa, aquela que mostra uma coisa diferentemente do que é na realidade. Com efeito, as ideias não são outra coisa do que relatos ou histórias da natureza no espírito. E daí chegou-se a designar, por metáforas, igualmente coisas inertes. Assim, quando dizemos o ouro verdadeiro ou o ouro falso, é como se o ouro que nos é apresentado contasse alguma coisa sobre si mesmo, o que está ou não está em si.

O Verdadeiro não é um termo transcendental:

Enganaram-se inteiramente aqueles que julgaram o verdadeiro um termo transcendental ou uma afecção do Ser; pois ele não pode ser aplicado às coisas em si senão impropriamente ou, caso se prefira, tendo em vista o efeito oratório.

Como diferem a verdade e a ideia verdadeira:

Caso se pergunte agora o que é a verdade fora da ideia verdadeira, pergunte-se o que é a brancura fora do corpo branco. Pois a relação é a mesma entre essas coisas.

Nós já tratamos da causa do Verdadeiro e da causa do Falso. Não resta, portanto, qualquer observação a fazer, e não teria nem mesmo valido a pena dizer o que dissemos, se escritores não se tivessem embaralhado com semelhantes futilidades, a ponto de não poderem mais se desembaraçar, procurando muitas vezes nós numa haste de junco.

Quais são as propriedades da Verdade? A Certeza não está nas coisas.

As propriedades da Verdade ou da ideia verdadeira são:
1. que ela é clara e distinta;
2. que ela retira toda a dúvida ou, em uma palavra, que ela é certa. Os que procuram a certeza nas próprias coisas se enganam, da mesma maneira que quando nelas procuram a verdade. E quando dizemos que *uma coisa é incerta*, tomamos, à maneira dos oradores, o objeto pela ideia, da mesma maneira que quando falamos de uma coisa duvidosa. A menos que entendamos por incerteza a contingência, ou a coisa que faz nascer em nós a incerteza ou a dúvida. E não há motivo para nos prolongarmos nisso; passaremos assim ao terceiro termo e explicaremos o que é preciso entender por seu contrário.

Bom e mau só são ditos em sentido relativo:
Uma coisa considerada isoladamente não é dita nem boa nem má, mas apenas em sua relação com outra para a qual é útil ou prejudicial, pela aquisição daquilo que ama. E assim, cada coisa pode ser dita boa ou má em diversos graus e ao mesmo tempo. Assim, o conselho de Aquitofel a Absalão é chamado de bom nas Sagradas Escrituras; porém, era muito ruim, relativamente a David, do qual preparava a perda. Muitas outras coisas são ditas boas ou más, não sendo boas para todos; assim, a saúde é boa para os homens, mas não é nem boa nem má para os animais e as plantas com as quais não tenha relação. Na verdade, Deus é dito soberanamente bom porque é útil a todos; ele conserva, por seu concurso, o ser de cada um, que é, para cada um, a coisa mais amada. Coisa absolutamente má não pode haver nenhuma, como é evidente por si.

Por que alguns admitiram um bem Metafísico:
Aqueles que estão à procura de um bem Metafísico na ausência de toda relação penam por efeito de um falso preconceito: quer dizer, eles confundem uma distinção de Razão com

uma distinção Real ou Modal. Pois distinguem entre uma coisa e a tendência que nela existe de conservar seu ser, embora ignorem o que eles entendem por tendência. Com efeito, entre uma coisa e a tendência que tem de se conservar, embora haja uma distinção de Razão, ou antes uma distinção verbal, o que causou sobretudo o erro, não há qualquer distinção real.

Como se distinguem as coisas e a tendência, em virtude da qual elas tendem a perseverar em seu estado:

Para fazê-lo claramente compreensível, poremos aqui sob os olhos o exemplo de algo simples. O movimento tem a força de perseverar em seu estado; ora, essa força outra coisa não é senão o próprio movimento, quer dizer, que tal é a natureza do movimento.

Com efeito, se digo: eis um corpo A no qual não existe outra coisa senão uma certa quantidade de movimento; segue-se daí claramente que enquanto tiver em vista esse corpo A, devo dizer que ele se move. Se eu dissesse que o corpo perdeu por si mesmo a força de se mover, eu lhe atribuiria necessariamente alguma coisa a mais do que admiti em minha hipótese, e por isso ele perderia sua natureza. Se, todavia, esse raciocínio parece um pouco obscuro, concordemos que a tendência a se conservar é algo a mais das próprias leis e da natureza do movimento; em seguida, porque se supõe que essa tendência seja um bem metafísico, será preciso, necessariamente, que essa tendência tenha em si mesma uma tendência a perseverar em seu ser e essa última uma outra e assim ao infinito; o que é o maior absurdo que em meu conhecimento se possa imaginar. Quanto à razão pela qual alguns distinguem da própria coisa a tendência que há nela, é que eles acham neles mesmos o desejo de se conservar e imaginam um semelhante em cada coisa.

Se Deus pode ser chamado bom antes da criação das coisas:

Pergunta-se, entretanto, se Deus, antes que tivesse criado as coisas, podia ser chamado bom. Parece seguir-se, de nossa definição, que esse atributo não estava em Deus, porquanto uma coisa considerada em si própria não pode ser nem boa nem má. Ora, isso parecerá absurdo a muitos; mas por qual razão, eu não sei; pois nós afirmamos quanto a Deus muitos atributos desse tipo, que, antes da criação das coisas, não lhe convinham, se não em potência; assim, quando o chamamos criador, juiz, misericordioso etc. Semelhantes argumentos não devem, pois, nos deter.

Como Perfeito se diz em um sentido relativo e em um sentido absoluto:

Além disso, do mesmo modo do que bom e mau, a *perfeição* se diz apenas em um sentido relativo, salvo quando nós tomamos a perfeição pela própria essência da coisa e nesse sentido, como dissemos, Deus tem perfeição infinita, isto é, uma essência infinita ou um ser infinito.

Eu não tenho a intenção de dizer mais a esse respeito, pois estimo que é bastante conhecido o restante daquilo que pertence à parte geral da Metafísica; não vale a pena falar disso mais longamente.

SEGUNDA PARTE

Capítulo I
Da Eternidade de Deus

Divisão das substâncias:

Já mostramos que não existe nada na Natureza das coisas fora das substâncias e dos seus modos; não se deve, portanto, esperar que digamos algo aqui a respeito de formas substanciais e de acidentes reais; pois todas essas coisas, como outras da mesma farinha, são completamente ineptas. Nós dividimos em seguida as substâncias em dois gêneros supremos, a saber, a Extensão e o Pensamento, e dividimos o pensamento em pensamento criado, isto é, a mente humana, e incriado, isto é, Deus. Nós demonstramos, aliás, suficientemente, mais acima, a existência de Deus, tanto *a posteriori*, isto é, pela ideia que temos dele, quanto *a priori*, isto é, por sua essência tomada como causa de sua existência. Mas, tendo tratado de alguns de seus atributos, de maneira mais breve do que exige a importância do tema, decidimos retomá-los aqui, explicá-los com mais desenvolvimento e resolver certas dificuldades.

Nenhuma duração pertence a Deus:

O principal atributo, que é preciso considerar antes de todos os outros, é a *eternidade* de Deus, pelo qual explicamos sua duração; ou melhor, para não atribuir a Deus nenhuma duração, dizemos que ele é eterno. Pois, assim como havíamos notado na primeira parte, a duração é uma afecção da existência, não da essência. Assim, não podemos atribuir nenhuma duração a Deus, sendo sua existência sua essência. Atribuir a Deus a duração é, com efeito, distinguir sua existência de sua essência. Mas há, entretanto, os que perguntam se Deus não tem uma existência mais longa agora do que quando ele criou Adão e, como isto lhes parece muito claro, julgam não dever de forma alguma retirar de Deus a duração. Mas eles cometem uma petição de princípio; pois supõem que a essência de Deus é distinta de sua existência. Eles perguntam, com efeito, se Deus que existiu até a criação de Adão não acrescentou à sua existência um novo espaço de tempo, desde Adão até nós; eles atribuem assim a Deus uma duração mais longa para cada dia escoado, e supõem que ele é continuamente como que criado por si mesmo. Se eles não distinguissem a existência de Deus de sua essência, não lhe atribuiriam de modo algum a duração, visto que a duração não pode de todo pertencer às essências das coisas. Ninguém dirá jamais que a essência do círculo ou do triângulo, na medida em que é uma verdade eterna, durou agora um tempo mais longo do que no tempo de Adão. Ademais, como se diz que a duração é maior ou menor, isto é, que ela é concebida como composta de partes, segue-se daí claramente que nenhuma duração pode ser atribuída a Deus; pois, dado que seu Ser é eterno, isto é, que não pode haver nele nem antes nem depois, não podemos atribuir-lhe a duração sem destruir o conceito verdadeiro que temos de Deus: atribuindo-lhe duração, dividiríamos, com efeito, em partes o que é infinito por sua Natureza e não pode ser concebido de outro modo senão como infinito.

Razões pelas quais os Autores atribuíram a Deus a duração:
A causa desse erro cometido pelos Autores é:

1º. Que eles tentaram explicar a eternidade sem ter em conta Deus, como se pudéssemos conhecer a eternidade fora da contemplação da essência divina, ou ela fosse outra coisa que a essência divina; e isso mesmo provém do fato de que nos acostumamos, por causa da insuficiência do vocabulário, a atribuir a eternidade mesma às coisas cuja essência é distinta da existência (como quando dizemos que não implica contradição que o mundo tenha existido desde toda eternidade); e também às essências das coisas, ainda que não concebamos as coisas como existentes: pois chamamos então às essências "eterna".

2º. Que eles atribuíam a duração às coisas somente na medida em que as julgavam submetidas a uma mudança contínua e não como nós, na medida em que sua essência é distinta de sua existência.

3º. Que eles distinguiram a essência de Deus, como a das coisas criadas, de sua existência.

Esses erros, digo eu, deram ocasião a novos erros. O primeiro foi porque eles não compreenderam o que era a eternidade, mas a consideraram como um certo aspecto da duração. O segundo, porque não conseguiram encontrar facilmente a diferença entre a duração das coisas e a eternidade de Deus.

O último, enfim, porque, sendo a duração somente uma afecção da existência, e como distinguiam a existência de Deus de sua essência, eles tiveram, como nós o dissemos, que lhe atribuir a duração.

O que é a eternidade:
Mas para fazer entender melhor o que é a *Eternidade* e como não se pode concebê-la sem a essência divina, é preciso considerar o que já dissemos, a saber, que as coisas criadas, isto é, todas as coisas, salvo Deus, existem sempre pela exclusiva força ou

essência de Deus, e não em absoluto por uma força própria; donde se segue que não é a existência presente das coisas a causa de sua existência futura, mas somente a imutabilidade de Deus e, por essa razão, nos cumpre dizer: desde o instante em que Deus criou uma coisa ele a conservará no seguimento, em outros termos, continuará essa ação pela qual ele a criou. Donde concluímos:

1º. Que se pode dizer que uma coisa criada goza de existência, porque, com efeito, a existência não é de sua essência, mas não se pode dizer que Deus goza de existência, pois a existência de Deus é Deus mesmo; do mesmo modo que sua essência; donde se segue que as coisas criadas gozam de duração, mas que Deus não, de forma alguma.

2º. Que todas as coisas criadas, na medida em que gozam de duração e de existência presente, não possuem, de nenhuma maneira, o futuro, porquanto este lhes deve ser continuamente concedido; mas de sua essência nada podemos dizer de semelhante. Quanto a Deus, sendo sua existência sua essência, não podemos lhe atribuir existência futura; pois essa existência que ele terá no futuro lhe pertence em ato desde o presente; ou, para falar mais apropriadamente, uma existência infinita em ato pertence a Deus do mesmo modo que um entendimento infinito lhe pertence em ato. Essa existência infinita eu a denomino *Eternidade*, e só cabe atribuí-la a Deus, e a nenhuma outra coisa criada, mesmo que sua duração fosse ilimitada nos dois sentidos.

Eis no que toca à eternidade; eu nada digo acerca da necessidade de Deus, porque esta não é necessária, uma vez que demonstramos sua existência por sua essência. Passemos, pois, à unidade.

Capítulo II
Da Unidade de Deus

Vimos, com espanto, de quais argumentos fúteis se servem os autores para estabelecer a Unidade de Deus; argumentos como estes: se um só Deus pôde criar o mundo, os outros seriam inúteis; se todas as coisas concorrem para um mesmo fim, elas foram produzidas por um só construtor, e outros semelhantes, tirados de relações ou de denominações extrínsecas. Negligenciando, pois, tudo isso, proporemos aqui nossa demonstração o mais clara e mais brevemente que pudermos, e isso da seguinte maneira.

Deus é único:
Dentre os atributos de Deus, nós incluímos o supremo conhecimento e acrescentamos que ele tem toda sua perfeição de si mesmo e não de outrem. Se se diz agora que há muitos Deuses e muitos seres soberanamente perfeitos, todos deverão ser, por necessidade, supremamente cognoscentes: para isso não basta que cada um se conheça somente a si próprio; pois, devendo cada um conhecer tudo, é preciso que ele se conheça a si próprio e conheça os outros, donde se seguiria que uma perfeição de cada um, a saber, o entendimento, seria em parte dele e em parte de outrem. Não se poderia encontrar, por consequência, nenhum que seja um ser soberanamente perfeito; isto é, como acabamos de observar, um ser que tivesse de si próprio e não de um outro toda sua perfeição; e, no entanto, já demonstramos que Deus é um ser perfeito em grau supremo e que ele existe. Nós podemos, portanto, concluir que ele é o Único Deus existente; pois, se existissem vários, seguir-se-ia que um ser perfeito no grau supremo tem uma imperfeição, o que é absurdo. Eis o que toca à unidade de Deus.

Capítulo III
Da Imensidade de Deus

Como Deus pode ser dito infinito, como pode ser dito imenso:
Nós expusemos que nenhum ser pode ser concebido como finito e imperfeito, isto é, como participante do Nada, se não consideramos primeiro o ser perfeito e infinito, isto é, Deus; eis

por que só de Deus pode ser dito absolutamente infinito, a saber, na medida em que verificamos que ele se compõe, na realidade, de uma perfeição infinita. Mas ele pode ser dito também imenso ou interminável, na medida em que consideramos que não existe nenhum ser para quem a perfeição de Deus possa estar terminada.

Donde se segue que a *Infinitude* de Deus, a despeito do vocábulo, é o que há de mais positivo; pois dizemos que ele é infinito na medida em que temos em conta a sua soberana perfeição. Entretanto, a *Imensidade* não é atribuída a Deus senão em um sentido relativo, ela não pertence a Deus na medida em que o consideramos absolutamente como um ser perfeito no grau supremo, mas na medida em que o consideramos como primeira causa; e mesmo que essa causa primeira não fosse perfeita em grau supremo, mas apenas a mais perfeita em relação aos seres secundários, nem por isso ela seria menos imensa. Pois não poderia haver aí e, por consequência, não se poderia conceber, nenhum ser mais perfeito do que ele, por quem ele pudesse ser limitado ou medido (ver sobre este ponto o desenvolvimento relativo ao Axioma 9 da Parte 1).

O que é entendido comumente por Imensidade de Deus:

Os autores, entretanto, muitas vezes, quando tratam da *Imensidade* de Deus, parecem atribuir a Deus uma quantidade. Pois querem concluir, desse atributo, que Deus está necessariamente presente por toda parte; como se quisessem dizer que, se Deus não estivesse em um certo lugar, sua quantidade seria limitada. E isso aparece ainda melhor por outro argumento que alegam a fim de mostrar que Deus é infinito ou imenso (pois confundem esses dois atributos) e também que está por toda parte: *Se Deus*, dizem eles, *é ato puro, como ele realmente o é, é necessário que ele esteja também por toda parte e seja infinito; pois se não estivesse em absoluto por toda parte ou então não pudesse estar por toda parte em que quisesse estar, então* (que se atente para isto) *ele deveria necessariamente mover-se;* por onde se vê claramente que eles atribuem a *Imensidade* a Deus na medida em que o consideram uma quantidade; visto que tiram seus argumentos das propriedades da extensão para afirmar a *Imensidade* de Deus, absurdo que nada pode ultrapassar.

Está provado que Deus está por toda parte:
Se se pergunta agora como provaremos que Deus está por toda parte, respondo que isso foi bastante e mais do que suficientemente demonstrado quando mostramos que nada pode existir sequer um instante, cuja existência não seja criada por Deus a cada instante.

A onipresença de Deus não pode ser explicada:
Para que agora a ubiquidade de Deus ou sua presença em cada coisa possa ser devidamente entendida, seria preciso poder penetrar na natureza íntima da vontade divina, aquela por onde ele criou as coisas e procriou continuamente sua existência; e como isso ultrapassa a compreensão humana, é impossível explicar como Deus está por toda parte.

Alguns consideram como tripla, mas erradamente, a Imensidade de Deus:
Alguns admitem que a *Imensidade* de Deus é tripla, a saber, a imensidade da essência, a da potência e, enfim, a da presença; mas essas pessoas dizem bobagens, pois parecem distinguir entre a essência de Deus e sua potência.

A potência de Deus não se distingue de sua essência:
Outros o afirmam mais abertamente, pretendendo que Deus está por toda parte devido à sua potência, mas não por sua essência; como se a potência de Deus se distinguisse realmente de todos os seus atributos, ou por sua essência infinita, visto que ela não pode ser outra coisa.

Se, com efeito, ela fosse outra coisa, ou bem ela seria uma criatura ou então qualquer acidente da essência divina, sem o que essa essência poderia ser concebida; e um e outro são absurdos. Pois, se ela fosse uma criatura, teria necessidade da potência de Deus para se conservar e assim haveria aí progresso ao infinito. Se ela fosse qualquer coisa acidental, Deus não seria um ser perfeitamente simples, contrariamente ao que havíamos demonstrado mais acima.

A onipresença de Deus não se distingue tampouco de sua essência:

Enfim, por *Imensidade* da presença parece que se quer dizer também qualquer outra coisa além da essência de Deus, pela qual fomos criados e pela qual as coisas são continuamente conservadas. O certo é que é um enorme absurdo no qual se caiu, porque se confundiu o entendimento de Deus com o humano, e porque se comparou amiúde seu poder ao dos reis.

Capítulo IV
Da Imutabilidade de Deus

O que é a mudança e o que é a transformação:

Por *mudança* entendemos, nesta passagem, toda variação que pode se produzir em um objeto [*sujet*] qualquer, ainda que a própria essência do objeto guarde sua integridade; embora se tome comumente a palavra também em um sentido mais largo para significar a corrupção das coisas, não uma corrupção absoluta, mas uma corrupção que envolve ao mesmo tempo uma geração subsequente; como quando dizemos que a turfa mudou em cinzas, que os homens mudaram em animais[2]. Mas os filósofos usam para essa designação outra palavra ainda, a saber, *transformação*. Quanto a nós, aqui, falaremos apenas dessa mudança na qual não há nenhuma transformação do objeto, como quando dizemos: Pedro mudou de cor, de costumes etc.

---

2. Nos dois exemplos, a tradução em português corrente exigiria o verbo "transformar", mas, para respeitar a argumentação, manteve-se o verbo "mudar".

Nenhuma transformação ocorre em Deus:

É preciso ver agora se tais mudanças ocorrem em Deus; pois é inútil de todo falar da *transformação*, visto que provamos que Deus existe necessariamente, isto é, que Deus não pode deixar de ser ou se transformar em outro Deus; assim ele cessaria de ser e haveria vários Deuses; ora, nós mostramos que esses são dois absurdos.

Quais são as causas da mudança:

Para dar a entender mais distintamente o que resta aqui a dizer, deve-se considerar que toda *mudança* provém ou de causas externas, com ou sem a vontade do sujeito, ou de uma causa interna, e pela escolha do mesmo sujeito. Por exemplo, ensombrar-se, ficar doente, crescer e outras coisas semelhantes, provêm no homem de causas externas; contra a vontade do sujeito ou, ao contrário, conforme o seu desejo; mas querer passear, ficar com raiva etc., provêm de causas internas.

Deus não é mudado por outro ser:

As primeiras mudanças, que dependem de causas externas, não têm lugar em Deus, pois ele é exclusiva causa de todas as coisas e não é paciente em relação a ninguém. Além disso, nenhuma coisa criada tem em si mesma nenhuma força de existir e, por conseguinte, menos ainda tem ela a força de exercer uma ação fora de si mesma ou sobre sua própria causa. E se encontramos, amiúde, na Escritura Sagrada, que Deus teve ira ou tristeza por causa dos pecados dos homens e outras coisas semelhantes, é que se tomou o efeito pela causa; como quando dizemos que o sol é mais forte e está mais alto no verão do que no inverno, embora ele não haja mudado de lugar nem adquirido novas forças. E, que isso é mesmo amiúde ensinado pela Escritura Sagrada, podemos vê-lo em Isaías; ele diz, com efeito (59, 2), dirigindo censuras ao povo: *Vossas iniquidades fizeram a separação entre vós e vosso Deus.*

Deus não é mudado tampouco por ele mesmo:

Continuamos, portanto, a perguntar-nos se pode haver em Deus uma mudança vinda de Deus. Ora, não concordamos que isso possa acontecer e, mesmo, nós o negamos absolutamente; pois toda mudança que depende da vontade do sujeito se faz a fim de tornar melhor o seu estado, o que não pode ocorrer no ser soberanamente perfeito. Ademais, uma mudança dessa espécie não se faz senão para evitar algum dano ou tendo em vista a aquisição de algum bem que falta; ora, um e outro não podem ocorrer em Deus. Donde concluímos que Deus é um ser imutável.

Notar-se-á que omiti aqui, de propósito, as divisões comuns da mudança, se bem que as tenhamos abrangido também de alguma maneira; não era necessário mostrar para cada uma delas, à parte, que ela não se encontra em Deus, visto que demonstramos na Proposição 16 da Parte 1, que Deus é incorpóreo e que essas divisões comuns compreendem as mudanças da matéria somente.

Capítulo v
Da Simplicidade de Deus

Há três espécies de distinções entre as coisas – a Real, a Modal e a distinção de Razão:

Passemos à simplicidade de Deus. Para entender bem esse atributo, é preciso lembrar-se do que Descartes indicou, nos *Princípios de Filosofia* (Parte 1, artigos 48 e 49), a saber: que não há nada na natureza das coisas fora das substâncias e de seus modos, de onde é deduzida esta tripla distinção (artigos 60, 61 e 62), qual seja, a Real, a Modal e a distinção de Razão. Diz-se que há distinção Real entre duas substâncias quer elas sejam de atributo diferente ou que tenham o mesmo atributo, como, por exemplo, o pensamento e a extensão ou as partes da matéria. E se reconhece essa distinção no fato de que cada uma delas pode ser concebida e, por consequência, existir sem o apoio da outra. Quanto à distinção Modal, Descartes mostra que ela é dupla: de uma parte, a que existe entre um modo de uma substância e a própria substância; de outra parte, a que existe entre dois modos de uma e mesma substância. E nós reconhecemos esta última pelo fato de que, podendo ser concebida sem o apoio da outra, os dois modos não podem ser concebidos sem apoio da substância de que eles são modos. No tocante à primeira espécie de distinção modal, nós a reconhecemos pelo fato de que, podendo a substância ser reconhecida sem seu modo, o modo não pode sê-lo sem a substância. Uma distinção de Razão, enfim, existe entre uma substância e seu atributo como quando a duração é distinguida da extensão. E se conhece essa distinção pelo fato de que tal substância não pode ser concebida sem tal atributo.

De onde provém toda combinação e quantas espécies há de combinação:

Dessas três espécies de distinção provém toda combinação. A primeira combinação é aquela de duas ou várias substâncias de mesmo atributo, como toda combinação que reúne dois ou vários corpos, ou de atributo diferente, como o homem. A segunda combinação se forma pela união de diversos modos. A terceira, enfim, não se forma, mas é apenas concebida pela Razão como se fosse formada para fazer entender melhor uma coisa. As coisas que não são compostas de modo algum de uma das duas primeiras formas devem ser ditas simples.

Deus é um ser perfeitamente simples:

Cumpre, pois, mostrar que Deus não é qualquer coisa de composto; donde poderemos facilmente concluir que ele é um ser perfeitamente simples; isso será fácil de fazer. Como é claro por si, com efeito, que as partes componentes são anteriores, ao menos por natureza, à coisa composta, as substâncias, por junção e união das quais Deus é composto, serão por natureza anteriores ao próprio Deus e cada uma delas poderá ser concebida em si mesma, sem ser atribuída a Deus. A seguir, como essas substâncias devem se distinguir realmente umas das outras, cada uma delas deverá necessariamente também poder existir por si própria e sem o apoio das outras; e assim, como acabamos de dizer, poderá haver aí tantos Deuses quantos são as substâncias das quais se supõe ser Deus composto. Cada uma delas, podendo existir por si própria, deverá existir por si própria e, por conseguinte, terá também a força de se atribuir todas as perfeições que nós demonstramos que estão em Deus etc.; como já havíamos explicado amplamente na Proposição 7 da Parte I, onde havíamos demonstrado a existência de Deus. Como não se pode dizer nada de mais absurdo, concluímos que Deus não é composto de uma junção e de uma união de substâncias. Que não há em Deus combinação de diferentes modos, isso se impõe apenas pelo fato de que não há em Deus modos: pois os modos nascem de uma alteração da substância (ver *Princípios da Filosofia* Parte I, artigo 56). Enfim, se quisermos forjar uma outra combinação formada pela essência das coisas e de sua existência, nós não nos contradiremos de forma alguma. Mas é preciso lembrar-se que, e nós o demonstramos suficientemente, essas duas coisas não se distinguem em Deus.

Os atributos de Deus não têm entre eles senão uma distinção de Razão:

E daí podemos concluir que todas as distinções que fazemos entre os atributos de Deus são apenas de Razão e que elas não se distinguem realmente entre si. Entendei as distinções de Razão como aquelas que já citei um pouco mais acima e que se reconhecem pelo fato de que tal substância não pode ser sem tal atributo. De onde concluímos que Deus é um ser perfeitamente simples. Não devemos nos preocupar com a mixórdia das distinções dos Peripatéticos; passemos, pois, à vida de Deus.

Capítulo VI
Da Vida de Deus

O que os filósofos entendem comumente por vida:

Para que se conheça bem este atributo de Deus, a saber, a vida, é necessário que expliquemos, de maneira geral, o que é designado em cada coisa por vida. E, em primeiro lugar, examinaremos a opinião dos Peripatéticos. Esses filósofos entendem por vida *a persistência da alma nutritiva com o calor* (ver Aristóteles, *De Respirat*, livro I, capítulo VIII). E, como eles forjaram três almas, isto é, a vegetativa, a sensitiva e a pensante, que atribuem apenas às plantas, aos animais e aos homens, segue-se daí, como eles próprios confessam, que os outros seres são privados de vida. E, no entanto, não ousam dizer que os espíritos e Deus não tinham vida. Temiam, talvez, cair naquilo que é o contrário da vida e que, se os espíritos e Deus não tinham vida, estariam mortos. Daí por que Aristóteles, na *Metafísica* (livro IX, capítulo VIII), dá ainda uma outra definição da vida, específica para os espíritos, a saber: *a vida é o ato do entendimento*; e, nesse sentido, ele atribui a vida a Deus, que percebe pelo entendimento e é ato puro. Nós não nos daremos ao trabalho de refutar essas opiniões; pois, no que concerne às três almas atribuídas às plantas, aos animais e aos homens, nós demonstramos suficientemente que elas não passam de ficções, uma vez que fizemos ver que não há nada na matéria salvo junções e operações mecânicas. Quanto à vida de Deus, ignoro por que ela é em Aristóteles antes ato do entendimento do que ato da vontade ou de outros similares. E não esperando nenhuma resposta, passo à explicação que prometi, isto é: o que é a vida.

A que coisas a vida pode ser atribuída:

Ainda que o termo seja tomado como metáfora para significar os costumes de um homem, nós nos contentaremos em explicar com brevidade o que ele designa filosoficamente. Cumpre notar apenas que, se a vida deve ser atribuída também às coisas corporais, nada será sem vida; se ela for [atribuída] somente aos seres em que uma alma está unida ao corpo, ela deverá ser atribuída apenas aos homens e talvez aos animais, mas não aos espíritos nem a Deus. Entretanto, como esse termo "vida" se estende comumente mais, não é duvidoso que se deva atribuir a própria vida às coisas corporais não unidas a espíritos e a espíritos separados do corpo.

O que é a vida e o que ela é em Deus:

Nós entendemos, pois, por *vida, a força pela qual as coisas perseveram em seu ser*; e, como essa força é distinta das coisas mesmas, dizemos apropriadamente que as coisas, elas próprias, possuem vida. Mas a força pela qual Deus persevera em seu ser não é outra coisa senão sua essência; falam, portanto, muito bem aqueles que dizem que Deus é a vida. Não faltam teólogos que compreendem que é por essa razão (que Deus é a vida, e não se distingue da vida) que os judeus, quando juram, dizem: *por Deus vivo*, e não: *pela vida de Deus*, como José, jurando pela vida do faraó, dizia: *pela vida do Faraó*.

Capítulo VII
Do Entendimento de Deus

Deus é Onisciente:

No número dos atributos de Deus, havíamos incluído, anteriormente, a *Onisciência*, a qual com certeza pertence a Deus; visto que a ciência contém em si uma perfeição e que Deus, isto é, o ser soberanamente perfeito, não deve estar privado de nenhuma perfeição; portanto, a ciência deve ser atribuída a Deus em grau supremo, tal que ela não pressupõe ou não implica nenhuma ignorância ou privação de ciência; pois, de outro modo, haveria uma imperfeição no atributo, isto é, em Deus. Donde vem que Deus jamais teve o entendimento em potência nem concluiu alguma coisa por raciocínio.

Não são coisas exteriores a Deus que são objeto da ciência de Deus:

Segue-se ainda, da perfeição de Deus, que suas ideias não são determinadas como as nossas, por objetos situados fora dele. Mas, ao contrário, as coisas criadas por Deus, fora de Deus, são determinadas pelo entendimento de Deus, pois de outro modo os objetos teriam por si mesmos sua natureza e sua essência e seriam anteriores, ao menos por natureza, ao entendimento divino; o que é absurdo. E alguns, não tendo atentado suficientemente para isso, caíram em enormes erros. Eles admitiram, com efeito, que existia fora de Deus uma matéria, coeterna com ele, existente por si própria e que, segundo uns, Deus disporia dela somente em certa ordem, ao passo que, segundo outros, ele lhe imporia, além disso, certas formas. Outros ainda admitiram que havia coisas que, por sua natureza, eram necessárias ou impossíveis ou contingentes e, por conseguinte, que Deus mesmo conhece essas coisas como contingentes e ignora inteiramente se elas são ou não são. Outros, enfim, disseram que Deus conhece as coisas contingentes pelas circunstâncias, talvez porque ele tenha uma longa experiência. Eu poderia ainda citar outros erros do mesmo tipo se não julgasse isso supérfluo, visto que a falsidade dessas opiniões se conhece por ela mesma pelo que foi dito precedentemente.

O objeto da ciência de Deus é o próprio Deus:

Voltemos, portanto, à nossa Proposição, a saber, que não há fora de Deus nenhum objeto de sua ciência, mas que ele é ele próprio o objeto de sua ciência e mesmo que ele é sua ciência. Quanto àqueles que pensam que o mundo é o objeto da ciência de Deus, eles são muito menos racionais do que aqueles que querem que um edifício construído por algum arquiteto eminente seja considerado como um objeto de sua ciência. Pois o arquiteto é obrigado a procurar fora de si uma matéria conveniente; mas Deus não procurou nenhuma matéria fora dele: quanto à essência e quanto à existência das coisas, elas foram fabricadas por um entendimento idêntico à sua vontade.

Como Deus conhece os pecados e os seres de Razão etc.:

Pergunta-se agora se Deus conhece os males e os pecados, os seres de Razão e outras coisas semelhantes. Respondemos que Deus deve necessariamente conhecer as coisas de que ele é a causa; visto que, sobretudo, elas não podem existir sequer um instante senão graças ao concurso divino. Portanto, posto que os males e os pecados não são nada nas coisas, mas são apenas no espírito humano ao comparar as coisas entre si, segue-se que Deus não os conhece fora do espírito humano. Nós dissemos que os seres de Razão são modos de pensar, e é na relação deles com o espírito que eles devem ser conhecidos por Deus, isto é, na medida em que nós percebemos que ele conserva e procria continuamente o espírito humano tal como é constituído; não por certo que Deus tenha em si tais modos de pensar para reter mais facilmente o que ele conhece. Se apenas se atenta como se deve ao pouco que dissemos, não se poderá propor nenhuma questão a respeito do entendimento de Deus que não se possa resolver com a maior facilidade.

Como Deus conhece as coisas singulares e como conhece as coisas gerais:

É preciso, todavia, não passar em silêncio sobre o erro de alguns que admitem que Deus não conhece nada fora das coisas eternas, tais como os anjos e os céus, que eles representam como não sendo nem engendrados nem corruptíveis; e deste mundo, nada fora das espécies, na medida em que igualmente elas não são nem engendradas nem corruptíveis. Aqueles que têm essa opinião parecem realmente querer como que aplicar-se em errar e em imaginar as coisas mais absurdas. O que há de mais absurdo, com efeito, do que retirar de Deus o conhecimento das coisas singulares que, sem o concurso de Deus, não podem existir por um instante sequer. E enquanto decidem que Deus ignora coisas realmente existentes, eles lhe atribuem, na sua imaginação, o conhecimento das coisas gerais que não são e não possuem nenhuma essência fora das coisas singulares.

Nós, ao contrário, atribuímos a Deus o conhecimento das coisas singulares e lhe negamos o das coisas universais, salvo na medida em que ele conhece os espíritos dos homens.

Há em Deus uma única e simples ideia:
Enfim, antes de terminar este capítulo, parece que se deve satisfazer a questão que consiste em perguntar se há em Deus muitas ideias ou apenas uma, e uma perfeitamente simples. A isso eu respondo que a ideia de Deus, em razão da qual ele é denominado onisciente, é única e perfeitamente simples.

Pois, na realidade, Deus não é chamado onisciente por nenhuma outra razão senão porque ele tem a ideia de si próprio; ideia essa, ou conhecimento, que sempre existiu ao mesmo tempo que Deus, pois, fora de sua essência, nada existe e essa ideia tampouco poderia existir de outro modo.

O que é a ciência de Deus no tocante às coisas criadas:
O conhecimento que está em Deus no tocante às coisas criadas não pode, entretanto, ser relacionado propriamente à ciência de Deus; pois, se Deus tivesse querido, as coisas criadas teriam tido outra essência, o que não ocorre no conhecimento que Deus tem de si próprio. Perguntar-se-á, entretanto, se esse conhecimento, seja ele própria ou impropriamente assim designado, é múltiplo ou único. Mas, responderemos nós, essa questão não difere em nada daquela de saber se há em Deus muitos decretos ou volições ou um só; e se a ubiquidade de Deus, isto é, o concurso pelo qual ele conserva as coisas singulares, é o mesmo em toda a parte, em todas as coisas das quais dissemos que não poderíamos ter nenhum conhecimento distinto. Mas sabemos, não obstante, como uma coisa muito evidente, que, assim como acontece com o concurso de Deus o qual, se é relacionado à onipotência de Deus, deve ser único, embora ele se manifeste sob diversos modos nos efeitos, da mesma maneira, também as volições e os decretos de Deus (é assim que convém chamar seu conhecimento no tocante às coisas criadas),

considerados em Deus, não são muitos, ainda que exprimindo-
-se sob diversos modos pelas, ou melhor, nas, coisas criadas.
Enfim, se temos em conta a analogia da natureza inteira podemos considerá-la como um único Ser e, por consequência, uma
deverá ser também a ideia ou um o decreto de Deus.

Capítulo VIII
Da Vontade de Deus

Nós não sabemos como se distinguem a essência de Deus e o
entendimento pelo qual ele se conhece, e a vontade, pela qual
ele se ama. A *Vontade* pela qual ele quer se amar a si mesmo
segue necessariamente de seu entendimento infinito, pelo qual
ele se conhece. Mas como essas três coisas, a essência, o entendimento, pelo qual ele se conhece, a vontade, pela qual ele
quer se amar a si mesmo, se distinguem entre si, é isso que nós
incluímos no número dos conhecimentos que nos faltam. Nós
não ignoramos a palavra (*personalidade*) que na ocasião os filósofos empregam para explicar a coisa; mas se conhecemos a
palavra, nós ignoramos sua significação e não podemos formar
dela nenhum conceito claro e distinto; se bem que possamos
crer firmemente que nessa visão bem-aventurada de si próprio
prometida aos fiéis, Deus o revelará aos seus.

A vontade e o poder de Deus, quanto à sua ação exterior, não
se distinguem do seu entendimento:

A Vontade e o Poder, quanto à sua ação exterior, não se distinguem do entendimento de Deus, como é bastante certo pelo
que precede; pois nós mostramos que Deus decretou não só
que as coisas deviam ser, mas também que deviam ser de tal
natureza, isto é, que sua essência e sua existência deviam depender da vontade e do poder de Deus; por onde percebemos
clara e distintamente que o entendimento de Deus, seu poder e
sua vontade, pelos quais ele criou, conhece e conserva ou ama

as coisas, não se distinguem, de maneira alguma, um do outro, senão relativamente ao nosso pensamento.

Diz-se impropriamente que Deus tem ódio a algumas coisas e ama outras coisas:

Quando dizemos que Deus tem ódio a certas coisas e ama outras coisas, isso é dito no mesmo sentido em que se diz na Escritura que a terra vomitará os homens e outras coisas desse gênero. Que, além disso, Deus não tem cólera contra ninguém, e não ama nada da maneira como se persuade o vulgo, isto é ressaltado bastante na Escritura; Isaías o diz, com efeito, e mais claramente o Apóstolo, na *Epístola aos Romanos* (cap. ix): *Antes que eles* [os filhos de Isaac] *tivessem nascido e que tivessem feito qualquer bem ou mal, a fim de que o desígnio decretado segundo a eleição de Deus permanecesse, não em absoluto pelas obras, mas por aquele que chama, foi-lhe dito que o mais velho serviria o mais novo etc.*; e, um pouco mais adiante: *Ele tem, portanto, compaixão de quem ele quer, e endurece a quem quer. Ora, tu me dirás: Por que se queixa ele ainda? Pois quem é aquele que pode resistir à sua vontade? Mas, na verdade, ó homem, quem és tu que contestas contra Deus? Porventura a coisa formada dirá a quem a formou: Por que me fizeste assim?Porventura não tem o oleiro o poder de fazer de uma mesma massa de terra um vaso para a honra e outro para a desonra? Etc.*

Por que Deus advertiu os homens; por que ele não os salva sem advertência; e por que os ímpios são punidos:

Se se pergunta agora: por que Deus advertiu os homens? Será fácil responder que Deus assim decretou, desde toda eternidade, advertir os homens em tal momento, a fim de que sejam convertidos aqueles a quem ele quis que fossem salvos. Se se pergunta ainda: Deus não podia salvá-los sem advertência? Nós respondemos: Ele podia. Por que então ele não os salva? – insistir-se-á talvez, então. A isso responderei, quando me disserem por que Deus não tornou o mar Vermelho franqueável sem um forte vento do este e por que não realizou cada movimento tomado à parte sem os outros, e uma infinidade de outras coisas semelhantes que Deus produz por meio de causas. Perguntar-se-á de novo: por que, então, os ímpios são punidos? Pois eles agem por sua natureza e segundo o decreto divino. Eu respondo que é também por decreto divino que eles são punidos e se somente aqueles que imaginamos pecar em virtude de sua própria liberdade devem ser punidos, por que se esforçam os homens em exterminar as serpentes venenosas? Pois elas pecam segundo sua natureza própria e não podem proceder de outro modo.

A Escritura não ensina nada que repugna à Luz Natural: Enfim, se encontramos outras coisas na Escritura Sagrada que fazem penetrar a dúvida em nós, não é aqui o lugar de explicá-las; pois nós procuramos aqui somente aquelas que podemos atingir de maneira mais certa pela Razão natural, e nos é suficiente determiná-las com evidência para saber que a Escritura Sagrada deve ensinar as mesmas; pois a verdade não contradiz a verdade, e a Escritura não pode ensinar necedades como aquelas que se imaginam comumente. Pois se encontrássemos nela algo que fosse contrário à Luz Natural poderíamos refutá-la com a mesma liberdade que o *Alcorão* e o *Talmud*. Mas longe de nós o pensamento de que se possa encontrar nos Livros Sagrados alguma coisa que repugna à Luz da Natureza.

Capítulo ix
Da Potência de Deus

Como se deve entender a Onipotência de Deus:
Já foi suficientemente demonstrado que Deus é onipotente. Nós nos esforçaremos, somente aqui, em explicar como esse atributo deve ser entendido; pois muitos falam dele sem bastante piedade e de uma maneira que não é conforme à verdade. Eles dizem, com efeito, que certas coisas são possíveis por sua

natureza e não pelo decreto de Deus; que certas são impossíveis; certas, enfim, necessárias e que a onipotência de Deus não concerne senão aos possíveis. Quanto a nós, que já demonstramos que todas as coisas dependem absolutamente do decreto de Deus, dizemos que Deus é onipotente; mas, quando nos apercebemos que ele decretou certas coisas pela exclusiva liberdade de sua vontade e, em segundo lugar, que ele é imutável, nós dizemos então que nada pode agir contrariamente a seus decretos e que isso é impossível pelo simples fato de que isso repugna à perfeição de Deus.

Todas as coisas são necessárias em virtude do decreto de Deus; e não algumas em si, algumas em virtude dos decretos:

Alguém objetará, talvez, que achamos certas coisas necessárias, somente quando as ligamos ao decreto de Deus, outras sem que as liguemos a isso. Seja o exemplo: que Josias queimou as ossadas dos idólatras sobre o altar de Jeroboão; se consideramos apenas a vontade de Josias, julgaremos a coisa como sendo possível, não diremos de modo algum que ela deve ocorrer necessariamente; se não for porque o Profeta o havia predito segundo o decreto de Deus. Mas que os três ângulos de um triângulo devem ser iguais a dois retos, a própria coisa o indica. Aqueles que se atêm a semelhante linguagem forjam, por ignorância, distinções nas coisas. Pois se os homens conhecessem claramente toda a ordem da Natureza, julgariam todas as coisas tão necessárias quanto todas aquelas que são tratadas na Matemática; mas, estando isso acima do conhecimento humano, certas coisas, portanto, são julgadas por nós possíveis, e não necessárias. Por conseguinte, ou bem é preciso dizer que Deus nada pode porque todas as coisas são realmente necessárias; ou então Deus pode tudo e a necessidade que encontramos nas coisas provém do exclusivo decreto de Deus.

Porque se Deus houvesse feito de outro modo a Natureza, ele deveria também nos dar um outro entendimento:

Se se pergunta agora: se Deus houvesse decretado de outro modo e se tivesse feito com que as coisas que são verdadeiras atualmente fossem falsas, não as reconheceríamos nós, no entanto, como mui verdadeiras? Seguramente, se Deus nos deixasse a natureza que ele nos deu; mas se, como ele o fez, tivesse querido nos dar uma natureza tal que pudéssemos conhecer a natureza das coisas e suas leis tais como estão estabelecidas, isso também estaria em seu poder; e mesmo, se tivermos em conta a sua veracidade, ele deveria tê-lo feito. Isso é ainda mais evidente pelo que dissemos mais acima, a saber, que toda a Natureza naturada não é senão um só ser; donde se segue que o homem é uma parte da Natureza que deve ser coerente com o resto; e, portanto, seguir-se-ia, da simplicidade do decreto de Deus, que se Deus houvesse criado as coisas de outra maneira, ele teria constituído a nossa natureza de tal modo que nós conhecêssemos as coisas conforme elas foram criadas por Deus. Eis por que, embora desejássemos conservar a distinção relativa à potência de Deus, comumente ensinada pelos Filósofos, somos, entretanto, obrigados a explicá-la de outro modo.

De quantas espécies é a Potência de Deus:

Nós dividimos, portanto, a *potência* de Deus em *ordenada* e *absoluta*. Dizemos que a *potência* de Deus é *absoluta* quando consideramos sua onipotência sem ter em conta seus decretos; *ordenada*, quando temos em conta seus decretos.

Existe, além disso, um poder *ordinário* e um *extraordinário* de Deus. *Ordinário* é aquele pelo qual ele conserva o mundo em uma ordem determinada; *extraordinário*, aquele que ele usa quando faz alguma coisa fora da ordem da Natureza, como, por exemplo, todos os milagres, tais como a palavra dada à asna, a aparição dos anjos e outras semelhantes. Embora se possa, com muito bom direito, duvidar desta última, pois o milagre pareceria maior se Deus governasse o mundo segundo uma só e mesma ordem determinada e imutável do que se ele ab-rogasse, por causa da desrazão dos homens, a eles que ele mesmo estabeleceu excelentemente a Natureza e por sua exclusiva liberdade (o que não pode ser negado por ninguém senão por um ser totalmente cego). Mas deixamos aos Teólogos o cuidado de decidir a esse respeito.

Nós omitimos, enfim, as outras questões que se costumam colocar a propósito do poder de Deus, a saber: se o poder de Deus se estende ao passado, se ele pode fazer as coisas melhores do que as fez; se ele pode fazer mais coisas do que fez. Pode-se, com efeito, responder a isso muito facilmente, com a ajuda do que precede.

Capítulo x
Da Criação

Já estabelecemos precedentemente que Deus era criador de todas as coisas; esforçar-nos-emos em explicar aqui o que se deve entender por criação. A seguir, esclareceremos, conforme nossas forças, as coisas comumente afirmadas a respeito da criação. Comecemos pelo primeiro ponto.

O que é a criação:
Nós dizemos, portanto, que a criação é uma operação à qual não concorrem outras causas senão a eficiente, isto é, que uma coisa criada é uma coisa que para existir não supõe antes dela nada senão Deus.

Da definição vulgar da criação:
Cumpre notar aqui: 1º. que nós deixamos de lado as palavras *do nada*, comumente empregadas pelos filósofos, como se o nada fosse uma matéria da qual as coisas fossem tiradas. Se, aliás, eles se exprimem assim, é porque, tendo o costume, quando se trata da geração das coisas, de supor antes delas algo *de* que elas são feitas, não puderam na criação deixar de lado essa pequena palavra *de*. O mesmo acidente lhes acontece a

respeito da matéria; vendo, com efeito, que todos os corpos estão em um lugar e rodeados de outros corpos, perguntaram-se onde estava contida a totalidade da matéria e responderam: em algum espaço imaginário. Não é, portanto, duvidoso que, longe de considerar esse nada como a negação de toda realidade, eles o tenham forjado para si ou o imaginado como alguma coisa real.

Explicação da definição adotada:

2º. Digo que causas nenhumas, além da causa eficiente, concorrem para a criação. Eu poderia dizer que a criação *nega* ou *exclui* todas as causas, salvo a eficiente. Prefiro dizer: causas nenhumas *concorrem* a fim de não ter de responder aos que perguntam se Deus não se propôs na criação nenhum fim, em vista do qual ele haja criado as coisas. Ademais, para melhor explicar a coisa, acrescento uma segunda definição, a saber: que uma coisa criada não supõe nada antes dela salvo Deus, pois se Deus, com efeito, se propôs algum fim, esse fim não é certamente exterior a Deus; visto que não existe nada fora de Deus pelo qual ele seja impelido a agir.

Os acidentes e os modos não são criados:

3º. Dessa definição decorre, suficientemente, que não há, em absoluto, criação de acidentes e de modos, porquanto eles supõem, além de Deus, uma substância criada.

Não existiu, de modo algum, tempo ou duração antes da criação:

4º. Enfim, antes da criação não podemos imaginar nenhum tempo e nenhuma duração, mas o tempo e a duração começaram com as coisas. Pois o tempo é a medida da duração ou, antes, ele nada é senão um modo de pensar. Ele não pressupõe, portanto, somente uma coisa criada, mas, antes de tudo, os homens pensantes. Quanto à duração, ela cessa onde as coisas criadas cessam de ser e começa onde as coisas criadas começam a ser; eu digo *as coisas criadas*, pois nenhuma duração cabe a

Deus, mas somente a eternidade; nós o mostramos mais acima com suficiente evidência. A duração supõe, portanto, ou ao menos implica antes de si as coisas criadas. Quanto àqueles que imaginam a duração e o tempo antes das coisas criadas, eles são vítimas do mesmo juízo prévio que aqueles que forjam um espaço para além da matéria, como é assaz evidente por si. É isso no tocante à definição da criação.

A operação de criar e a de conservar são uma e mesma operação de Deus:

Não é necessário repetir aqui mais uma vez o que demonstramos no Axioma 10 da Parte I; a saber, que tudo quanto é requerido [em termos] de força para criar uma coisa é igualmente requerido para conservá-la, isto é, que a operação de criar o mundo e a de conservá-lo são a mesma operação de Deus.

Após essas observações, passemos agora ao que prometemos em segundo lugar. Cumpre-nos, pois, procurar:

1. O que é criado e o que é incriado;

2. Se o que foi criado pôde ter sido criado desde toda a eternidade.

Quais coisas são criadas:

À primeira questão responderemos com brevidade. É criada toda coisa cuja essência é concebida claramente sem nenhuma existência, ainda que ela se conceba por si mesma; como, por exemplo, a matéria, da qual temos um conceito claro e distinto, quando a concebemos sob o atributo da extensão e quando concebemos com uma clareza e uma distinção iguais que ela existe ou não existe.

Como o pensamento de Deus difere do nosso:

Alguém nos dirá talvez que nós percebemos o pensamento clara e distintamente sem a existência e que nós o atribuímos, entretanto, a Deus. A isso respondemos que não atribuímos a Deus um pensamento tal como é o nosso, ou seja, que pode ser afetado por objetos e determinado pela Natureza das coisas; mas um Pensamento que é ato puro e, por conseguinte, envolve a existência, como nós o demonstramos assaz longamente mais acima. Pois demonstramos que o entendimento de Deus e sua vontade não se distinguem de sua potência e de sua essência, a qual envolve a existência.

Não existe nada fora de Deus que seja coeterno a Deus:
Visto que, portanto, tudo aquilo cuja essência não envolve a existência deve necessariamente, para existir, ser criado por Deus e, como expusemos muitas vezes, ser continuamente conservado por seu próprio criador, nós não nos deteremos nisso para refutar a opinião daqueles que admitiram um mundo, ou um caos, ou uma matéria sem forma alguma, coeternos a Deus e, assim, independentes. Passarei, pois, ao exame da segunda questão. O que é criado pôde sê-lo desde toda a eternidade?

O que significam aqui essas palavras, *desde toda a eternidade*:
Para entendê-la bem, deve-se tomar cuidado com esta maneira de dizer: *desde toda a eternidade*, pois queremos significar por isso uma coisa inteiramente diferente daquilo que havíamos explicado antes quando falamos da eternidade de Deus. Nós não entendemos nada mais aqui senão a duração, sem começo da duração, ou uma duração tal que, ainda que quiséssemos multiplicá-la por muitos anos ou por miríades de anos e esse produto, por seu turno, por outras miríades, nós não poderíamos jamais exprimi-la por nenhum número, por maior que fosse.

Em que é provado que uma coisa não pôde ser criada desde toda a eternidade:
Ora, demonstra-se assaz claramente que tal duração não pode existir. Pois se o mundo retrogradasse desde o instante presente, ele jamais poderia durar a duração infinita que lhe consignam; portanto, esse mundo tampouco poderia chegar desde esse começo até o instante presente. Talvez se diga: nada

é impossível a Deus; pois ele é todo-poderoso; e ele poderia fazer assim uma duração tal que não possa existir maior. Nós respondemos: Deus, porque é todo-poderoso, não criará jamais duração que ele não possa criar uma maior. Pois tal é a natureza da duração que podemos sempre conceber: uma duração maior ou menor do que uma dada duração, como acontece com o número. Insistir-se-á talvez: Deus existiu por toda a eternidade e assim durou até o momento presente e tem assim uma duração tal que não se pode conceber maior. Mas, desse modo, atribuímos a Deus uma duração composta de partes, erro suficientemente refutado por nós, quando demonstramos que, não a duração, mas a eternidade pertence a Deus. E aprouveria a Deus que os homens a tivessem atentamente considerado, pois eles teriam podido se desembaraçar de muitos argumentos e absurdos e, para o seu maior deleite, que tivessem permanecido na bem-aventurada contemplação desse ser.

Passemos, entretanto, à discussão dos argumentos que são apresentados por alguns, a saber, por aqueles que se esforçam em demonstrar a possibilidade de uma tal duração já decorrida.

Do fato de Deus ser eterno, não segue que seus efeitos possam ser por toda a eternidade:

1º. Eles dizem em primeiro lugar: uma coisa produzida pode existir ao mesmo tempo que sua causa; portanto, uma vez que Deus existiu por toda a eternidade, seus efeitos puderam ser produzidos desde toda eternidade. E eles confirmam isso, ademais, pelo exemplo do filho de Deus que foi produzido pelo pai desde toda a eternidade. Mas pode-se ver claramente, pelo que precede, que eles confundem a eternidade com a duração, e que atribuem somente a Deus a duração desde toda a eternidade; o que se vê ainda pelo exemplo que alegam. Pois a mesma eternidade que atribuem ao filho de Deus, eles admitem que possa caber às criaturas. Além do mais, eles imaginam o tempo e a duração antes da criação do mundo e querem que exista uma duração independente das coisas criadas, assim como outros [admitem] uma eternidade fora de Deus, e se constata agora que uma e outra opinião estão o mais distantes que se possa estar da verdadeira. Nós respondemos, portanto, que é inteiramente falso que Deus possa comunicar sua eternidade às criaturas; e que o filho de Deus não é uma criatura, mas é, como o pai, eterno. Logo, quando dizemos que o pai engendrou o filho desde toda a eternidade, queremos dizer somente que ele sempre comunicou ao filho sua eternidade.

Se Deus agisse por necessidade, ele não teria uma virtude infinita:

2º. O segundo argumento deles é que Deus, quando age livremente, não tem um poder menor do que quando age por necessidade. Ora, se Deus agisse por necessidade, como ele tem uma virtude infinita, ele deveria ter criado o mundo desde toda a eternidade. Mas é muito fácil responder a isso, se se considera seu fundamento. Essas boas criaturas supõem, com efeito, que podem ter muitas ideias diferentes, pois podem conceber Deus como tendo uma virtude infinita, quer quando age por necessidade de natureza, quer quando age livremente. Mas nós negamos que Deus tenha uma virtude infinita se agisse por necessidade de natureza; e nos é permitido negá-lo; mais ainda, isso nos deve ser necessariamente concedido por eles depois que demonstramos que um ser soberanamente perfeito age livremente e que não se pode conceber senão um só. Porque se eles objetam que se pode supor, entretanto, embora isso seja impossível, que um Deus que age por necessidade tenha uma virtude infinita, nós respondemos que não é permitido supor isso mais do que supor um círculo quadrado, com o fito de concluir que todas as linhas traçadas do centro até a circunferência não sejam iguais. E, para não repetir coisas ditas de há muito tempo, isso é assaz certo pelo que precede. Pois acabamos de demonstrar que não há nenhuma duração da qual não se possa conceber o dobro, ou tal que não se possa conceber uma duração maior e menor; e, por conseguinte, uma duração maior ou menor do que uma duração dada pode sempre ser criada por Deus que age livremente por uma virtude infinita. Mas se Deus agisse por uma necessidade de natureza, isso não se seguiria de nenhuma maneira; com efeito, somente a duração que resultaria de sua natureza poderia ser produzida e não uma infinidade de outras maiores do que aquela que seria dada. Nós argumentamos, pois, assim brevemente: se Deus criasse a duração máxima, de modo que ele próprio não pudesse criar uma maior, ele diminuiria necessariamente seu poder. Ora, essa consequência é falsa, pois sua potência não difere de sua essência, logo etc. Além disso, se Deus agisse por necessidade de natureza, ele deveria criar uma duração tal que ele próprio não pudesse criar uma duração maior; mas um Deus que crie uma tal duração não tem uma virtude infinita; pois nós podemos sempre conceber uma duração maior do que uma duração dada. Portanto, se Deus agisse por necessidade de natureza não teria uma virtude infinita.

Donde tiramos o conceito de uma duração maior que não é a deste mundo:

Uma dúvida poderia surgir a qualquer um porque, tendo sido o mundo criado há cinco mil anos e alguma coisa a mais, se o cálculo dos cronologistas for exato, ainda assim, no entanto, podemos conceber uma duração maior, embora tivéssemos afirmado que não se pode entender a duração sem as coisas criadas. É fácil para ele livrar-se disso, se se considera que a duração nos é conhecida não apenas pela contemplação das coisas criadas, mas também pela contemplação da potência infinita de criar que está em Deus. Pois as criaturas não podem ser concebidas como existindo ou durando por si próprias, mas unicamente pelo poder infinito de Deus, do qual somente elas tiram toda a sua duração. Ver Proposição 12 da Parte I e seu Corolário.

Enfim, para não perder tempo aqui em responder a argumentos fúteis, basta tomar cuidado, de um lado, com a distinção estabelecida entre a eternidade e a duração e, de outro lado, com o fato de que a duração sem as coisas criadas e a Eternidade sem Deus não são inteligíveis de forma alguma; estando isso claramente visto, poderemos mui facilmente responder a toda argumentação, e não é, pois, necessário nos demorarmos muito aqui.

Capítulo XI
Do Concurso de Deus

Resta pouca coisa ou mesmo não resta nada a dizer a respeito desse atributo depois que mostramos que Deus, em cada instante, cria continuamente uma coisa, por assim, dizer de novo; donde deduzimos que as coisas não têm jamais por si mesmas nenhum poder para produzir o que quer que seja, nem para se determinar a nenhuma ação, e isso ocorre não somente nas coisas externas ao homem, mas também na própria vontade humana. Nós respondemos, em seguida, também a certos argumentos concernentes a esse ponto e, ainda que muitos outros sejam alegados comumente, visto que isso compete acima de tudo à Teologia, eu não tenho a intenção de insistir nisso.

Como, todavia, há muitas pessoas que admitem o concurso de Deus e tomam em sentido totalmente outro aquilo que indicamos, convém observar aqui, para descobrir mais facilmente o erro deles, o que demonstramos anteriormente: a saber, que o tempo presente não tem nenhuma conexão com o futuro (ver Axioma 10 da Parte I) e que isso é clara e distintamente percebido por nós. E se se atenta seriamente a isso, poder-se-á responder, sem nenhuma dificuldade, a essa argumentação adversa que pode ser tirada da Filosofia.

No que consiste a ação conservadora de Deus em coisas que devem ser determinadas para agir:

Por não termos, entretanto, tocado nesse ponto em vão, nós responderemos, de passagem, a esta questão: se algo se acrescenta à ação conservadora de Deus, quando é que ele determina uma coisa a agir? Ao falar do movimento, aliás, nós já havíamos respondido a isso em alguma medida. Dizíamos, com efeito, que Deus conserva a mesma quantidade de movimento na Natureza. Se, portanto, tivermos em conta toda a Natureza material, nada é acrescentado de novo à ação que a conserva; mas se tivermos em conta as coisas particulares, pode-se dizer, de alguma maneira, que algo de novo se lhe acrescentou. Não dá para ver se isso ocorre também nas coisas espirituais, pois não parece que haja entre elas a mesma dependência mútua. Enfim, como as partes da duração não têm entre si nenhuma conexão, podemos dizer que Deus não conserva tanto as coisas materiais quanto, mais exatamente, ele as procria a cada instante; se, portanto, um homem tem atualmente uma liberdade determinada para fazer qualquer ação, pode-se dizer que Deus o criou assim nesse momento mesmo. E a isso não se opõe que a vontade humana seja amiúde determinada por coisas exteriores a ela, e que todas as coisas que existem na Natureza sejam mutuamente determinadas umas pelas outras a qualquer ação; pois essas coisas também são assim determinadas por Deus. Nenhuma coisa pode determinar uma vontade e, inversamente, nenhuma vontade pode determinar-se a não ser pelo exclusivo poder de Deus. Como, entretanto, isso se concilia com a liberdade humana ou como Deus pode fazer tudo isso mantendo a liberdade humana, nós confessamos ignorá-lo; já falamos com frequência disso.

A divisão vulgar dos atributos de Deus é antes nominal do que real:

Eis o que decidi dizer a respeito dos atributos de Deus, entre os quais não estabeleci até aqui nenhuma divisão. Quanto àquela que se encontra muitas vezes nos autores, falo daqueles que dividem os atributos de Deus em incomunicáveis e comunicáveis; para dizer a verdade, ela me parece mais nominal do que real. Pois a ciência de Deus não concorda mais com a ciência humana quanto o cão, signo celeste, com o cão que é um animal que late, e talvez se lhe assemelhe menos ainda.

Divisão própria do Autor: quanto a nós, eis a nossa divisão. Há atributos de Deus que explicam sua essência ativa; há outros que não explicam nada de sua ação, mas antes do seu modo de existência. Deste último gênero são a unidade, a eternidade, a necessidade etc. Do primeiro gênero, o conhecimento, a vontade, a vida, a onipotência etc. Essa divisão é suficientemente clara e nítida e abrange todos os atributos de Deus.

Capítulo XII
Da Mente Humana

Devemos agora passar à substância criada, que dividimos em substância extensa e substância pensante. Por substância extensa entendemos a matéria ou a substância corporal. Por substância pensante, somente as mentes humanas.

Os anjos não são do domínio da Metafísica, mas do domínio da Teologia:

Embora os Anjos também sejam criados, não sendo de modo algum conhecidos pela Luz Natural, eles não concernem à Metafísica. Sua essência e sua existência não são conhecidas a não ser pela Revelação e competem, pois, somente à Teologia; e o conhecimento desta última, sendo completamente outro do que o conhecimento natural e diferindo totalmente dele, não deve lhe ser de modo nenhum misturado. Que ninguém espere, portanto, que digamos aqui o que quer que seja dos anjos.

A mente humana não vem em absoluto de um intermediário, mas é criada por Deus; nós não sabemos em que instante:

Retornemos, pois, às mentes humanas, das quais temos agora pouca coisa a dizer; devemos advertir somente que nós não dissemos nada acerca do tempo da criação da mente humana, porque não se pode estabelecer em qual tempo Deus a criou, visto que ela pode existir sem o corpo. O que é certo é que ela não provém de um intermediário, pois isso se dá unicamente nas coisas que são engendradas, tais como os modos de uma substância; enquanto a substância mesma não pode ser engendrada, mas somente criada pelo exclusivo Ser Onipotente, como o demonstramos precedentemente.

Em que sentido a mente humana é mortal:

Para acrescentar alguma coisa sobre sua imortalidade, é bastante certo que não podemos dizer de nenhuma coisa criada que repugna à sua natureza que ela seja destruída pelo poder de Deus. Quem, com efeito, tem o poder de criar uma coisa, tem também o de destruí-la. Cumpre ajuntar, o que demonstramos suficientemente, que nenhuma coisa criada pode existir por sua natureza, mesmo por um só instante, mas é continuamente produzida por Deus.

Em que sentido ela é imortal:

Ainda que seja assim, nós vemos, entretanto, clara e distintamente, que não temos nenhuma ideia pela qual concebemos a destruição de uma substância como temos as ideias da corrupção e da geração dos modos. Nós concebemos claramente, com efeito, tão logo consideramos o edifício do corpo humano, que um tal edifício possa ser destruído; mas não concebemos, do mesmo modo, quando consideramos a substância corporal, que ela possa ser aniquilada. Enfim, um filósofo não procura senão aquilo que o soberano poder de Deus pode fazer; ele julga a natureza das coisas pelas leis que Deus estabeleceu para elas; ele julga, portanto, que aquela é fixa e constante, de onde a fixidez e a constância se concluem dessas leis; sem negar que Deus possa mudar tais leis e todo o resto. Por essa razão, quando falamos da mente, nós não procuramos aquilo que Deus pode fazer, mas tão somente aquilo que segue das leis da Natureza.

Demonstração da imortalidade da mente:

Visto, pois, que segue dessas leis que uma substância não pode ser destruída nem por ela mesma nem por nenhuma outra substância criada, tal como, se não me engano, nós demonstramos abundantemente antes, devemos, segundo as leis da Natureza, considerar a mente como imortal. E, se quisermos penetrar mais fundo neste tema, poderemos demonstrar com a máxima evidência que ela é imortal. Com efeito, como acabamos de ver, a imortalidade da mente segue claramente das leis da Natureza. Ora, as leis da Natureza são decretos de Deus revelados pela Luz Natural, como é mui evidentemente certo pelo que foi dito anteriormente. Ademais, já demonstramos que os decretos de Deus são imutáveis. De tudo isso concluímos claramente que Deus fez conhecer aos homens sua vontade imutável com respeito à duração das mentes, não apenas por revelação, mas também pela Luz Natural.

Deus não age contra a natureza, mas acima dela; no que consiste essa ação, segundo o autor:

Nós não nos detemos nesta possível objeção de que Deus pode em um momento qualquer destruir essas leis naturais para produzir milagres, pois a maioria dos teólogos, dos mais sábios, concorda que Deus não faz nada contra a natureza, mas age acima dela, isto é, como eu o explico, que Deus tem para agir muitas leis que ele não comunicou ao entendimento humano e que, se elas lhes tivessem sido comunicadas, pareceriam tão naturais quanto as outras.

Fica perfeitamente claro por aí que as mentes são imortais e eu não vejo o que me resta a dizer acerca da mente humana em geral neste lugar. E não restaria nada a dizer tampouco mais especialmente de suas funções, se os raciocínios pelos quais certos autores parecem tomar a peito a tarefa de não ver e não sentir o que veem e sentem não me solicitassem a dar uma resposta.

Por que alguns pensam que a vontade não é livre:

Alguns creem poder mostrar que a vontade não é livre, mas sempre determinada por outra coisa. E eles pensam isso porque entendem por vontade alguma coisa diferente da alma, alguma coisa que consideram como uma substância cuja natureza consiste somente no fato de que ela é indiferente. Quanto a nós, a fim de afastar toda confusão, explicaremos em primeiro lugar a coisa segundo a qual descobriremos mui facilmente o erro de seus raciocínios.

O que é a vontade:

Dissemos que a mente era uma coisa pensante, donde se segue que, por sua exclusiva natureza e considerada em si própria, ela pode efetuar qualquer ação, a saber, pensar, quer dizer, afirmar e negar. Mas esses pensamentos, ou bem são determinados por coisas situadas fora da mente humana, ou então o são pela própria mente, posto ser uma substância da essência pensante da qual muitos atos de pensamento podem e devem seguir. São esses atos do pensamento, que não têm nenhuma outra causa senão a mente humana, que chamamos *volições*. Para a mente humana, na medida em que é concebida como causa suficiente para produzir tais atos, ela se chama *vontade*.

Por que existe uma vontade:

Que, além disso, a mente tenha um tal poder, ainda que não estando determinada por quaisquer coisas externas, isso se pode mui comodamente explicar pelo exemplo do asno de Buridã. Se, com efeito, supusermos um homem em vez de um asno nessa posição de equilíbrio, esse homem deverá ser tido não como uma coisa pensante, porém como o mais estúpido asno, se ele perecer de fome e de sede. Isso decorre claramente também do fato de que nós quisemos, como dissemos anteriormente, duvidar de todas as coisas e não somente julgar duvidosas as coisas que podem ser postas em dúvida, mas rejeitá-las como falsas. (Ver Descartes, *Princípios da Filosofia* da Parte 1, artigo 39.)

Por que essa vontade é livre:

Cumpre notar, além do mais, que mesmo quando a mente está determinada a afirmar ou a negar alguma coisa pelas coisas exteriores, ela não é determinada de tal modo que seja coagida por essas coisas exteriores, mas permanece sempre livre. Pois nenhuma coisa tem o poder de destruir a essência da mente; logo, aquilo que ela afirma ou nega, ela o afirma ou nega sempre livremente, como é suficientemente explicado na Quarta Meditação. Por conseguinte, se a gente se pergunta por que a mente quer isto ou aquilo, ou não quer isto ou aquilo, respondemos: porque a mente é uma coisa pensante, isto é, uma coisa que tem por sua natureza o poder de querer e de não querer, de afirmar e de negar; pois é nisso que consiste uma coisa pensante.

Por que não se deve confundir a vontade com o apetite:

Após essa explicação, vejamos os argumentos dos adversários.

1. O primeiro argumento é o seguinte: se a vontade pode querer qualquer coisa contra o julgamento último do entendimento, se ela pode apetecer qualquer coisa contrária ao bem prescrito pelo julgamento último do entendimento, ela poderá apetecer o mal tendo em vista o mal. Ora, essa consequência é absurda; portanto, também o princípio. Vê-se claramente, por esse argumento, que eles não compreendem o que é a vontade, pois confundem-na com o apetite existente na alma depois que esta afirmou ou negou algo; e eles não aprenderam isso do seu Mestre [Aristóteles] que definiu a vontade: um apetite tendo em vista o bem. Mas nós dizemos que a vontade consiste em afirmar que tal coisa é boa e em negá-la, como explicamos antes abundantemente, ao tratar das causas do erro, que demonstramos provir do fato de que a vontade se mostra mais ampla do que o entendimento. Pelo contrário, se a alma não tivesse afirmado, porque ela é livre, que tal coisa é boa, não haveria apetite. Nós respondemos, portanto, ao argumento concedendo

PENSAMENTOS METAFÍSICOS

que a mente não pode nada querer contra o julgamento último do entendimento, isto é, não pode querer na medida em que se supõe que ela não possa querer, como ela o é aqui, pois que se diz que ela julgou uma coisa como sendo má, isto é, ela não quis alguma coisa. Nós negamos, todavia, que ela não pudesse absolutamente querer o que é mau, isto é, julgá-lo bom: pois isso seria contra a própria experiência. Pois nós julgamos boas muitas coisas que são más e, ao contrário, más muitas que são boas.

Por que a vontade não é nada senão a própria alma:

2. O segundo argumento (ou se se prefere, o primeiro, visto que até aqui não há nenhum) é o seguinte: se a vontade não é determinada a querer pelo julgamento último do entendimento prático, ela se determinará por si própria. Mas a vontade não se determina porque ela é, por sua natureza, indeterminada. E eles continuam a argumentar assim: se a vontade é por ela mesma e por sua natureza indiferente ao querer e ao não querer, ela não pode se determinar por si própria a querer, pois aquilo que determina deve ser tão determinado quanto é indeterminado o que é preciso determinar. Ora, a vontade considerada como se determinando por si própria é, na realidade, tão indeterminada como no caso em que a consideram como devendo ser determinada, pois nossos adversários não supõem nada na vontade determinante que não esteja também na vontade a determinar ou que sofreu determinação; e é impossível nada supor aí. Logo, a vontade não pode ser determinada por si mesma a querer. Se ela não é determinada por si mesma, ela o é, portanto, por outra coisa.

Tais são as palavras do próprio Heereboord[3], professor em Leiden, pelas quais ele mostra suficientemente que entende por vontade não a própria mente, mas qualquer outra coisa, fora da mente, ou, nela, algo tal como uma tábua rasa privada

---

3. Adriaan Heereboord (1614-1661?), filósofo e lógico holandês, adepto de Descartes e Bacon, lecionou na Universidade de Leiden, onde era notório por troçar dos aristotélicos.

de todo pensamento e capaz de receber não importa que desígnio; ou, melhor ainda, que a vontade é para ele como um peso em equilíbrio impelido por outro peso qualquer em um sentido ou em outro, seguindo-se que esse peso acrescido é ele mesmo determinado, ou, enfim, como alguma coisa que nem ele próprio nem qualquer mortal pode apreender por nenhum pensamento.

Dissemos há pouco, mostramos mesmo claramente, que a vontade não é nada mais senão a própria mente, denominada por nós como coisa pensante, isto é, que afirma e nega, donde resulta claramente, se se considera a exclusiva natureza da mente, que ela tem igual poder de afirmar e negar, pois é isso mesmo que é pensar. Se, portanto, daquilo que a mente pensa concluímos que ela tem o poder de afirmar e de negar, que necessidade há de buscar causas adventícias para produzir o que segue de sua exclusiva natureza? Mas, dir-se-á, a própria mente não é mais determinada a afirmar do que a negar e, portanto, concluir-se-á, nós devemos necessariamente procurar uma causa que a determine. Mas eu respondo por esta argumentação: se a mente, por si própria e por sua natureza, fosse somente determinada a afirmar (ainda que isso seja impossível de conceber, na medida em que pensamos a mente como uma coisa pensante), então, por sua exclusiva natureza, ela poderia somente afirmar, mas jamais negar, ainda que se lhe juntasse causas em um número qualquer. Se, ao contrário, ela não é determinada nem a afirmar nem a negar, ela não poderá fazer nem uma nem outra. Se, enfim, ela tem o poder de fazer as duas, e acabamos de mostrar que ela o tem, ela poderá, por sua exclusiva natureza e sem a ajuda de nenhuma causa, fazer uma e outra coisa; e isso será claro e certo para todos aqueles que consideram a coisa pensante como uma coisa pensante, isto é, que entre o atributo do pensamento e a própria coisa pensante não admitem nada mais exceto uma distinção de Razão e não separam, de modo nenhum, um do outro, como fazem nossos adversários que despojam a coisa pensante de todo pensamento e a representam ficticiamente como a matéria primeira dos peripatéticos. Eis, portanto, como respondo ao argumento e, para começar, à premissa maior: se por vontade entendeis uma coisa despojada de todo pensamento, nós concordamos que a vontade é indeterminada por sua natureza. Mas nós negamos que a vontade seja qualquer coisa despojada de todo pensamento e afirmamos, ao contrário, que ela é pensamento, isto é, poder de afirmar e negar; pelo que não se pode entender outra coisa senão causa suficiente tanto para uma como para a outra. Nós negamos, além disso, igualmente, que, se a vontade fosse indeterminada, isto é, despojada de todo pensamento, uma causa adventícia qualquer, além de Deus por sua potência de criar, poderia determiná-la. Conceber, com efeito, uma coisa pensante sem nenhum pensamento é exatamente o mesmo que se se quisesse conceber uma coisa extensa sem extensão.

Por que os filósofos confundiram a mente com as coisas corporais:

Enfim, para não ter aqui de passar em revista um número maior de argumentos, advirto que nossos adversários, não tendo compreendido a vontade, e não tendo tido da mente nenhum conceito claro e distinto, confundiram a mente com as coisas corporais; o que adveio do emprego que fizeram das palavras comuns aplicadas às coisas corporais para significar as coisas espirituais que eles não conheciam. Eles estavam acostumados, com efeito, a chamar de indeterminados, porque estão em equilíbrio, aqueles corpos que são impelidos em direções opostas por causas exteriores igualmente fortes e exatamente contrárias. Admitindo, portanto, a indeterminação da vontade, parece que eles queriam concebê-la como um corpo colocado em equilíbrio; e porque esses corpos solicitados por causas exteriores não têm nada além do que recebem delas (donde se segue que eles devem sempre ser determinados por uma causa externa), eles acreditavam que a mesma coisa devia ocorrer com a vontade. Mas nós explicamos suficientemente o que acontece aí e nos deteremos aqui.

No tocante à substância extensa, dela nós falamos bastante anteriormente e, além dessas duas substâncias, nós não conhecemos nenhuma outra. Quanto aos acidentes reais e às outras qualidades, são coisas suficientemente arruinadas, e é inútil perder tempo aqui em refutá-las; aqui, pois, depomos a pena.

TRATADO DA CORREÇÃO
DO INTELECTO

(*TRACTATUS DE INTELLECTUS
EMENDATIONE*)

ADVERTÊNCIA AO LEITOR

Este *Tratado da Correção do Intelecto* que te apresentamos aqui, benévolo leitor, em seu estado de inacabamento, foi composto há muitos anos pelo autor. Ele teve sempre em mente terminá--lo; outras preocupações, porém, o impediram e a morte acabou por arrebatá-lo antes que pudesse, como teria desejado, levar a cabo sua obra. Como, todavia, ela contém grande número de coisas notáveis e úteis que, não temos dúvida, são de grande valor para quem persegue sinceramente a verdade, não quisemos que dela tu fosses privado. Assim, para que te pareçam mais facilmente perdoáveis as obscuridades, a rudeza e as imperfeições que se encontram aqui e ali, quisemos nós preveni-lo e para isso redigimos esta advertência[1].

Adeus

---

1 Esta advertência figura na *Opera posthuma* e também na edição holandesa das *Nagelate Schriften van B. d. S.*, ambas de 1677, especulando-se que seja de autoria de Jarig Jelles ou Lodewijk Meyer.

1. Após a experiência ter-me ensinado que tudo o que ocorre de mais frequente na vida ordinária é vão e fútil, vi que todas as coisas que eram para mim causa ou objeto de receio não contêm em si nada de bom ou de mau, a não ser enquanto o ânimo se deixava por elas mover, e resolvi indagar se existia algum objeto que fosse um bem verdadeiro, capaz de se comunicar, e pelo qual a alma, renunciando a qualquer outro, pudesse ser unicamente afetada, um bem cuja descoberta e possessão tivessem por fruto uma eternidade de alegria contínua e suprema.

2. Digo que *resolvi enfim*. À primeira vista, parecia insensato querer perder uma coisa certa por algo ainda incerto; bem via as comodidades que se tiram da honra e da riqueza e que seria preciso abster-me de sua procura se quisesse aplicar-me seriamente a essas novas coisas: no caso da suprema felicidade nelas estar contida, deveria dela privar-me. Se na verdade ali não se encontrasse, um apego exclusivo a tais comodidades far-me-ia perdê-la igualmente.

3. Minha alma, nessas circunstâncias, inquietava-se em saber se não seria possível chegar ao novo modo de vida ou pelo

menos à certeza a seu respeito, sem mudar a ordem anterior e a conduta comum de minha existência, o que tentei muitas vezes frustradamente. Com efeito, as coisas que mais ocorrem na vida, e são tidas pelos homens como o supremo bem, ligam-se, pelo que se pode depreender de suas obras, nestas três: riqueza, honra e concupiscência [*libidinem*]. Cada uma delas distrai a mente, que não pode pensar em outro bem.

4. No atinente à libido, a alma é suspensa como se nela pudesse descansar e está impedida ao máximo de cogitar outro bem. De outro lado, após a fruição vem uma extrema tristeza que, se não suspende o pensamento, o perturba e embota. A persecução da honra e da riqueza não absorve menos o espírito; a da riqueza sobretudo, quando buscada por si mesma, pois então se supõe ser o bem soberano[2].

5. A honra distrai o espírito de maneira ainda mais exclusiva, pois jamais se deixa de considerá-la um bem por si mesmo e como um fim último para o qual todas as ações se dirigem. Além disso, a honra e a riqueza não são seguidas pelo arrependimento, como o prazer da libido; ao contrário, quanto mais se possui, de uma ou de outra, mais a alegria sentida aumenta, e por essa razão mais se é estimulado a aumentá-las; mas se em alguma ocasião nos frustramos em nossa esperança, então nasce uma extrema tristeza. A honra, enfim, é ainda um grande impedimento pois que, para alcançá-la, deve-se dirigir a vida conforme a maneira do vulgo, quer dizer, fugir do que ele comumente foge e procurar o que ele procura.

6. Vendo desse modo que todas são obstáculos à instituição de uma nova vida, e que há entre elas, ao contrário, uma oposição tal que é necessário abster-se de uma e de outra, pensava inquirir o que me era mais útil; parecia, como disse, que eu quisesse deixar escapar um bem certo por um incerto. Todavia,

---

2. [B. de S.:} Esse ponto poderia ser tratado com mais desenvoltura e mais distintamente pela consideração separada de vários casos: a riqueza perseguida por si mesma, em vista da honra, do prazer, da santidade e do progresso das ciências e das artes. Tais considerações encontrarão seu lugar, não havendo razão de tratá-las aqui cuidadosamente.

com um pouco de atenção, reconheci primeiramente que se eu renunciasse a tudo e me dedicasse à instituição da nova vida, abandonaria um bem incerto por sua natureza, como ressalta do que foi dito, por um bem incerto não por sua natureza (pois procurava um bem fixo), mas por sua consecução.

7. Uma meditação mais assídua convenceu-me, em seguida, que, se apenas pudesse deliberar profundamente, abandonaria um mal certo por um bem certo. Via-me, com efeito, em um perigo extremo e forçado a procurar, com todas as forças, um remédio, ainda que incerto, assim como um enfermo que possui uma afecção mortal, que vê a morte iminente se não emprega um remédio, e está coagido a procurá-lo, ainda que seja incerto, pois toda a sua esperança nele está. Ora, os objetos que o vulgo segue não só não fornecem qualquer remédio à conservação de nosso ser, mas a impedem e, frequentemente, são a causa da perda daqueles que os possuem[3]; são sempre a causa da perda para os que por eles são possuídos.

8. Numerosos, com efeito, são os exemplos de homens que sofreram a perseguição e a morte por causa de suas riquezas e também de homens que, para se enriquecer, expuseram-se a tantos perigos que acabaram por pagar a estultícia com sua[4] vida. Não há menos exemplos de homens que, para conquistar ou conservar a honra, sofreram miseravelmente. Inumeráveis, enfim, são aqueles cujo amor excessivo pela libido apressou a morte.

9. Tais males, de resto, pareciam provir do fato de que toda nossa felicidade e infelicidade residem em apenas um ponto: a que qualidade de objetos aderimos por amor? Pois não causará dano um objeto não amado, nunca haverá por ele litígios; não sentiremos tristeza se vier a se perder, não haverá inveja se cair na posse de outro; nenhum medo, nenhum ódio e, para dizer em uma palavra, nenhuma comoção de alma. Todas essas paixões são coisas que ocorrem com aquilo que pode perecer, como aquelas de que acabamos de falar.

3. [B. de S.:] Nós iremos demonstrar esse ponto mais acuradamente.
4. A *stultitia* deles.

10. Mas o amor de uma coisa eterna e infinita só alimenta a alma de alegria, isenta de toda tristeza, o que deve ser grandemente desejável e procurado com todas as forças. Não é sem razão que uso destas palavras: *se pudesse seriamente deliberar*. Com efeito, ainda que percebesse mentalmente de maneira clara, não poderia me desfazer de toda avareza, libido e glória.

11. Apenas via que, enquanto a mente se voltava para essas cogitações, se afastava daquelas outras e pensava seriamente na instituição de uma nova vida, o que me foi de grande consolo; via que os males não possuíam uma tal condição que não pudessem ceder aos remédios. No começo, os intervalos foram raros e de curta duração, mas na medida em que o verdadeiro bem me foi sendo conhecido, mais e mais, tornaram-se eles mais frequentes e de maior duração. Particularmente, quando observei que a aquisição de dinheiro, a libido e a glória apenas são prejudiciais quando procuradas por si mesmas, e não como meios em vista de outro fim. Ao contrário, se as procurarmos como meios, não ultrapassarão um certo limite e, longe de prejudicar, contribuirão bastante para o alcance do fim a que se propõem, como o demonstraremos no devido lugar.

12. Limitar-me-ei a dizer aqui, brevemente, o que entendo por bem verdadeiro e, de modo semelhante, o que é o soberano bem. Para bem entender, deve-se notar que o bom e o mau se dizem de maneira relativa, uma só e mesma coisa podendo ser boa ou má conforme aspectos diversos, assim como o perfeito e o imperfeito. Nada, em sua própria natureza, será dito perfeito ou imperfeito, principalmente quando se souber que tudo o que ocorre é produzido segundo uma ordem eterna e conforme leis naturais determinadas.

13. Porém, enquanto a imbecilidade humana não apreende essa ordem pelo pensamento, ao mesmo tempo que o homem concebe uma natureza humana superior à sua em força, e nada vê que o impeça de adquirir uma semelhante, ele é incitado a procurar meios que o conduzam a essa perfeição; e tudo o que pode servir de meio para ali chegar é chamado de bem

TRATADO DA CORREÇÃO DO INTELECTO 331

verdadeiro, sendo o bem soberano o usufruir, com outros indivíduos, se puder, daquela natureza superior. O que é, pois, essa natureza nós o mostraremos em seu devido lugar[5], sendo ela o conhecimento da união que a mente possui com toda a natureza.

14. Tal é o fim ao qual me inclino: adquirir essa natureza superior e fazer o melhor para que muitos a adquiram comigo, pois é parte de minha felicidade trabalhar para que muitos conheçam claramente o que é claro para mim, de modo que seu entendimento e desejo se conciliem de maneira plena com meu entendimento e desejo. Para chegar a esse fim, é necessário ter da natureza[6] um conhecimento tal que ele seja suficiente para a aquisição dessa natureza superior; e assim formar uma sociedade, como se deseja, para que o maior número de homens a ela chegue de maneira mais fácil e segura.

15. É preciso dedicar-se em seguida à Filosofia Moral, assim como à Doutrina da Educação Infantil; e porque a saúde não é um meio de pouca importância para o nosso objeto, é necessário reunir as partes da Medicina; enfim, como as artes tornam fáceis as coisas difíceis, fazendo ganhar muito tempo e comodidade na vida, a Mecânica não deverá ser negligenciada.

16. Antes de tudo, porém, é preciso excogitar o modo de curar e purificar o entendimento, tanto quanto se possa, no início, de modo que tudo entenda felizmente, sem erro e da melhor maneira. De onde já se poderá ver que quero dirigir todas as ciências para um só fim e um só escopo[7], que é o de chegar a essa suprema perfeição humana da qual falávamos. Tudo o que nas ciências não nos impele adiante precisa ser rejeitado como inútil; em uma palavra, todos os nossos esforços e nossas cogitações estão dirigidas a esse fim.

---

5. [B. de S.:]O que será explicado mais amplamente a seu tempo.
6. [B. de S.:]Observar-se-á que eu não me preocupo aqui em enumerar senão as ciências necessárias ao nosso escopo sem me ater ao seu encadeamento.
7. [B. de S.:] Há na ciência um fim único para o qual tudo deve se dirigir.

17. Mas enquanto estamos ocupados com essa busca e trabalhamos para manter nosso entendimento na via correta, é necessário viver; logo, somos obrigados, antes de tudo, a estabelecer certas regras que supomos boas e que são as seguintes: I. pôr nossas palavras ao alcance do vulgo e como ele agir, desde que nada disso nos impeça de atingir nosso escopo; com isso podemos muito ganhar, contanto que nos adaptemos à sua maneira de ver, tanto quanto posível, e assim encontraremos ouvidos bem dispostos a entender a verdade; II. dos prazeres usufruir somente o que é necessário para a manutenção da saúde; III. procurar o dinheiro ou outro bem material somente o quanto é necessário para a conservação da vida e da saúde, imitando os costumes da cidade em tudo o que não se opõe ao nosso intento.

18. Estabelecidas tais regras, me dedicarei, de início, ao que vem em primeiro lugar, ou seja, corrigir o intelecto, tornando-o apto a conhecer as coisas como é necessário para alcançar nosso propósito. Para isso, exige a ordem, que naturalmente temos, que resuma todos os modos da percepção que usei até aqui para afirmar ou negar sem dúvida, a fim de escolher o melhor e de começar, ao mesmo tempo, a conhecer minhas forças e minha natureza, que pretendo levar à perfeição.

19. Se atento com cuidado, posso fazer com que tudo se reduza a quatro modos: I. temos uma percepção por *ouvir dizer* [*ex auditu*] ou por meio de um signo convencional, arbitrário [*ad placitum*]; II. há uma percepção adquirida por experiência vaga, ou seja, por uma experiência que não é determinada pelo intelecto; assim dita porque, tendo sido dada fortuitamente e não sendo contradita por nenhuma outra, permanece como inquebrantável em nós; III. há percepção quando a essência de uma coisa se conclui de outra, mas não é adequada, o que ocorre quando, de um efeito, retiramos a causa ou se conclui, de seu caráter universal, que sempre está acompanhado de suas propriedades[8]; IV. por

---

8. [B. de S.:] Nesse caso, não conhecemos nada da causa, salvo o que consideramos no efeito. Isso aparece quando não podemos falar da causa a não ser em termos bastante genéricos: há alguma coisa, há uma potência etc., ou quando nos exprimimos

TRATADO DA CORREÇÃO DO INTELECTO 333

fim, há percepção quando uma coisa é percebida apenas por sua essência ou pela cognição de sua causa próxima.

20. Com exemplos, ilustrarei tudo. Sei, por ouvir dizer, qual foi o meu dia de nascimento, quais foram meus pais e coisas semelhantes, das quais jamais duvidei. Sei, por vaga experiência, que morrerei; se o afirmo é porque vi muitos de meus semelhantes morrerem, embora nem todos tenham vivido no mesmo tempo e não tenham morrido da mesma enfermidade. É ainda por experiência vaga que sei que o óleo é um alimento para a chama e que a água é apta para extingui-la, que o cachorro é um animal que ladra, o homem um animal racional, e assim tudo o que soube ordinariamente e se requer para o uso da vida.

21. Eis como concluímos uma coisa de outra. Quando percebemos claramente que sentimos tal corpo e nenhum outro, concluímos claramente daí que a alma está unida a esse corpo e que essa união é a causa de tal sensação[9]. Mas em que consiste essa sensação e união, não podemos conhecer[10]. Assim como conheço a natureza da visão e também essa propriedade a ela pertencente – que um mesmo objeto visto à grande distância parece menor do que olhado de perto –, disso concluímos que o Sol é maior do que aparece, assim como outras inferências similares.

22. Uma coisa é percebida apenas por sua essência quando, pelo fato de que sei alguma coisa, sei o que é saber alguma coisa, quando, pelo conhecimento que tenho da essência da alma, sei que ela está unida ao corpo. É desse conhecimento

---

negativamente. No segundo caso, atribui-se à causa, além do efeito, alguma coisa concebida claramente, como se verá pelo exemplo dado; mas sem ultrapassar as propriedades não se chega à essência particular da coisa.

9. [B. de S.:] Vê-se claramente, por esse exemplo, o que desta maneira notei: por essa união nada compreendemos senão a própria sensação, de cujo efeito concluímos uma causa, mas da qual nada entendemos.

10. [B. de S.:] Tal conclusão, embora certa, não é, todavia, segura, a não ser com o máximo cuidado. Sem essa preocupação, logo se cairá em erro. Quando se concebem as coisas dessa maneira abstrata, e não sua verdadeira essência, a imaginação nos faz confundi-las. Pois pela imaginação os homens representam o que é uno de modo múltiplo. Às qualidades concebidas abstrata, separada e confusamente eles impõem nomes que lhes são de significado mais familiar; do que resulta imaginarem algumas do mesmo modo que imaginaram as coisas a que impuseram o primeiro nome.

que sabemos que dois e três fazem cinco e que duas linhas paralelas a uma terceira são paralelas entre si. Poucas coisas, no entanto, foram as que pude compreender dessa maneira.

23. Para que melhor se compreenda o que precede, sirvo-me de um único exemplo. Que sejam dados três números e se procure um quarto que esteja para o terceiro como o segundo para o primeiro. Os comerciantes dirão que sabem o que é preciso fazer para encontrar o quarto número, pois não esqueceram a operação que aprenderam com seus mestres, sem demonstração. Outros fazem de experiências de casos simples um Axioma universal. Acontece do quarto número ser conhecido na proporção 2, 4, 3, 6 e a experiência mostra que, dividindo-se pelo primeiro o produto do segundo pelo terceiro, tem-se como quociente 6; obtém-se, por essa operação, o mesmo número que eles já sabiam ser o quarto proporcional e, assim, concluem que essa operação sempre permite encontrar o quarto proporcional.

24. Os matemáticos, conforme as demonstrações da Proposição 19 do livro 7 dos *Elementos* de Euclides, sabem que números são proporcionais entre si; e eles o concluem da natureza da proporcionalidade e desta propriedade que lhe pertence, a de que o produto do primeiro e do quarto termos iguala o produto do segundo pelo terceiro. Mas não veem adequadamente a proporcionalidade dos números dados e, se a veem, não o fazem pela Proposição de Euclides, mas intuitivamente, sem proceder a uma operação.

25. Para escolher agora entre o melhor desses modos de percepção [*modus percipiendi*], requer-se enumerar brevemente os meios necessários para o nosso fim, a saber: i. conhecer exatamente nossa natureza, que desejamos levar à perfeição, e ter da natureza das coisas um conhecimento necessário; ii. diferenciar as coisas, em suas conformidades e oposições; iii. de modo a conceber retamente o que sofrem; iv. e conferi-las com a potência e a natureza dos homens. Dessa maneira, ver-se-á facilmente a mais alta perfeição que o homem pode alcançar.

26. Após tais considerações, vejamos qual o modo de percepção que se deve eleger. No atinente ao primeiro, é por si

TRATADO DA CORREÇÃO DO INTELECTO 335

manifesto que, apenas por ouvir dizer, além de ser bastante incerto, não percebemos a essência da coisa, como aparece em nosso exemplo. Ora, não podemos conhecer a existência singular de uma coisa a menos que sua essência nos seja conhecida, como se verá posteriormente; donde concluímos que toda certeza adquirida por ouvir dizer deve ser excluída das ciências. Pela simples audição, sem que haja um ato próprio e anterior do intelecto, nada pode ser afetado.

27. Quanto ao segundo modo[11], não se pode dizer que tenha a ideia da proporção que se procura. Além de ser esse modo incerto e nunca definitivo, nada se perceberá a não ser acidentes nas coisas da natureza, e estas não são claramente inteligíveis senão pelo pré-conhecimento das essências. É preciso igualmente rejeitar esse modo.

28. Do assim dito terceiro modo, com o qual temos uma ideia da coisa, ele nos permite concluir sem perigo de erro; mas não é o meio, por si mesmo, de adquirirmos nossa perfeição.

29. Só o quarto modo apreende adequadamente a essência da coisa, e isso sem perigo de erro; eis por que dele nos servimos no mais elevado grau. Assim, de que maneira é preciso empregá-lo para compreender as coisas desconhecidas, e como consegui-lo mais diretamente, é o que cuidaremos de explicar.

30. Sabendo-se agora que tipo de conhecimento é necessário, é preciso indicar a via e o método pelos quais chegaremos a conhecer verdadeiramente as coisas que temos de conhecer. Para isso é necessário observar, em primeiro lugar, que não há uma indagação ao infinito [*inquisitio in infinitum*]; para encontrar o melhor método da investigação da verdade, não temos necessidade de um método pelo qual investigaríamos esse método de investigação; e para investigar esse segundo método, não se necessita de um terceiro, e assim ao infinito. Pois, desse modo, não chegaríamos jamais ao conhecimento da verdade nem a qualquer conhecimento. O mesmo ocorre com

---

11. [B. de S.:] Falarei aqui um pouco mais prolixamente da experiência; e examinarei o método dos empíricos e dos novos filósofos.

instrumentos materiais, se usarmos o mesmo modo de argumentação. Para forjar o ferro, com efeito, é preciso um martelo, e para ter um martelo é preciso fazê-lo com ferro; e para isso, um outro martelo e outros instrumentos são necessários e, para ter esses instrumentos, são precisos outros, e assim ao infinito. Desse modo, nos esforçaríamos inutilmente para provar que os homens não têm o poder de forjar o ferro.

31. De algum modo os homens puderam, com instrumentos naturais, fazer o que conseguiram em trabalhos de menor dificuldade, ainda que laboriosa e imperfeitamente. Tendo-os terminados, confeccionaram os mais difíceis com menos trabalho e mais perfeição, indo assim, por degraus, de trabalhos mais simples aos intrumentos, e dos instrumentos a outros trabalhos e instrumentos, por um progresso constante, chegando, enfim, a executar tantas obras e das mais difíceis com pouco trabalho. Assim o entendimento, por sua potência nativa[12], elabora instrumentos intelectuais com os quais aumenta suas forças para concluir outras obras intelectuais[13]. Destas últimas, ele retira outros instrumentos, quer dizer, o poder de operar investigações ulteriores, e assim continua gradativamente a progredir até atingir o cume da sapiência.

32. Que assim ocorra com o entedimento ver-se-á facilmente, desde que se compreenda em que consiste o método de investigação da verdade e quais são esses instrumentos naturais com cujo auxílio se elaboram outros instrumentos para se ir adiante. Para demonstrá-lo, assim procedo.

33. A ideia verdadeira (pois temos uma ideia verdadeira)[14] é algo distinto de seu ideado; uma coisa é o círculo, outra, a ideia do círculo. A ideia do círculo não é um objeto com um centro e uma periferia, como o próprio círculo, nem a ideia do corpo é o próprio corpo. Sendo uma coisa distinta de seu ideado – ela

12. [B. de S.:] Por *potência nativa* entendo o que não nos é causado por fatores externos, o que explicarei posteriormente em minha filosofia.
13. [B. de S.:] Faz-se aqui simples menção dessas obras; em minha filosofia explicarei em que elas consistem.
14. [B. de S.:] Não devemos mostrar apenas o que acabo de dizer, mas ainda que seguimos um processo reto e, simultaneamente, outras coisas necessárias de saber.

será em si mesma algo de inteligível –, isto é, a ideia, enquanto possui uma essência formal, pode ser o objeto de uma outra essência objetiva e, por sua vez, esta outra essência objetiva, considerada em si mesma, será qualquer coisa de real e de inteligível, e assim indefinidamente.

34. Pedro, por exemplo, é um objeto real; a ideia verdadeira de Pedro é a essência objetiva de Pedro e, em si mesma, é algo de real, mas totalmente diversa de Pedro. Como a ideia de Pedro é algo de real, ela será também objeto de uma outra ideia que conterá, objetivamente, tudo o que a ideia de Pedro contém formalmente; por sua vez, essa ideia, que terá por objeto a ideia de Pedro, terá também sua essência, a qual poderá ser o objeto de uma nova ideia, e assim indefinidamente. Qualquer um pode experimentá-lo ao ver que, sabendo o que é Pedro, sabe também que sabe, e ainda que sabe que sabe etc. Constata-se por isso que, para conhecer a essência de Pedro, não é necessário que o entendimento conheça a própria ideia de Pedro, e menos ainda a ideia da ideia de Pedro; o que equivale a dizer que, para saber, não tenho a necessidade de saber que sei, e menos ainda de saber que sei que sei; não mais do que, para conhecer a ideia do triângulo, não é preciso conhecer a do círculo[15]. É o contrário que ocorre nessas ideias: para saber que sei, é preciso antes que eu saiba.

35. Segue-se daí que a certeza não está em nada fora da própria essência objetiva. Quer dizer que a maneira como sentimos a essência formal é a própria certeza. Mas disso se segue evidentemente que, para ter a certeza da verdade, não é indispensável nenhum sinal além da possessão da ideia verdadeira; pois, assim como mostramos, para saber não tenho necessidade de saber que sei. E com isso se evidencia que ninguém pode saber o que é a suma certeza se não possui uma ideia adequada

---

15. [B. de S.:] Note-se que não procuramos aqui como a primeira essência objetiva em nós nasceu; essa questão tem seu lugar no estudo da natureza, onde será melhor explicada e onde mostraremos também que fora da ideia não há afirmação, negação ou, sequer, vontade.

ou a essência objetiva de uma coisa; pois, de fato, a certeza e a essência objetiva são idênticas.

36. Como, pois, a verdade não tem qualquer sinal, sendo suficiente possuir as essências objetivas ou, o que dá no mesmo, as ideias das coisas para levantar todas as dúvidas, segue-se daí que o verdadeiro método não consiste em procurar o sinal com o qual se reconheceria a verdade após a aquisição das ideias; o método verdadeiro é o caminho pelo qual a própria verdade, ou a essência objetiva das coisas, ou suas ideias (tudo isso tem o mesmo significado), seja procurada na ordem devida[16].

37. O método, para retornar a ele, deve necessariamente falar do raciocínio ou da intelecção; isto é, o método não é o próprio raciocínio pelo qual compreendemos as causas das coisas, e menos ainda o conhecimento das causas; ele consiste em bem entender o que é uma ideia verdadeira, distinguindo-a das demais percepções e investigando sua natureza, de modo a tomar conhecimento de nosso poder de compreender e obrigando nossa mente a conhecer, segundo essa norma, tudo o que deve ser conhecido, traçando-lhe como auxiliares, ademais, algumas regras corretas, e, assim fazendo, não fatigar a mente com inutilidades.

38. Disso resulta que o método não é outra coisa senão o conhecimento ou cognição reflexiva, ou a ideia da ideia; e não se tendo a ideia da ideia, a não ser que uma ideia seja dada inicialmente, logo não haverá método se uma ideia não for anteriormente dada. O bom método é, por conseguinte, aquele que mostra como a mente deve ser dirigida segundo a norma da ideia verdadeira dada. Prosseguindo, e tendo em vista duas ideias que contenham as mesmas razões relativamente às suas essências formais, segue-se que o conhecimento reflexivo que se aplique à ideia do ente mais perfeito garante o conhecimento reflexivo das outras ideias; isto é, o método mais perfeito será aquele que mostre como a mente deve ser conduzida, conforme a norma da ideia dada do ente mais perfeito.

---

16. [B. de S.:] Como essa busca se dá na alma, minha filosofia o explicará.

TRATADO DA CORREÇÃO DO INTELECTO

39. Disso se compreende com facilidade como a mente, na medida que seu conhecimento se amplia, adquire novos instrumentos que lhe permitem inteligir com mais facilidade. Com efeito, como se conclui do que foi dito, deve existir em nós, antes de tudo, como instrumento inato, uma ideia verdadeira cuja intelecção faça conhecer a diferença existente entre uma percepção desse tipo e todas as outras. Nisso consiste uma parte do método. Como é claro por si mesmo que o espírito se conhece melhor quanto mais conhece da natureza, é certo que essa primeira parte do método será mais perfeita quanto mais o espírito conheça as coisas e que ela será perfeita no mais elevado grau quando a mente se aplicar à cogitação do ente mais perfeito, ou refletir sobre seu conhecimento.

40. Depois, quanto mais a mente sabe das coisas, melhor também ela conhece suas forças e a ordem da natureza; quanto mais ela conhece suas forças, mais facilmente ela pode guiar-se e propor-se regras; quanto mais ela conhece a ordem da natureza, mais facilmente pode se coibir de inutilidades; nisso tudo consiste todo o método, como dissemos.

41. É preciso acrescentar que aquilo que se refere objetivamente à ideia, da mesma maneira se refere ao seu objeto. Se, portanto, existisse na natureza alguma coisa que não mantivesse qualquer comércio com outras coisas[17], supondo-se haver nessa coisa uma essência objetiva, concordando em tudo com sua essência formal, ela também não teria qualquer comércio com outras ideias, o que quer dizer que dela nada poderíamos concluir. Ao contrário, as coisas que mantêm comércio com outras, como todas aquelas que existem na natureza, serão conhecidas e suas essências objetivas terão entre elas o mesmo comércio, quer dizer, outras ideias dela serão deduzidas, as quais, por sua vez, manterão comércio com outras e assim acrescentarão novos instrumentos para seguir adiante, o que nos esforçamos por demonstrar.

17. [B. de S.:] Ter comércio com outras coisas é produzir outras ou ser por elas produzido.

42. Prosseguindo o que dissemos por último, a saber, que a ideia deve convir em tudo com a essência formal, segue claramente que nossa mente, para reproduzir um quadro da natureza, deve fazer sair todas as suas ideias daquela que representa a fonte e origem de toda a Natureza, para que essa ideia seja a fonte das outras ideias.

43. Talvez aqui alguém se espante um pouco por termos dito que o bom método é aquele que expõe como a mente deve ser dirigida segundo a norma da ideia verdadeira e o provemos por raciocínio, o que parece mostrar que isso não é evidente por si. Poder-se-á também perguntar se bem raciocinamos. Se o nosso raciocínio é bom, devemos começar pela ideia dada, e como esse ponto de partida tem, ele próprio, necessidade de demonstração, devemos repetir a prova de nosso raciocínio uma segunda vez e, em seguida, repeti-la uma terceira, e assim ao infinito.

44. Ao que respondo: se alguém, por um destino seu, tivesse prosseguido em sua investigação da natureza, adquirindo novas ideias, bem entendido consoante à ordem devida da ideia verdadeira, jamais teria duvidado da verdade assim obtida[18], pois a verdade, como fizemos ver, por si mesma se desvela e, espontaneamente ainda, por si mesma flui. Mas isso nunca ou só raramente acontece; fui, portanto, obrigado a colocar tais princípios a fim de que possamos adquirir, por uma resolução premeditada, o que não nos coube por destino e, simultaneamente, queria fazer ver que, para estabelecer a verdade e bons raciocínios, não temos necessidade de outros instrumentos senão da própria verdade e do bom raciocínio. Comprovei um bom raciocínio e me esforço em provar um bom raciocínio.

45. Acrescente-se que desse modo os homens se habituam às suas meditações interiores. A razão pela qual raramente se chega, no estudo da natureza, à investigação segundo a ordem devida são os preconceitos cujas causas explicaremos mais tarde

18. [B. de S.:] Da mesma maneira que não duvidamos de nossa verdade.

em nossa filosofia. Em segundo lugar, porque é necessária uma distinção grande e acurada, o que exige muito labor, como posteriormente mostraremos. Enfim, isso se deve também ao estado das coisas humanas que é, como já demonstramos, continuamente mutável. Há outras razões ainda que não investigaremos.

46. Se alguém perguntar por que eu mesmo não expus as verdades da natureza na ordem devida (pois a própria verdade se faz conhecer), respondo e ao mesmo tempo advirto que se encontrarão proposições contrárias à opinião comum, que deverá ser rejeitada como falsa; que se tome em consideração primeiramente a ordem por nós seguida para prová-las e ter a certeza de que alcançamos a verdade. Eis a razão destas palavras iniciais.

47. Se, na sequência, alguém estiver cético a respeito desta primeira verdade e de todas aquelas que deduzimos da primeira norma é porque falará contra sua consciência ou confessaremos que há homens cuja alma é completamente cega, seja por nascimento, seja por causa de preconceitos, isto é, por acidentes exteriores. Com efeito, eles não possuem sequer consciência de si. Se afirmam ou duvidam de algo, não sabem que afirmam ou que ignoram. Dizem que nada sabem e, isso que nada sabem, declaram ignorar, pois têm medo de admitir que existem se nada sabem, embora lhes seja por fim necessário guardar silêncio para estar seguros de nada admitir que tenha odor de verdade.

48. Em seguida, não há que se falar de ciência com eles; no que diz respeito ao uso da vida e da sociedade, a necessidade os obriga a admitir sua própria existência, a procurar o que lhes é útil, a afirmar e negar sob juramento. Se lhes provamos algo, não sabem se a argumentação é probatória ou deficiente. Se negam, concedem ou se opõem, não sabem que negam, que concedem ou se opõem. Por esse motivo, encontram-se no estado dos autômatos, que carecem de toda razão.

49. Resumamos, então, nosso propósito. *Primo*, determinamos até aqui a finalidade para a qual nos aplicamos em dirigir todas as nossas cogitações. *Secundo*, conhecemos qual é a melhor Percepção, por meio da qual podemos chegar à nossa perfeição.

Tertio, qual é a primeira via na qual deve a mente insistir para bem começar: havendo uma ideia verdadeira qualquer, tomá-la como norma para persistir no inquérito seguro das leis. Para fazê-lo corretamente, é preciso pedir ao método: *primo*, distinguir a ideia verdadeira de todas as demais percepções e coibir a mente destas últimas; *secundo*, traçar regras para que, segundo elas, se percebam coisas desconhecidas; *tertio*, constituir uma ordem para nos poupar de fadigas inúteis. Após termos criado o método, vimos, *quarto*, que para que fosse o mais perfeito, era preciso que tivéssemos a ideia do ser mais perfeito. Desde o início, é preciso a máxima observação, antes de alcançarmos, o mais rapidamente possível, o conhecimento de tal ser.

50. Comecemos, pois, pela primeira parte do método que é, como dissemos, distinguir e separar a ideia verdadeira das demais percepções, e coibir a mente de se confundir com ideias falsas, forjadas ou dúbias. Minha intenção é a de explicar isso a fim de que os leitores se interessem por um conhecimento tão necessário, e também porque muitos duvidam das coisas verdadeiras por não terem prestado atenção no que distingue a percepção verdadeira de todas as outras. Parecem-se com homens que, durante a vigília, não punham em dúvida estar despertos; mas depois, acreditando em sonhos que estavam acordados, e tendo reconhecido em seguida seu erro, passaram a duvidar de suas vigílias, o que os leva a não distinguir o sono da vigília.

51. Advirto, no entanto, que não tratarei aqui da essência de cada percepção, pois que isso pertence à filosofia. Apenas exporei o que postula o método, isto é, sobre o que versam as percepções forjadas, falsas e duvidosas e de como nos liberamos de cada uma delas. Nossa primeira inquisição será sobre a ideia forjada.

52. Toda percepção tem por objeto ou uma coisa considerada como existente ou somente uma essência, e muitas ficções parecem coisas consideradas como existentes. Falarei só dessas que fingem ser existentes, a saber, que se representam ficticiamente, e a coisa que se finge é conhecida ou assim suposta. Por exemplo, finjo ideias como as de que Pedro, que conheço, vai para casa, vem me

TRATADO DA CORREÇÃO DO INTELECTO   343

ver e outras coisas similares[19]. Pergunto-me aqui com que se relacionam semelhantes ideias? Vejo que elas se relacionam com coisas possíveis, não necessárias ou impossíveis na verdade.

53. Chamo de *impossível* uma coisa cuja natureza implica contradição com a existência; de *necessária* aquela cuja natureza implica contradição com a não existência; de *possível* aquela cuja existência não implica contradição com a existência ou com a não existência, sendo a necessidade ou a impossibilidade de sua existência dependente de causas que ignoramos, enquanto fingimos sua existência. E por essa razão, caso essa necessidade ou impossibilidade, que depende de causas exteriores, nos fosse conhecida, nada poderíamos fingir a respeito.

54. Segue-se que se existe um Deus ou qualquer outro ser onisciente, este não poderia, em absoluto, nada fingir. Pelo que nos concerne, tão logo sei que existo, não posso fingir que existo ou não existo[20]; também não posso conceber um elefante que passe pelo buraco de uma agulha; nem, conhecendo a natureza de Deus[21], fingir que existe ou não existe. O mesmo se deve reconhecer da quimera, cuja natureza contrasta com a existência. De onde se mostra o que eu disse, a saber, que a ficção, da qual falamos aqui, não alcança as verdades eternas[22].

55. Antes de prosseguir, no entanto, é preciso notar aqui que a mesma diferença que há entre a essência de alguma coisa e a de outra, existe também entre a atualidade ou existência de uma e de outra coisa. Por conseguinte, se nós quisermos conceber a existência de Adão por meio da existência em geral, seria

19. [B. de S.:] Ver posteriormente, a respeito das hipóteses, quais são claramente conhecidas por nós; há ficção quando dizemos que elas existem nos corpos celestes.

20. [B. de S.:] Se a verdade, como aqui entendida, se manifesta por si, um só exemplo basta, sem outra demonstração. O mesmo para a coisa contraditória, cuja falsidade aparece logo que se a examina, como logo se verá ao falarmos da essência da ficção.

21. [B. de S.:] Note-se que se muitas pessoas declaram duvidar da existência de Deus, ou não possuem senão seu nome ou forjam uma ficção a que chamam Deus, o que não convém à natureza de Deus, como o mostraremos no devido lugar.

22. [B. de S.:] Logo mostrarei que nenhuma ficção pode referir-se às verdades eternas. Por verdade eterna entendo a que, sendo afirmativa, jamais pode ser negativa. Assim, é uma verdade primeira e eterna que Deus é; não é uma verdade eterna que Adão pense. Que a quimera exista, não é uma verdade eterna, mas não que Adão não pense.

como se, para conceber a essência de Adão, nós levássemos nosso pensamento até a natureza do ser e definíssemos Adão como um ser. Eis por que quanto mais a existência é concebida em geral, mais é concebida confusamente e mais facilmente pode ser atribuída por ficção a qualquer coisa. Ao contrário, se concebida como existência particular, tem-se uma intelecção mais clara e mais dificilmente fictícia (se não atentamos para a ordem da natureza), o que é digno de nota.

56. Consideremos agora os casos em que vulgarmente é dito haver ficção, embora saibamos claramente que a coisa não é como nós a forjamos. Por exemplo, embora sabendo que a Terra é redonda, nada me impede de dizer a alguém que ela é a metade de um globo, como a metade de uma maçã num prato, ou que o sol se move ao redor da Terra e coisas semelhantes. Se considerarmos esses casos com atenção, nada veremos que não esteja coerente com o que dissemos. É preciso antes observar que houve num momento a possibilidade de nos enganarmos e que agora estamos cônscios de nossos erros. Em seguida, que podemos forjar ou ao menos admitir a ideia que outros homens se encontram no mesmo estado de erro ou são capazes de nele incidir. Podemos forjar essa ideia enquanto não virmos nem impossibilidade nem necessidade. Quando digo a alguém que a Terra não é redonda, não faço outra coisa senão trazer à memória o erro que cometi ou em que poderia cair, e em seguida forjo ou admito a ideia que tem aquele a quem falo. Forjo essa ideia, como disse, enquanto não vejo impossibilidade nem necessidade; se, ao invés, meu entendimento houvesse percebido uma ou outra, nada mais teria podido fingir, e seria preciso apenas dizer que havia feito uma tentativa.

57. Ocupemo-nos de suposições feitas em discussões e que nos aproximam da impossibilidade. Por exemplo, quando dizemos: suponhamos que esta vela que arde não queime, ou suponhamos que ela brilhe em algum lugar imaginário, quer dizer, onde não exista qualquer corpo. Algumas vezes fazemos semelhantes suposições, embora vejamos claramente ser a última

TRATADO DA CORREÇÃO DO INTELECTO

impossível. Mas quando isso ocorre, nada, com efeito, é forjado. No primeiro exemplo, nada fiz senão evocar em minha memória[23] uma outra vela não ardente (ou conceber a mesma sem chama), e o que penso a respeito desta outra vela também entendo dessa aqui, enquanto não considero a chama. No segundo exemplo, nada fizemos a não ser abstrair os pensamentos dos corpos circundantes, de modo que a mente se dirigisse apenas para a vela, considerada em si mesma na contemplação, e concluir que ela não possui em si nenhuma causa de destruição. Se, portanto, não houvesse corpos circundantes, a vela e também sua chama permaneceriam imutáveis ou algo de similar. Não há nisso qualquer ficção, mas, na verdade, meras asserções[24].

58. Passemos agora às ficções que versam apenas sobre as essências ou [se encontram] simultaneamente em alguma atualidade ou existência. A esse respeito, deve-se considerar sobretudo que quanto menos a mente conhece e mais percebe, mais tem a capacidade de forjar; e quanto mais se conhece, menor é essa capacidade. Da mesma maneira que, por exemplo, quando pensamos, não podemos forjar a ideia que pensamos e a que não pensamos, assim como, quando conhecemos a natureza do corpo, não podemos forjar a ideia de uma mosca infinita, ou ainda, quando conhecemos a natureza da alma[25],

---

23. [B. de S.:] Mais tarde, quando falarmos de ficção relativa às essências, ficará claro que jamais uma ficção criará ou oferecerá à mente algo de novo; que apenas as memórias que estão no cérebro ou na imaginação são evocadas e que a mente está a tudo atenta, ao mesmo tempo e confusamente. Evoquemos, por exemplo, uma fala e uma árvore; a mente confusa concentrando-se indistintamente admite que a árvore fala. Da mesma forma, deve-se entender a existência, sobretudo, como dissemos, quando é concebida sob a forma geral de "ser", pois então ela se aplica facilmente a todas as memórias que se apresentam à mente. O que é digno de ser observado.

24. [B. de S.:] Deve-se entender ainda que as hiopóteses levantadas para explicar certos movimentos celestes ou concluir algo sobre a natureza dos céus pode, no entanto, ser diferente, visto que para explicar esses movimentos pode-se conceber muitas outras causas.

25. [B. de S.:] Ocorre com frequência um homem lembrar-se da palavra "alma" e formar simultaneamente uma imagem do corpo. Como ambas as coisas se representam simultaneamente, é-lhe fácil imaginar e forjar uma alma corporal, pois não distingue o nome da própria coisa. Peço aqui que os leitores não se apressem em refutar e espero que não o façam ao considerar os exemplos atentamente, e os que se seguirão.

não podemos forjar a ideia de uma alma quadrada, embora possamos usar de palavras para tudo. Mas, como já dissemos, quanto menos os homens conhecem a natureza, mais facilmente podem forjar variadas coisas, tais como: árvores que falam, homens transformados em pedras, em fontes, espectros surgindo em espelhos, o nada tornar-se algo ou até mesmo deuses transformados em bestas e uma infinidade de coisas similares.

59. Talvez se acredite que a ficção esteja limitada pela ficção, e não pelo conhecimento; quer dizer que, após se ter forjado a ideia de uma coisa, e usado de uma certa liberdade, damos assentimento à existência real dessa coisa na natureza, e depois não podemos cogitá-la de outro modo. Por exemplo, depois de ter forjado (para falar essa linguagem) tal ideia da natureza do corpo, e tendo-me persuadido, usando de minha liberdade, de que ela existe na realidade, não me é possível imaginar a ideia de uma mosca infinita e, após ter imaginado a essência da alma, não posso fazê-la quadrada.

60. Examinemos. Em primeiro lugar, ou negamos ou concordamos que podemos conhecer. Caso concordemos, deve-se dizer necessariamente do conhecimento o que se diz da ficção. Se o negamos, vejamos o que se pode dizer, nós que sabemos que sabemos alguma coisa. Diz-se que a alma pode sentir e perceber de muitas maneiras, mas não perceber-se a si mesma nem as coisas que existem. Ela percebe apenas as coisas que não estão nela mesma nem em qualquer parte; dito de outro modo, a alma poderia, por sua própria força, criar sensações e ideias sem correspondência com as coisas, de tal maneira que se a considera um Deus. Diz-se também que temos a liberdade de nos coagir, ou nossa alma tem a liberdade de se coagir, ou melhor, de coagir sua liberdade, já que, após ter forjado uma ideia de uma coisa e a ela ter dado seu assentimento, ela não pode mais pensar tal coisa de modo diverso ou forjar com ela outra ideia; e tal ficção a conduz a ter ideias que não contradigam a ficção. Aqui somos coagidos, para não abandonar a

TRATADO DA CORREÇÃO DO INTELECTO

ficção, a admitir os absurdos que indico e aos quais não nos cansaremos de opor demonstrações.

61. Deixando os adversários em seus delírios, cuidemos de haurir dessa troca de palavra alguma verdade útil ao nosso objeto, a saber[26]: a mente que se aplica com atenção a uma coisa fictícia e à sua falsa natureza para pensar e conhecê-la, e que deduz em ordem o que é preciso deduzir, tornará a falsidade facilmente manifesta; se a coisa forjada é verdadeira por sua natureza, quando a mente a ela se aplica para conhecê-la e dela começa a deduzir na boa ordem, ela continuará com sucesso e sem interrupção, como vimos no caso da ideia falsamente forjada acima mencionada, em que o entendimento logo se oferece para demonstrar o absurdo que ela contém e as consequências que dela se deduzem.

62. Não temos nenhum receio de criar uma ficção, se a percebemos de modo claro e distinto. Se dizemos que num momento os homens se transformaram em animais, isso é dito de um modo geral, ainda que não se tenha na mente qualquer concepção da coisa, isto é, nenhuma ideia coerente entre o sujeito e o predicado. Se tal coerência houvesse, ver-se-iam ao mesmo tempo as causas e o meio pelos quais tal fato se deu. Também não pomos atenção à natureza do sujeito e do predicado.

63. Além disso, se uma primeira ideia não for fictícia e todas as demais forem dela deduzidas, a precipitação de forjar desaparecerá paulatinamente. Ademais, uma ideia fictícia não pode ser clara e distinta, mas apenas de modo confuso e toda a confusão procede de que a mente apreende um inteiro ou algo multicomposto apenas em partes, não distinguindo o conhecido do desconhecido. Com isso, ela se prende de uma só vez, sem muita distinção, aos numerosos elementos da coisa; e daí se segue,

---

26. [B. de S.:] Pareço concluir de uma experiência e se diria que a demonstração é deficiente; ei-la, se assim se desejar. Nada se pode dar na natureza que se oponha às suas leis e tudo ocorre segundo leis certas, de modo a se produzirem efeitos de concatenção irrefragável; disso se segue que a alma, quando concebe verdadeiramente uma coisa, deve formar com objetividade seus efeitos. Ver abaixo sobre a ideia falsa.

primeiramente, que se uma ideia se refere a uma coisa bastante simples, ela poderá ser clara e distinta. Com efeito, essa coisa não será conhecida em partes ou em nada será conhecida.

64. Em segundo lugar, se uma coisa multicomposta for dividida em partes as mais simples e se estivermos atentos a cada uma delas, toda a confusão desaparecerá. Em terceiro lugar, uma ficção não pode ser simples, pois nasce da combinação de diversas ideias confusas que se ligam a coisas e ações diferentes existentes na natureza, antes que estejamos, no mesmo momento, atentos a tais ideias diversas[27]. Se a ideia fictícia for simples, clara e distinta, ela é verdadeira. Se ela nasce de uma composição de ideias distintas, essa mesma composição será clara e distinta e, por conseguinte, verdadeira. Por exemplo, quando conhecemos a natureza do círculo e também a do quadrado, torna-se impossível combiná-las e forjar um círculo quadrado ou uma alma quadrada e coisas semelhantes.

65. Concluamos brevemente e vejamos que de nenhum modo deve-se temer a ficção e confundi-la com ideias verdadeiras. No que concerne ao primeiro tipo de ficção de que falamos, se logo virmos que uma coisa claramente concebida é em si uma verdade eterna e também virmos que sua existência é uma verdade eterna, então nada poderemos forjar sobre tal coisa. Mas se a existência da coisa concebida não for uma verdade eterna, será preciso apenas tomar cuidado para confrontar a existência da coisa com sua essência e estar simultaneamente atento à ordem da natureza. Quanto ao último tipo de ficção, dissemos que ela consistia numa atenção não acompanhada de assentimento e levada ao mesmo tempo a várias ideias confusas, relativas a coisas e ações diversas que existem na natureza, e também vimos que uma coisa bastante simples não podia ser forjada, mas era um objeto de conhecimento. E também uma

---

27. [B. de S.:] Uma ficção considerada em si não difere muito de um sonho, salvo que nos sonhos não são oferecidas as causas que na vigília se oferecem aos sentidos. Quanto ao erro, quando aparece, consiste em sonhar acordado, e se chama delírio quando se manifesta em demasia.

coisa composta, desde que estivéssemos atentos às partes mais simples com as quais é composta. Mais ainda, não podemos, mesmo ao combinar aquelas partes, forjar ações que não sejam verdadeiras, pois somos obrigados a considerar, simultaneamente, como e por que tal ação se fez.

66. Tendo-se tomado conhecimento do que precede, passemos agora à investigação da ideia falsa para ver com que se relaciona, e como podemos evitar incidir em falsas percepções. Nem uma nem outra tarefa nos será difícil após o estudo da ficção. Com efeito, não há qualquer diferença entre elas, a não ser que a ideia falsa implica o assentimento, quer dizer, que no erro, no momento da representação de certas imagens, não são oferecidas causas de onde possam ter saído, como na ficção, e que provenham de causas exteriores; o erro consiste, assim, em sonhar com os olhos abertos ou durante a vigília. Da mesma maneira que na ficção, a ideia falsa se produz a respeito de (ou melhor dizendo), se refere à existência de uma coisa cuja essência é conhecida.

67. O erro relativo à existência se corrige da mesma maneira que a ficção; com efeito, se a natureza da coisa conhecida implica a existência necessária, é impossível que nos enganemos a respeito da existência dessa coisa; ao contrário, se a existência da coisa não é uma verdade eterna, como o é a sua essência, mas cuja necessidade ou a impossibilidade dependa de causas exteriores, então se retoma e se aplica tudo o que dissemos quando falamos da ficção; a correção do erro se faz da mesma maneira.

68. Quanto à outra sorte de erro, relativo às essências ou ainda às ações, tais percepções são necessariamente sempre confusas, compostas por diversas percepções confusas de coisas existentes na natureza; por exemplo, quando os homens se convencem de que há divindades nas florestas, ídolos, animais etc.; que há corpos capazes de nascer da simples combinação entre eles; que os cadáveres raciocinam, andam e falam; que Deus se engana e outros erros semelhantes. Ao contrário, as ideias que são claras e distintas jamais podem ser falsas, pois as ideias das coisas concebidas clara e distintamente ou são

perfeitamente simples, ou compostas pelas ideias mais simples, isto é, deduzidas das ideias mais simples. Que, além do mais, uma ideia perfeitamente simples não possa ser falsa é o que qualquer um pode ver, desde que saiba o que é verdadeiro, ou entendimento, e, ao mesmo tempo, o que é falso.

69. Quanto ao que constitui a forma da verdade, é certo que um pensamento verdadeiro não se distingue apenas de um falso por uma denominação extrínseca, mas sobretudo por uma intrínseca. Se algum artífice, por exemplo, concebeu uma fabricação bem ordenada, embora essa obra nunca tenha existido e jamais existirá, o pensamento não deixa de ser verdadeiro e permanece o mesmo, existindo ou não a fabricação. Ao contrário, se alguém diz que Pedro, por exemplo, existe, sem que saiba que Pedro existe, o pensamento é falso naquilo que se refere a quem o enuncia ou, caso se prefira, não é verdadeiro, ainda que Pedro exista realmente. Nem este enunciado *Pedro existe* é verdadeiro, a não ser no que concerne àquele que sabe com certeza que Pedro existe.

70. De onde se segue que há nas ideias alguma coisa de real pelo que as verdades se distinguem das falsidades. E devemos agora dirigir nossa busca para esse ponto, a fim de ter a melhor norma de verdade (com efeito, dissemos que nos era preciso determinar nossos pensamentos conforme a norma da ideia verdadeira, e que o método é o conhecimento reflexivo) e conhecer as propriedades do intelecto. Não se diga, aliás, que a diferença provenha de que o pensamento verdadeiro consiste em conhecer as coisas por suas causas primeiras (no que difereria em muito de uma falsa, sendo a natureza do pensamento falso tal como expliquei acima); pois também se chama de pensamento verdadeiro aquele que envolve objetivamente a essência de um princípio que não tem causa e é conhecido em si e por si.

71. Portanto, a forma do conhecimento verdadeiro deve achar-se no próprio conhecimento, sem relação com outros, nem conhece o objeto como causa, mas deve depreender do próprio poder e natureza do intelecto. Com efeito, se

supusermos que o intelecto percebe algum ente novo, que nunca tenha existido, como alguns concebem o intelecto de Deus antes de criar as coisas (percepção que certamente não poderia vir de qualquer objeto), deduzindo outras legitimamente de tal percepção, todos esses conhecimentos seriam verdadeiros e não determinados por nenhum objeto exterior, mas dependeriam só do poder e natureza do intelecto. Portanto, o que constitui a forma do conhecimento há de se procurar no próprio conhecimento e deduzir-se da natureza do intelecto.

72. Para conduzir nossa investigação, ponhamos ante os olhos alguma ideia verdadeira cujo objeto sabemos com toda a certeza que depende da força de nosso pensamento, não havendo qualquer objeto na natureza, visto que numa ideia assim poderemos investigar mais facilmente o que queremos. Por exemplo, para formar o conceito de globo, finjo arbitrariamente uma causa, a saber, um semicírculo que gira ao redor do centro, e dessa rotação nasce o globo. Realmente, essa ideia é verdadeira, e ainda que saibamos jamais ter surgido um globo na natureza, essa percepção é verdadeira, e o modo mais fácil de formar o conceito de globo. É preciso notar, ademais, que essa percepção afirma a rotação do semicírculo; afirmação que seria falsa se não estivesse junta ao conceito de globo ou àquele da causa determinante do movimento, ou, falando absolutamente, se estivesse isolada, pois a mente, em caso similar, limitar-se-ia a afirmar o movimento do semicírculo, não estando o movimento contido no conceito de semicírculo nem saído daquele da causa determinante do movimento. A falsidade consiste apenas nisso: em que se afirma de uma coisa algo que não está contido no conceito que dela formamos, como o movimento ou o repouso no caso do semicírculo. De onde se segue que os pensamentos simples não podem não ser verdadeiros, tal como a ideia simples de um semicírculo, do movimento, da quantidade etc. O que quer que as afirmações contenham, estão adequadas ao conceito, sem estender-se além. O que nos permite, *ad libitum*, sem escrúpulo de errar, formar ideias simples.

73. Só nos resta, portanto, investigar por qual poder nossa mente pode formar tais ideias e até onde se estende esse poder. Isso encontrado, teremos com facilidade o mais alto conhecimento ao qual possamos chegar. Pois é certo que esse poder da mente não se estende ao infinito quando afirmamos de alguma coisa aquilo que não está contido no conceito que dela formamos; e isso nos indica que há em nós uma falta de percepção, ou seja, que nossos pensamentos ou ideias encontram-se mutiladas ou truncadas de algum modo. Vimos que o movimento de um semicírculo é falso quando isolado na mente, e verdadeiro se junto ao conceito de globo ou àquele de alguma causa determinante do movimento. Que se é da natureza de um ser pensante formar pensamentos verdadeiros, quer dizer, adequados, é certo que nossas ideias inadequadas têm origem única no fato de sermos parte de um ser pensante do qual certos pensamentos, em sua integridade, e outros somente em parte, constituem a nossa mente.

74. Importa aqui agora considerar uma ocasião de grande erro, que não valia a pena notar em se tratando da ficção, quando certas coisas presentes na imaginação se encontram também no intelecto, ou seja, são concebidas clara e distintamente: em tal caso, enquanto o que é distinto não se separa do confuso, a certeza, quer dizer, a ideia verdadeira, mistura-se com as ideias indistintas. Por exemplo, alguns dentre os estoicos ouviram falar por acaso da mente e também de sua imortalidade, coisas que só imaginavam confusamente. Imaginavam também, e ao mesmo tempo inteligiam, que os corpos mais sutis penetram em todos os outros e não são penetrados por nenhum. Imaginando todas essas coisas em conjunto e a este juntando a certeza do Axioma, logo estavam convencidos de que os mais sutis entre os corpos são a mente, e que eles não podem ser divididos.

75. Nós nos afastamos, todavia, desse erro esforçando-nos por examinar todas as nossas percepções segundo a norma da ideia verdadeira dada, guardando-nos, como dissemos no início, das ideias que nos chegam por ouvir dizer ou por experiência vaga. É preciso acrescentar que esse tipo de erro provém de

que concebemos as coisas de maneira muito abstrata, pois é por si mesmo bastante claro que aquilo que concebo em seu verdadeiro objeto não posso aplicá-lo em outro. O erro provém ainda de não se conhecerem os primeiros elementos de toda a natureza; em seguida, e procedendo sem ordem e confundindo a natureza com axiomas abstratos, ainda que sejam verdadeiros, leva-se consigo a confusão e reverte-se a ordem da natureza. Quanto a nós, se procedermos da maneira menos abstrata possível e partirmos dos primeiros elementos, quer dizer, da fonte e da origem da natureza, não temos por que temer esse erro.

76. No que diz respeito ao conhecimento da origem da natureza, não se deve temer de modo algum que a confundamos com coisas abstratas; com efeito, quando concebemos algo de abstrato, como o fazemos para todos os universais, tais conceitos sempre se estendem no intelecto para além dos limites em que podem realmente existir na natureza seus objetos particulares. Além disso, como há na natureza muitas coisas em que a diferença é tão pequena que ela quase escapa ao entendimento, pode facilmente ocorrer (concebendo-as abstratamente) que as confundamos; mas como veremos adiante, não pode haver na origem da natureza conceito abstrato nem geral, e essa origem não pode ser concebida pelo intelecto como mais extensa do que realmente é, não tendo além disso qualquer semelhança com coisas submetidas à mudança, nenhuma confusão se deve temer a respeito de sua ideia, desde que tenhamos a norma da verdade (que já indicamos); o ser do qual se trata é, com efeito, único[28], infinito, quer dizer, é o ser total, fora do qual não há qualquer ser[29].

77. Até aqui para a ideia falsa. Falta-nos inquirir a respeito da ideia duvidosa, ou seja, inquirir em que consiste aquilo que nos pode conduzir à dúvida e, ao mesmo tempo, de que modo ela

---

28. [B. de S.:] Não são de modo algum atributos de Deus que manifestam sua essência, como o demonstrarei na *Filosofia*.

29. [B. de S.:] Isso já foi demonstrado acima; se, com efeito, um tal ser não existe ele não pode jamais ser produzido pois, assim, a mente conheceria mais do que a natureza pode fornecer, o que já foi reconhecido como falso.

é suprimida. Falo da dúvida verdadeira na mente e não dessa dúvida que vemos com frequência, a saber, quando pela linguagem se pretende duvidar, embora o espírito não duvide. Não cabe ao método corrigi-la, mas pertence antes à averiguação da teimosia e de sua correção.

78. Não há na alma qualquer dúvida proveniente da própria coisa da qual duvidamos, ou seja, se não houver na alma senão uma só ideia, verdadeira ou falsa, não haverá lugar para qualquer dúvida ou certeza, mas apenas uma sensação desta ou daquela. Pois a ideia não é em si nada senão uma sensação; mas a dúvida se forma por meio de outra ideia que não é tão clara e distinta que se possa dela concluir algo de certo relativamente à coisa da qual duvidamos, quer dizer, que a ideia que nos leva à dúvida não é clara e distinta. Por exemplo, alguém que nunca tenha cogitado da falácia dos sentidos, se vem da experiência ou tem outra origem, jamais duvidará de que o sol é maior ou menor do que parece. É assim que os rústicos se espantam quando ouvem dizer que o sol é muito maior do que o globo terrestre. Mas se se duvida da falácia dos sentidos[30], e se, após se ter duvidado, se chega à verdadeira cognição dos sentidos, e como, por meio de seus órgãos, as coisas são representadas à distância, então toda a dúvida é suprimida.

79. Segue-se daí que não podemos pôr em dúvida ideias verdadeiras por talvez existir um Deus enganador que nos faça errar nas coisas mais certas, a não ser quando não temos uma ideia clara e distinta de Deus, quer dizer, quando, pela atenta consideração do conhecimento que possuímos da origem de todas as coisas, nada encontramos que nos ensine ser ele enganador, da mesma forma que, pela atenta consideração da natureza do triângulo, encontramos que esses três ângulos são iguais a dois retos. Mas se temos de Deus um conhecimento tal como o do triângulo, então toda dúvida é suprimida. E do mesmo modo que podemos chegar a tal cognição do triângulo,

---

30. [B. de S.:] Quer dizer, o sentido sabe com frequência que foi enganado, mas o sabe de maneira confusa, pois não sabe como foi enganado.

ainda que não sabendo com certeza se algum sumo enganador não nos faz errar, também podemos chegar ao conhecimento de Deus, mesmo não sabendo com certeza se existe um sumo enganador. E tão logo tenhamos esse conhecimento, isso basta para suprimir, como já dito, toda dúvida que possamos ter sobre ideias claras e distintas.

80. Além do mais, se procedermos retamente, investigando o que deve primeiramente ser investigado, sem interromper nenhuma concatenação das coisas e se soubermos como as questões estão determinadas, antes de empreender a resolução, sempre se terão ideias certíssimas, isto é, claras e distintas. Pois a dúvida outra coisa não é senão a suspensão da alma acerca de uma afirmação ou negação, que ele afirmaria ou negaria se não ocorresse algo de desconhecido, cuja cognição fosse imperfeita. Com isso se torna evidente que a dúvida sempre nasce pelo fato de que as coisas são investigadas sem ordem.

81. Tais são as questões que prometi tratar nesta primeira parte do método. No entanto, para nada omitir que possa conduzir ao conhecimento do intelecto e de suas forças, tratarei ainda brevemente da memória e do esquecimento; por tanto que se considere, a memória se corrobora com ajuda do intelecto e também sem ela. Quanto ao primeiro ponto, tanto mais uma coisa é inteligível, mais facilmente se retém; ao contrário, quanto menos, mais facilmente se esquece. Por exemplo, se se transmitir a alguém muitas palavras desconexas, mais dificilmente ele as reterá do que se transmiti-las na forma de narração.

82. A memória também se corrobora sem a ajuda do intelecto em razão do vigor com que algo *singular e material* afeta a imaginação ou o sentido dito comum. Digo uma coisa singular, pois apenas as coisas singulares afetam a imaginação. Se alguém, por exemplo, leu uma só fábula amorosa, dela vai se lembrar muito bem, desde que não tenha lido muitas do mesmo gênero, para que ela se mantenha sozinha em sua imaginação. Mas se houver muitas do mesmo gênero, todas imaginadas em conjunto, as confudirá facilmente. Digo também

material, pois só os corpos afetam a imaginação. Como, dessa maneira, a memória se corrobora com o intelecto e sem ele, concluiu-se que ela deva ser qualquer coisa de distinta do intelecto e que, em relação ao entendimento considerado em si, não há nem memória nem esquecimento.

83. Logo, o que é a memória? Nada mais do que a sensação das impressões que estão no cérebro, junto a um pensamento de uma duração determinada da sensação, como o mostra a reminiscência[31]. Nessa, a alma pensa a sensação, mas não sob a forma de uma duração contínua, e assim a ideia da sensação não é a própria duração da sensação, ou seja, a própria memória. Quanto a saber se as próprias ideias estão sujeitas a alguma corrupção, o veremos na Filosofia. E se a alguém isso parecer muito absurdo, basta para o nosso propósito considerar que, quanto mais uma coisa é singular, mais facilmente é retida, como aparece pelo exemplo da fábula dado acima. Além disso, quanto mais uma coisa é inteligível, mais facilmente é retida. Daí, sendo a coisa sumamente singular, e, desse modo, inteligível, não podemos deixar de retê-la.

84. Já distinguimos entre a ideia verdadeira e certas percepções, e mostramos que as ideias fictícias, falsas e outras têm sua origem na imaginação, quer dizer, em algumas sensações fortuitas (por assim falar) e sem ligação, que não nascem do poder que tem a mente, mas de causas exteriores, conforme o corpo receba movimentos diferentes em estado de sono ou de vigília. Se se preferir, entende-se aqui por imaginação aquilo que se quiser, desde que seja distinto do intelecto, estando a alma na condição de paciente. Que se entenda como quiser, tão logo saibamos que a imaginação é qualquer coisa de indeterminada que a alma sofre e, ao mesmo tempo, que dela nos liberamos com a ajuda do intelecto. Que ninguém se admire

---

31. [B. de S.:] Se a duração é indeterminada, a lembrança guardada da coisa é imperfeita, como cada um pode aprender da natureza. Pois com frequência, para que creiamos melhor, pedimos onde e quando aconteceu. E embora as ideias também tenham sua duração na mente, acostumaram-se a determinar a duração pela medida de um movimento, o que se faz com a ajuda da imaginação; observamos, assim, que nenhuma memória se dá de maneira pura na mente.

se aqui não provo ainda a existência do corpo e de outras coisas necessárias, tendo falado da imaginação, do corpo e de sua constituição. Como disse, o que entendo por isso não faz diferença, embora eu saiba que é qualquer coisa de indeterminada.

85. Nós mostramos, entretanto, que a ideia verdadeira é simples, ou composta por ideias simples, tal como a ideia que faz conhecer como e por que uma coisa existe ou acontece; e mostramos também que seus efeitos objetivos na alma procedem conforme a razão formal do próprio objeto. Isso é o mesmo que disseram os antigos: que a verdadeira ciência procede da causa para os efeitos. Desde que conceberam, ao que eu saiba, a alma agindo segundo leis determinadas e tal como um autômato espiritual.

86. Por esse meio, tanto quanto era possível no começo, adquirimos o conhecimento de nosso intelecto e de uma norma da ideia verdadeira tal que não tememos mais confundir as coisas verdadeiras com as falsas ou as fictícias. Tampouco nos admiraremos de inteligir algumas coisas que de modo algum caem sob a imaginação, que há outras na imaginação que contradizem o intelecto e outras que com ele concordam. Com efeito, sabemos que as operações pelas quais são produzidas as imaginações se fazem conforme outras leis, inteiramente diversas das leis do intelecto, e que a alma se mantém apenas como paciente com respeito à imaginação.

87. Pelo que também se vê com que facilidade podem cair em grandes erros os que não distinguem cuidadosamente a imaginação e a intelecção. Como, por exemplo: que a extensão deve estar em um lugar; deve ser finita, com partes que se distinguem realmente umas das outras; que é o primeiro e único fundamento de todas as coisas, e que num tempo ocupa um espaço maior do que em outro, além de muitas outras coisas do mesmo gênero; isso tudo se opõe à verdade, como mostraremos no devido lugar.

88. Como as palavras são parte da imaginação, isto é, forjamos muitos conceitos na medida em que, vagamente, por alguma disposição do corpo, são compostos na memória, não se deve duvidar de que também as palavras, como a imaginação,

podem ser a causa de muitos e grandes erros, se com elas não tivermos precaução.

89. Acrescente-se que são formadas de acordo com o arbítrio e a compreensão do vulgo, de modo que são signos das coisas como se acham na imaginação, mas não como estão no intelecto. O que claramente se vê pelo fato de que a todas as coisas que estão apenas no intelecto, e não na imaginação, puseram muitas vezes nomes negativos como incorpóreo, infinito etc., e também muitas coisas que são realmente afirmativas são expressas negativamente, como incriado, independente, infinito, imortal etc., porque, sem dúvida, muito mais facilmente imaginamos o contrário disso, motivo pelo qual ocorreu aos primeiros homens usarem nomes positivos. Muitas coisas afirmamos e negamos porque a natureza da palavra o permite, mas não a natureza das coisas. Por isso, ignorando-a, facilmente tomaríamos algo falso por verdadeiro.

90. Evitamos, além disso, uma outra grande causa de confusão que impede que o intelecto reflita sobre si mesmo. Com efeito, quando não distinguimos entre a imaginação e a intelecção, cremos que o que é mais facilmente imaginado é também o mais claro para nós, e o que imaginamos cremos conhecer. Além disso, antepomos o que deve vir depois, e a ordem, segundo a qual é preciso progredir, se perverte, não sendo legítima nenhuma conclusão.

91. Para se chegar agora à segunda parte deste método[32], proporei, em primeiro lugar, o seu escopo e depois os meios de atingi-lo. O escopo é ter ideias claras e distintas, quer dizer, tais como provêm apenas da mente e não dos movimentos fortuitos feitos pelo corpo. Em seguida, para reduzir todas essas ideias a uma só, nos esforçaremos por concatená-las e ordená-las de tal modo que nossa mente, tanto quanto possa, reproduza, de

---

32. [B. de S.:] A regra precípua desta parte, como se segue da primeira, é recensear todas as ideias que encontramos em nós como puro entendimento, para distingui-las daquelas que são imaginadas. Distinção que virá das propriedades tanto da imaginação quanto do entendimento.

TRATADO DA CORREÇÃO DO INTELECTO 359

modo objetivo, o que está formalmente na natureza, tomada em sua totalidade e em suas partes.

92. No tocante ao primeiro ponto, e como já professamos, requer-se, para o nosso último fim, que uma coisa seja concebida ou apenas por sua essência, ou por sua causa próxima; evidentemente, se uma coisa existe em si ou, como se diz comumente, é causa de si, ela deverá então ser entendida unicamente por sua essência; se, ao contrário, uma coisa não existe em si, mas requer uma causa para existir, então deve ser entendida por sua causa próxima. Pois, na realidade, conhecer não é outra coisa senão adquirir um conhecimento mais perfeito da causa[33].

93. Nunca devemos, pois, quando se trata de inquirirmos as coisas reais, tirar conclusões de conceitos abstratos e tomamos o cuidado de não misturar o que está apenas no entendimento com o que está na realidade. Mas a conclusão ótima é aquela que se tirará de uma essência particular afirmativa ou de uma definição verdadeira e legítima. Pois apenas de axiomas universais não pode o entendimento descer às coisas singulares, visto que os Axiomas se estendem ao infinito e não podem determinar o entendimento a considerar uma coisa singular em lugar de outra.

94. A via reta para a invenção é, portanto, formar pensamentos partindo de uma definição dada, o que faremos com mais felicidade e facilidade quanto melhor tivermos definido alguma coisa. Assim, o ponto essencial em toda esta segunda parte do método consiste apenas nisto: conhecer as condições de uma boa definição e, em seguida, o meio de obtê-la. Primeiramente, tratarei das condições da definição.

95. Uma definição, para que seja dita perfeita, deverá exprimir a essência íntima da coisa e tomaremos cuidado para não colocar, no lugar dessa essência, certas propriedades da coisa. Para explicar isso, na falta de outro exemplo que omito, para não parecer que quero evidenciar erros de outros, tomarei apenas o exemplo de uma coisa bastante abstrata, e que se possa

33. [B. de S.:] Notemos que nada podemos conhecer da natureza sem que ampliemos, ao mesmo tempo, o conhecimento da causa primeira ou de Deus.

definir de uma maneira qualquer, a saber, o círculo: se o definirmos como uma figura na qual as linhas conduzidas do centro para a circunferência são iguais, não há ninguém que não veja que essa definição não explica minimamente a essência do círculo, mas apenas uma de suas propriedades. E embora, como disse, isso pouco importe quando se trata de figuras e de outros seres de razão, importa bastante quando se trata de coisas físicas e reais; sem dúvida, as propriedades das coisas não são claramente inteligidas enquanto ignorarmos as essências. Se as negligenciamos, pervertemos necessariamente o encadeamento das ideias que, no intelecto, deve reproduzir o encadeamento da natureza, e nos afastaremos inteiramente de nosso escopo.

96. Para nos livrarmos dessa falta, a definição observará: 1. se se trata de coisa criada, a definição deverá, como dissemos, compreender a causa próxima. Por exemplo, o círculo, segundo essa regra, deverá ser assim definido: uma figura que é descrita por uma linha qualquer, em que uma extremidade é fixa e outra móvel; essa definição compreende claramente a causa próxima; 2. o conceito de uma coisa ou sua definição deve ser tal que todas as propriedades da coisa possam ser concluídas quando isolada, sem estar junto a outros conceitos, assim como se pode ver nessa definição do círculo, pois se conclui que todas as linhas conduzidas do centro para a circunferência são iguais. E que isso seja uma condição necessária da definição, é por si tão manifesto que não parece valer a pena deter-se para demonstrá-lo, assim como tirar desse segundo requisito a consequência que toda definição deva ser afirmativa. Falo de uma afirmação do intelecto, não me preocupando com a verbal, que, por falta de palavras, bem poderá exprimir-se em forma negativa, embora seja compreendida afirmativamente.

97. Os requisitos para uma definição de coisa incriada são: I. deve excluir toda causa, isto é, o objeto não deve ter necessidade, para sua explicação, de algo fora de si mesmo; II. uma vez dada a definição da coisa, não deve ocorrer essa questão: ela existe?; III. não deve conter substantivos que possam ser

adjetivados, ou seja, não ser explicada por termos abstratos; IV. por último (embora não seja necessário notar), requer-se que dessa definição se possam concluir todas as propriedades da coisa. Tudo isso é manifesto a quem é atento.

98. Disse aqui que a melhor conclusão será tirada de uma essência particular afirmativa, pois quanto mais uma ideia é especial, mais ela é distinta e clara, por consequência. De onde se segue que devemos procurar, acima de tudo, o conhecimento das coisas particulares.

99. Quanto à ordem agora, e para ordenar e unir todas as nossas percepções, requer-se, e a razão o postula, que procuremos o mais cedo possível se existe um ser e, ao mesmo tempo o que ele é, que seja causa de todas as coisas, de maneira que sua essência objetiva seja também a causa de nossas ideias e assim nossa mente, como dissemos, reproduzirá a natureza o máximo que possa. Pois terá objetivamente sua essência, ordem e unidade. Por aí podemos ver que, antes de tudo, é necessário deduzir nossas ideias das coisas físicas, quer dizer, das coisas reais, progredindo, tanto quanto se possa, na série causal das coisas, de um ser real para outro, e isso sem passar por coisas abstratas e gerais, e evitando igualmente concluir dessas coisas algo de real, ou concluir tais coisas de ser real. Um e outro [procedimento] interrompem o verdadeiro progresso da intelecção.

100. É de se notar, entretanto, que, pela sequência das causas e das coisas reais, não compreendo aqui a sucessão de coisas singulares mutáveis, mas apenas a sequência das coisas fixas e eternas. A série das coisas singulares mutáveis é impossível de ser acompanhada pela imbecilidade humana, tanto devido à sua quantidade superior a qualquer número quanto pelas circunstâncias infinitas contidas em uma só e mesma coisa, em que cada uma pode ser causa da coisa existir ou não. Pois a existência dessas coisas não possui conexão com sua essência, ou, como já dissemos, não é uma verdade eterna.

101. Mas também não é necessário que conheçamos a sequência, pois as essências das coisas singulares mutáveis não

são deduzidas da série, isto é, de sua ordem de existência, que nada nos oferece senão denominações extrínsecas, relações ou, no máximo, circunstâncias, que estão longe das essências íntimas das coisas. Essa essência, ao contrário, deve ser adquirida das coisas fixas e eternas e também de leis que são, pode-se dizer, verdadeiramente inscritas como que em códigos e segundo as quais são feitas e se ordenam todas as coisas singulares. No fundo, essas coisas singulares mutáveis dependem tão íntima e essencialmente, por assim dizer, das fixas, que não poderiam sem elas ser concebidas. Essas coisas fixas e eternas, ainda que sejam singulares, serão para nós, por sua ubíqua presença e latíssimo poder, como universais ou gêneros para as definições das coisas singulares mutáveis e causas próximas de todas as coisas.

102. Por assim ser, no entanto, parece existir não pouca dificuldade para que possamos chegar à cognição das coisas singulares, pois conceber todas as coisas juntas ultrapassa de longe a força do intelecto humano. Ora, a ordem segundo a qual é preciso que uma coisa seja conhecida antes de outra não deve, já o dissemos, ser extraída da sequência das existentes e, tampouco, das coisas eternas. Em ambas, todas as coisas singulares são dadas naturalmente de uma só vez. Serão necessários outros auxílios além daqueles que usamos para conhecer as coisas eternas e suas leis. No entanto, aqui não é o lugar para se tratar disso, e não se precisa fazê-lo senão depois de adquirirmos um conhecimento suficiente das coisas eternas e de suas leis infalíveis, assim como da natureza de nossos sentidos.

103. Antes de empreendermos o conhecimento das coisas singulares, haverá tempo de tratar daqueles auxílios que se inclinam a servir-se de nossos sentidos e fazer, segundo regras e uma ordem dada, experiências suficientes para determinar a coisa que se investiga, a fim de concluir de que leis das coisas eternas ela faz parte e tomar conhecimento de sua natureza íntima, como mostrarei no lugar devido. Aqui, para voltar ao nosso propósito, esforçar-me-ei apenas em indicar o que parece necessário para que possamos chegar ao conhecimento

das coisas eternas, formando definições conforme as condições acima enunciadas.

104. Para que isso se faça, evocamos a memória do que dissemos antes, a saber, que a mente se liga a um pensamento qualquer, a fim de examiná-lo e dele deduzir em boa ordem o que dele se deduz com legitimidade; no caso de ser ele falso, ela descobrirá a falsidade; se for verdadeiro, então continuará, com felicidade, a deduzir coisas verdadeiras, sem qualquer interrupção. Isso se requer para o nosso objeto, pois sem nenhum fundamento nossas cogitações não podem ser determinadas.

105. Se, portanto, quisermos investigar a coisa que é a primeira de todas, é necessário haver algum fundamento que dirija nossos pensamentos. Além disso, dado que o método é a própria cognição reflexiva, esse fundamento que deve dirigir nossos pensamentos não pode ser outra coisa senão o conhecimento daquilo que constitui a forma da verdade, a cogitação do intelecto, suas forças e propriedades. Quando, efetivamente, tivermos esse fundamento, dele deduziremos nossas cogitações e teremos uma via pela qual o intelecto poderá, na medida de sua capacidade, chegar ao conhecimento das coisas eternas, considerando suas próprias forças.

106. Se pertence de fato à natureza do pensamento formar ideias verdadeiras, como se mostrou na primeira parte, aqui é preciso inquirir o que entendemos por força e potência do intelecto. Como a parte principal de nosso método é conhecer otimamente as forças do intelecto e sua natureza, somos obrigados (pelo que é dito na segunda parte do método) a deduzir isso da própria definição de intelecto e de conhecimento.

107. Mas até aqui não tivemos quaisquer regras para obter definições e, como não podemos pôr essas regras sem uma definição do intelecto e de sua potência, segue-se daí que ou a definição de intelecto deve ser clara por si mesma ou que nada podemos conhecer. Ela, por si, não é absolutamente clara. No entanto, como as propriedades do intelecto e tudo o que dele temos a dizer não são percebidos clara e distintamente, é preciso

que sua natureza nos seja conhecida. Logo, a definição do intelecto se esclarecerá por si mesma, desde que consideremos atentamente suas propriedades, das quais temos um conhecimento claro e distinto. Enumeraremos aqui, portanto, as propriedades do intelecto e as apreciaremos, para que comecemos a agir com nossos instrumentos inatos[34].

108. As propriedades que precipuamente notei do intelecto e que conheço com clareza são as seguintes: I. ele envolve a certeza, quer dizer, ele sabe que as coisas são formalmente como estão nele contidas de modo objetivo; II. ele percebe certas coisas ou, dito de outro modo, ele forma a ideia de quantidade absolutamente, sem relação com outras cogitações, mas não forma a ideia de movimento sem relação com a de quantidade; III. as ideias que forma absolutamente exprimem uma infinidade; quanto às ideias determinadas, ele as forma com outras ideias. Assim, a ideia de quantidade, quando percebida por sua causa, determina uma quantidade, como, por exemplo, quando percebe que do movimento de um plano nasce um corpo, do movimento de uma linha, uma superfície, ou do movimento de um ponto, uma linha. Todas essas percepções não servem para inteligir a ideia de quantidade, mas apenas uma quantidade. Isso aparece porque concebemos as coisas como se surgissem do movimento, ao passo que não percebemos o movimento antes de ter percebido a quantidade, e assim podemos continuar até o infinito o movimento que forma a linha, o que nos seria impossível se não tivéssemos a ideia de uma quantidade infinita; IV. ele forma primeiramente ideias positivas antes de formar as negativas; V. ele percebe as coisas não tanto na duração, mas sob uma certa forma de eternidade e de número infinito, ou que, antes, não se relaciona nem ao número nem à duração; quando se representam as coisas pela imaginação, então ele as percebe sob a forma de um número determinado, de uma duração e de uma quantidade determinadas; VI. as ideias que formamos

---

34. [B. de S.:] Ver supra, § 30.

claras e distintas parecem decorrer apenas da necessidade de nossa natureza, de tal modo que parecem depender em absoluto de nosso poder; é o contrário para as ideias confusas, pois frequentemente se formam a despeito de nós; VII. a mente pode determinar de muitas maneiras as ideias das coisas que o intelecto forma de outras ideias; é assim que, para determinar, por exemplo, uma superfície elíptica, ele representa para si um estilete preso a uma corda movendo-se ao redor de dois pontos fixos, ou concebe ainda pontos infinitos em número que sustentam uma certa relação constante com uma linha reta, ou ainda um cone cortado por um plano oblíquo, cujo ângulo de inclinação seja maior do que o ângulo no topo do cone, ou ainda por uma infinidade de outros modos; VIII. as ideias são tanto mais perfeitas quanto mais perfeição há no objeto que elas exprimem. Não admiramos tanto o artífice que imaginou um templo qualquer quanto aquele que imaginou um templo insigne.

109. Não me demoro mais aqui sobre os outros modos que se referem ao pensamento, como o amor e a alegria, pois não importam ao nosso presente plano e não podem ser concebidos antes de termos percebido o intelecto. Quando desaparece toda a percepção, eles todos são suprimidos.

110. As ideias falsas e fictícias nada possuem de positivo (como mostramos à saciedade), pelo que se dizem falsas e fictícias; mas é apenas um defeito de conhecimento que assim são consideradas. Assim, ideias falsas e fictícias, como tais, nada podem nos ensinar sobre a essência do pensamento; ela deve ser procurada nas propriedades positivas que enumeramos, isto é, que se deve estabelecer algo de comum a partir do qual essas propriedades se sigam necessariamente; isso dado [sua existência], elas se seguem necessariamente; desaparecida [sua existência], elas são suprimidas.

Falta o restante
[reliquia desiderantur]

TRATADO POLÍTICO

(*TRACTATUS POLITICUS*)

Capítulo I

§1

Os filósofos concebem as afecções que em nós se chocam como vícios nos quais os homens caem por sua culpa; eis por que se acostumaram a rir-se deles, a deplorá-los, a repreendê-los ou, quando querem parecer mais santos, a detestá-los. Mesmo porque creem haver feito uma coisa divina e atingido o cimo da sabedoria quando aprenderam a celebrar, de mil e uma maneiras, uma pretensa natureza humana, que não existe em parte alguma, e a denegrir aquela que existe realmente. Pois veem os homens não como são, mas como desejariam que fossem; de onde veio o fato de que, na maioria, em lugar de uma Ética, escreveram uma Sátira, e jamais conceberam uma Política cujo uso pudesse ser induzido, mas antes uma Quimera para se ter em Utopia ou no século de ouro dos poetas, quando certamente nenhuma instituição era necessária. Passou-se a crer, por conseguinte, que, entre todas as ciências que tenham aplicação, é a Política aquela em que a teoria difere muitíssimo da prática e que não há homens menos próprios ao governo do Estado do que os teóricos ou os filósofos.

§2

Os Políticos, ao contrário, estima-se que estão mais ocupados em estender armadilhas aos homens do que a velar por seus interesses, e julga-se que são hábeis mais do que sábios. A experiência, com efeito, ensinou-lhes que haverá vícios enquanto houver homens; eles se esforçam, portanto, em prevenir a malícia humana, e isso por meios cuja eficácia uma longa experiência deu a conhecer, e que homens movidos pelo temor mais do que guiados pela razão costumam aplicar; agindo nisso de uma maneira que parece contrária à religião, sobretudo aos teólogos: segundo estes últimos, com efeito, os soberanos deveriam conduzir os negócios públicos em conformidade com as regras morais que o particular deve manter. Não é duvidoso, entretanto, que os Políticos tratem, em seus escritos, da Política com muito mais felicidade do que os filósofos: tendo a experiência por mestra, eles nada ensinaram, com efeito, que fosse distante da prática.

§3

E, por certo, estou plenamente persuadido de que a experiência mostrou todos os gêneros de cidade (*civitatum*) que se possa conceber, em que os homens vivem em concórdia e, ao mesmo tempo, fez conhecer os meios pelos quais se deve dirigir a multidão e pelos quais contê-la em certos limites; por isso não creio que seja possível determinar pelo pensamento um regime que não tenha sido ainda experimentado e que possa, no entanto, posto à prova ou em prática, não malograr. Os homens, com efeito, são feitos de modo tal que não podem viver sem uma lei comum. Ora, as regras comuns e os negócios públicos foram objeto de estudo de homens de espíritos muito penetrantes, hábeis ou astuciosos, que estabeleceram instituições e delas trataram. Não é, portanto, crível que jamais concebamos um procedimento qualquer de governo que possa ser de uso em uma sociedade e do qual nenhum modelo tenha sido ainda encontrado e que os homens, ocupando-se dos negócios comuns e velando por sua própria segurança, não hajam percebido.

§4

Aplicando-me à Política, portanto, eu não pretendi aprovar o que quer que fosse de novo ou de desconhecido, mas somente estabelecer, por razões certas e indubitáveis, o que concorda com a prática. Em outros termos, deduzi-lo do estudo da natureza humana e, para empregar neste estudo a mesma liberdade que se costuma empregar nas investigações matemáticas, tomei todos os cuidados para não expor à derrisão as ações dos homens, a não chorar sobre elas, a não detestá-las, mas a adquirir um conhecimento verdadeiro a seu respeito: considerei também as afeições humanas, tais como o amor, o ódio, a cólera, a inveja, a soberba, a piedade e os outros movimentos da alma, não como vícios, mas como propriedades da natureza humana: maneira de ser que lhe pertencem como o calor e o frio, a tempestade e o trovão e todos os meteoros que pertencem à natureza do ar.

Qualquer que seja o incômodo que possamos ter dessas intempéries, elas são necessárias, possuindo causas determinadas devido às quais nós nos empenhamos em conhecer a natureza, e quando a mente tem o conhecimento verdadeiro dessas coisas, ela as frui do mesmo modo que do conhecimento que dá agrado aos nossos sentidos.

§5

É uma coisa certa, com efeito, e em nossa *Ética* nós o demonstramos, que os homens são necessariamente submetidos a afecções, que são feitos de tal modo que sentem piedade por aqueles que vivem na desventura e inveja daqueles que vivem na ventura; que são mais levados à vingança do que à piedade; ademais, cada um deseja que os outros vivam de conformidade com sua própria compleição, aprovem o que ele próprio aprova e rejeitem o que ele próprio rejeita. De onde resulta, por quererem todos ser igualmente os primeiros, que eclodam conflitos entre eles, que eles se esforcem em esmagar uns aos outros, e que o vencedor se glorifique mais por ter triunfado sobre seu rival do que por ter conseguido para si mesmo algum bem. E, sem dúvida, todos estão persuadidos de que, ao contrário, seguindo os preceitos da religião, cada um deve amar seu próximo como a si mesmo, isto é, defender como seu próprio o direito de outrem; mas nós mostramos que essa persuasão possui pouco poder sobre as afecções. Ela triunfa, na verdade, quando se está a ponto de morrer, isto é, quando a doença venceu as paixões e quando o homem jaz inerte ou, ainda, nos templos, onde os homens não pensam em defender seus interesses; mas ela não tem eficácia perante os tribunais ou na Corte, onde seria mais necessário que a tivesse. Nós mostramos, além disso, que a razão pode muito bem conter e governar as afecções, mas vimos, ao mesmo tempo, que o caminho que a razão ensina é muito difícil; aqueles que, por consequência, persuadem-se de que é possível levar a multidão ou os homens ocupados com os negócios públicos a viver segundo os preceitos da razão, sonham com a idade de ouro dos poetas, isto é, se comprazem com a ficção.

§6

Um Estado[1] cujo bem-estar depende da lealdade de algumas pessoas, e cujos negócios, para serem bem dirigidos, exigem

1. No original, *imperium, imperii,* termo que, na filosofia política, pode significar: 1. denotativamente, o comando, a ordem, a determinação, a prerrogativa de mandar. Nesse sentido, por exemplo, *praetorius imperio parere,* obedecer à ordem do pretor, ou *summa imperii,* o comandante militar em chefe; 2. conotativamente, a autoridade, a soberania, o domínio, o poder supremo e, por consequência, o Estado ou o Poder Público. Nesse sentido, *imperium populi Romani,* a soberania ou o poder supremo do povo romano. Em Spinoza, o termo *imperium* tende a ser usado para uma realidade física, como capital de um Estado (*urbs, quae caput imperium est*), como a própria organização do poder (*imperii administratio,* administração do Estado, *imperii ministri,* funcionários do Estado). Tratando-se aqui, obviamente, de uma análise política, o termo foi utilizado com bastante frequência e, no correr da tradução, optou-se por uma daquelas acepções, a que melhor nos pareceu esclarecer o texto.

que aqueles que os conduzem queiram agir lealmente, terá uma estabilidade mínima. Para que possa subsistir, será preciso ordenar as coisas de modo que aqueles que administram a coisa pública [*res publica*], sejam eles guiados pela razão ou movidos por uma afecção, não ajam de má fé ou impropriamente. E pouco importa à segurança do Estado qual motivo interior tem os homens para bem administrar os negócios, contanto que eles de fato administrem bem: a liberdade da alma, com efeito, isto é, a coragem, é uma virtude privada, a virtude necessária ao Estado é a segurança.

§7

Visto que todos os homens, bárbaros ou cultivados, estabelecem em toda parte costumes e se dão um estatuto civil, não é dos ensinamentos da razão, mas da natureza comum dos homens, isto é, de sua condição, que é preciso deduzir as causas e os fundamentos naturais dos poderes públicos, como quero fazê-lo no capítulo seguinte.

Capítulo II

§1

Ocupamo-nos, em nosso *Tratado Teológico-Político*, do direito natural e do direito civil e, em nossa *Ética*, explicamos o que é o pecado, o mérito, a justiça, a injustiça e, enfim, a liberdade humana. Para não obrigar, todavia, os leitores do presente tratado a procurar em outras obras os princípios que são os mais necessários neste, resolvi dar de novo essas explicações e juntar aí uma demonstração apodítica.

§2

Toda coisa natural pode ser concebida adequadamente, quer ela exista ou não exista. Todavia, o princípio em virtude do qual as coisas naturais existem e perseveram em sua existência não pode se concluir de sua definição, pois sua essência ideal permanece, depois que elas começaram a existir, a mesma que antes de elas existirem. Portanto, uma vez que o princípio pelo qual elas existem não pode decorrer de sua essência, a manutenção de sua existência tampouco decorre dela; elas têm necessidade, para continuar a ser, do mesmo poder que era necessário para que começassem a existir. Daí esta consequência de que a potência, pela qual as coisas da natureza existem e também agem, não poderia se conservar ela mesma e, por conseguinte, não poderia tampouco conservar as coisas naturais, mas ela mesma teria necessidade, para perseverar na existência, da mesma potência que era necessária para que ela fosse criada.

§3

Sabendo, portanto, que a potência pela qual existem e agem os seres da natureza é a própria potência de Deus, nós conhecemos facilmente o que é o direito de natureza.

Com efeito, uma vez que Deus tem direito sobre todas as coisas e que o direito de Deus não é outro senão a própria potência de Deus, na medida em que é considerado em sua liberdade absoluta, todo ser na natureza tem da natureza tanto direito quanto tem de potência para existir e agir: a potência pela qual existe e age um ser qualquer da natureza não é outra coisa, com efeito, do que a própria potência de Deus, cuja liberdade é absoluta.

§4

Por direito de natureza, portanto, entendo as próprias leis ou regras da Natureza segundo as quais tudo ocorre, isto é, a potência mesma da natureza. Por conseguinte, o direito natural da natureza inteira e, consequentemente, de cada indivíduo, se estende até onde vai sua potência e, portanto, tudo o que um homem faz segundo as leis de sua própria natureza, ele o faz em virtude de um direito soberano de natureza, e ele tem tanto direito sobre a natureza quanto tem de potência.

§5

Se, portanto, a natureza humana fosse disposta de tal forma que os homens vivessem segundo as exclusivas prescrições da razão, e se todo o seu esforço tendesse somente a isso, o direito de natureza, durante tanto tempo quanto se considerasse o que é próprio ao gênero humano, seria determinado pela potência exclusiva da razão. Mas os homens são conduzidos mais pelo desejo cego do que pela razão e, por consequência, a potência natural dos homens, isto é, seu direito natural, deve ser definido não pela razão, mas por todo apetite que os determina a agir e pelo qual eles se esforçam por conservar-se. Eu o confesso, em verdade, que esses desejos que não tiram sua origem da razão não são tanto ações quanto paixões humanas. Mas como se trata aqui do poder universal da natureza, que é a mesma coisa que o direito de natureza, nós não podemos reconhecer nesse momento nenhuma diferença entre os desejos que a razão engendra em nós e os que têm outra origem: uns e outros, de fato, são efeitos da natureza e manifestam a força natural pela qual o homem se esforça por perseverar em seu ser. Seja ele sensato ou insensato, o homem é sempre uma parte da natureza, e tudo aquilo pelo que ele é determinado a agir deve se referir à potência da natureza, na medida em que ela pode ser definida pela natureza de tal ou tal homem. Seja ele conduzido pela razão ou pelo exclusivo desejo, o homem, com efeito, nada faz que não seja conforme as leis e as regras da natureza, isto é (pelo §4 deste capítulo), em virtude do direito de natureza.

§6

A maioria, entretanto, acredita que os insensatos perturbam a ordem da natureza mais do que a seguem, e a maioria também concebe os homens na natureza como um império em um império. Eles julgam, com efeito, que a alma humana, longe de ser produzida por causas naturais, é imediatamente criada por Deus e independente do resto do mundo, a tal ponto que ela tem um poder absoluto de se determinar e usar retamente da razão. Porém, a experiência ensina mais do que suficientemente que não está em nosso poder ter uma alma sã mais do que um corpo são. Como, além disso, toda coisa, tanto quanto depende dela mesma, se esforça por conservar seu ser, nós não podemos duvidar, de nenhuma maneira, que se estivesse em nosso poder tanto viver segundo as prescrições da razão, quanto o de ser conduzido pelo desejo cego, todos viveriam sob o comando da razão e segundo regras sabiamente instituídas; ora, isso não é de modo algum o que acontece no mundo; cada um, ao contrário, obedece ao atrativo do prazer que busca. Não é verdade que essa dificuldade seja removida pelos teólogos quando declaram que a causa dessa impotência da natureza humana é o vício ou o pecado que tira sua origem da queda do primeiro homem. Se, com efeito, o primeiro homem tivesse tido o poder de permanecer reto assim como o de cair, se ele estivesse de posse de si próprio e de uma natureza ainda não viciada, como pôde se dar que, tendo saber e prudência, haja caído? Dir-se-á que ele foi enganado pelo diabo? Quem, pergunto eu, pôde fazer com que o ser, que prevalecia sobre todas as outras criaturas pelo conhecimento, tenha sido bastante louco para querer ser maior do que Deus? Esse ser, que possuía uma alma sã, não se esforçava, pois, em conservar seu ser tanto quanto dependia dele? Como pode acontecer, além disso, que o primeiro homem, estando de posse de si próprio e senhor de sua vontade, se deixasse seduzir e enganar? Se, com efeito, dispunha do poder de usar retamente a razão, ele não podia ser enganado, pois tanto quanto dependia dele, ele se esforçou necessariamente em conservar seu ser e sua alma sã. Mas sua história mostra que não foi isso que sucedeu. Cumpre, portanto, reconhecer que não estava em poder do primeiro homem usar retamente da razão, mas que ele estava, como nós estamos, submetido às paixões.

§7

Ninguém pode negar que o homem, como os outros indivíduos, se esforça em conservar seu ser. Se fosse possível conceber algumas diferenças, elas deveriam provir do fato de que o homem teria uma vontade livre. Porém, quanto mais o homem é por nós concebido como livre, tanto mais somos obrigados a julgar que ele deve necessariamente conservar seu ser e tomar posse de sua mente; quem quer que não confunda a liberdade com a contingência, me concederá isso sem dificuldade. A liberdade, com efeito, é uma virtude, quer dizer, uma perfeição. Em consequência, nada que atesta no homem a impotência, pode referir-se à sua liberdade. O homem, por conseguinte, não pode minimamente ser dito livre, porque ele não pode existir ou porque ele não pode usar da razão, a não ser na medida em que tem o poder de existir e agir segundo as leis da natureza humana. Quanto mais, portanto, consideramos que um homem é livre, menos podemos dizer que ele não pode usar da razão e preferir o mal ao bem, e assim Deus, que é um ser absolutamente livre, conhece e age necessariamente, quer dizer que Ele existe, conhece e age por uma necessidade de sua natureza. Não é duvidoso, com efeito, que Deus aja com a mesma necessidade que existe; do mesmo modo que existe em virtude de uma necessidade de sua própria natureza, isto é, com uma absoluta liberdade.

§8

Concluímos, portanto, que não está no poder de cada um usar sempre a razão e manter-se no cimo da liberdade; e, no entanto, cada um sempre se esforça em conservar seu ser tanto quando depende dele e, visto que o direito de cada um tem por medida sua potência, tudo para o que se esforça e tudo o que faz, quer seja sensato ou insensato, ele o faz por um direito soberano de natureza. De onde se segue que o direito e a regra natural sob os quais nascem todos os homens e sob os quais vivem a maior parte do tempo, nada interdizem senão aquilo que ninguém tem o desejo ou o poder de interdizer: eles não são contrários nem às lutas, nem aos ódios, nem à cólera, nem ao dolo, nem absolutamente a nada do que o apetite aconselha. Não há nada de surpreendente nisso, pois a natureza não é de modo algum submetida às leis da razão humana que tendem unicamente à verdadeira utilidade e à conservação dos homens. Ela compreende uma infinidade de outras que concernem à ordem eterna, à natureza inteira, da qual o homem é uma partícula, e, observando-se essa ordem eterna, é que todos os indivíduos são determinados de certa maneira a existir e a agir. Tudo aquilo, portanto, que na natureza nos parece ridículo, absurdo ou mau, não tem essa aparência senão porque nós conhecemos as coisas em parte somente, e ignoramos a ordem inteira da natureza e a máxima coerência entre as coisas, de modo que desejamos que tudo seja dirigido de uma maneira conforme à nossa razão e, no entanto, aquilo que a razão afirma ser mau não o é de modo algum se considerarmos a ordem e as leis do universo, mas somente se tivermos em vista as exclusivas leis de nossa natureza.

§9

Segue-se ainda, do que precede, que todo homem pertence de direito a outro enquanto estiver submetido ao poder desse outro, e a seu próprio direito na medida em que pode repelir toda violência, dar a sentença como reivindica o dano que lhe é causado e, de uma maneira geral, viver absolutamente conforme seu próprio engenho.

§10

Um homem tem outro em seu poder quando o mantém encadeado, quando tomou-lhe todas as armas, todo meio de se defender e de escapar, ou a quem soube inspirar medo, ou quando o prendeu por seus benefícios, de modo que esse outro queira comprazê-lo mais do que a si mesmo e viver segundo o desejo do seu senhor, mais do que conforme seu próprio desejo. Mas no primeiro e no segundo modos, têm-se o corpo e não a mente; no terceiro ou no quarto, ao contrário, têm-se quer o corpo, quer a mente, mas somente enquanto duram o medo e a esperança; se esses sentimentos desaparecem, aquele de quem se era o senhor volta a ser seu próprio senhor.

§11

A faculdade de julgar pode ser submetida à vontade de outro, na medida em que a mente pode ser enganada por esse outro; de onde segue que a mente pertence a si mesma na medida em que ela pode usar retamente da razão. Mais ainda, como a potência humana não deve ser medida tanto pelo vigor do corpo como pela força da mente, aqueles que se pertencem a si mesmos ao mais alto ponto são os que prevalecem pela razão e vivem ao máximo sob sua conduta. Assim sendo, denomino livre um homem enquanto viver sob a conduta da razão, porque, nessa medida mesma, ele é determinado a agir por causas que podem ser compreendidas adequadamente pela exclusiva natureza, ainda que essas causas o determinem necessariamente a agir. A liberdade, com efeito, como nós o mostramos (no §7 deste capítulo), não tolhe, mas, ao contrário, põe a necessidade da ação.

§12

A fé dada a outro, predita apenas em palavra, de fazer isto ou aquilo, que estava em seu direito omitir, ou, ao contrário, de não fazer o que estava em seu direito fazer, permanece em vigor enquanto a vontade daquele que prometeu não muda. Quem, com efeito, tem o poder de romper o compromisso que assumiu não se despojou de modo algum de seu direito, mas deu somente palavras. Se, portanto, aquele que é por direito de natureza seu próprio juiz, julgou reta ou falsamente (pois é do homem enganar-se) que o compromisso tomado terá para ele consequências mais prejudiciais do que úteis e considera em sua mente que tem interesse em desfazer o compromisso, ele o romperá por direito de natureza (pelo §9 deste capítulo).

§13

Se duas pessoas se põem de acordo e unem suas forças, mais elas podem juntas e, consequentemente, mais direito têm do que cada uma delas tinha por si só na natureza, e quanto mais numerosos forem os homens que tiverem posto suas forças em comum, mais direito também terão eles todos em conjunto.

§14

Enquanto os homens estão sujeitos à ira, à inveja ou a qualquer sentimento de ódio, eles são agitados em diversos sentidos e contrariam uns aos outros, sendo tanto mais temíveis quanto mais podem e mais hábeis e astutos são do que os outros animais. E visto que os homens, na maior parte do tempo (como vimos no §5 deste capítulo), estão sujeitos por natureza às suas afecções, eles também são, por natureza, inimigos uns dos outros: é, com efeito, meu maior inimigo aquele que é mais temível para mim, e de quem devo mais me guardar.

§15

Como (de acordo com o §9 deste capítulo) no estado natural cada um é seu próprio senhor, enquanto puder evitar a opressão de um outro, e visto que sozinho o indivíduo se esforça em vão por guardar-se de todos, enquanto o direito natural for determinado pela potência de cada um, esse direito será nulo; será um direito de opinião, antes que um direito real, pois que não se tem nenhum meio seguro de conservá-lo. É certo também que cada um pode menos e, por conseguinte, tanto menos direito há quanto mais causas ele tem de temer. Acrescentemos que sem a ajuda mútua os homens quase não podem sustentar sua vida e cultivar sua mente. Chegamos, portanto, a esta conclusão: que o direito de natureza, no que concerne propriamente ao gênero humano, dificilmente pode conceber-se a não ser quando os homens possuem direitos comuns, terras que possam habitar e cultivar em conjunto, sendo, enfim, capazes de se defender, de se fortificar, de repelir toda violência e viver segundo uma vontade comum a todos. Quanto maior, com efeito (segundo o §13 deste capítulo), for o número daqueles que se tiverem assim reunido em um corpo, tanto mais também eles terão direito em comum. E se os escolásticos, devido

TRATADO POLÍTICO

aos homens em estado de natureza quase não poderem ser seus próprios senhores, quiseram chamar o homem de *animal sociável*, eu nada tenho a lhes objetar.

§16

Quando os homens têm direitos comuns e quando todos são conduzidos como por um só pensamento, é certo (pelo §13 deste capítulo) que cada um tem tanto menos direito quanto todos os outros reunidos o excedem em poder, isto é, não há outro direito senão aquele que lhe concede a lei comum. Tudo o que, de resto, lhe é ordenado pelo consenso geral, ele é obrigado a fazer ou então têm-se o direito de obrigá-lo a fazer.

§17

Aquele direito que define o poder da multidão costuma-se denominar poder público [*imperium*]. E este possui o poder absoluto que, por consenso comum, cuida da coisa pública, isto é, estabelece as leis, as interpreta e as abole, fortifica as cidades, decide a guerra e a paz etc. Quando tudo isso se faz por uma assembleia saída da multidão, o poder público chama-se democracia; se é por alguns homens escolhidos, tem-se a aristocracia; e se o cuidado da coisa pública e, consequentemente, o poder competem a um só, então é o que se chama monarquia.

§18

Vê-se claramente, pelo que acabamos de mostrar neste capítulo, que no estado de natureza não há pecado, ou, se alguém peca, é para consigo mesmo e não para com outrem; ninguém, com efeito, é obrigado a comprazer a um outro por direito de natureza, a menos que o queira, e nenhuma coisa é boa ou má para ele, a não ser aquilo que em virtude de seu próprio engenho ele decide que é um bem ou um mal; e o direito de natureza não proíbe absolutamente nada, exceto aquilo que ninguém pode fazer (vide os §5 e 8 deste capítulo). Ora, o pecado é uma ação que, segundo o direito, não pode ser efetuada. Se os homens

382 SPINOZA: OBRA COMPLETA I

fossem obrigados por uma lei de natureza a deixar-se guiar pela razão, todos necessariamente seriam guiados pela razão, pois as leis da natureza são (§2 e 3) leis estabelecidas por Deus com a mesma liberdade inerente à sua existência e, por conseguinte, essas leis decorrem da natureza divina (vide §7 neste capítulo) e, em consequência, elas são eternas e não podem ser violadas. Mas os homens são conduzidos antes pelo apetite do que pela razão e, no entanto, não perturbam a ordem da natureza, mas se lhe dobram necessariamente; o ignorante e o débil de espírito, portanto, não são obrigados, pelo direito de natureza, a regrar sensatamente sua vida mais do que o enfermo o é de ter um corpo são.

§19

O pecado, portanto, não pode ser concebido senão em um Estado [*imperium*], isto é, se foi decidido em virtude do direito, que pertence à comunidade, de ordenar que coisa é boa e qual é má, e se ninguém (pelo §6 deste capítulo) tem o direito de fazer o que quer que seja a não ser em virtude de um decreto ou de um consentimento comuns. O pecado, com efeito (como vimos no parágrafo precedente), consiste naquilo que segundo a lei não pode ser feito, ou é proibido por ela. A obediência, ao contrário, é uma vontade constante de fazer o que, segundo a lei, é bom e deve ser feito, segundo um decreto comum.

§20

Nós também temos, entretanto, o costume de chamar *pecado* o que se faz contrariamente ao ditame da razão sadia, e *obediência* uma vontade constante de regrar seus apetites conforme as prescrições da razão. Eu poderia aceitar isso se a liberdade humana consistisse na licença dada aos apetites e à servidão, no governo da razão. Mas, visto que a liberdade humana é tanto maior quanto mais vive o homem sob a conduta da razão, podendo moderar seus apetites, nós não podemos, sem uma grandíssima impropriedade, chamar obediência a uma

TRATADO POLÍTICO

vida racional, e pecado ao que é, na realidade, impotência da mente, não licença contra si mesma, o que faz o homem antes escravo do que livre (vide os §7 e 11 deste capítulo).

§21

Todavia, como a razão nos ensina a praticar a piedade[2] e a nos conduzirmos com tranquilidade e paz interior, o que não é possível a não ser que haja um poder público, e como, além disso, não pode acontecer que a multidão seja conduzida por um só pensamento, tal como é requerido no Estado, se não existem leis estabelecidas em conformidade com as leis da razão, não se está usando uma linguagem tão imprópria ao chamar de pecado o que é contrário ao ditame da razão, pois que as leis do Estado mais bem regrado (vide o §18 deste capítulo) devem ser estabelecidas em conformidade com a razão. Como eu disse (§l8 deste capítulo) que o homem em estado de natureza, se ele peca, peca contra si mesmo, ver-se-á, no capítulo iv (§4 e 5), em que sentido se pode dizer que aquele que possui o poder público e dispõe de um direito de natureza, estando adstrito às leis, pode pecar.

§22

No que toca à religião, é certo que o homem é tanto mais livre e mais se submete a si próprio quanto mais ama a Deus e o honra com alma mais íntegra. Mas, enquanto temos em vista não a ordem da razão, que ignoramos, porém os ditames exclusivos da razão concernentes à religião, e enquanto consideramos que esses ditames são em nós como uma revelação pela qual Deus nos faria entender em nós mesmos sua palavra, ou ainda, que foram reveladas aos Profetas sob a forma de leis, podemos dizer, falando humanamente, que obedecer a Deus é amá-lo com alma íntegra e, ao contrário, pecar é deixar-se conduzir pelo desejo.

---

2. Piedade aqui significa justiça e cumprimento do dever.

Mas, ao mesmo tempo, devemos nos lembrar que estamos em poder de Deus como a argila está em poder do oleiro, que, da mesma terra, faz *vasos dos quais uns são para a honra, outros para o opróbrio*[3], e também que o homem pode muito bem agir contrariamente a esses decretos de Deus que estão impressos como leis em nossa mente ou na dos profetas, mas não contra o decreto eterno de Deus que está gravado em todo o universo e que concerne à ordem de toda a natureza.

§23

Assim, pois, como o pecado e a obediência, no sentido estrito, a justiça e a injustiça não podem ser concebidas a não ser em um Estado. Não há nada, com efeito, na natureza, que pertença de direito, pode-se dizer, a este ou a aquele, mas tudo é de todos, isto é, cada um tem direito na medida em que tem poder de reivindicar. Em um Estado, ao contrário, em que a lei comum decide o que é de um e o que é de outro, é chamado de justo aquele que tem uma vontade constante de atribuir a cada um o seu e, ao contrário, injusto aquele que se esforça para fazer seu o que é de outro.

§24

Quanto à louvação e ao vitupério, explicamos, em nossa *Ética*, que são afecções de alegria e tristeza, acompanhadas como causa pela ideia da virtude ou, ao contrário, da impotência humana.

Capítulo III

§1

O estatuto de um Estado, qualquer que seja, é denominado civil; o corpo inteiro do Estado denomina-se cidade e os negócios

---

3. [B. de S.:] Paulo, *Epístola aos Romanos*, 9, 21-22.

comuns do Estado, submetidos à direção daquele que tem o poder, coisa pública [república]. Nós chamamos de cidadãos os homens que gozam de todas as comodidades da cidade em virtude do direito civil. Nós os denominados súditos, na medida em que eles são obrigados a obedecer às regras instituídas pela cidade, isto é, suas leis. Nós dissemos, enfim (no §17 do capítulo precedente), que havia três gêneros de estatuto civil: o democrático, o aristocrático e o monárquico. Mas antes que eu comece a tratar de cada um em separado, vou demonstrar primeiro o que diz respeito ao estatuto civil em geral; e o que é preciso considerar aqui primeiro é o direito supremo da cidade, isto é, o do poder soberano.

§2

Segundo o §15 do capítulo precedente, é evidente que a prerrogativa [*imperii*] daquele que tem o máximo poder [*summarum potestarum*], isto é, a do soberano, não é outra coisa senão o direito de natureza, o qual se define pelo poder não de cada um dos cidadãos, tomado à parte, mas da multidão conduzida como se por um só pensamento. Isso redunda dizer que o corpo e a mente do Estado inteiro possui um direito que tem por medida o seu poder, assim como cada indivíduo no estado de natureza: cada cidadão ou súdito tem, portanto, tanto menos direito quanto a cidade prevalece sobre ele em poder (ver §16 do capítulo anterior) e, em consequência, cada cidadão não pode nada fazer nem possuir senão aquilo que lhe é garantido por decreto comum, decreto da cidade.

§3

Se a cidade [*civitas*] concede a alguém o direito e, por conseguinte, o poder (pois, do contrário, segundo o §12 do capítulo precedente, ela lhe teria dado apenas palavras) de viver segundo seu próprio engenho, ela se despoja de seu próprio direito e o transfere àquele a quem ela dá esse poder. Se ela concede esse poder a duas pessoas ou a várias, ela divide por isso mesmo o Estado, pois cada um daqueles a quem o poder foi dado vive segundo seu próprio engenho. Se, enfim, ela dá esse poder a cada um dos cidadãos, ela se destrói a si mesma: a cidade não existe mais e volta-se ao estado de natureza, o que é bastante manifesto pelo que precede. Por conseguinte, não se pode de maneira nenhuma conceber que o instituto[4] da cidade permita a cada cidadão viver segundo seu próprio engenho: esse direito natural, pelo qual cada um é juiz de si próprio, cessa necessariamente no estado civil. Eu digo expressamente a instituição da cidade, pois o direito natural de cada um (se pesarmos bem as coisas) não cessa de existir no estado civil. O homem, com efeito, tanto no estado natural como no estado civil age segundo as leis de sua natureza e vela pelo que lhe é útil, pois em cada um desses dois estados é a esperança ou o temor que o conduz a fazer ou não fazer isto ou aquilo, e a principal diferença entre os dois estados é que, no estado civil, todos têm os mesmos temores, e que a segurança tem para todos as mesmas causas, do mesmo modo que a regra de vida é comum, o que não suprime, longe disso, a faculdade de julgar própria a cada um. Quem decidiu, com efeito, obedecer a todos os mandados da cidade, seja porque teme seu poder, seja porque ama a tranquilidade, vela por sua segurança e seus interesses segundo seu engenho.

§4

Nós não podemos, além disso, conceber que seja lícito a cada um interpretar os decretos da cidade, isto é, suas leis. Se ele tivesse essa licença, seria com isso seu próprio juiz, pois não haveria aí qualquer ato que ele não pudesse tornar desculpável ou louvável com uma aparência de direito e, consequentemente, ele regraria sua vida segundo seu engenho, o que (pelo parágrafo precedente) é absurdo.

---

4. *Civitatis instituto*, no sentido de conjunto de regras e de princípios jurídicos existentes na cidade.

§5

Vemos, portanto, que cada cidadão pertence não a si mesmo, mas à cidade, cujos mandados é obrigado a obedecer e que ninguém tem o direito de decidir o que é justo, o que é iníquo, o que é virtuoso ou imoral, mas, ao contrário, visto que o corpo do Estado deve ser conduzido de alguma maneira por um só pensamento e que, em consequência disso, a vontade da cidade deve ser considerada a vontade de todos, é aquilo que a cidade decreta ser justo e bom que cada um deve também decretar como tal. Se, portanto, o súdito julga iníquos os decretos da cidade, ainda assim ele é, não obstante, obrigado a submeter-se-lhes.

§6

Mas, pode-se objetar, não é contrário ao ditame da razão submeter-se inteiramente ao julgamento de outro? Consequentemente, o estado civil não repugna à razão? Daí esta consequência que, sendo irracional, esse estado não pode ser constituído senão por homens privados da razão e de modo algum por aqueles que vivem sob a conduta da razão. Mas, visto que a razão não ensina nada que seja contra a natureza, uma razão sadia não pode ordenar que cada um permaneça somente com seu direito enquanto os homens forem sujeitos às paixões (§15 do capítulo precedente), isto é (pelo §5 do capítulo primeiro), ela nega que isso possa acontecer. Cumpre acrescentar que a razão ensina de maneira geral a buscar a paz, e é impossível chegar a isso se as leis comuns da cidade não permanecerem invioladas. Por conseguinte, quanto mais o homem vive sob a conduta da razão, isto é, segundo o §11 do capítulo precedente, quanto mais ele é livre, mais constantemente respeitará as leis da cidade e o poder soberano do qual é súdito. A isso se adiciona ainda que o estado civil é instituído naturalmente para pôr fim a um temor comum e afastar misérias comuns, e que, por conseguinte, ele visa o objetivo ao qual todo homem que vive sob a conduta da razão se esforçaria, mas em vão (pelo §15 do capítulo precedente), por atingir. Eis por que se um homem conduzido pela razão deve fazer às vezes, por mandamento da cidade, aquilo que ele sabe ser contrário à razão, esse mal é largamente compensado pelo proveito que ele tira do estado civil: isso é devido à razão de se escolher entre dois males o menor. Nós podemos, portanto, concluir que ninguém jamais agirá contrariamente às prescrições da razão ao fazer aquilo que segundo a lei da cidade ele deve fazer. Isso no-lo será concedido mais facilmente quando tivermos explicado até onde se estende o poder da cidade e, consequentemente, seu direito.

§7

Cumpre considerar, em primeiro lugar, que se no estado de natureza (§11 do capítulo precedente) aquele que tem o maior poder e depende mais de si mesmo vive sob a conduta da razão, do mesmo modo a cidade fundada na razão e dirigida por ela é a mais poderosa e depende mais de si própria. O direito da cidade, com efeito, é determinado pelo poder da multidão, que é conduzida, de alguma maneira, por um mesmo pensamento, e essa união das almas não pode ser concebida de nenhuma forma se a cidade não tender eminentemente ao fim que a sã razão ensina a todos os homens que lhes é útil atingir.

§8

É preciso considerar, em segundo lugar, que os súditos não pertencem a si mesmos, mas à cidade, na medida em que temem sua potência ou ameaças, ou então na medida em que eles amam o estado civil (§10 do capítulo precedente). Daí esta consequência de que todas as ações às quais ninguém pode ser incitado nem por promessas nem por ameaças não pertencem ao direito da cidade. Ninguém, por exemplo, pode despojar-se de sua faculdade de julgar; por quais promessas ou por quais ameaças um homem poderia ser levado a crer que o todo não é maior do que a parte, ou que Deus não existe, ou que um corpo que ele vê que é finito é um ser infinito? Do mesmo modo, por quais promessas ou quais ameaças um homem poderia ser levado a amar o que ele odeia ou a odiar o que ele ama? E deve-se dizer o mesmo de tudo aquilo de que a natureza humana tem horror a tal ponto que ela o julga pior do que todos os males: que um homem preste testemunho contra si próprio, se entregue a si mesmo ao suplício, mate seu pai e sua mãe, não se esforce para evitar a morte, e outras coisas semelhantes às quais nem promessas nem ameaças podem levar uma pessoa. Que se, entretanto, se quisesse dizer que a cidade tem o direito ou o poder de ordenar tais coisas, seria aos nossos olhos como se alguém dissesse que um homem tem direito de ser insensato ou de delirar. O que seria essa lei, com efeito, senão um delírio ao qual ninguém pode ser adstrito? Falo aqui expressamente das coisas que não podem ser do direito da cidade e das quais a natureza humana tem geralmente horror. Que um demente ou um insensato não possa ser levado por nenhuma promessa e por nenhuma ameaça a obedecer a mandamentos e que um ou outro, por estar submetido a tal ou tal religião, julgue que as leis do Estado são piores que todo mal, nem por isso essas são de modo algum abolidas, pois que a maior parte dos cidadãos lhes está submetida. Por conseguinte, aqueles que não têm nem medo nem esperança não dependem senão deles próprios (pelo §10 do capítulo precedente) e são (pelo §14 do capítulo precedente) inimigos do Estado, dos quais se é lícito coibir o direito.

§9

Cumpre considerar, em terceiro lugar, que pertence menos ao direito da cidade uma medida capaz de provocar a indignação geral. É certo que, obedecendo à natureza, os homens contra ela conspirarão, tanto por um temor comum, quanto pelo desejo de vingar um mal comum e, uma vez que o direito da cidade se define pelo poder comum da multidão, é certo que o direito e o poder da cidade diminuem ao se dar razões a um grande número para conspirar. A cidade tem certamente perigos a temer; do mesmo modo que no estado de natureza um homem depende tanto menos de si próprio quanto mais razões ele tem para temer, a cidade também é tanto menos senhora de si quanto mais tem a recear. Eis o que podemos dizer no que concerne aos direitos soberanos sobre os súditos. Antes de falar agora de seu direito sobre o estrangeiro, parece que devemos resolver uma questão que se costuma colocar a respeito da religião.

§10

Poder-se-ia, com efeito, nos fazer esta objeção: o estado civil e a obediência dos súditos, tal como havíamos mostrado, não suprimem a religião que nos obriga ao culto de Deus? Mas se examinarmos esse ponto nada encontramos que nos possa causar escrúpulos. A mente, com efeito, na medida em que usa a razão, não pertence aos poderes soberanos, mas a si mesma (pelo §11 do capítulo precedente). Assim sendo, o verdadeiro conhecimento e o amor de Deus não podem ser submetidos ao império de ninguém, não mais que a caridade para com o próximo (§8 deste capítulo). Se considerarmos, além disso, que o supremo exercício da caridade é aquele que visa à manutenção da paz e ao estabelecimento da concórdia, não poremos em dúvida que cumpre com seu dever aquele que presta assistência a cada um tanto quanto permitem as leis da cidade, isto é, a concórdia e a ordem pública. No que concerne ao culto exterior, é certo que ele não ajuda em nada ao verdadeiro conhecimento de Deus e ao amor que é sua sequência necessária, mas que, ao contrário, pode prejudicá-lo; não se deve, portanto, atribuir a esse culto um preço tal que a paz e a ordem pública possam ser perturbadas por causa dele. É certo, aliás, que eu não sou por direito natural, isto é, segundo o §3 do capítulo precedente, em virtude de um decreto divino, o defensor da Religião, pois não tenho, de modo algum, o poder que tiveram outrora os discípulos de Cristo de expulsar os espíritos imundos e de fazer milagres, e esse poder seria para propagar a Religião, lá onde ela é interdita, tão necessário porque, sem ele, se perde não somente, como se diz, seu óleo e seu trabalho, mas, além disso, se produzem muito males: todos os séculos fornecem exemplos desses excessos funestos. Cada um, portanto, onde quer que esteja, pode honrar a Deus com uma religião verdadeira e velar por sua própria salvação, o que é o dever do simples particular. Quanto ao cuidado de propagar a Religião, é preciso confiar isso a Deus ou ao soberano a quem cabe exclusivamente ocupar-se da coisa pública. Mas volto ao meu propósito.

§11

Depois de ter explicado o direito dos poderes soberanos sobre os cidadãos e o dever dos súditos, resta considerar esse direito sobre o estrangeiro, o que se conhece facilmente pelas considerações que precedem. Uma vez que, com efeito, pelo §2 deste capítulo, o direito do poder soberano não é outra coisa senão o próprio direito da natureza, segue-se que dois Estados estão um em relação ao outro como dois homens no estado de natureza, com a diferença apenas de que a cidade pode guardar-se ela mesma contra a opressão de outra cidade, coisa que o homem, em estado de natureza, é incapaz, derreado como fica cotidianamente devido ao sono, amiúde por inquietações da alma, e, enfim, pela velhice, exposto, além disso, a outros males contra os quais a cidade pode assegurar-se.

§12

A cidade é, portanto, senhora de si na medida em que pode velar por si própria e guardar-se da opressão (§9 e 15 do capítulo precedente), e cai sob o direito de outrem (§10 e 15 do capítulo precedente) na medida em que teme a potência de outra cidade ou é por ela impedida de fazer o que quer, ou então tem necessidade do auxílio dessa outra cidade para conservar-se e incrementar-se: não é de duvidar tampouco que, se duas cidades querem prestar-se auxílio mútuo, elas possuam, as duas juntas, mais poder e, por conseguinte, mais direito do que uma ou outra tem sozinha.

§13

Isso pode ser claramente compreendido se nós considerarmos que duas cidades são naturalmente hostis. Com efeito, os homens, em estado de natureza, são hostis entre si (pelo artigo 14 do capítulo precedente). Portanto, aqueles que conservam o direito natural para além da cidade, mantêm a hostilidade. Eis por que se uma cidade quer declarar guerra a outra, e empregar meios extremos para sujeitá-la, lhe é lícito tentá-lo, pois para fazer a guerra é suficiente querê-la. O mesmo não ocorre com a paz, visto que uma cidade não pode concluí-la senão com a conivência de outra. Do que se segue que o direito de guerra pertence a toda cidade, e o direito de paz pertence ao menos a duas, as quais recebem o nome de cidades confederadas.

§14

Este tratado subsiste por tanto tempo quanto a causa que determinou seu estabelecimento, isto é, enquanto o temor de um mal ou a esperança de um proveito subsista; se essa causa cessa de atuar sobre uma ou outra das duas cidades, ela guarda o direito que lhe pertence (pelo §10 do capítulo precedente), e o vínculo que mantinha adstrito ambas as cidades é rompido por si mesmo. Cada cidade tem, portanto, o direito absoluto de romper o tratado quando quiser, e não se pode dizer que agiu por dolo ou perfídia quando rompe seu compromisso, desde que ela não tenha mais razão de temer ou de esperar: a condição é, com efeito, a mesma para cada uma das contratantes: a primeira que for libertada do medo se tornará independente e, por consequência, seguirá o parecer que melhor lhe convier. Ademais, ninguém contrata com vista ao futuro senão levando em conta as circunstâncias presentes, e se essas circunstâncias chegam a mudar, a própria situação é totalmente modificada. Por essa razão, cada uma das cidades ligadas por um tratado conserva o poder de prover seus interesses; em consequência, cada uma se esforça tanto quanto pode a fim de se livrar do

TRATADO POLÍTICO

temor e retomar sua independência, bem como impedir que a outra se torne mais poderosa. Se, portanto, uma cidade se queixar de ter sido enganada, não é a lei da cidade confederada, mas antes sua própria estultícia que ela deve condenar: ela deixou seu bem-estar em mãos de outra cidade independente e para quem o bem-estar do seu [próprio] Estado é a sua lei suprema.

§15

As cidades que contrataram uma paz têm o direito de dirimir as questões que podem surgir a respeito das condições da paz, isto é, das estipulações pelas quais elas se comprometeram uma com a outra. Com efeito, as regras colocadas tendo em vista a paz não concernem a uma somente, mas são comuns a todas as cidades contratantes (pelo §13 deste capítulo). Se elas não podem concordar, por isso mesmo retornam ao estado de guerra.

§16

Quanto mais cidades contratam a paz, menos cada uma delas é temível para as outras, isto é, menos cada uma delas tem o poder de fazer a guerra; mas quanto mais é obrigada a se manter fiel às condições, quer dizer (pelo §13 deste capítulo), menos se tem a si mesma, mais é obrigada a se acomodar à vontade comum das confederadas.

§17

No mais, não se pretende suprimir a confiança dada em palavra, o que a sã razão e a religião ensinam. Com efeito, nem a razão nem a Escritura nos ensinam a fidelidade a todos os compromissos. Se eu prometo a alguém, por exemplo, guardar o dinheiro que ele me confiou secretamente, eu não sou obrigado a permanecer fiel ao meu compromisso, se eu sei, ou creio saber, que o depósito que ele me confiou era produto de um roubo. Eu agirei mais corretamente se proceder de modo que esse depósito volte ao legítimo proprietário. Do mesmo modo, se um soberano prometeu fazer a outro o que quer que seja, e se em seguida as circunstâncias ou a razão parecem mostrar que isso é prejudicial ao bem-estar comum dos súditos, ele é obrigado a romper o compromisso que tomou. Porquanto, uma vez que a Escritura prescreve apenas em geral observar a palavra prometida e deixa ao julgamento de cada um os casos particulares a excetuar, a ela não repugna, portanto, nada que seja contrário às prescrições enunciadas acima.

§18

Para não ser obrigado a romper a cada instante o fio do discurso, e para afastar objeções semelhantes que poderiam me fazer em consequência, advirto que estabeleci tudo isso me baseando na necessidade da natureza humana de qualquer maneira que a considerem. Parto, com efeito, do esforço universal que todos os homens fazem para se conservar, esforço que efetuam igualmente, sejam eles ignaros ou sapientes. De qualquer forma que se considerem os homens, sejam eles conduzidos por uma afecção ou pela razão, a conclusão, portanto, será a mesma, visto que a demonstração, acabamos de dizê-lo, é universal.

Capítulo IV

§1

Mostramos, no capítulo precedente, que o direito dos poderes soberanos, que é determinado por sua potência, consiste principalmente no fato de que há um pensamento do poder público que conduz a todos; de onde se segue que sozinho discerne o bem, o mal, o justo e o injusto, isto é, o que todos, tomados à parte ou reunidos, devem fazer ou não fazer. Vemos por aí que só a ele cabe estabelecer leis e, quando uma questão se coloca a seu respeito, interpretá-las em cada caso particular e decidir se uma espécie dada é contrária ou conforme ao direito (ver os §3, 4, 5 do capítulo precedente). Cabe ao soberano declarar a

TRATADO POLÍTICO

guerra, fixar ou propor condições de paz ou ainda aceitar as que são oferecidas (ver §12 e 13 do capítulo precedente).

§2

Como se trata aí, com os meios requeridos para chegar a esses fins, todas as coisas que concernem aos negócios do poder público, isto é, à república, resulta que a república é unicamente dependente da direção dada por aquele que tem o poder soberano. Por conseguinte, somente o poder soberano tem o direito de proferir um julgamento sobre os atos de cada um, de lhe pedir contas, de castigar os delinquentes com uma pena, de dirimir as desavenças entre os cidadãos ou de designar homens versados no conhecimento das leis para administrar esse serviço em seu lugar. Do mesmo modo, no que se refere ao emprego e à ordenação das vias e dos meios próprios à paz ou à guerra, fundação e proteção das cidades, condução das tropas, distribuição dos postos militares, ordens a dar, envio de delegados para tratar da paz, ou audiências concedidas aos delegados estrangeiros e, enfim, exigir contribuições para todas essas coisas.

§3

Visto que somente ao poder soberano cabe tratar dos negócios públicos ou escolher funcionários para esse efeito, resulta daí que um súdito usurpa o poder quando a seu próprio juízo, à revelia da autoridade suprema, ele se ocupa de um negócio público, mesmo quando acreditou agir para o bem da cidade.

§4

Costuma-se, entretanto, perguntar se o soberano está submetido às leis e se, em consequência, ele pode pecar. Uma vez que, embora as palavras "lei" e "pecado" não se apliquem tanto à legislação da cidade, mas às leis comuns de toda natureza e particularmente às regras da razão, não podemos dizer, falando de modo absoluto, que a cidade não esteja submetida a nenhuma lei e não possa pecar. Se, de fato, a cidade não tivesse nem leis nem regras, nem mesmo aquelas sem as quais ela não seria uma cidade, seria preciso vê-la não como algo pertencente à natureza, mas como quimera. A cidade peca, portanto, quando age ou permite agir de tal maneira que sua própria ruína possa ser a consequência dos atos efetuados: diremos então que ela peca no sentido que os filósofos e também os médicos dizem que a natureza pode pecar quando age contrariamente ao ditame da razão. É, sobretudo, quando ela se conforma ao ditame da razão (pelo §7 do capítulo precedente) que a cidade é senhora de si mesma. Portanto, quando ela age contrariamente à razão e, na medida em que o faz, ela falta a si mesma e pode-se dizer que ela peca. Isso será compreendido mais claramente se considerarmos que, ao dizer que cada um pode estatuir sobre um negócio que é de sua alçada e decidir como ele quiser, esse poder que temos em vista deve ser medido não somente pela potência do agente, mas também pela atitude do paciente. Se, por exemplo, eu digo que tenho o direito de fazer desta mesa o que eu desejar, certamente não entendo com isso de modo algum que posso fazer esta mesa comer capim. Da mesma maneira também, embora digamos que os homens dependem não deles próprios, mas da cidade, não entendemos com isso, de forma alguma, que os homens possam perder sua natureza humana e se revestir de uma outra, nem, por consequência, que o Estado tenha o direito de fazer com que os homens tenham asas para voar, ou, o que é igualmente impossível, que eles considerem com respeito o que provoca sua risada ou seu desgosto; mas nós entendemos que, sendo dadas certas condições, a cidade inspira aos súditos respeito e temor; se essas mesmas condições cessam de ser dadas, não há mais temor nem respeito, de sorte que a própria cidade deixa de existir. Portanto, a cidade, para permanecer senhora de si mesma, é obrigada a manter as causas do temor e do respeito, sem o que ela não é mais uma cidade. Àquele (ou àqueles) que detém o poder público, é, pois, igualmente impossível se apresentar em estado de ebriedade ou de nudez com prostitutas, bancar o histrião, violar ou menosprezar abertamente as leis por eles estabelecidas, e, agindo assim, conservar sua majestade; isto é tão igualmente impossível como ser e ao mesmo tempo não ser. Levar à morte os súditos, despojá-los, usar de violência contra as virgens e outras coisas semelhantes é transformar o temor em indignação e, consequentemente, o estado civil em estado de guerra.

§5

Vemos, portanto, em que sentido se pode dizer que a cidade está submetida às leis e pode pecar. Mas se por leis entendermos a legislação civil, o que pode ser reivindicado em virtude dessa legislação, e por pecado, o que ela proíbe, isto é, se tomarmos essas palavras em seu genuíno sentido, nós não podemos dizer de nenhuma maneira que a cidade seja obrigada pelas leis ou possa pecar. As regras que a cidade, em seu próprio interesse, é obrigada a observar, e as causas que produzem o temor e o respeito não pertencem à legislação civil, mas ao direito natural, visto que (pelo parágrafo precedente) não é em absoluto referindo-se ao direito civil, mas ao direito da guerra que essas coisas podem ser reivindicadas: a cidade não admite outro limite em seu poder a não ser aquele que o homem observa no estado de natureza para permanecer seu próprio senhor e não agir como inimigo de si próprio, não se destruir. A observação desse limite não é de modo algum obediência; é, ao contrário, a liberdade da natureza humana. Quanto à legislação civil, ela depende do exclusivo decreto da cidade, e a cidade, para permanecer como tal, não tem de comprazer ninguém exceto a si mesma; não há para ela outro bem ou outro mal senão aquilo que ela decreta ser para ela um bem ou um mal e, por conseguinte, ela não tem somente o direito de se defender, de estabelecer e interpretar leis, mas também de ab-rogá-las e, em virtude de seu pleno poder, de perdoar a um acusado, seja qual for.

§6

Não é duvidoso que os contratos ou as leis, pelas quais a multidão transfere seu direito a um conselho ou a um homem, devam ser violados quando essa violação importa ao interesse comum. Mas em que caso o interesse comum pede que as leis sejam violadas ou observadas? Não é a nenhum particular, mas somente àquele que detém o poder público (pelo §3 deste capítulo) que cabe julgar isso; assim, segundo a lei civil, somente aquele que detém o poder público pode interpretar as leis. A isso acresce que nenhum particular tem o direito de reivindicar essas leis; por conseguinte, as leis não obrigam aquele que detém o poder. Porque se, no entanto, essas leis são de tal natureza que elas não possam ser violadas, sem que a cidade por isso mesmo seja enfraquecida, isto é, que o temor experimentado em comum pelo maior número de cidadãos se transforme em indignação, por isso mesmo a cidade é dissolvida e a lei suspensa; não é, pois, de conformidade com o direito civil, porém em virtude do direito da guerra que ela é defendida. E, assim sendo, o detentor do poder não é obrigado a observar as condições do contrato por nenhuma outra razão, senão aquela que tem o homem no estado natural de manter-se em guarda a fim de não se tornar seu próprio inimigo, isto é, destruir-se a si mesmo, como dissemos no parágrafo precedente.

Capítulo v

§1

No §11 do capítulo II mostramos que um homem é seu máximo senhor quando vive mais sob a conduta da razão e, em consequência (ver capítulo III), que a cidade mais poderosa e mais senhora de si mesma é aquela que é fundada e dirigida pela razão. Portanto, visto que a melhor regra de vida para conservar--se a si mesmo tanto quanto possível é aquela que é instituída segundo as prescrições da razão, daí resulta que tudo o que um homem ou uma cidade faz de melhor é aquilo que faz quanto mais é seu próprio senhor. Não é, com efeito, tudo o que dizemos que se tem o direito de fazer, que afirmaremos ser o melhor: uma coisa é cultivar um campo em virtude de um direito, outra coisa é cultivar esse campo o melhor possível; uma coisa, digo eu, é se defender, se conservar, julgar, em virtude de seu direito, outra coisa é se defender, se conservar e julgar o melhor possível. Em consequência, uma coisa é comandar em virtude de seu direito e cuidar da república, outra coisa é comandar e governar da melhor maneira a república. Tendo assim tratado do direito de toda cidade, é tempo agora de tratar do melhor regime em uma cidade em particular.

§2

Conhecemos facilmente a condição de um Estado qualquer quando se considera o fim em vista do qual um estado civil se baseia; esse fim não é outro senão a paz e a segurança da vida. Por conseguinte, o melhor governo é aquele sob o qual os homens passam sua vida em concórdia e aquele cujas leis são observadas sem violação. É certo, com efeito, que as sedições, as guerras e o menosprezo ou a violação das leis são imputáveis não tanto à malícia dos súditos quanto a um vício do regime instituído. Os homens, de fato, não nascem cidadãos, mas se fazem. As ações naturais que a gente encontra são, além do mais, as mesmas em todos os lugares; se, portanto, uma malícia maior reina em uma cidade e se aí se cometem pecados em maior número do que em outras, isso provém do fato de que ela não proveu suficientemente a concórdia, que suas instituições não são bastante prudentes e que ela absolutamente não estabeleceu, em consequência, um direito civil. Um estado civil, com efeito, que não suprimiu as causas de sedições e em que a guerra é algo a se temer constantemente, em que as leis são frequentemente violadas, não difere muito do estado de natureza em que cada um, com o maior perigo de vida, age conforme seu próprio engenho.

§3

Do mesmo modo que os vícios dos súditos, sua excessiva licença e sua insubmissão devem ser imputadas à cidade, assim como, em compensação, sua virtude, sua constante submissão às leis devem ser atribuídas à virtude da cidade e ao estabelecimento de uma lei civil absoluta, assim como fica manifesto pelo §15 do capítulo II. É, portanto, com toda a razão que se honra Aníbal, porque em seu exército nunca houve sedição.

§4

Se, numa cidade, os cidadãos não tomam as armas porque estão sob o império do terror, pode-se dizer não que haja paz, mas que não existe guerra. Pois a paz não é a ausência de guerra; é a virtude que nasce do vigor da alma. A paz, com efeito, não é a simples ausência de guerra, ela é uma virtude que tem sua origem na força da alma, pois a obediência (pelo §19 do capítulo II) é uma vontade constante de fazer o que, segundo o decreto comum da cidade, deve ser feito. Uma cidade, cumpre dizer ainda, em que a paz é um efeito da inércia dos súditos conduzidos como um rebanho, e formados unicamente na servidão, merece o nome de solidão mais do que o de cidade.

§5

Quando dizem que o melhor Estado é aquele em que os homens vivem na concórdia, entendo que eles vivem com uma vida propriamente humana, com uma vida que não se define de modo algum pela circulação do sangue e pela realização das outras funções comuns a todos os outros animais, mas principalmente pela razão, pela virtude da alma e pela vida verdadeira.

§6

Cumpre notar ainda que instituído, como eu disse, a fim de fazer reinar a concórdia, o Estado deve ser entendido como instaurado por uma multidão livre, não como estabelecido por direito de conquista sobre uma multidão vencida. Uma multidão livre, com efeito, é conduzida pela esperança, mais do que pelo medo; uma multidão subjugada, ao contrário, é conduzida pelo medo, mais do que pela esperança. Da primeira pode-se dizer que ela tem o culto da vida; da segunda, que ela procura somente escapar da morte: aquela, digo eu, se esforça por viver por si mesma; esta é coagida pela lei do vencedor. É isso que nós exprimimos ao dizer que uma é escrava e a outra é livre. O fim de um poder adquirido pelo direito da guerra é a dominação, e aquele que a exerce tem escravos mais do que súditos. E se bem que, entre o Estado criado por uma multidão livre e aquele cuja origem é a conquista, não haja absolutamente diferença essencial, se temos em vista a noção geral de direito civil, há entre eles uma grande diversidade, seja quanto ao fim perseguido, como mostramos, seja quanto aos meios que cada um deve usar para se manter.

§7

De quais meios um príncipe, dirigido apenas por seu apetite de dominação, deve utilizar para estabelecer e manter seu poder, o mui penetrante Maquiavel mostrou abundantemente; mas, quanto ao fim por ele visado, este não é visto de maneira muito clara. Se ele se propôs a um bom fim, como se deve crer de um homem sensato, ele quis mostrar, parece, de que imprudência dão provas aqueles que se esforçam para suprimir um tirano, ao passo que é impossível suprimir as causas que levam um príncipe a tornar-se tirano, mas, ao contrário, quanto mais o príncipe tem motivos de temor, mais ele tem causas próprias para se tornar um tirano. Assim ocorre quando a multidão faz do príncipe um exemplo e glorifica um atentado contra o soberano como um alto feito. Maquiavel talvez quisesse mostrar o quanto a população deve evitar confiar seu bem-estar a um só homem que, se não é vaidoso a ponto de crer-se capaz de agradar a todos, deverá constantemente temer alguma emboscada e por isso se vê coagido a velar principalmente por seu próprio bem-estar e, ao contrário, armar ciladas à multidão mais do que velar por ela. E estou tanto mais disposto a assim julgar a respeito desse hábil autor quanto se concorda em considerá-lo um partidário constante da liberdade, que, sobre a maneira como é preciso conservá-la, deu conselhos muito salutares.

Capítulo VI

§1

Sendo os homens conduzidos, como dissemos, mais pela afecção do que pela razão, segue-se daí que se uma multidão convir em ter uma só mente, não é pela condução da razão, mas antes por uma afecção comum, tal como a esperança, o temor ou o desejo de tirar vingança de um dano sofrido (nós o dissemos no §9 do capítulo III). Como, além disso, todos os homens temem a solidão, porque ninguém, na solidão, tem força para defender-se e conseguir as coisas necessárias à vida; daí resulta que os homens têm, pelo estado civil, um apetite natural e que não pode acontecer que esse estado seja jamais inteiramente dissolvido.

§2

A discórdia, portanto, e as sedições que explodem na cidade não têm nunca por efeito a dissolução da cidade (como é o caso de outras sociedades), mas a passagem de uma forma a outra, se ao menos as dissensões não podem apaziguar-se sem mudança de regime. Por meios de conservar o Estado entendo, pois, os meios requeridos para mantê-lo em sua forma anterior sem mudança notável.

§3

Se a natureza humana fosse feita de tal maneira que o maior desejo dos homens estivesse dirigido para o que lhes é útil, não haveria necessidade de nenhuma arte para manter a concórdia e a fidelidade. Mas como é certo que as disposições da natureza humana são totalmente outras, o Estado deve ser regulado de tal modo que, tanto os que governam como os que são governados, façam de boa ou má vontade aquilo que interessa à salvação comum, isto é, que todos, espontaneamente, por força ou por necessidade, sejam obrigados a viver segundo os preceitos da razão. Isso será assim quando os negócios do Estado forem ordenados de tal maneira que nada do que concerne à salvação comum seja abandonado à palavra de um só. Ninguém, com efeito, é tão vigilante que não adormeça às vezes, e ninguém jamais teve o espírito tão poderoso e íntegro que não tenha fraquejado e sido vencido quando se tinha necessidade da maior força de alma. E é insensato, por certo, exigir de outro o que ninguém pode obter de si mesmo, isto é, que ele vele pela salvação de outrem mais do que pela sua própria, que ele não seja nem ávido nem invejoso, nem ambicioso etc. quando, sobretudo, está sujeito diariamente às solicitações da sensibilidade.

§4

A experiência parece ensinar que, entretanto, no interesse da paz e da concórdia, convém que todo poder pertença a um só. Nenhum Estado, com efeito, permaneceu por tanto tempo sem nenhuma mudança notável quanto o dos turcos e, em compensação, nenhuma cidade foi menos durável do que as cidades populares ou democráticas, e não há nenhuma em que tenham surgido mais sedições. Mas se a paz deve portar o nome de servidão, de barbárie e de solidão, não há nada para os homens de tão lamentável quanto a paz. Entre os pais e os filhos há por certo mais querelas e discussões mais ásperas do que entre senhores e escravos e, no entanto, não é do interesse da família nem de sua economia que a autoridade paterna se transforme em uma dominação e que os filhos sejam tais como escravos. É, portanto, a servidão, e não a paz, que exige que todo poder esteja em mãos de um só: como já o dissemos, a paz não consiste na ausência de guerra, mas na união dos espíritos, isto é, na concórdia.

§5

E por certo, aqueles que creem que é possível que um só obtenha o direito supremo sobre a cidade cometem um grande erro. O direito, como mostramos no capítulo II, é determinado pela potência. Ora, a potência de um só homem é realmente incapaz de sustentar semelhante carga. Daí vem que aquele que a mutidão elege como rei procura para si mesmo homens investidos de poder, conselheiros ou amigos, aos quais ele entrega a salvação comum e a sua própria: de tal maneira que o Estado que acreditamos ser absolutamente monárquico é, na realidade, aristocrático; isso, não de uma forma aberta, porém oculta e, por isso mesmo, muito má. A isso se acrescenta que um rei ainda criança, ou enfermo ou sobrecarregado pelo peso dos anos, é um rei somente de nome e que o poder está, na realidade, em mãos daqueles que administram os mais altos negócios do Estado ou que estão mais próximos do rei; para nada dizer de um rei que, se abandonando ao apetite sensual, governa seguindo em tudo o apetite de tal ou tal amante, de tal ou tal favorito[5]. "Ouvi dizer", declara Orsines, "que na Ásia, outrora, mulheres reinaram, mas eis o que é novo: um castrado reinar"[6] (Quinto Cúrcio [Rufo], [*Historiae Alexandri Magni Macedonis*], livro x, capítulo 1º).

§6

É certo, além do mais, que os perigos que ameaçam a cidade têm sempre como causa os cidadãos mais do que os inimigos de fora,

---

5. Aqui e alhures neste tratado, vários dos exemplos negativos de Spinoza sobre a monarquia (em contraposição aos positivos, no mais das vezes baseado nas práticas da República das Sete Províncias Unidas) apontam ter ele em mente os acontecimentos na Inglaterra do século XVII, com os reinados de Jaime I – e seus favoritos, Robert Carr, o conde de Somerset, e George Villiers, o famigerado duque de Buckingham, assassinado em 1628 – e Carlos I, condenado à morte e decapitado em 1649. Ademais, Jaime I é autor de duas obras: *The True Law of Free Monarchies* (A Verdadeira Lei das Monarquias Livres), em que defende o direito divino dos reis; e *Basilikon Doron* (em grego Βασιλικὸν Δῶρον, "Dádiva Real"), em que visava instruir no absolutismo o "príncipe", seu primogênito, Henrique, que morreu ainda jovem.

6. Na narrativa de Quinto Cúrcio, essas são as últimas palavras do sátrapa Orsines, homem probo que, ao cortejar Alexandre, o Grande, desdenhara o eunuco Badoas, ao seu lado. Este, ressentido, posteriormente exigiu de Alexandre, e obteve, sua execução.

pois os bons cidadãos são raros. Daí segue-se que aquele a quem é cometido por inteiro o direito de comandar, sempre temerá mais os cidadãos do que os inimigos externos e, consequentemente, aplicar-se-á mais a guardar-se a si mesmo e, em vez de velar pelos súditos, procurará armar-lhes ciladas, principalmente os que são ilustres pela sabedoria ou mais poderosos pela fortuna.

§7

Acrescentai ainda que os reis temem seus filhos mais do que os amam, e isso tanto mais quanto esses filhos são mais hábeis nas artes da paz, assim como da guerra, e mais amados por seus súditos por suas virtudes. Os reis se esforçarão, portanto, para criar seus filhos de maneira a não ter motivos para temê-los. E os oficiais do reino aquiescem com presteza ao desejo do rei e se esforçam ao máximo para que o príncipe destinado a suceder o rei seja um homem rude, mais fácil de ser manobrado.

§8

De tudo o que precede, segue-se que o rei é tanto menos seu próprio senhor e que a condição do súdito é tanto mais miserável quanto mais o poder da cidade é transferido irrestritamente. É, portanto, necessário, para estabelecer um regime monárquico tal como se deve, colocar princípios bastante firmes que possam lhe servir de fundamento: princípios que dão segurança ao monarca e paz à população de maneira que o monarca seja, tanto quanto possível, seu próprio senhor e vele o mais que possa pelo bem-estar da população. Quais devem ser esses princípios é o que vou enunciar brevemente; depois do que, os exporei com ordem.

§9

É preciso fundar e fortificar uma cidade ou várias cidades em que todos os cidadãos, quer habitem intramuros ou fora, porque se dedicam à agricultura, gozem do mesmo direito civil; com uma condição, todavia: é mister que cada cidade tenha um número determinado de cidadãos suficiente para prover

406 SPINOZA: OBRA COMPLETA I

a defesa comum. Uma cidade que não satisfaz essa condição deve ser posta sob uma dominação com outras em condições.

§10

O exército deve ser composto unicamente pelos cidadãos, sem excetuar nenhum, e nenhum estrangeiro deve fazer parte dele. É preciso, portanto, que todos tenham armas e que ninguém seja incluído no número dos cidadãos a não ser depois de ter-se instruído no manejo das armas e haver-se comprometido a exercitar-se nelas durante certos períodos do ano. Quando, em seguida, a força armada de cada família[7] tiver sido repartida em coortes e em legiões, ninguém deverá se chamado ao comando de uma coorte que não tenha aprendido a arte das construções militares. Os chefes das coortes e das legiões serão nomeados para toda vida, mas o oficial que comandar toda a força armada de uma família não exercerá esse comando senão durante um ano e não poderá nem conservar esse comando em seguida, nem ser designado de novo. Esses comandantes deverão ser escolhidos entre os conselheiros do rei, do qual se falará no §15 e nos seguintes, ou entre aqueles que tiverem exercido as funções de conselheiro.

§11

Os habitantes de todas as cidades e os agricultores, isto é, os cidadãos, devem ser repartidos em famílias a distinguir-se uns dos outros pelo nome e por alguma insígnia; todos aqueles que vierem a nascer nesses grupos serão incluídos no número dos cidadãos e terão seu nome inscrito na lista do grupo quando estiverem na idade de portar as armas e conhecer suas obrigações, à exceção, todavia, daqueles que se fizeram notar por infâmia devido a algum crime, dos mudos, dos dementes e dos fâmulos que vivam de algum ofício servil.

---

7. Spinoza se utiliza do termo e do sentido extensivo de *familia,ae*, nos quais se incluem os consanguíneos, de ancestrais aparentados, os agregados ou clientes. Corresponderia, assim, ao termo gaélico clã, que, por sua vez, deriva do latim *planta*, ou seja, do mesmo tronco ou ramo.

§12

Os campos e todo o solo e, se for possível, as casas serão do domínio público, isto é, pertencerão àquele que possui o direito de Estado e serão alugados por ano aos cidadãos, tantos aos habitantes da cidade como aos do campo, e todos estarão livres, em tempo de paz, de toda exação. Uma parte das somas pagas a título de aluguel será destinada às necessidades do Estado; uma parte, reservada ao uso doméstico do rei. Em tempo de paz, com efeito, é preciso, tendo em vista a guerra, fortificar as cidades e ter prontos navios e outros engenhos de combate.

§13

Uma vez eleito o rei, escolhido em qualquer das famílias, não haverá outras pessoas reputadas como nobres exceto aquelas oriundas do rei; elas portarão, por esse motivo, insígnias reais que as distinguirão de sua própria família e das outras.

§14

Será proibido casar-se com consanguíneos do rei, do sexo masculino, quem tiver com ele parentesco de terceiro ou quarto graus; os filhos que eles poderiam procriar serão considerados ilegítimos, incapazes de toda dignidade; eles não herdarão de seus pais cujos bens serão devolvidos ao rei.

§15

Além disso, os conselheiros do rei, aqueles que lhe são mais próximos e o seguem em dignidade, só poderão ser escolhidos entre os cidadãos: três ou quatro indivíduos pertencentes a cada família (cinco se o número de famílias não ultrapassar seiscentos) formarão, em conjunto, um membro do conselho; eles não serão nomeados para toda a vida, mas para três ou quatro anos, de tal forma que, a cada ano, um terço, um quarto ou um quinto grupo seja renovado, e será preciso tomar o maior cuidado para que, entre os indivíduos designados em cada uma das famílias, um ao menos seja perito em direito.

§16

Essa designação deverá ser feita pelo próprio rei em um determinado momento do ano, aquele que terá sido fixado para designação dos novos conselheiros; cada família comunicará ao rei o nome de seus concidadãos que tiverem chegado à idade de cinquenta anos e que tiverem sido regularmente promovidos ao grau de candidatos. É entre eles que o rei escolherá quem ele quiser. Quando for a vez de um perito em direito de uma família ser sucedido, somente os nomes de jurisconsultos serão comunicados ao rei. Os conselheiros que tiverem exercido suas funções durante o tempo estabelecido não poderão permanecer por mais tempo em exercício nem ser inscritos na lista dos elegíveis antes de decorrido cinco anos ou mais. A razão pela qual é preciso que um membro de cada família seja eleito cada ano é que não se faz necessário que o conselho seja composto ora de noviços sem experiência, ora de homens com experiência dos negócios, o que não poderia deixar de ocorrer se todos chegassem ao mesmo tempo ao fim de seus mandatos e fossem substituídos por novos conselheiros. Se, ao contrário, a cada ano um membro de cada família for eleito, não haverá jamais senão um quinto, um quarto ou, no máximo, um terço do conselho que se comporá de noviços. Além disso, se o rei, retido por outras questões, ou por uma razão qualquer, não puder designar os novos conselheiros, serão os membros em exercício que procederão a uma designação provisória até que o rei nomeie outros conselheiros ou aprove a designação do conselho.

§17

O principal encargo do conselho é defender os direitos fundamentais do Estado, dar seu parecer sobre os negócios públicos, de modo que o rei saiba quais as medidas que deve tomar para o bem geral. Será preciso, por consequência, que não seja permitido ao rei estatuir sobre nenhum assunto sem ter ouvido antes o parecer do conselho. Se o conselho não tiver um só pensamento, se aí se apresentam várias sentenças contrárias, mesmo depois que a questão tiver sido debatida duas ou três diferentes vezes, o caso não deverá ser retardado mais e as opiniões divergentes deverão ser comunicadas ao rei, como mostraremos no §25 deste capítulo.

§18

Além disso, o ofício do conselho será também o de promulgar as leis e os decretos do reino, de velar pela execução das leis e por toda administração do Estado na qualidade de vicários do rei.

§19

Os cidadãos não terão nenhum acesso ao rei, salvo por intermédio do conselho, ao qual serão transmitidas todas as postulações e súplicas a fim de serem a ele apresentadas. Aos embaixadores das cidades estrangeiras tampouco será possível obter o favor de falar ao rei senão por intermédio do conselho. As missivas enviadas ao rei lhe serão transmitidas pelo conselho. O rei deverá considerar-se como o cérebro da cidade, e o conselho servirá a esse cérebro como seus sentidos exteriores e corpo, pelos quais o cérebro concebe a situação do Estado, agindo após haver decidido o que é para ele o melhor.

§20

O cuidado de educar os filhos do rei também incumbe ao conselho, assim como sua tutela, se o rei morrer deixando um filho de pouca idade ou um jovem rapaz. Para que, todavia, o conselho não se veja sem rei provisoriamente, é o mais idoso dos nobres do Estado que tomará o lugar de rei até que o legítimo sucessor haja atingido a idade em que lhe será possível suportar o ônus do poder.

§21

Os candidatos ao conselho deverão ser cidadãos que conheçam o regime, os princípios fundamentais, o estado ou condição da Cidade. Quanto àquele que pretenda ocupar um lugar de jurisconsulto, ele deverá conhecer, além do regime e das condições da Cidade de que é súdito, o regime e as condições das outras Cidades com as quais a sua mantenha comércio. Mas somente aqueles que tiverem chegado ao seu quinquagésimo ano sem terem sido condenados por nenhum crime, poderão ser inscritos na lista dos elegíveis.

§22

No conselho, nenhuma decisão sobre os negócios de Estado poderá ser tomada sem que todos os membros estejam presentes. Se, em consequência de doença ou por qualquer outra causa, um dos membros se encontre na impossibilidade de estar presente, ele deverá enviar em seu lugar um membro da mesma família que já tiver exercido as funções de conselheiro ou estiver inscrito na lista dos elegíveis. Se ele não o fez e se o conselho, devido à sua ausência, teve de adiar a discussão de um assunto, ele será condenado a pagar uma alta soma pecuniária. Mas essa disposição deve ser entendida como aplicável quando se tratar de um caso de interesse de todo o Estado; por exemplo, da paz ou da guerra, da ab-rogação de uma lei ou de sua instituição, do comércio etc. Se, ao contrário, se trata de um assunto concernente a tal ou tal cidade, do exame de alguma súplica, será suficiente a presença da maioria do conselho.

§23

A fim de que haja em tudo igualdade entre as famílias de cidadãos, e que certa ordem seja observada quanto às cadeiras a ocupar, às proposições e discursos, será preciso que cada uma tenha sua vez, de modo que presidam, uma após outra, as sucessivas sessões, e que a primeira em uma sessão seja a última na seguinte. Entre aqueles de uma mesma família, presidirá quem for eleito primeiro.

§24

O conselho deverá ser convocado ao menos quatro vezes por ano para que os funcionários lhe prestem contas da administração do Estado, para que ele tome conhecimento do estado das coisas e, além disso, veja o que estatuir. É impossível, com efeito, que um tão grande número de cidadãos se ocupe sem interrupção dos negócios públicos; mas como os negócios públicos não podem desativar-se, cinquenta membros do conselho, ou um número maior, deverão ser designados para substituir o conselho no intervalo das sessões; essa comissão permanente se reunirá todos os dias em um local na proximidade do rei e, todos os dias também, se ocupará das finanças, das cidades, das fortificações, da educação dos filhos do rei e, de maneira geral, preencherá todas as funções do grande conselho, precedentemente enumeradas, salvo que não poderá deliberar sobre os assuntos a cujo respeito nada ainda tenha sido decretado.

§25

O conselho reunido, antes que qualquer Proposição lhe seja feita, cinco ou seis jurisconsultos, ou mais, pertencentes à família que ocupa o primeiro lugar na sessão, irão ter com o rei e lhe entregarão as súplicas e as cartas que houver, a fim de lhe dar a conhecer a situação e receber suas instruções sobre o que ele quiser que se proponha ao conselho. Recebidas essas instruções, eles voltarão a tomar assento no conselho, e aquele que estiver na presidência abrirá o debate. Os sufrágios não serão recolhidos imediatamente quando se tratar de uma questão julgada por um dos membros como sendo de importância, mas o conselho aguardará por tanto tempo quanto a urgência da decisão permitir. Durante o período em que não estiver deliberando, os conselheiros que representam cada uma das famílias poderão examinar o caso entre eles e, se lhes parecer de grande importância, consultar outros cidadãos que tenham feito parte do conselho ou tenham sido candidatos ao conselho. Se, no momento em que foi fixado para a reunião do conselho, eles não chegarem a entender-se, sua família não poderá tomar parte no voto (cada uma das famílias dispõe apenas de um voto). Em caso contrário, o jurisconsulto apresentará ao conselho a opinião que tiver sido reconhecida como a melhor, e as outras famílias farão o mesmo. Após ter ouvido todas essas opiniões e as razões que as motivam, se a maioria do conselho aprovar, proceder-se-á a um novo exame; a sessão será de novo suspensa por um tempo determinado em cuja expiração cada família deverá dar a conhecer seu parecer final. Somente então, diante do inteiro conselho reunido, os sufrágios serão recolhidos e a opinião que não tiver reunido pelo menos cem votos será definitivamente excluída. As outras serão transmitidas ao rei por todos os juriconsultos pertencentes ao conselho, a fim de que ele escolha a opinião que quiser, depois de haver tomado conhecimento das razões de cada partido. Os legistas retornarão em seguida ao conselho em que todos esperarão o rei, para saber dele, no momento em que ele tiver fixado, qual das opiniões a ele transmitidas ele julga que se deva adotar, e o que ele decidir, far-se-á.

§26

Para administrar a justiça, outro conselho será formado exclusivamente com jurisconsultos, cujo ofício será o de dirimir desavenças e pronunciar penas contra os delinquentes; todavia, todas as sentenças dadas por eles devem ser aprovadas pela comissão permanente que substitui o grande conselho, a qual examinará se essas sentenças foram firmadas de conformidade com as regras do direito e com imparcialidade. Se uma das partes, aquela que tiver perdido seu processo, puder mostrar que um dos juízes se deixou corromper por um adversário, ou tinha alguma razão para lhe querer bem ou odiar o querelante, ou se, enfim, as formas legais não foram observadas, o caso deverá ser inteiramente retomado. Talvez essas disposições pareçam inaceitáveis àqueles

TRATADO POLÍTICO

que, quando se trata de um caso criminal, costumam condenar um acusado menos por argumentos do que pela tortura. Quanto a mim, entretanto, não concebo outra ordem de justiça além daquela que concorda com o melhor regime da Cidade.

§27

Esses juízes devem ser em grande número e em número ímpar, sessenta e um, cinquenta e um no mínimo e, de cada família de cidadãos, um só deve ser eleito, não para toda a vida, porém de maneira que haja a cada ano membros do tribunal que sejam substituídos por outros pertencentes a outras famílias, e que tenham chegado à idade de quarenta anos.

§28

Nesse conselho, nenhuma sentença poderá ser proferida a não ser em presença de todos os juízes. Se um deles estiver afastado por longo tempo devido a uma enfermidade ou alguma outra causa, será preciso eleger outro que o substitua. Quando se fizer a votação, cada um deve dar sua sentença não à viva voz, mas indicá-la por meio das bolas de escrutínio.

§29

Os emolumentos a pagar aos membros desse conselho e os da comissão permanente do grande conselho serão providos primeiro pelos bens dos indivíduos condenados à morte e depois também pelos condenados a uma multa pecuniária. Além disso, em todo caso cível, deverá ser paga, por aquele que tiver perdido seu processo, uma parte proporcional à soma total envolvida no litígio, e esta parte caberá aos dois conselhos.

§30

A esses conselhos estarão subordinados, em cada cidade, outros conselhos cujos membros não devem ser eleitos para toda vida, mas parcialmente eleitos a cada ano e escolhidos nas famílias que habitam essas cidades. Mas não é necessário dissecar este ponto.

§31

Em tempo de paz, a milícia não receberá nenhum estipêndio; em tempo de guerra, ela receberá um estipêndio calculado de maneira a dar sustento a cada um que vive de seu trabalho cotidiano. Quanto aos comandantes e aos oficiais das coortes, eles não terão outra retribuição a esperar da guerra senão o botim tomado ao inimigo.

§32

Se algum estrangeiro contraiu casamento com a filha de um cidadão, seus filhos serão considerados cidadãos e inscritos na lista da família à qual pertence a mãe. Quanto àqueles que nasceram de pais estrangeiros, nos limites do Estado e aí foram criados, a eles será permitido comprar o direito de cidadania dos quiliarcas[8] de uma família e serão inscritos em seu catálogo. Mesmo quando os quiliarcas das famílias, por avidez, hajam consentido em vender o direito de cidadania a um estrangeiro acima do preço legal, aumentando, assim, o número de cidadãos, disso não resultará qualquer detrimento para o Estado. Ao contrário, deve-se procurar o meio de aumentar o número dos cidadãos e fazer com que a população seja abundante. Quanto às pessoas não inscritas no catálogo de cidadãos, é justo que, ao menos em tempos de guerra, elas forneçam trabalho ou paguem um imposto para compensar sua inação.

§33

Os embaixadores que, em tempo de paz, serão enviados a outras Cidades para tratar da paz ou para mantê-la, serão escolhidos exclusivamente entre os nobres, e suas despesas serão providas pelo tesouro da Cidade e não pelo erário doméstico do rei.

---

8. Quiliarca, ou quilicarco, tribuno militar da antiga Roma e, nesse caso, chefe e representante militar.

§34

As pessoas que frequentam a Corte e pertencem à casa do rei, às quais paga estipêndios provenientes de seu erário, deverão ser excluídas de toda função ou de todo ofício público. Eu digo expressamente aqueles que *o rei paga de seu erário doméstico*, de modo a não incluir, nesse número, seu corpo de guardas. Pois não deve haver aí outros guardas, salvo os cidadãos da própria cidade, que devem velar, cada um por seu turno, à porta do rei.

§35

Não se deve fazer a guerra a não ser em vista da paz e, uma vez finda a guerra, as armas devem ser depostas. Quando cidades forem conquistadas por direito de guerra e o inimigo estiver vencido, cumpre estabelecer condições de paz tais que as cidades tomadas permaneçam sem guarnição, ou então é preciso conceder ao inimigo, por tratado, a possibilidade de resgatá-la por preço em dinheiro, ou bem (se por sua posição de retaguarda se teme deixá-la atrás de si), faz-se necessário destruí-las inteiramente e conduzir os habitantes para outros lugares.

§36

Não será permitido ao rei tomar por esposa uma estrangeira, mas somente uma jovem consanguínea ou escolhida em família de um cidadão; nessa condição, os parentes mais próximos que sejam consanguíneos de sua mulher não podem exercer nenhum ofício de administração pública.

§37

O poder deve ser indivisível. Se, portanto, o rei gerar muito filhos é o primogênito que, por direito, lhe sucederá. Não se deve jamais permitir que o *imperium* seja dividido entre eles, nem que permaneça indiviso entre todos ou alguns e, muito menos ainda, que seja permitido dar uma parte do Estado como dote de uma filha. Pois, sob nenhuma razão, as filhas devem vir a herdar o poder.

§38

Se o rei morre sem deixar filhos varões, seu parente mais próximo de sangue será o herdeiro do poder, a menos que ele tenha tomado por esposa uma estrangeira e não a queira repudiar.

§39

No tocante aos cidadãos, evidencia-se, pelo §5 do capítulo III, que cada um deles deve obtemperar a todos os mandados do rei, isto é, a todos os éditos promulgados pelo grande conselho (ver a respeito desta condição os §18 e 19 deste capítulo), mesmo quando ele os julgue absurdos, e que ele pode legitimamente ser forçado a isso. Tais são os fundamentos de um Estado monárquico, as bases sobre as quais deve ser edificado para ser estável, tal como iremos demonstrá-lo no capítulo seguinte.

§40

No atinente à religião, é preciso que os templos não sejam construídos à custa das cidades, nem que sejam estatuídas leis sobre o direito de opinião, a menos que sejam sediciosas e destruam os fundamentos da Cidade. Aqueles a quem é dada a liberdade de praticar publicamente um culto religioso, elevarão os templos, se o quiserem, às suas custas. Quanto à religião do rei, à qual aderiu, ele a exercerá num templo próprio em seu palácio.

Capítulo VII

§1

Depois de ter explicado os fundamentos de um Estado monárquico, empreendi o trabalho de demonstrá-los com ordem e, é preciso notá-lo em primeiro lugar, não ser de modo nenhum contraditório que as leis sejam tão firmemente constituídas que o próprio rei não possa aboli-las. Os reis da Pérsia eram honrados como deuses e, no entanto, não tinham o poder de revogar

TRATADO POLÍTICO

as leis estabelecidas, como se evidencia no livro de Daniel, capítulo VI. E em nenhuma parte, que eu saiba, um monarca é eleito sem que haja condições expressas. Isso, na verdade, não repugna nem à razão nem à obediência absoluta devida ao rei, pois os princípios fundamentais do Estado devem ser considerados como decretos eternos do rei, de tal maneira que seus ministros lhe obedecem ainda quando se recusam a executar as ordens dadas por ele contrárias aos princípios fundamentais do Estado. Nós podemos explicar isso claramente pelo exemplo de Ulisses. Os companheiros de Ulisses executavam seu comando quando, amarrado ao mastro do navio e ouvindo o canto das sereias, ele lhes ordenou, prodigalizando-lhes ameaças, que o desatassem. E são marca de seu bom espírito os agradecimentos que endereçou mais tarde a seus companheiros por terem obedecido à sua primeira vontade. E a exemplo de Ulisses, os reis também costumam instruir os juízes para que rendam justiça sem preferência de pessoas, sem mesmo levar em consideração o próprio rei, se, em algum caso particular, ele lhes ordenasse algo que fosse contrário à lei estabelecida. Os reis, com efeito, não são deuses, mas homens que se deixam seduzir amiúde pelo canto das sereias. Se tudo dependesse, portanto, da vontade de um só, não haveria nada de fixo. Um Estado monárquico deve, para ser estável, ser regulado de tal forma que tudo aí seja feito pelo exclusivo decreto do rei, quer dizer, que toda lei exprima uma vontade do rei, mas não que toda vontade do rei tenha força de lei (ver sobre esse ponto os §3, 5 e 6 do capítulo precedente).

§2

Cumpre notar em seguida que, lançando esses fundamentos, é preciso observar com a máxima atenção as afecções às quais os homens estão sujeitos; não basta haver mostrado o que deveria ser feito, cumpre mostrar o que pode ser feito para que os homens, sejam eles guiados pela razão ou movidos por suas afecções, tenham, entretanto, leis bem estabelecidas e fixas. Se os direitos do Estado ou a liberdade pública não tiverem outro apoio senão o de leis sem força, não somente os cidadãos não terão nenhuma segurança em mantê-las, como mostramos no §3 do capítulo precedente, mas o Estado fica à beira de sua destruição. Pois uma coisa é certa: nenhuma condição é mais miserável do que a de uma Cidade, a melhor das Cidades, que começa a desmoronar, se ela cai de um só golpe e se precipita na servidão (ainda que isso pareça impossível); em consequência, seria bem mais preferível para os súditos transferir todo o seu direito a um só do que estipular condições de liberdade incertas e vãs, isto é, desprovidas de valor, e preparar assim a escravidão das gerações vindouras. Mas se eu mostro que os fundamentos do Estado monárquico enunciados no capítulo anterior são sólidos e não podem ser derrubados senão provocando a indignação da população armada, que graças a eles o rei e o povo desfrutarão da paz e da segurança, e se deduzo minha demonstração da natureza comum, ninguém poderá duvidar que tais princípios são os melhores, os verdadeiros princípios, assim como é evidente pelo §9 do capítulo III e pelos §3 e 8 do precedente. Que eles são de fato dessa natureza é o que vou mostrar tão brevemente quanto possível.

§3

Todo o mundo concorda que o ofício daquele que detém o poder público seja o de conhecer sempre a situação do Estado, velar pela salvaguarda pública e fazer o que é útil para a maior parte dos súditos. Como, de outra parte, um só homem não pode examinar tudo, nem ter sempre o espírito igualmente presente e disposto a pensar, porque ele é muitas vezes impedido pela doença, pela velhice e por outras causas de se ocupar dos negócios públicos, é necessário que o monarca tenha conselheiros cientes dos assuntos, que ajudem o rei com seu conselho e o supram com frequência. É assim que o Estado ou a Cidade conservarão sempre um só pensamento.

§4

Mas a natureza humana é feita de tal modo que cada um procura sempre, com o maior ardor, aquilo que é o mais útil para si mesmo, que as leis que ele julga mais equitativas são aquelas que lhe parecem necessárias à conservação e ao crescimento de seu bem; e só defende a causa de outrem na medida em que pensa assim firmar sua própria situação. Segue-se daí ser necessária a eleição de conselheiros cuja situação e cujos interesses próprios dependam da salvaguarda comum e da paz para todos, e é manifesto que se de cada gênero ou classe de cidadãos alguns são designados para fazer parte do conselho, isso será útil à maioria dos súditos porque ela disporá no conselho da maioria dos sufrágios. E ainda que esse conselho composto de um tão grande número de cidadãos deva compreender ineluta-velmente muitos homens incultos, é certo, entretanto, que cada um deles, nos negócios que sempre conduziu com muito ardor, será suficientemente hábil e avisado. Eis por que se são designados somente homens que, até a idade de cinquenta anos, tiverem conduzido seus próprios negócios honradamente, eles terão as aptidões requeridas para dar pareceres concernentes às coisas que os tocam, sobretudo se, nos negócios de importância, o tempo de reflexão lhes for concedido. Acrescente-se estar longe o fato de um conselho, no qual constem poucos, não ser frequentado por ignorantes: ao contrário, em semelhante caso, cada um trabalha para ter associados tacanhos, inteiramente dispostos a ouvi-lo, e que não é assim nos grandes conselhos.

§5

É certo, além disso, que não há ninguém que não prefira governar a ser governado; "ninguém cede voluntariamente o comando a outrem", como observa Salústio na primeira oração a César. É evidente, por conseguinte, que a multidão jamais transferiria seu direito a um pequeno número de homens ou a um só se ela pudesse convir consigo mesma, e se as controvérsias que se excitam o mais das vezes nos grandes conselhos não espalhassem sedições. Assim sendo, a multidão jamais transferirá livremente a um rei senão o que lhe é absolutamente impossível guardar em seu poder, isto é, o direito de pôr fim às discussões e tomar uma decisão rápida. Se ocorre amiúde, com efeito, que se eleja um rei por causa da guerra, porque os reis fazem a guerra com muito mais felicidade, trata-se aí, na realidade, de uma tolice, visto que, para fazer a guerra de maneira mais feliz, consente-se em submeter-se à servidão na paz, a supor que se deva admitir que a paz reina em um Estado em que o poder soberano foi confiado a um só por causa unicamente da guerra e porque o chefe mostra seu valor principalmente na guerra e aquilo que há nele que é proveito de todos. Ao contrário, um Estado democrático tem sobretudo de notável o fato de que sua virtude é muito maior em tempo de paz do que em tempo de guerra. Mas qualquer que seja a razão pela qual um rei é eleito, este não pode sozinho, nós já o dissemos, saber o que é útil ao Estado e, como mostramos no parágrafo precedente, é necessário que ele tenha como conselheiros um número bastante grande de cidadãos. Como não podemos conceber que, vindo a se apresentar uma questão, haja uma solução que escape a um tão grande número de homens, segue-se que, fora das opiniões transmitidas ao rei, não se pode conceber alguma que seja útil para o bem-estar do povo. E sendo o bem-estar do povo a lei suprema, isto é, o direito mais alto do rei, vê-se que o direito do rei é escolher uma das opiniões representadas ao conselho, mas não o de decidir contra o pensamento de todo o conselho, nem de emitir ele próprio uma opinião (ver o §25 do capítulo precedente). Mas se todas as opiniões representadas ao conselho fossem submetidas ao rei, poderia acontecer que o rei sempre desse vantagem às pequenas cidades que dispõem do menor número de sufrágios. Ainda que, com efeito, legalmente as opiniões devam ser comunicadas sem autoria, não se poderá nunca impedir que, a despeito das precauções tomadas, sempre algo transpareça. Portanto, é necessário estatuir que a opinião

TRATADO POLÍTICO

que não tiver obtido ao menos cem sufrágios será considerada nula, e as cidades mais importantes deverão defender essa regra em seu mais alto grau.

§6

Se eu não procurasse ser breve, mostraria aqui as outras grandes utilidades desse conselho: indicarei apenas uma que me parece ser da mais alta importância. Nada incita mais à virtude do que a esperança permitida a todos de alcançar os maiores honores, pois todos nós somos movidos principalmente pelo amor à glória, como demonstrei em minha *Ética*.

§7

Não se pode duvidar de que a maioria desse conselho nunca tenha o ânimo de fazer a guerra, mas, ao contrário, um grande zelo e amor pela paz. Além do fato de que o temor da guerra possa acarretar a perda dos bens e da liberdade, ela exige novas despesas, e os mentores do conselho sabem que seus filhos e seus próximos, ocupados em tempos de paz com seus assuntos domésticos, serão obrigados a aplicar-se ao mister das armas e partir em campanha, o que não lhes renderá nada exceto cicatrizes gratuitas. Eu o disse, com efeito, no §31 do capítulo precedente, que nenhum soldo poderá ser dado aos homens da milícia, e no §10 do mesmo capítulo eu disse que essa milícia deve ser formada exclusivamente de cidadãos.

§8

Outra disposição de grande importância, que contribui para a paz e a concórdia, é que nenhum cidadão possua bens fixos (ver o §12 do capítulo precedente). Segue-se daí que na guerra o perigo é quase o mesmo para todos: todos, com efeito, se entregarão ao comércio, esperando que seja lucrativo, ou emprestarão dinheiro uns aos outros, sobretudo se, como outrora entre os atenienses, houver uma lei que proíba emprestar dinheiro a juros a outros, além dos habitantes da Cidade. Destarte, os negócios tratados serão todos ligados uns aos outros, e as mesmas medidas serão requeridas para que eles possam prosperar; assim, a grande maioria do conselho terá, no que se refere aos assuntos comuns e às artes da paz, um mesmo pensamento, pois, como declaramos no §4 deste capítulo, cada um defende a causa de outrem na medida em que acredita consolidar com isso sua própria situação.

§9

Não se pode duvidar de que ninguém jamais terá a disposição de corromper o conselho por meio de presentes. Pois se, dentre um grande número de homens se encontrassem um ou dois capazes de se deixar conquistar, essa fraqueza de nada serviria, pois que, como dissemos, uma sentença que não reúna pelo menos cem sufrágios será descartada.

§10

É certo ainda que no conselho, uma vez estabelecido, seus membros não poderão ser reduzidos a um número menor, o que se vê sem dificuldade se considerarmos as afecções comuns dos homens. Todos são sensíveis à glória e não há pessoa que, estando em boa saúde, não espere prolongar sua vida até a velhice. Se, portanto, fizermos o cálculo daqueles que efetivamente atingiram os cinquenta e sessenta anos e se tivermos em conta o grande número de membros do conselho a eleger cada ano, veremos que entre os que portam as armas, não há quase um só que não possa nutrir a esperança de elevar-se a essa dignidade. Todos, em consequência, defenderão tanto quanto puderem uma regra que sirva à sua ambição. É preciso observar, com efeito, que é fácil opor-se à corrupção quando ela não se infiltra pouco a pouco. Como é uma combinação mais simples e menos sujeita à inveja eleger-se um membro do conselho em cada família do que dar esse direito somente a um pequeno número delas, ou excluir esta ou aquela, segue-se daí (pelo §15 do capítulo precedente) que o número de conselheiros só poderá

TRATADO POLÍTICO

diminuir caso se venha a suprimir um terço, um quarto ou uma quinta parte, modificação extraordinariamente grande e, por consequência, muito longe da prática comum. Não há o que se temer do atraso ou da negligência na eleição, pois, em caso semelhante, vimos que o conselho suplementa em lugar do rei.

§11

O rei, portanto, seja porque teme a multidão ou quer vincular a si o apoio da maioria dos cidadãos armados, seja porque, por generosidade, tenha em vista o bem público, dará força de lei à opinião que houver obtido a maioria dos sufrágios, isto é (pelo §5 deste capítulo), aquela que estiver mais conforme ao interesse da maioria, e se esforçará em conseguir a adesão, tanto quanto possível, dos dissidentes, de maneira a ser seguido por todos. Ele empregará, nessa tarefa, toda força que possuir, a fim de que as populações conheçam por experiência, em tempo de paz assim como em tempo de guerra, quais serviço elas podem esperar dele e dele somente. Ele será, pois, tanto mais seu próprio senhor e seu poder será tanto maior quanto mais velar pelo bem-estar comum de todos.

§12

O rei por si só não pode, com efeito, conter todos os cidadãos pelo medo; sua potência, como dissemos, baseia-se no número de soldados, mais ainda em seu valor e em sua fidelidade, que é sempre constante entre os homens quando eles estão ligados por uma necessidade comum, seja ela honrosa ou não. Daí o costume que têm os reis de utilizar antes estímulos do que coação para com os soldados, de ser mais indulgentes em relação aos seus vícios do que em relação às suas virtudes e, na maior parte do tempo, para dominar os melhores, buscar os homens preguiçosos e corrompidos, distingui-los, conceder-lhes dinheiro e favores, apertar-lhes a mão e, por desejo de dominar, multiplicar as marcas de servilismo. Para que os cidadãos, pois, sejam colocados em primeiro lugar pelo rei, e para que eles permaneçam seus próprios senhores tanto quanto o permite o estado civil ou a equidade, é necessário que a força armada seja composta deles somente e que eles sejam os únicos a entrar nos conselhos. Do contrário, eles ficarão inteiramente sob o jugo e princípios de guerra perpétua serão estabelecidos tão logo se permita a introdução de soldados mercenários cujo ofício é a guerra e cuja força cresce na discórdia e nas sedições.

§13

Que os conselheiros do rei não sejam eleitos para toda a vida, mas para três, quatro ou cinco anos, isso se evidencia claramente tanto do §10 deste capítulo como do que dissemos no §9 do mesmo capítulo. Se fossem eleitos para toda a vida, em primeiro lugar a maior parte dos cidadãos não teria nenhuma esperança de alcançar essa honra, e haveria assim desigualdades entre os cidadãos, das quais resultariam ciúmes, rumores e, finalmente, sedições, que na verdade o rei, ávido por dominar, não veria com desprazer; além disso, os conselheiros em exercício, não tendo sucessores a temer, tomariam toda licença e o rei não se oporia a isso. Pois, quanto mais fossem mal vistos pelos cidadãos, mais cerrariam fileiras junto ao rei e se inclinariam a adulá-lo. E mesmo um espaço de cinco anos já parece demasiado grande, pois durante esse lapso de tempo não é impossível, parece, que uma grande parte do conselho (por numeroso que seja) se deixe conquistar por presentes ou favores e, por essa razão, seria mais seguro que dois de cada família se retirem e sejam substituídos por outros (se cada família deve ter ao menos cinco representantes no conselho): no ano em que uma personalidade pertencente a uma família se retirasse, nomear-se-ia outra em seu lugar.

§14

Em nenhuma outra Cidade, a não ser naquela que é organizada dessa maneira, o rei pode esperar mais segurança. Com efeito, além do fato de que os reis estão expostos ao perigo quando seus exércitos não mais os defendem, é certo que o maior perigo provém dos que lhe são mais próximos. Quanto menor, pois, o número de conselheiros e, em consequência, mais poderosos eles forem, maior será o perigo para o rei de que lhe transfiram o poder a outro. Nada assustou tanto David como ver seu conselheiro Aquitofel tomar partido por Absalão. Acrescentai que se todo o poder fosse dado absolutamente a um só, seria bem mais fácil transferi-lo a outro. Dois manipuladores empreenderam a ação de pôr à frente do império romano um novo imperador e conseguiram o seu intento (Tácito, *Histórias*, livro I). Passo em silêncio sobre os artifícios e as astúcias dos conselheiros, contra os quais os reis devem se colocar em guarda para não serem imolados à inveja: essas coisas são demasiado conhecidas e quem quer que leia os relatos dos historiadores não pode ignorá-las. A lealdade dos conselheiros com frequência causou sua perda e, se quiserem eles mesmos se resguardar, os conselheiros devem ser, não fiéis, porém astutos. Se, entretanto, são numerosos demais para que possam concordar em um pensamento criminoso, se são todos da mesma posição e não permanecem nas funções senão quatro anos, não poderão jamais ameaçar o rei com verdadeiro perigo, a menos que ele tente arrebatar-lhes a liberdade, o que constituiria um atentado contra todos os cidadãos. Como observa Pérez[9] com grande razão, nada é mais perigoso para o Príncipe do que querer estabelecer um poder absoluto, odioso aos súditos e contrário a todas as leis divinas e humanas, como mostram inumeráveis exemplos.

§15

Os outros princípios que estabelecemos no capítulo precedente são, como faremos ver no devido lugar, de natureza a gerar para o rei uma grande segurança quanto ao seu poder e, para os cidadãos, a manutenção de sua liberdade e da paz. Eu quis

---

9. Antonio Pérez del Hierro, secretário do rei Filipe II da Espanha (Filipe I de Portugal, cujo reino herdou com a morte do cardeal-rei Henrique I). Publicou, sob o pseudônimo de Rafael Peregrino, as *Relaciones* (Paris, 1598).

demonstrar, em primeiro lugar, as verdades que concernem ao conselho supremo porque são aquelas que têm maior peso, agora vou estabelecer as outras na ordem que as enunciei.

§16

É fora de dúvida que os cidadãos são tanto mais poderosos e, consequentemente, tanto mais seus próprios senhores, quanto mais eles têm grandes cidades e cidades mais fortes: mais seguro é, com efeito, o lugar de sua habitação, melhor eles podem preservar suas liberdades contra um inimigo de fora e menos têm a temer de um inimigo do interior. É certo também que os homens velam tanto mais por sua segurança quanto mais poderosos são por suas riquezas. Porque se as cidades, para se conservar, têm necessidade de um outro poder além do seu próprio, não haverá igualdade de direito entre elas e o detentor daquele poder; elas estarão na dependência deste último na medida em que necessitarem de seu poder. Pois o direito, como mostramos no capítulo ii, mede-se apenas pela potência.

§17

É por essa mesma razão, para que os cidadãos permaneçam seus próprios senhores e guardem sua liberdade, que a força armada deve ser composta somente de cidadãos, sem exceção. Um homem armado é, com efeito, mais seu próprio senhor do que um homem desarmado (ver o §12 deste mesmo capítulo), e os cidadãos transferem de maneira absoluta o seu direito a um outro e se entregam inteiramente à sua lealdade, quando lhe deixam suas armas e lhe confiam a defesa das cidades. A isso se acrescenta a avidez humana, móvel da maioria dos homens: não pode ocorrer que um soldado seja engajado sem grandes custos e os cidadãos terão dificuldade de suportar a carga de um exército ocioso. Que, de outra parte, não se deva nomear por mais de um ano, salvo necessidade absoluta, o chefe do exército ou de uma porção ponderável do exército, sabem todos os que leram os relatos dos historiadores, quer sagrados como profanos. E a razão não ensina nada mais claramente. Por certo dispõe inteiramente da força do Estado aquele a quem se deu o tempo de adquirir a glória militar, de elevar seu próprio nome acima do nome do rei, de prender a si o exército por obséquios, pela liberalidade e por outros processos habituais para estabelecer sua própria dominação. Enfim, adiciono, para dar mais segurança a todo o Estado, que os chefes do exército deverão ser escolhidos entre os conselheiros do rei ou entre aqueles que exerceram essas funções, isto é, entre os homens que chegaram a uma idade em que, na maior parte do tempo, se prefere uma ordem de coisas antiga e segura a uma ordem nova e perigosa.

§18

Eu disse que os cidadãos deviam ser divididos em famílias e que cada uma delas devia nomear o mesmo número de conselheiros a fim de que as cidades mais importantes tenham mais representantes, pois o seu número de cidadãos é maior, e possam, como é justo, dispor cada vez mais votos. Pois a potência do Estado, e consequentemente o direito, deve medir-se pelo número de cidadãos. Não creio que se possa encontrar um meio melhor de conservar a igualdade entre os cidadãos; todos, com efeito, estão dispostos a juntar-se com os de sua estirpe e distinguir-se dos outros por sua origem.

§19

No estado de natureza não há nada que cada um possa menos defender e de cuja posse ele possa menos se assegurar do que o solo e tudo o que se prende ao solo de tal modo que não se pode nem arrancá-lo nem escondê-lo. O solo, portanto, e tudo o que está ligado ao solo nas condições que acabam de ser indicadas, é antes de tudo propriedade da Cidade, isto é, propriedade daqueles que, reunindo suas forças, podem defendê-lo ou daquele que tem esse poder porque ele lhe foi transferido por um acordo comum. Em consequência, o solo, e tudo que está preso ao solo, deve ser, aos olhos dos cidadãos, de um preço que se mede pela necessidade que eles têm para dispor de um lugar onde se fixar e defender seus direitos comuns, isto é, sua liberdade. Nós mostramos, aliás, quais vantagens é necessário que a Cidade tire dessa propriedade em comum, no §8 do presente capítulo.

§20

Para que os cidadãos sejam iguais tanto quanto possível, cumpre que sejam considerados nobres somente aqueles que são oriundos do rei. Mas se fosse permitido a todos os descendentes do rei tomar esposa e procriar filhos, no curso do tempo seu número iria sempre em crescendo e eles constituiriam para o rei e para todos não apenas uma carga, mas também um perigo dos mais formidáveis. Com efeito, os homens que vivem na ociosidade meditam geralmente crimes. Daí que a existência dos nobres é para o rei uma razão muito poderosa de fazer a guerra: os reis, quando há abundância de nobres, obtêm mais segurança e tranquilidade do estado de guerra do que do de paz. Mas abandono aqui esse assunto suficientemente conhecido, de que, aliás, já tratei nos §15 a 27 do capítulo precedente: os pontos principais são demonstrados no presente capítulo, e os outros são evidentes por si mesmos.

§21

Que os juízes devam ser bastante numerosos para que a maioria deles não possa ser corrompida por um particular, por meio de presentes, que eles devam exprimir sua opinião não publicamente, mas em um escrutínio secreto, e que uma remuneração lhes seja devida por seus serviços, isso também é conhecido por todos. Mas o costume é de lhes atribuir um estipêndio anual, de onde resulta que eles não empenham nenhuma pressa em terminar os processos e que amiúde os debates a seu respeito não acabam. Ademais, quando o confisco de bens pelo Estado serve para aumentar os recursos dos reis, não é ao direito e à virtude que eles se apegam nos processos, porém à grandeza das riquezas; então se multiplicam as delações e os mais ricos tornam-se presas, abuso grave e intolerável que necessidades militares escusam, mas que subsiste mesmo na paz. De outra parte, quando os juízes são nomeados por dois ou três anos, sua avidez é moderada pelo medo que têm de seus sucessores; e nada digo do fato de que os juízes não podem possuir bens fixos, mas devem, para engrossar seu haver, confiar seu dinheiro a seus concidadãos e ser obrigados assim a velar por eles mais do que lhes estender armadilhas, sobretudo se, como dissemos, eles são numerosos.

§22

Dissemos que nenhum estipêndio se decerne à milícia. Pois sua mais alta recompensa é a liberdade. No estado de natureza, cada um procura defender-se tanto quanto pode por causa somente da liberdade e não espera de sua coragem na guerra outra recompensa senão a de pertencer a si próprio; no estado civil, o conjunto dos cidadãos deve ser considerado como um só homem no estado de natureza, e enquanto os cidadãos defendem esse estado civil pela armas é a si próprios que eles guardam e é ao cuidado de si próprios que eles se dedicam. Os conselheiros, os juízes, os magistrados trabalham para os outros mais do que para si mesmos, eis por que é justo decernir-lhes um prêmio pelas sessões. Acrescentemos que, na guerra, não existe nada mais honesto e mais excitante na vitória do que a imagem da liberdade. Se, ao contrário, uma parte somente dos cidadãos fosse designada para a milícia, o que tornaria necessário atribuir aos militares um soldo, o rei inevitavelmente os distinguiria dos outros (nós o mostramos no §12 deste capítulo), quer dizer, ele colocaria em primeiro lugar homens unicamente versados nas artes da guerra e que na paz são corrompidos pela ociosidade e, em razão da insuficiência de seus recursos, não pensam em outra coisa senão em rapinas, em discórdias civis e na guerra. Podemos, pois, afirmar que um Estado monárquico desse modo instituído seria na realidade um estado de guerra, que unicamente os militares gozariam aí de liberdade e os outros seriam escravos.

§23

Creio ser evidente por si o que foi dito no §32 do capítulo precedente sobre a admissão dos estrangeiros no número dos cidadãos. Penso que, além do fato de que ninguém duvida de que aqueles que são próximos do rei pelo sangue devem ser mantidos longe dele e ser afastados dos negócios, não os da guerra, mas da paz. É uma honra para eles e uma tranquilidade para o Estado. Mesmo isso, entretanto, não pareceu suficiente aos déspotas turcos, para quem constitui coisa sagrada dar morte a seus irmãos. Nada de espantoso nisso; quanto mais absoluto é o direito transferido ao monarca, tanto mais facilmente (nós o mostramos no §14 deste capítulo) esse direito deve passar a outrem. Não é de duvidar, em compensação, que na monarquia, tal como nós a concebemos, em que não há soldados mercenários, há, para a salvaguarda do rei, seguranças suficientes.

§24

Sobre os princípios enunciados nos §34 e 35 do capítulo precedente, não pode haver contestação. É fácil demonstrar que o rei não deve tomar como mulher uma estrangeira. Além do que, duas cidades, mesmo ligadas entre si por um tratado, estão, entretanto, em estado de hostilidade uma em relação à outra (pelo §14 do capítulo III). É preciso temer mormente que o rei seja impelido a fazer a guerra por um interesse de família. Como as discussões e as querelas têm por origem principal essa espécie de sociedade que é o casamento, e que os conflitos entre duas cidades terminem o mais das vezes na guerra, parece que um Estado se encaminha para sua perda quando contrata com outro uma união estreita. Um grande exemplo desse mal se lê na Escritura: à morte de Salomão, que havia tomado por esposa a filha do rei do Egito, seu filho Roboão precisou travar uma guerra muito infeliz contra Sesac, rei do Egito, por quem foi inteiramente vencido. O matrimônio de Luís XIV, rei da França, com a filha de Filipe IV serviu de germe para uma nova guerra e a gente encontra nos relatos dos historiadores um grande número de outros exemplos.

§25

A forma do Estado deve permanecer a mesma e, em consequência, o rei deve ser único, sempre do mesmo sexo, e o poder deve ser indivisível. Quanto ao que eu disse que o filho primogênito do rei devia suceder-lhe, ou, se não há filhos, o parente mais próximo do rei, isso resulta claramente tanto do §13 do capítulo precedente quanto da consideração de que a eleição do rei, exigida pela multidão, deveria ser eterna se fosse possível. De outro modo, acontecerá necessariamente que o poder soberano passe à multidão, mudança bastante possível, e por isso mesmo muito perigosa. Para aqueles que julgam que o rei, por ser o senhor do Estado, e que tem na sua pessoa um direito absoluto, pode transmitir seu poder a quem bem entender e escolher quem ele quiser por sucessor, e que assim sendo seu filho é de direito herdeiro do poder, eles se enganam certamente. A vontade do rei não tem força de lei senão enquanto empunhar o gládio da Cidade, pois o direito de mando se mede unicamente pela potência. O rei, portanto, pode na verdade abdicar, mas não transmitir seu poder a outrem, se não for do consentimento da população ou de sua maior parcela. Para melhor entender esse ponto, cumpre observar que os filhos herdam de seus pais não em virtude do direito natural, mas em virtude do direito civil. Com efeito, somente o poder da Cidade faz com que cada um seja dono de certos bens; e eis por que, pelo mesmo poder, isto é, em virtude do direito civil que permite a qualquer um dispor segundo sua vontade de seus bens, ocorre que, ele morto, enquanto a Cidade subsiste, sua vontade permanece. Destarte, cada um no estado civil conserva após a morte o direito que possuía em vida de dispor de seus bens, mas isso não por seu próprio poder, mas pelo poder da Cidade que é eterno. A condição do rei é inteiramente diferente: a vontade do rei é a lei da Cidade, e o rei é a Cidade mesma; quando o rei morre, a Cidade também morre de alguma

maneira e, em consequência, o poder soberano retorna naturalmente à multidão, que tem o direito de estabelecer novas leis e
ab-rogar as antigas. Vê-se, assim, que o rei não tem sucessor de
direito senão aquele que a população quer ou, numa teocracia
tal como outrora a Cidade dos Hebreus, aquele que Deus designa por meio de um profeta. Poderíamos ainda deduzir disso
o fato de que o gládio do rei, isto é, seu direito, é na realidade a
vontade da própria multidão ou de sua maior parte. E ainda do
fato de que os homens de razão nunca abandonam seu direito a
tal ponto que cessem de ser homens e se tornem um rebanho de
gado. Mas não nos demos ao trabalho de ir além.

§26

Quanto à religião ou ao direito de cultuar a Deus, ninguém
pode transferi-los a outrem. Mas nós tratamos amplamente
desse ponto nos dois últimos capítulos do *Tratado Teológico-
-Político* e é supérfluo voltar a isso aqui. Penso ter demonstrado de maneira bastante clara, ainda que brevemente, os
princípios fundamentais da melhor monarquia. Quanto à
concordância desses princípios entre si, ou à conformidade
do Estado consigo mesmo, quem quer que queira examinar
esses princípios com alguma atenção se convencerá de sua
coerência. Não me resta senão advertir que concebo aqui uma
monarquia instituída por uma multidão livre, e que somente
para ela tais princípios podem ser de uso; uma população ha-
bituada a outra forma de poder não poderá, sem grande risco
de subversão, investir contra as próprias bases do Estado e
mudar toda a sua estrutura.

§27

Talvez esse escrito seja acolhido pelo riso daqueles que restrin-
gem à plebe somente os vícios inerentes a todos os mortais: na
plebe não há nenhuma medida; ela é temível se não treme [de
medo]; é uma escrava humilde ou uma dominadora soberba;
não há para ela verdade, ela é incapaz de ajuizamento etc. A

natureza é a mesma ou comum para todos. Mas nós nos deixamos enganar pelo poder e pela cultura; daí a consequência de que, dois homens agindo da mesma maneira, nós dizemos amiúde que isso era permitido a um e vedado a outro: os atos não são dessemelhantes, mas os agentes o são. A soberba é natural ao dominador. Uma designação por um ano basta para orgulhar os homens, o que dizer dos nobres que pretendem honras perpétuas? Mas sua arrogância se paramenta de fausto, de luxo, de prodigalidade, de certo concurso de vícios, de uma espécie de desrazão sapiente e de uma elegante imoralidade, se bem que vícios que, considerados separadamente, aparecem em toda a sua hediondez e sua ignomínia, parecem às pessoas ignorantes e de pouco juízo ter certo brilho. É no vulgo em geral que não há medida; é temível quando não treme; a escravidão e a liberdade dificilmente se dão bem. Não é surpreendente enfim que, para a plebe, não haja verdade e que ela não tenha juízo enquanto os grandes assuntos do Estado forem tratados fora dela e que ela não possua nenhum meio de saber algo a respeito, com exceção de alguns indícios que são impossíveis de dissimular. É coisa rara, com efeito, que se saiba suspender o seu julgamento. Querer, portanto, tratar de todos os negócios sem o conhecimento dos cidadãos e exigir, ao mesmo tempo, que não se façam a esse propósito julgamentos falsos, que não interpretem mal os eventos, é pura loucura. Se a plebe fosse capaz de se moderar, de suspender seu juízo sobre as coisas que ela conhece muito pouco, e de julgar corretamente com base nos indícios pouco numeroso que possui, ela mereceria governar, mais do que ser governada. Mas, nós o dissemos, a natureza é para todos os homens a mesma. Todos os homens são tomados de orgulho pela dominação, todos eles são temíveis quando não tremem; em toda parte a verdade é deformada por aqueles que são irritados ou culpados, sobretudo quando o poder pertence a um só ou a um pequeno número, e quando nos processos não se leva em consideração o direito nem a verdade, mas a grandeza das riquezas.

§28

Os militares estipendiados, isto é, obedientes à disciplina, sabendo suportar o frio e a fome, acostumaram-se a desprezar a massa dos cidadãos, muito inferiores a eles, quando se trata de se lançar ao assalto ou combater em campo raso. Mas que essa inferioridade seja uma desgraça para o Estado ou uma causa de fragilidade, ninguém que tenha a mente sã o afirmará. Ao contrário, quem quer que julgue equitativamente reconhecerá que o Estado mais sólido é aquele que pode defender seus bens, mas não cobiçar os bens de outro, porque ele se esforçará por todos os meios para evitar a guerra e manter a paz.

§29

Eu reconheço, além disso, ser pouco possível manter secretos os desígnios de semelhante Estado. Mas todos devem reconhecer comigo que mais vale o inimigo conhecer os desígnios honestos de um Estado do que apenas as maquinações perversas de um tirano, sem o conhecimento dos cidadãos. Aqueles que podem tratar secretamente dos negócios do Estado o tem inteiramente em seu poder, e em tempos de paz armam ciladas aos cidadãos como as armam ao inimigo em tempos de guerra. Que o silêncio seja muitas vezes útil ao Estado, ninguém pode negar, mas ninguém tampouco provará que o Estado não pode subsistir sem o segredo. Confiar a alguém sem reserva a coisa pública e guardar a liberdade é completamente impossível, e é uma tolice querer evitar um mal ligeiro por meio de um mal muito grande. A cantilena daqueles que têm cobiçado o poder absoluto sempre foi: é do interesse da Cidade que seus negócios sejam tratados secretamente, e outras sentenças do mesmo gênero; quanto mais eles se cobrem com o pretexto da utilidade, mais perigosamente tendem a estabelecer a servidão.

§30

Embora nenhum Estado, que eu saiba, tenha tido as instituições expostas acima, nós poderíamos, entretanto, mostrar, mesmo pela experiência, que essa forma da monarquia é a melhor, se quisermos considerar as causas que asseguraram a conservação de um Estado não bárbaro e acarretaram sua queda. Mas isso eu não poderia fazê-lo sem grande tédio para o leitor. Citarei, portanto, um único exemplo digno, em minha opinião, de lembrança: o Estado dos aragoneses, que foram muito fiéis a seu rei e mantiveram, sem violação, as instituições do reino. Depois que foram libertados do jugo dos mouros, eles decidiram eleger um rei; todavia, não estando de acordo entre si sobre as condições a estabelecer, resolveram consultar a esse respeito o supremo pontífice romano. Este último, desempenhando nesse caso o papel de vigário de Cristo, os censurou por quererem obstinadamente um rei sem levar em conta o exemplo dos hebreus. Se, entretanto, se recusassem a mudar de opinião, ele lhes aconselhou a não eleger um rei antes de estabelecer regras justas, de acordo com a compleição de sua gente, e em primeiro lugar, criar um conselho supremo que pudesse se opor ao rei como os éforos em Esparta, e dispusesse do direito absoluto de resolver os litígios que viessem a eclodir entre o rei e os cidadãos. Eles seguiram esse conselho, instituíram as leis que lhes pareceram as mais justas, e cujo intérprete supremo não era o rei, porém o conselho dito dos Dezessete, do qual o presidente recebe o nome de *Justizia*. Esse presidente *Justizia*, portanto, e os dezessete nomeados por toda vida, não por sufrágios, mas pela sorte, tiveram o direito absoluto de evocar e de cassar todas sentenças proferidas contra um cidadão qualquer por outros conselhos civis e eclesiásticos, e pelo próprio rei, se bem que todo cidadão podia citar o rei perante esse tribunal. Os aragoneses, além disso, tinham o direito de eleger seu rei e depô-lo. Mas após muitos anos, o rei dom Pedro, dito o Punhal, por suas intrigas, suas liberalidades, suas promessas e todo gênero de serviços, obteve, enfim, que esse direito fosse abolido (tão logo o obteve, ele se amputou, ou, o que me parece mais provável, feriu a mão com um punhal, dizendo que não era permitido aos súditos eleger um rei sem derramar sangue real). Com esta condição, entretanto: os cidadãos poderiam em todos os tempos tomar as armas contra quem quer que pretendesse pela violência usurpar o poder em seu detrimento, contra o próprio rei e o príncipe herdeiro, usando mal, desse modo, o poder público. Estipulada essa condição, pode-se dizer que eles menos aboliram do que corrigiram o direito anterior. Pois nós o mostramos nos §5 e 6 do capítulo IV: é pelo direito de guerra, não pelo direito civil, que o rei pode ser privado de seu poder; à sua violência seus súditos não podem resistir senão pela violência. Outras condições ainda, além dessa, foram estipuladas. Com a força dessas regras instituídas de comum consentimento, eles não tiveram de sofrer durante um tempo incrível nenhuma violação e a fidelidade dos súditos ao rei, assim como a do rei aos súditos, jamais foi desmentida. Mas quando Fernando, o primeiro a ser denominado rei católico, se tornou herdeiro do reino de Castela, essa liberdade dos aragoneses foi vista com maus olhos pelos castelhanos, que não cessavam de exigir de Fernando que abolisse esses direitos. Mas ele, que não estava ainda habituado ao poder absoluto, não ousou tentar e respondeu aos conselheiros: *Além do fato de que eu aceitei reinar sobre os aragoneses sob condições que eu conhecia, e que eu, pelos juramentos mais solenes, prometi manter, e além do fato de que é indigno de um homem romper a fé jurada, tenha a ideia de que meu reino será estável durante tanto tempo quanto o rei e os súditos gozarem de igual segurança e que houver equilíbrio entre o rei e os súditos. Se uma das duas parte, ao contrário, se torna mais poderosa, a outra, que se tornou mais fraca, não só não poderá recuperar a igualdade, mas se esforçará por infligir à outra parte o mal sofrido, e daí se seguirá a ruína de uma das duas ou das duas ao mesmo tempo.* Eu não poderia admirar bastante essas palavras, se elas fossem ditas por um rei habituado a reinar sobre escravos e não sobre homens livres. Os aragoneses conservaram, pois, suas liberdades depois de Fernando, não mais em virtude de um direito, mas pela graças dos reis poderosos, até Filipe II. Este último os oprimiu, com mais felicidade

TRATADO POLÍTICO

é certo, mas com tanta crueldade quanto nas Províncias Unidas. E embora Filipe III parecesse restabelecer a antiga ordem, os aragoneses, a maioria submetida aos poderosos por cupidez (é loucura opor-se aos golpes da espora), os outros por medo, nada guardaram senão palavras especiais sobre liberdade e cerimônias ilusórias.

§31

Nossa conclusão será, portanto, que o povo pode conservar sob um rei uma ampla liberdade, contanto que o poder concedido ao rei tenha por medida o poder do próprio povo e que não tenha outra proteção exceto o povo. É a única regra que eu segui ao colocar os princípios do Estado monárquico.

Capítulo VIII

§1

Nós tratamos até aqui do Estado monárquico. Iremos dizer agora como deve ser instituído um Estado aristocrático para que possa permamencer. Nós o denominamos aristocrático porque o poder pertence não a um só, porém a alguns escolhidos na multidão e que, por conseguinte, chamaremos de *patrícios*. Eu digo expressamente *escolhidos*, pois aí está a principal diferença entre o Estado aristocrático e o Estado democrático; em um Estado aristocrático, o direito de tomar parte do governo depende unicamente da escolha, enquanto em uma democracia é um direito que se tem por nascimento ou que se tem por sorte (como diremos no seu devido lugar). E assim, mesmo que em um Estado o povo inteiro fosse admitido no patriciado, desde que não se tratasse de um direito hereditário, nem de um direito que se transmite a outros em virtude de alguma lei geral, o Estado permaneceria aristocrático, não sendo ninguém admitido no número dos patrícios senão em virtude de uma escolha expressa. Ora, se os patrícios fossem somente dois, um deles se esforçaria para ser mais poderoso do que o outro, e o Estado, em vista do poder demasiado grande de cada um deles, seria dividido em duas partes, ou três, ou quatro, ou cinco, se aqueles que possuem o poder fossem em número de quatro ou cinco. Mas essas partes seriam tanto mais fracas quanto o número de compartilhantes fosse maior. De onde se segue que em um Estado aristocrático, para que ele seja estável, é preciso um número mínimo de patrícios, número a determinar levando-se em conta necessariamente quão grande é o Estado.

§2

Suponhamos, pois, que em um Estado de tamanho medíocre, haja cem homens superiores aos outros, aos quais é entregue todo o poder e aos quais compete, em consequência, eleger, quando um deles acaba de morrer, seus colegas no patriciado. Eles hão de querer por todos meios que seus filhos ou seus parentes lhes sucedam; o poder caberá sempre, portanto, àqueles que por um acaso feliz são filhos ou parentes de patrícios. Ora, entre cem homens que chegaram por sorte às honras, mal se encontram três homens de valor eminente pelo talento e pela lucidez de espírito. Acontecerá, portanto, que o poder caberá, não a cem pessoas, mas a três que, superiores em virtude de espírito, puxarão sem dificuldade tudo para eles, e cada um deles, em virtude da ambição natural ao homem, poderá se franquear um caminho para a monarquia. De tal modo, se nosso o cálculo for justo, é necessário, em um Estado cujo tamanho exige ao menos cem homens superiores, que o número de patrícios seja o de cinco mil no mínimo. Destarte, com efeito, jamais se deixará de encontrar cem homens eminentes pelo espírito, supondo-se que em cinquenta, brigando pelas honras e obtendo-as, há sempre um que não perde para os melhores, além de outros que imitarão as virtudes dos melhores e, em consequência, serão também dignos de governar.

§3

É habitual que os patrícios sejam todos da mesma cidade que é a capital do Estado e dá assim seu nome à Cidade ou à República, como foi o caso de Roma outrora, Veneza, Gênova etc., hoje em dia. A República da Holanda, ao contrário, tira o seu nome da província inteira, de onde resulta, para os súditos desse Estado, maior liberdade. Antes de poder determinar os princípios fundamentais sobre os quais deve repousar um Estado aristocrático, cumpre notar a diferença que existe entre um poder transferido a um só e o que é entregue a uma Assembleia bastante numerosa. Essa diferença é muito grande. Em primeiro lugar, com efeito, o poder de um só é bem capaz de não suportar a manutenção de todo o Estado (como o dissemos no §5 do capítulo VI). Não se pode dizer, sem cometer um absurdo manifesto, o mesmo de um Conselho, contanto que ele seja bastante numeroso: quem diz, com efeito, que um Conselho é assaz numeroso, afirma, com isso mesmo, que o referido Conselho é capaz de manter o Estado. Um rei, portanto, tem uma necessidade absoluta de conselheiros, um Conselho não tem nenhuma necessidade deles. Além do mais, os reis são mortais, os Conselhos se perpetuam infinitamente; o poder, uma vez transferido a um Conselho, jamais retornará à massa, o que não é o caso de uma monarquia, como mostramos no §25 do capítulo precedente. Em terceiro lugar, o poder do rei não existe amiúde senão de nome, por causa de sua pouca idade, do seu estado de saúde, de sua velhice e por outras causas, enquanto o poder de um Conselho permanece constante. Em quarto lugar, a vontade de um homem é variável e incerta e, por essa razão, em uma monarquia toda lei é realmente uma vontade expressa do rei (nós o vimos no §1 do capítulo precedente), mas toda vontade do rei não deve ter força de lei; não se pode dizer isso da vontade de um Conselho suficientemente numeroso; visto que, com efeito, o Conselho (acabamos de mostrá-lo) não tem nenhuma necessidade de conselheiros, é preciso necessariamente que toda vontade expressa por ele tenha força de lei. Nós concluímos, pois, que o poder conferido a um Conselho bastante numeroso é absoluto ou se aproxima muito dessa condição. Se existe um poder absoluto, este não poder ser senão aquele que o povo inteiro possui.

§4

Entretanto, visto que esse poder detido por uma aristocracia jamais retorna (como acabamos de mostrá-lo) à multidão, e que ela não tem jamais porque consultá-lo, mas que absolutamente toda vontade de um Conselho tem força de lei, esse poder deve ser considerado como absoluto e, em consequência, ele tem seus fundamentos apenas na vontade, no julgamento do Conselho, não na vigilância da multidão, uma vez que ela não penetra nos conselhos e não é chamada a votar. A razão que faz com que, na prática, o poder não seja absoluto, é que a multidão permanece temível aos detentores do poder; ela conserva, por conseguinte, uma certa liberdade que não tem expressão legal, mas que nem por isso é menos tacitamente reivindicada e mantida.

§5

Aparece assim que a condição desse Estado aristocrático será ótima se tiver instituições tais que ele se aproxime o mais possível de um Estado absoluto, isto é, que a multidão seja tão pouco temível quanto possível e que não haja outra liberdade senão aquela que, em virtude mesmo da constituição do Estado, deve lhe ser atribuída e que é menos o direito de toda a multidão quanto o direito de todo Estado, direito que defendem e mantêm somente os superiores. Dessa maneira, prática e teoria concordam ao máximo, assim como resulta do parágrafo precedente, e que é claro por si só; pois nós não podemos duvidar que o poder se encontra tanto menos em mãos dos patrícios quanto mais direitos a plebe reivindica para si mesma, como é o caso na baixa Alemanha no tocante às associações de artesãos denominadas *Gilden* em língua vulgar.

§6

Que um poder absoluto seja confiado ao Conselho, isso não acarreta que a plebe deva ter medo de tornar-se escrava. Pois a vontade de um conselho suficientemente numeroso será determinada menos pelo apetite do que pela razão: os homens são impelidos em diversos sentidos pelas afecções e não podem ter pensamento dirigente comum a não ser que seu desejo tenda ao honesto ou, ao menos, ao que tem uma aparência de honestidade.

§7

Na determinação, portanto, dos fundamentos de um Estado aristocrático, cumpre observar, em primeiro lugar, que eles repousam apenas na vontade e na potência desse conselho supremo, em condições tais que esse conselho seja, tanto quanto possível, seu próprio senhor e não corra nenhum perigo da multidão. Para chegar a determiná-los, vejamos, pois, quais os princípios de paz que se aplicam somente a um Estado monárquico e são estranhos à aristocracia. Se, com efeito, substituirmos esses princípios próprios da monarquia por outros que sejam iguais em solidez e convenham à aristocracia, e se deixarmos subsistir as outras disposições precedentemente expostas, todas as causas de sedição ficam incontestavelmente afastadas, e o Estado aristocrático não oferecerá menos segurança do que o monárquico; ao contrário, oferecerá mais vantagem e sua condição será melhor, na medida em que se aproxima mais do que a monarquia do Estado absoluto, sem dano para a paz e a liberdade (ver §3 e 6 deste capítulo). Com efeito, quanto maior o direito do soberano mais a forma do Estado convém com o ensinamento da razão (pelo §5 do capítulo III) e, consequentemente, mais ele se presta à manutenção da paz e da liberdade. Retomemos, portanto, os princípios expostos no capítulo VI §9 ao 12, para descartar o que é estranho à aristocracia, e vejamos o que lhe convém.

§8

Que uma ou muitas cidades devam ser, em primeiro lugar, fundadas e fortificadas, ninguém pode duvidar disso. Mas deve ser fortificada sobretudo aquela que é a capital do Estado e, em seguida, aquelas que se situam nos limites do Estado. A que está à testa de todo o Estado e cujo direito é o maior, deve ser mais poderosa do que as outras. Além disso, é inteiramente supérfluo que os habitantes estejam, nesse governo, divididos em famílias.

§9

No referente às forças armadas, uma vez que no Estado aristocrático a igualdade é requerida não mais entre todos, mas somente entre os patrícios, e uma vez que, sobretudo, o poder dos patrícios predomina sobre o da plebe, é certo que as leis ou os direitos fundamentais desse Estado não exigem que unicamente os súditos façam parte da milícia. Mas é necessário que ninguém seja admitido no patriciado sem um conhecimento sério da arte militar. Quanto a querer, como alguns, que os súditos permaneçam fora do exército, é uma loucura. Com efeito, além do fato de que o soldo do exército quando é pago aos súditos remanesce no país, ao passo que fica perdido para ele se for destinado a estrangeiros, isso seria enfraquecer a força principal do Estado, pois é certo que se combate com uma virtude singular quando se luta *pro aris et focis* [por seus altares e lares]. Vê-se por aí que não constitui erro menor que os chefes, os tribunos, os centuriões etc. sejam escolhidos somente entre os patrícios. Como esperar coragem de soldados dos quais toda esperança de glória e todas as honras são arrebatadas? Em compensação, estabelecer uma lei segundo a qual não seria permitido aos patrícios engajar um soldado estrangeiro quando isso é necessário, seja para a defesa deles e para reprimir as sedições, seja por qualquer outra causa, além do fato de não ser isso inteligente, seria contrário ao direito

TRATADO POLÍTICO

soberano dos patrícios, do qual falamos nos §3, 4 e 5 deste capítulo. Quanto ao general ou comandante do exército ou de todas as forças armadas, ele deve ser nomeado somente em tempo de guerra, sendo escolhido exclusivamente entre os patrícios, não exercer suas funções de comando senão durante um ano, não ser mantido nelas, nem ser chamado de novo em seguida. Essa regra de direito se impõe, mais ainda do que em uma monarquia, num Estado aristocrático. É muito mais fácil, é verdade, nós o dissemos mais acima, transferir o poder de um homem a outro do que de uma Assembleia livre a um só homem, mas acontece amiúde, não obstante, que os patrícios sejam vítimas de seus generais e isso para o maior prejuízo da República. Quando um monarca desaparece, há a mudança de um déspota por outro, e isso é tudo, ao passo que em uma aristocracia isso não é possível sem a derrocada do Estado e o massacre dos homens mais consideráveis. Roma deu de revoluções desse tipo os mais tristes exemplos. De outra parte, a razão pela qual, ao tratar da monarquia, dissemos que a força armada deve servir sem retribuição, não mais se aplica. Visto que os súditos não penetram nos conselhos e não são chamados a votar, eles devem ser considerados como estrangeiros, e não é preciso que sejam mais maltratados do que os estrangeiros engajados no exército. E não é de temer que eles sejam distinguidos, elevados acima dos outros pela assembleia. Mais ainda: para que cada um dos soldados não alimente uma ideia exagerada sobre seus próprios atos, é prudente que os patrícios outorguem uma recompensa por serviços militares.

§10

Por essa razão, de que todos são estrangeiros, com exceção dos patrícios, é impossível, sem perigo para todo o Estado, que os campos, as casas e todo o território se tornem propriedade pública e sejam arrendados aos habitantes por um aluguel anual. Os súditos, com efeito, não tendo nenhuma parte no poder, abandonariam facilmente as cidades nos maus anos, se lhes fosse permitido transportar seus bens à sua vontade. É preciso, portanto, não alugar, mas vender os campos e os imóveis aos súditos, com a condição todavia de que, sobre o provento anual, eles paguem a cada ano uma contribuição, como é regra na Holanda.

§11

Após essas considerações, passo aos fundamentos sobre os quais o Conselho supremo deve solidamente repousar. Vimos no §2 deste capítulo que, em um Estado de extensão medíocre, os membros desse conselho devem ser cerca de cinco mil. Há, portanto, que se procurar um meio pelo qual o poder público não caia, paulatinamente, em mãos de um número menor, mas que, ao contrário, cresça na proporção do crescimento do Estado; depois, é preciso fazer com que a igualdade entre os patrícios se conserve e que os assuntos sejam expedidos rapidamente. Enfim, que o poder dos patrícios e do conselho seja maior que o da multidão sem que, no entanto, ela nada tenha a sofrer por isso.

§12

No tocante ao primeiro ponto, a dificuldade maior nasce da inveja. Os homens, nós o dissemos, são hostis por natureza e, a despeito das leis que os unem e os ligam, eles conservam sua natureza. É por essa razão, creio eu, que os Estados democráticos se transformam em aristocráticos e, estes últimos, em monarquias. Estou persuadido, com efeito, que os Estados aristocráticos, na maioria, começaram por ser democráticos: uma população à procura de um território onde morar, após tê-lo encontrado e cultivado, pretendeu preservar seu direito inteiro, não querendo ninguém ceder o poder a um outro. Mas julgando conforme a equidade que o direito que um tem sobre o outro esse outro também o possui sobre o primeiro, considera-se inadmissível que os estrangeiros, vindos a juntar-se à população já estabelecida, gozem do mesmo direito no Estado do que aqueles que por seu trabalho e ao preço de seu sangue haviam ocupado o território. Isso, os próprios estrangeiros não contestam, tendo imigrado

TRATADO POLÍTICO

não para exercer o poder, mas para se ocupar de seus negócios pessoais, e eles julgam que se lhes concede bastante se apenas lhes é dada a liberdade de efetuar seus negócios em segurança. O número de estrangeiros, entretanto, vai crescendo, eles adotam pouco a pouco os costumes da nação que os acolheu, até que, enfim, não se distinguem mais dos outros habitantes a não ser pelo fato único de que lhes falta o direito de se elevar às honras, e enquanto cresce o número de estrangeiros, por muitas razões o de cidadãos diminui. Famílias se extinguem, com efeito. Há criminosos que são excluídos e a maior parte, sofrendo de pobreza, negligencia a coisa pública, enquanto, ao mesmo tempo, os mais poderosos não se esforçam por nada tanto quanto por reinar sozinhos. É assim que o poder pouco a pouco passa a alguns e finalmente uma facção o entrega a um só. Nós poderíamos acrescentar a essas causas outras capazes de destruir, desse modo, os Estados, mas essas coisas são bastante conhecidas, eu não me deterei nelas e vou mostrar por quais leis o Estado, de que se trata aqui, deve ser mantido.

§13

A primeira lei de semelhante Estado deve ser a que estabelece uma relação entre o número de patrícios e a massa do povo. Essa relação, com efeito, deve ser tal que, vindo a crescer a massa, o número de patrícios aumente proporcionalmente (pelo §1 deste capítulo). E pelas razões indicadas no §2 deste capítulo, essa relação deve ser de 1 para 50, isto é, que a desigualdade entre os patrícios e a multidão nunca seja maior. Pois (pelo §1 deste capítulo) o número de patrícios pode ser muito maior do que o da massa. É somente em seu número muito pequeno que jaz o perigo. Como se fará de modo que essa lei permaneça inviolada, eu o mostrarei logo mais, no seu devido lugar.

§14

Os patrícios são escolhidos em certas famílias e em lugares escolhidos. Mas é pernicioso regular isso por uma lei expressa. Com efeito, além do fato de que as famílias se extinguem amiúde e que outras não podem ser excluídas sem ignomínia, cumpre acrescentar que é contrário a essa forma de Estado que a dignidade patrícia seja hereditária (pelo §1 deste capítulo). Mas dessa maneira o Estado parece aproximar-se muito de uma democracia, como aquela que descrevemos no §12 deste capítulo em que um número muito pequeno de homens tem sob seu domínio os cidadãos. Impedir, de outra parte, que os patrícios não escolham seus filhos e seus consanguíneos e que certas famílias, em consequência, não conservem o direito ao comando, isso é impossível e absurdo, como mostrarei no §39 deste capítulo. Mas não é preciso que isso seja obtido em virtude de um direito expresso e que os outros (desde que tenham nascido no Estado, que falem a língua nacional, não sejam casados com uma estrangeira, não sejam notados por infâmia, não sejam nem escravos nem dados a algum ofício servil entre os quais o de mercador de vinho ou de cerveja deve ser incluído) sejam excluídos; não obstante, o Estado conserva sua forma, e a relação que deve existir entre os patrícios e a multidão poderá sempre subsistir.

§15

Se estiver, além disso, fixado por uma lei que homens muito jovens não podem ser escolhidos, jamais ocorrerá que um pequeno número de famílias retenha, para elas sozinhas, o direito ao poder. Por isso, a lei deve estatuir que ninguém possa ser incluído no catálogo dos elegíveis se não houver chegado aos trinta anos.

§16

É preciso estatuir, em terceiro lugar, que todos os patrícios devem reunir-se em certas datas, em um local determinado da cidade, e que os faltantes, salvo caso de doença ou de assunto público urgente, sejam punidos com uma pena pecuniária notável. Sem essa disposição muitos negligenciariam os negócios do Estado para se ocuparem de seus negócios pessoais.

§17

O ofício desse conselho é o de fazer e ab-rogar leis, convocar ao patriciado novos colegas e escolher todos os funcionários do Estado. Não é possível, com efeito, que aquele que detém o poder supremo, como admitimos que esse conselho o detém, dê a outro o poder de fazer e ab-rogar leis sem se despojar de seu poder em proveito daquele a quem esse poder é dado; pois se uma pessoa pudesse, ainda que fosse por um dia apenas, fazer e ab-rogar leis, ela poderia mudar a forma do Estado. Mas entregar a outros o direito de administrar os negócios cotidianos, isso é possível, retendo o direito ao poder supremo. Se, ademais, os funcionários fossem escolhidos por outros, e não pelo conjunto dos patrícios, os membros desse conselho mereceriam o nome de pupilos mais do que o de patrícios.

§18

Alguns conselhos têm como reitor ou príncipe alguém para toda a vida, como em Veneza, ou por certo tempo, como os genoveses. Mas as precauções que se tomam são tais que aparece claramente que há aí um grande perigo para o Estado. E não é de duvidar que desse modo ele se aproxime da monarquia. Tanto quanto a história permite sabê-lo, a única origem desse costume é que, antes da instituição do patriciado, tais Estados eram governados por um reitor ou por um doge, como se o fossem por um rei, mas ela não é necessária ao Estado aristocrático considerado absolutamente.

§19

Como o poder máximo do Estado pertence ao conselho dos patrícios tomado em sua totalidade, mas não a cada um de seus membros (sem o que seria uma multidão sem ordem), é necessário que todos os patrícios sejam obrigados pelas leis a formar um corpo único dirigido por um pensamento comum. Mas as leis por si próprias não têm a força requerida [para isso] e são facilmente violadas quando seus defensores são aqueles mesmos que podem infringi-las e não há para refrear seu apetite senão o exemplo do suplício infligido por eles mesmos aos seus colegas, o que é completamente absurdo; cabe, portanto, procurar um meio capaz de assegurar a manutenção pelo conselho dos patrícios da ordem e das leis do Estado, conservando, ao mesmo tempo, tanto quanto possível, a igualdade entre os patrícios.

§20

Se existe um reitor ou um príncipe que possa apresentar seu sufrágio no conselho, haverá necessariamente uma grande desigualdade, em vista do poder que se deverá lhe conceder inevitavelmente para que possa, com suficiente segurança, desincumbir-se de sua função. Nenhuma instituição, portanto, se examinarmos bem a situação, pode ser mais útil à salvaguarda comum do que um segundo conselho composto de um certo número de patrícios, subordinado ao conselho supremo, e cuja função consistirá somente em velar para que as leis fundamentais do Estado concernentes aos conselhos e aos funcionários permaneçam invioladas. Os membros desse segundo conselho deveriam ter o direito de convocar, de fazer vir à sua presença, todo funcionário do Estado que houver cometido um ato contrário ao direito, e condená-lo de conformidade com as leis estabelecidas. A eles chamaremos, na sequência, de síndicos.

§21

Os síndicos devem ser eleitos por toda a vida. Pois se o fossem por um tempo fixo, de maneira a poderem ser chamados em seguida para outras funções do poder público, se incidiria num absurdo, como assinalado acima no §19 deste capítulo. Mas para que uma dominação demasiado longa não os faça soberbos, será estabelecido que ninguém se torna síndico senão após haver atingido a idade de sessenta anos e ter-se desempenhado da função de senador da qual falarei mais abaixo.

§22

Nós determinaremos sem dificuldade o número desses síndicos se observarmos que eles devem manter com os patrícios a mesma relação que os patrícios reunidos com a massa da população que eles não poderiam governar se fossem menos numerosos. Assim, o número de síndicos estará em relação ao número de patrícios como o número destes em relação à massa da população, isto é (pelo §13 deste capítulo), como 1 está para 50.

§23

Para que o conselho de síndicos possa desincumbir-se de maneira segura de sua função, cumpre pôr à sua disposição uma parte da força armada que receberá suas ordens.

§24

Para os síndicos e para aquele que tenha o estatuto de ministro do Estado não haverá um estipêndio, mas emolumentos calculados de tal modo que não possam, sem grande prejuízo para eles mesmos, administrar mal a coisa pública. É justo, e isso não é de duvidar, que os funcionários recebam um salário no Estado aristocrático, pois que a maioria da população é constituída pela plebe, por cuja segurança velam os patrícios, ao passo que os membros da plebe só têm a ocupar-se de seus próprios negócios. Mas, como, em compensação (ver o §4 do capítulo VII) ninguém defende a causa de outrem senão acredita estabelecer vantagem própria, é preciso necessariamente arranjar as coisas de forma que aqueles que têm o encargo do Estado sirvam melhor seus próprios interesses quando velam com o máximo cuidado pelo bem comum.

§25

A retribuição a se conceder aos síndicos cuja função, nós o vimos, é a de velar para que as leis permaneçam invioladas, deve ser calculada da seguinte maneira: é preciso que cada pai de família que mora no Estado pague a cada ano uma pequena soma, um quarto de uma onça de prata[10], de modo que se saberá qual o número de habitantes e qual parte dentre eles pertence ao patriciado. É preciso também que cada novo patrício, após sua eleição, pague aos síndicos uma soma importante, por exemplo vinte ou vinte cinco libras de prata[11]. Serão ainda atribuídas aos síndicos as multas pecuniárias pagas pelos patrícios ausentes da convocação do conselho, e uma parte dos bens dos funcionários delinquentes que, tendo comparecido perante o tribunal dos síndicos, foram condenados a multa ou confisco. Não são todos os síndicos, entretanto, que se beneficiarão disso, mas somente aqueles que tomam assento todos os dias e cuja função é convocar o conselho dos síndicos (ver sobre esse ponto §28 deste capítulo). Para que, de outro lado, o conselho dos síndicos conserve sempre o mesmo número de membros, será estabelecido que, antes de qualquer outra questão, o conselho supremo, convocado na data regulamentar, deverá ocupar-se de completá-lo. Se o cuidado com a solicitação foi negligenciado pelos síndicos, competirá ao presidente do Senado (do qual se tratará logo mais) advertir o conselho supremo acerca dessa omissão, perguntar ao presidente dos síndicos a razão do silêncio por eles guardado e informar-se sobre a opinião do conselho supremo. Se o presidente do Senado se cala igualmente, o caso será retomado pelo presidente do Supremo Tribunal ou, na sua falta, por um qualquer dos patrícios que pedirá explicação ao presidente dos síndicos, ao do Senado e ao do Tribunal sobre a causa de seu silêncio. Para que, enfim, seja observada a lei que interdite o acesso ao patriciado de pessoas muito jovens, é preciso decretar que todos aqueles que tiverem chegado à idade de trinta anos e não estiverem legalmente excluídos do governo,

---

10. Variando a onça entre 24 e 33 g, o valor estipulado por Spinoza não chegaria a 9 g.

11. A título de comparação com o exemplo acima, para os patrícios Spinoza estipula a "contribuição" entre 9 e 11 kg de prata.

cuidem de inscrever seus nomes na lista perante os síndicos e recebam, contra o pagamento de determinada soma, uma marca de sua nova dignidade; ser-lhes-á permitido portar um ornamento concedido a eles somente, que os tornará objeto de reconhecimento e lhes assegurará mais consideração do que aos outros. Uma lei será estabelecida que proibirá a todo patrício escolher no momento da eleição uma pessoa não constante da lista e isso sob uma pena grave. E ninguém poderá se furtar à função e ao cargo ao qual tiver sido chamado pelo voto. Enfim, para que as leis fundamentais do Estado remanesçam inabaláveis, cumpre colocar que, se alguém no conselho supremo propuser uma modificação nos direitos fundamentais, por exemplo, o prolongamento para além de um ano do poder do exército, a diminuição do número de patrícios e outras coisas semelhantes, este seja tido como culpado de alta traição; não bastará condená-lo à morte e confiscar todos os seus bens, será preciso que um monumento público perpetue para sempre a lembrança de seu crime. Para conservar a estabilidade dos outros princípios de direito público, é suficiente que seja estabelecido que nenhuma lei pode ser ab-rogada, nenhuma nova lei implantada, se três quartos ou quatro quintos, em primeiro lugar do conselho dos síndicos e, em segundo lugar, do conselho supremo, não se puserem de acordo a esse respeito.

§26

O direito de convocar o conselho supremo e de decidir quais assuntos lhes serão submetidos pertence aos síndicos, a quem é reservado o primeiro lugar no conselho, sem que, no entanto, possam tomar parte nos votos. Antes, todavia, de tomar assento, eles devem prestar juramento, para a salvaguarda do conselho supremo e da liberdade pública, de que conservarão invioladas as leis fundamentais do Estado e que velarão pelo bem comum. Depois disso, um funcionário, que serve de secretário, submeterá os assuntos inscritos na ordem do dia.

§27

A fim de que nas decisões a tomar e na escolha dos ministros de Estado todos os patrícios tenham um poder igual, e para que os assuntos possam ser expedidos com celeridade, convém aprovar em grande parte o procedimento adotado em Veneza. Para escolher os funcionários do Estado, começa-se a sortear alguns dos membros do conselho que farão a leitura de uma lista de nomes, os dos candidatos às funções públicas, e sobre cada um desses nomes cada patrício exprimirá sua opinião, isto é, por meio de uma bolinha ele dará a conhecer se aceita ou rejeita o candidato proposto, de modo que se ignore em seguida qual foi o voto deste ou daquele. Não só a igualdade entre todos os cidadãos subsiste por esse meio e os assuntos serão logo expedidos, mas cada um guarda inteira liberdade, o que no conselho é a coisa mais necessária, para proferir sua sentença sem perigo de inveja.

§28

É preciso, nos conselhos dos síndicos e nos outros, observar as mesmas regras, isto é, votar por meio das bolinhas. Mas o direito de convocar o conselho dos síndicos e de acertar a ordem do dia deve caber ao presidente que, com dez síndicos ou mais, toma assento todos os dias para receber as queixas da plebe e as acusações secretas concernentes aos funcionários, para se assegurar acerca dos querelantes, se isso lhes parecer necessário, e para convocar extraordinariamente o conselho dos patrícios, se julgar que há perigo na mora. Esse presidente e a comissão que toma assento com ele devem ser eleitos pelo conselho supremo e estar entre o número dos síndicos. Porém eles não são eleitos para toda a vida, mas apenas por seis meses, e não são reelegíveis senão após três ou quatro anos. São para eles, nós o dissemos mais acima, que vão os bens confiscados e o produto das multas, ou certa parte a ser determinada desse produto. Nós enunciaremos a seu tempo as regras relativas aos síndicos.

§29

Denominaremos Senado um segundo conselho igualmente subordinado ao conselho supremo, e cuja função é conduzir os negócios públicos; por exemplo, promulgar as leis do Estado, ordenar a fortificação das cidades, assim como a lei o quer, dar instruções ao exército, fixar os objetos de impostos e determinar o emprego destes, responder aos embaixadores estrangeiros e decidir onde cabe enviar embaixadores. Mas é ao conselho supremo que compete escolher os embaixadores. Constitui, com efeito, uma regra fundamental a observar que ninguém pode ser chamado para uma função pública senão pelo conselho supremo, a fim de que os patrícios não procurem conquistar o favor do Senado. Ademais, devem ser deferidos ao conselho supremo todos os negócios que tragam uma mudança qualquer no estado das coisas; por exemplo, os decretos relativos à guerra e à paz. Todas as decisões do Senado sobre a guerra e a paz devem ser ratificadas pelo conselho supremo para serem definitivas e, por essa razão, sou de parecer que compete não ao Senado, porém ao conselho estabelecer novos impostos.

§30

Para determinar o número de senadores, eis as considerações que nos vêm: primeiro, que todos os patrícios tenham uma esperança igual de serem admitidos ao grau de senador; em segundo lugar, que os senadores chegados ao termo de seu mandato possam, não obstante, ser reeleitos após um curto prazo, a fim de que o poder seja sempre exercido por homens dotados de experiência e de capacidade. E cumpre, enfim, que entre os senadores se encontrem muitos homens com uma sabedoria e com uma virtude notórias. Para satisfazer essas condições, não se pode conceber nenhum meio exceto que, nos termos da lei, ninguém possa ser admitido à posição de senador antes de ter alcançado a idade de cinquenta anos, e que quatrocentos patrícios, isto é, a duodécima parte do número total, seja eleita por um ano, e reelegível após um prazo de dois anos; de tal modo, a duodécima parte dos patrícios preencherá sempre as funções senatoriais, salvo durante intervalos de tempo bastante curtos. Adicionado ao número de patrícios nomeados síndicos, esse número não permanece muito inferior ao número total de patrícios chegados à idade de cinquenta anos. Todos os patrícios terão assim uma grande esperança de serem elevados ao grau de senador ou de síndico e, não obstante, os mesmos, salvo intervalos de tempo bastante curtos, ocuparão a cadeira de senador e (pelo que foi dito no §2 deste capítulo), não faltará jamais ao Senado homens eminentes por sua inteligência nos negócios e seus conhecimentos. Essa lei, não podendo ser infringida sem que o ciúme de muitos senadores seja excitado, não há necessidade de nenhuma precaução para que ela esteja sempre em vigor, exceto que cada patrício chegado à idade senatorial dê a prova disso aos síndicos. Estes últimos inscreverão seu nome na lista dos elegíveis ao Senado e a lerão perante o conselho supremo a fim de que os candidatos possíveis ao Senado tomem aí o lugar que lhes é consignado e que é vizinho àquele que ocupam os próprios senadores.

§31

A remuneração dos senadores deve ser tal que eles tenham mais vantagem na paz do que na guerra, daí por que a centésima ou a quinquagésima parte das mercadorias exportadas ou importadas lhes será reservada. Não é de duvidar que, nessas condições, eles mantenham a paz tanto quanto puderem e jamais procurem fazer a guerra explodir. Mesmo aqueles senadores que se entregarem aos negócios não devem estar imunes a esse tributo, pois se fossem dele liberados seria uma grande perda para o comércio, ninguém, creio eu, pode ignorá-lo. Cumpre, ademais, estabelecer como regra que um senador ou um ex-senador não poderá exercer nenhuma função no exército e, além disso, que ninguém poderá ser nomeado para o comando de um exército (o que ocorre apenas em tempo de guerra como dissemos no

§9 deste capítulo) se é filho ou neto de senador em exercício ou de um patrício que tenha sido investido, há menos de dois anos decorridos, da dignidade senatorial. Não é de duvidar que os patrícios não senadores defendam essas leis com toda a sua energia e, de tal modo, os senadores terão sempre uma retribuição mais elevada em tempos de paz do que em tempos de guerra, e não serão do parecer que se deva fazer a guerra senão em caso de absoluta necessidade para o Estado. Podem nos objetar que dessa maneira, se os síndicos e os senadores recebem fortes retribuições, o Estado aristocrático não será menos oneroso para os súditos do que uma monarquia qualquer. Mas, além do fato de que a corte do rei é causa de despesas maiores que não servem à preservação da paz, e que a paz não pode ser paga muito caro, é preciso observar que, em uma monarquia, todo esse dinheiro vai para um só ou para um número muito pequeno, ao passo que, em um Estado aristocrático, ele é destinado a um grande número de pessoas. Ademais, o rei e seus servidores não sustentam, como os súditos, os encargos do Estado, ao passo que aqui é o contrário, os patrícios, sempre escolhidos entre os mais ricos, contribuem para a maior parte das despesas públicas. Enfim, os encargos financeiros em uma monarquia provêm menos das despesas confessadas do rei do que daquelas que são ocultas. Os encargos de Estado que são impostos aos cidadãos para salvaguardar a paz e a liberdade, mesmo grandes, não excedem a força dos cidadãos e são sustentados no interesse da paz. Que nação jamais teve de pagar tantos impostos e tão pesados quanto a holandesa? E, no entanto, ela não foi exaurida, ao contrário, possui riquezas que levam a invejar sua fortuna. Se, portanto, os encargos do Estado monárquico fossem impostos para a paz, os seus cidadãos não seriam esmagados, mas, como eu disse, há em um Estado desse tipo causas ocultas de despesas que fazem com que os súditos fiquem sobrecarregados. O valor de um rei se mostra acima de tudo na guerra e aqueles que querem reinar sozinhos devem velar com o máximo cuidado para que seus súditos permaneçam pobres, para nada dizer das observações de um holandês muito atilado (Van Hove), porque elas não se relacionam ao meu propósito que é o de descrever somente a melhor forma que pode assumir um regime qualquer.

§32

Alguns dos síndicos designados pelo conselho supremo devem tomar assento no senado, mas sem tomar parte nos votos; seu papel é o de velar para que as leis fundamentais do Estado sejam observadas, e lhes compete deferir para o conselho supremo, na oportunidade, as decisões do senado. Pois, nós já o dissemos, cabe aos síndicos convocar o conselho supremo e lhe submeter os assuntos sobre os quais ele deve se pronunciar. Mas, antes que se vá aos votos, o presidente do senado expõe o estado da questão, a opinião do senado sobre o caso e as causas de sua determinação; depois do que, os sufrágios são recolhidos na ordem estabelecida.

§33

O senado inteiro não deve se reunir todos os dias mas, como todos os grandes conselhos, em data fixa. Como, entretanto, é preciso que os negócios públicos sejam expedidos durante os intervalos das sessões, um certo número de senadores designados para esse efeito substituirá o senado. A função desses senadores será a de convocar o senado quando necessário, pôr em execução as decisões tomadas, ler as cartas endereçadas ao senado e ao conselho supremo e, enfim, deliberar sobre os assuntos a submeter ao senado. Mas, para que se compreenda melhor tudo isso e o procedimento seguido pelo senado, vou descrever acuradamente toda a coisa.

§34

Os senadores eleitos por um ano, como eu disse mais acima, serão divididos em quatro ou seis séries; a primeira terá a precedência durante os dois ou três primeiros meses, após o que será a vez da segunda e assim por diante; uma série que foi a primeira durante os primeiros meses torna-se a última no mês seguinte. Tantas séries, tantos presidentes a eleger e também vice-presidentes que substituem os presidentes em caso de necessidade, quer dizer que, em cada série, há lugar para eleger dois senadores, um dos quais é o presidente da série e também do senado durante o tempo em que a série goza da primazia, e ao qual o outro reveza na qualidade de vice-presidente. Depois, na primeira série, alguns senadores serão designados pela sorte ou pela pluralidade dos votos, para substituir, com seu presidente e seu vice-presidente, o Senado, quando ele não se reúne, e isso durante o tempo em que sua série tem precedência, depois do que é a vez de um número igual de senadores da segunda série, igualmente designado pela sorte ou pela pluralidade de votos e assim sucessivamente. Não é necessário, em absoluto, que a eleição por dois ou três meses daqueles que eu disse que seriam designados pela sorte ou pela pluralidade de votos (e que, por conseguinte, nós os chamaremos de Cônsules), seja feita pelo conselho supremo. Pois a razão dada no §29 deste capítulo não se aplica aqui e muito menos ainda à do §17. Bastará que essa designação seja feita pelo senado e pelos síndicos que assistem às sessões.

§35

Eu não posso determinar com precisão o número desses eleitos. O que é certo é que eles devem ser bastante numerosos para não serem facilmente corrompidos; embora não tomem sozinhos nenhuma decisão, eles podem, entretanto, arrastar o senado ou, o que seria pior, enganá-lo, submetendo-lhe questões sem nenhuma importância e calando-se sobre as mais graves, para nada dizer do atraso que teriam a sofrer os negócios públicos pela ausência de um ou dois dentre eles, se fossem pouco numerosos. Muito ao contrário, uma vez que esses conselhos são criados porque os grandes conselhos não podem ocupar-se todos os dias dos negócios públicos, é preciso necessariamente procurar um meio e compensar a pequeneza do número pela brevidade do mandato. Se, portanto, cerca de uma trintena de membros do conselho são nomeados por dois ou três meses, eles serão demasiado numerosos para que possam em tão pouco tempo deixar-se corromper. Por essa razão, quero que seus sucessores sejam designados somente no momento em que aqueles que estavam em exercício se retirem.

§36

O ofício desses cônsules, nós o dissemos, é o de convocar o senado quando alguns dentre eles, mesmo em pequeno número, o julguem útil, e de lhe submeter os assuntos, de licenciá-lo em seguida e de executar suas decisões sobre os negócios públicos. Direi em breves palavras qual deve ser a ordem a seguir nessa consulta, para evitar longas questões inúteis. Os cônsules deliberarão sobre a questão a ser submetida ao senado e, se estiverem todos de acordo, uma vez convocado o senado e exposta a questão, eles darão conhecimento de seu parecer e recolherão os sufrágios na ordem estabelecida sem que outra opinião seja emitida. Mas se os cônsules estiverem divididos em seu parecer, a opinião da maioria deles será primeiro exposta ao senado e, se ela não obtiver a aprovação da maioria do senado e dos cônsules, e se em um escrutínio, em que cada um exprimir sua opinião por meio das bolinhas, o número dos hesitantes e dos oponentes for o maior, então a opinião à qual aderiram mais os cônsules que não fazem parte da maioria será exposta e examinada com cuidado e do mesmo modo as outras. Se nenhuma opinião tiver a aprovação do senado, a decisão será remetida ao dia seguinte ou a uma data mais distante e os cônsules aproveitarão esse tempo para ver se conseguem encontrar outra medida capaz de ser aceita pelo senado. Se não encontrarem nenhuma, ou se aquela que tiverem encontrado não obtiver a aprovação da maioria do senado, então cada opinião será exposta perante o senado e, se ele não aderir a nenhuma, haverá a respeito de cada uma um novo escrutínio por meio das bolinhas, no qual se fará não apenas a conta dos sufrágios favoráveis, como anteriormente, mas também a dos vacilantes e dos contrários; se

TRATADO POLÍTICO

houver mais sufrágios favoráveis do que hesitantes e oponentes, a opinião posta em votação será tida como adotada; ao invés, ela será descartada se houver mais oponentes do que hesitantes e sufrágios favoráveis. Mas se, a respeito de todas as opiniões, o número de titubeantes for maior do que o de opositores e de votos favoráveis, o conselho dos síndicos se fará junto ao do senado e participará da votação, na qual as bolinhas que representam a aprovação ou a oposição, serão as únicas contadas, sendo as dos hesitantes negligenciadas. Em relação aos assuntos deferidos pelo senado ao conselho supremo, observar-se-á a mesma ordem. Eis o que tenho a dizer a respeito do senado.

§37

Quanto ao que compete ao tribunal ou à corte de justiça, não é possível ater-se aos princípios que expusemos como convenientes a uma monarquia (capítulo VI, §26 e seguintes). Pois (pelo §14 deste capítulo) é contrário aos princípios do Estado aristocrático de que aqui se trata, que se tenha em conta as estirpes e as famílias. Depois porque juízes escolhidos somente entre os patrícios seriam, na verdade, impedidos de pronunciar uma sentença injusta contra os patrícios por medo dos patrícios que lhes sucederiam, e não ousariam talvez infligir-lhes uma pena merecida, mas, em compensação, permitir-se-iam a tudo contra os plebeus e os plebeus ricos seriam constantemente vítimas de sua rapacidade. Por essa razão, eu o sei, teve forte aprovação no conselho dos patrícios de Gênova a escolha como juízes, não de alguns dentre eles mesmos, mas de estrangeiros. Parece-me, todavia, absurdo, a considerar as coisas em si mesmas, que estrangeiros e não patrícios sejam chamados a interpretar as leis. E são os juízes outra coisa senão intérpretes das leis? Creio, portanto, que os genoveses, nesse caso, tiveram em conta o caráter próprio de sua nação mais do que a natureza do Estado aristocrático. Quanto a nós, que consideramos a questão em si mesma, temos de encontrar a solução que concorde melhor com essa forma de governo.

§38

No tocante ao número de juízes, nada de especial: como em um Estado monárquico, é preciso antes de tudo que os juízes sejam demasiado numerosos para que não seja possível a um particular corrompê-los. Sua função, com efeito, é a de velar para que ninguém prejudique outrem; eles devem, portanto, resolver os litígios entre particulares, patrícios ou plebeus, e infligir penas aos delinquentes, mesmo quando pertencem ao corpo dos patrícios, ao conselho dos síndicos ou ao senado, todas as vezes que as leis, às quais todos são obrigados a obedecer, forem infringidas. Quanto aos litígios que podem se produzir entre as cidades que fazem parte do Estado, compete ao conselho supremo solucioná-los.

§39

Em todo Estado, a duração do mandato que é confiado aos juízes é a mesma, e é preciso também que, a cada ano, uma parte dentre eles se retire; enfim, se não é necessário em absoluto que eles pertençam todos a famílias diferentes, é todavia necessário que dois parentes próximos não tomem assento ao mesmo tempo. Essa regra deve ser observada nos outros conselhos, mas não no conselho supremo, no qual basta que a lei interdite a cada membro propor um de seus próximos ou, caso ele venha a propor, tome parte na votação, e também quando houver um funcionário qualquer a nomear, que não sejam dois parentes próximos que procedam ao sorteio. Isso, digo eu, basta em um conselho tão numeroso e cujos membros não recebam nenhuma retribuição. O Estado não pode ter a recear nenhum prejuízo, de modo que seria absurdo, como já dissemos no §14 deste capítulo, estabelecer uma lei que excluísse do conselho supremo os parentes de todos os patrícios. Esse absurdo é, aliás, manifesto, pois a referida lei não poderia ser estabelecida pelos próprios patrícios sem que haja, de sua parte, abandono de seu direito e, em consequência, os defensores dessa lei não

TRATADO POLÍTICO

poderiam ser os patrícios, mas os plebeus, o que é diretamente contrário ao texto dos §5 e 6 deste capítulo. A lei do Estado, ao estabelecer uma relação constante entre o número de patrícios e a massa da população, tem por objetivo principal manter o direito e o poder dos patrícios que, para poderem governar a população, não devem ser em número demasiado pequeno.

§40

Os juízes devem ser eleitos pelo conselho supremo entre os patrícios, isto é, entre os que fazem as leis (§17 deste capítulo), e as sentenças que eles tiverem pronunciado, tanto no civil quanto no criminal, serão ratificadas, se foram ministradas de maneira regular e imparcial; e é o que a lei permitirá aos síndicos conhecer, julgar e decidir.

§41

Os emolumentos dos juízes devem ser tais como dissemos no §29 do capítulo VI, isto é, que em matéria civil eles receberão da parte condenada uma soma em relação com a que se faz objeto do litígio. Quanto às sentenças ministradas em matéria criminal, haverá somente uma diferença, a de que os bens confiscados e as multas aplicadas contra os pequenos delinquentes lhes serão atribuídas, a eles exclusivamente; com esta condição, entretanto, a de que não lhes seja jamais permitido utilizar a tortura para obter uma confissão; dessa maneira, precauções suficientes são tomadas para que os juízes não sejam injustos em relação aos plebeus e não sejam, por temor, demasiado favoráveis aos patrícios. Com efeito, além do fato de que esse medo tem por origem a exclusiva avidez colorida com o nome de justiça, os juízes são numerosos e dão seu parecer, não publicamente, mas por meio das bolinhas, de modo que, se um condenado se irrita por ter perdido sua causa, ele fica impossibilitado de imputar a culpa a um dos juízes em particular. Ademais, há, para impedir os juízes de pronunciar uma sentença absurda ou fraudar, a reverência que inspiram os síndicos, além do que, em um Tribunal tão numeroso, encontrar-se-á sempre um ou dois juízes temidos por seus colegas injustos. Quanto aos plebeus, eles estarão suficientemente garantidos se tiverem o direito de apelar aos síndicos, que dispõem do poder de tomar conhecimento dos casos, de pronunciar um julgamento a respeito e de tomar uma decisão. Por certo, os síndicos não poderão evitar que isso os torne odiosos a muitos patrícios, mas, em compensação, eles serão bem vistos pelos plebeus, cuja aprovação se empenharão em obter tanto quanto puderem. Para esse efeito, não perderão a oportunidade de cassar sentenças contrárias às leis, de submeter a inquérito qualquer um dos juízes e aplicar-lhe uma pena se ele foi injusto. Nada move mais o ânimo da multidão. E se tais exemplos só acontecem raramente, nisso não há mal, mas, ao contrário, uma grande vantagem. Pois além de ser o sinal de um Estado mal constituído, o fato de persistirem exemplos cotidianos de deliquência é prova de que ele sofre de um vício constitucional (nós o mostramos no §2 do capítulo v) e sendo raríssimos, sua fama seria mais célebre.

§42

Os governadores [*proconsules*] enviados às cidades ou às províncias devem ser escolhidos na classe senatorial, porque é ofício dos senadores cuidar das fortificações, das finanças, da milícia etc. Mas os senadores enviados às regiões um pouco afastadas não poderão assistir às reuniões do senado. Por essa razão não serão selecionados, dentre os senadores, senão os governadores destinados a cidades construídas no território nacional. Aqueles que se quer enviar para mais longe deverão ser escolhidos entre os que tenham atingido a idade fixada para o ingresso no senado. Mas essa disposição não bastaria para garantir a paz de todo o Estado se as cidades vizinhas fossem inteiramente privadas do direito de sufrágio, a menos que em razão de sua fraqueza possam ser abertamente menosprezadas, o que, aliás, não se concebe. É, portanto, necessário que as cidades vizinhas sejam investidas do direito de cidade e que, em cada uma, vinte, trinta ou quarenta cidadãos (o número deve estar em relação com a importância da cidade) sejam admitidos no número dos patrícios; três, quatro ou cinco dentre eles serão a cada ano eleitos na condição de senadores, e um deles será nomeado síndico para toda vida. Aqueles que pertencem ao senado serão enviados como governadores, com um síndico, para as cidades que os elegeram.

§43

Os juízes em cada cidade deverão ser nomeados dentre os patrícios do lugar. Mas é inútil falar a respeito deles mais longamente porque isso não pertence aos princípios fundamentais do Estado aristocrático.

§44

Não tendo os secretários dos conselhos e seus servidores o direito de sufrágio, eles serão escolhidos na plebe. Mas como possuem extenso conhecimento dos assuntos tratados, acontece amiúde que se tem em conta seu parecer mais do que seria necessário, embora exerçam uma grande influência sobre todo o Estado; esse abuso causou a perda da Holanda. Isso não pode deixar de excitar o ciúme de muitos entre os melhores, e nós não podemos duvidar que um senado em que predomine o parecer não dos próprios senadores, mas de empregados da administração, não seja senão composto de membros inativos, e a condição de um Estado em que as coisas chegam a isso não me parece muito melhor do que a de uma monarquia governada por um pequeno número de conselheiros do rei (ver sobre este ponto os §5, 6 e 7 do capítulo VI). Mas, em verdade, um Estado estará tanto menos ou tanto mais exposto a esse mal quantas instituições melhores ou mais defeituosas tiver. A liberdade de um Estado que não repousa sobre bases assaz sólidas não pode jamais ser defendida sem perigo. Para não se exporem a isso, os patrícios escolhem, na plebe, servidores desejosos de renome que, mais tarde, quando a situação se encontra perturbada, são levados à morte, vítimas destinadas a aplacar a cólera dos inimigos da liberdade. Onde, ao contrário, as bases da sociedade são bastante firmes, os próprios patrícios procuram a glória de mantê-la e fazem com que seja apenas o parecer deles unicamente que decida sobre o tratamento dos negócios públicos. Nós demos conta desses pontos observando dois fundamentos do Estado: não se ter a plebe nem em conselhos nem com direito ao sufrágio (ver os §3 e 4 deste capítulo) de modo que o poder supremo pertença a todos os patrícios, a autoridade pertença aos síndicos e ao senado, e o direito de convocar o senado e de lhe submeter proposições aos cônsules escolhidos no senado. Se estabelecemos, além disso, como regra que um secretário do senado e outros cônsules sejam nomeados somente para quatro ou, no máximo, cinco anos, e que lhe seja acrescentado um segundo [secretário] para fazer uma parte do trabalho; ou ainda se o Senado tem não um só, porém vários secretários, cada um dos quais tendo seu departamento, jamais o poder dos empregados será ameaçador.

§45

Os tribunos do erário também devem ser eleitos entre a plebe e terão de prestar contas não somente ao senado, mas também aos síndicos.

§46

No que toca à religião, nós a mostramos com prolixidade no *Tratado Teológico-Político*. Nós deixamos, entretanto, de mencionar certas coisas: é preciso que todos os patrícios professem a mesma religião, muito simples e universal, que expusemos nesse mesmo tratado. Com efeito, deve-se velar antes de tudo para que os patrícios não se dividam em seitas, o que criaria em seu meio a parcialidade a favor ora de uns, ora de outros; e, em seguida, para que eles não procurem, por apego a uma superstição, arrebatar aos súditos a liberdade de dizer aquilo que pensam. Além disso, embora cada um seja livre para dizer o que pensa, cumpre interdizer as grandes reuniões aos fiéis de outra religião; ser-lhes-á permitido construir templos tantos quantos queiram, mas de pequenas dimensões, não ultrapassando os limites fixados, e em locais um pouco afastados uns dos outros. Para os templos destinados à religião da pátria, importa muito que sejam grandes e faustosos, e de preferência que seja permitido exclusivamente aos patrícios e senadores celebrar aí as cerimônias do culto, e, assim, que somente os patrícios possam efetuar batismos, consagrar casamentos, impor as mãos e, de uma maneira geral, que eles sejam reconhecidos como os defensores e os intérpretes da religião da pátria e, de algum modo, como os sacerdotes dos templos. Para a predicação, todavia, e a administração das finanças da igreja e dos negócios correntes, alguns suplentes serão escolhidos pelo senado na plebe e eles deverão lhe prestar contas.

§47

Tais são os princípios do Estado aristocrático, aos quais acrescentarei um pequeno número de disposições menos fundamentais, mas importantes: cumpre que os patrícios se distingam pelo porte de uma vestimenta particular, que se lhes dê, ao lhes endereçar a palavra, um título pertencente a eles somente, que todo plebeu arrede diante deles e, se algum patrício perdeu seus bens em decorrência de uma desgraça que não pôde evitar, e que ele possa prová-lo claramente, sua situação seja restabelecida integralmente à expensas do Estado. Se, ao contrário, ficar estabelecido que seus bens foram dissipados em prodigalidades, em despesas de fausto, no jogo, ou com mulheres de má vida etc., ou ainda que esteja endividado para além do que pode pagar, sua dignidade lhe será tirada e ele será reputado indigno de toda honra e de toda função. Quem, com efeito, não sabe governar seus próprios negócios, muito menos poderia gerir os públicos, na qualidade de magistrado.

§48

Aqueles a quem a lei obriga a prestar juramento guardar-se-ão muito mais do perjúrio se o juramento a eles prescrito for pela salvação da pátria e da liberdade, ou pelo conselho supremo, do que se jurassem por Deus. Quem jura por Deus põe em jogo seu bem particular do qual ele é o único juiz; mas jurar pela liberdade e pela salvação da pátria é pôr em jogo o bem comum do qual ele não é juiz, e se perjura, ele se declara inimigo da pátria.

§49

As academias fundadas às expensas da coisa pública são instituídas menos para cultivar o espírito do que para constrangê-lo. Em uma república livre, ao contrário, a melhor maneira de desenvolver as ciências e as artes é a de dar a cada um licença para ensinar à sua custa, expondo ao perigo sua reputação. Mas reservo a uma outra parte da obra essas observações e outras semelhantes, pois eu quis tratar aqui apenas do que pertence unicamente ao Estado aristocrático.

Capítulo ix

§1

Consideramos até aqui o Estado que tira seu nome de uma cidade única, capital de todo o Estado. É tempo de tratar de um Estado em que várias cidades compartilham do poder, condição que creio ser preferível. Mas para perceber a diferença existente entre esses dois Estados e a superioridade de um deles, passaremos em revista os princípios do Estado precedentemente descrito, rejeitaremos aqueles que não mais convêm e os substituiremos por outros.

§2

As cidades, portanto, que gozam do direito civil deverão ser fundadas e fortificadas de tal maneira que nenhuma possa, na

TRATADO POLÍTICO

verdade, subsistir sem as outras, mas que, em compensação, não possa, sem grande dano para todo o Estado, separar-se das outras; desse modo, com efeito, elas permanecerão sempre unidas. As cidades constituídas de tal forma que não possam nem se conservar, nem inspirar medo às outras, não são autônomas, porém dependentes das outras.

§3

Os princípios enunciados nos §9 e 10 do capítulo precedente são tirados da natureza comum do Estado aristocrático; acontece o mesmo com a relação que deve existir entre o número de patrícios e a massa do povo, com a idade e a condição das pessoas chamadas ao patriciado. Não pode, pois, haver nisso diferença, quer uma cidade ou várias estejam à testa do Estado. Mas outra é a situação do conselho supremo: se uma cidade, com efeito, deve ser o lugar de reunião do referido conselho, essa cidade será na realidade a capital do Estado. Cumpre, portanto, ou que cada uma tenha sua vez, ou escolher um local que não possua direito de Cidade e pertença igualmente a todas. Mas essas duas soluções são mais fáceis de enunciar do que de pôr em prática, não podendo milhares de cidadãos deslocar-se para fora de suas cidades, aluindo ora para um, ora para outro lugar.

§4

Eis as considerações sobre as quais é preciso apoiar-se para decidir corretamente, de conformidade com a natureza e a condição do Estado aristocrático, como se deve proceder nessa matéria e de que maneira os conselhos deverão ser instituídos: uma cidade possui um direito superior ao de um particular, na medida em que ela tem mais poder do que ele (pelo §4 do capítulo II) e, em consequência, cada uma das cidades do Estado (ver §2 deste capítulo) enfeixará no interior de suas muralhas, ou nos limites de sua jurisdição, tanto direito quanto poder disponha. Em segundo lugar, não se trata de cidades ligadas simplesmente por um tratado, mas de cidades unidas e associadas que formam um só Estado, sob a condição, todavia, de que cada uma delas possua, na medida em que é mais poderosa, mais direito no Estado; pois querer estabelecer a igualdade entre os desiguais é absurdo. Os cidadãos podem ser iguais, porque o poder de cada um, comparado ao de todo o Estado, não merece consideração. Mas o poder de cada uma das cidades forma uma parte do poder do Estado inteiro, e uma parte tanto maior quanto essa cidade é mais importante. Não se pode considerar as cidades como iguais, mas é preciso avaliar o direito de cada uma de acordo com seu poder e grandeza. Os laços, de outro lado, que devem ligá-las para que constituam um mesmo Estado, são, em primeiro lugar, o senado e a corte de justiça (pelo §1 do capítulo IV). Vou mostrar aqui, em breves termos, como todas as cidades devem estar ligadas, permanecendo ao mesmo tempo autônomas tanto quanto possível.

§5

Concebo, pois, que os patrícios em cada cidade, mais ou menos numerosos (pelo §3 deste capítulo), conforme o tamanho da cidade, possuam um direito soberano, que, reunidos em um conselho supremo próprio dessa cidade, tenham o poder absoluto de decidir sobre as fortificações a erigir, o alargamento das muralhas, das leis a editar ou a ab-rogar e, de uma maneira geral, possam tomar todas as resoluções necessárias à conservação e ao crescimento da cidade. Para tratar dos negócios comuns do Estado, será criado um senado nas mesmas condições que vimos no capítulo precedente, com a diferença apenas de que nesse novo Estado o senado terá a seu cargo o cuidado de regrar os litígios que possam surgir entre as cidades. Pois, não havendo capital, tais litígios não podem mais ser solucionados pelo conselho supremo de todos os patrícios (ver o §38 do capítulo precedente).

§6

De resto, em tal Estado o conselho supremo não deverá ser convocado, a menos que se trate de reformar o próprio Estado, ou de um caso difícil que os senadores se julguem incapazes de solucionar. Será, portanto, algo muito raro que todos os senadores sejam convocados para a assembleia. O ofício principal desse conselho supremo, nós o dissemos (§17 do capítulo precedente), é estabelecer e ab-rogar leis e, depois, nomear os funcionários do Estado. Mas as leis, aquelas que ao menos são comuns a todo o Estado, uma vez estabelecidas, não devem ser mudadas; se, entretanto, as circunstâncias fazem com que uma nova lei seja instituída, ou que haja motivo para modificar uma lei existente, é no Senado, em primeiro lugar, que a questão será examinada, e uma vez que os senadores se tenham posto de acordo, serão enviados emissários pelo próprio Senado às cidades e eles exporão, aos patrícios de cada cidade, a opinião do Senado. Se a maioria das cidades a subscrever, ela será tida como lei adotada, se não, como rejeitada. Poder-se-á conservar o procedimento já descrito para a escolha dos chefes do exército e dos embaixadores a serem enviados ao estrangeiro, assim como no que concerne à decisão de fazer a guerra e as condições de paz a aceitar. Mas, para a escolha dos outros funcionários do Estado, visto que (segundo o §4 deste capítulo) cada cidade deve permanecer autônoma tanto quanto seja possível e ter tanto direito no Estado quanto for seu poder, proceder-se-á como se segue: os patrícios de cada cidade elegerão senadores, isto é, sua Assembleia designará para tomar assento no Senado certo número dentre eles, que deverá manter com o número total dos patrícios a relação de 1 para 12 (ver o §30 do capítulo precedente). Essa Assembleia também designará aqueles que farão parte da primeira série, da segunda, da terceira etc. Assim, os patrícios de cada cidade, segundo a sua importância, nomearão um número maior ou menor de senadores e os repartirão em tantas séries quanto dissemos que o Senado devia compreender (ver §34 do capítulo precedente). Ocorrerá assim que, em cada série, cada uma das cidades terá um número de representantes em proporção a sua importância. Quanto aos presidentes das séries e seus suplentes, cujo número é menor que o de cidades, eles serão eleitos pelo

Senado e pelos próprios cônsules, sorteados. Observar-se-á o mesmo procedimento para a eleição dos membros do tribunal supremo, isto é, que haverá para cada cidade mais ou menos patrícios designados conforme a cidade for maior ou menor. E, desse modo, cada cidade permanecerá, tanto quanto possível, autônoma na escolha dos funcionários públicos e cada uma disporá de tanto mais poder no Senado e no Tribunal quanto mais poderosa ela for; ficando entendido que, nas decisões a serem tomadas sobre os negócios públicos e no acerto de litígios, o procedimento a ser seguido será precisamente aquele que expusemos nos §33 e 34 do capítulo precedente.

§7

Os chefes das coortes e dos tribunais militares deverão ser escolhidos no patriciado. É justo, com efeito, que cada cidade seja obrigada a alistar, para a segurança de todo o Estado, certo número de soldados em relação com sua importância, e é justo, em consequência, que os patrícios, conforme o número de legiões que elas devam alimentar, possam nomear tantos tribunos militares, oficiais de todos os graus e insígnias etc. quantos lhes forem necessários para comandar o contingente que ela fornece ao Estado.

§8

Nenhum imposto sobre os súditos será estabelecido pelo Senado; para subvencionar as despesas públicas decretadas pelo senado, não os súditos, porém as cidades serão taxadas de maneira que cada uma suporte uma carga maior ou menor conforme sua importância. Para levantar entre os habitantes a soma a fornecer, os patrícios de cada cidade procederão como quiserem: seja por meio da taxação, seja, o que é muito mais justo, estabelecendo impostos.

§9

Além disso, embora nem todas as cidades do Estado sejam portos de mar, e as cidades marítimas não sejam as únicas a nomear senadores, as retribuições pagas aos senadores poderão ser aquelas que indicamos no §31 do capítulo precedente. Poder-se-á combinar, para tal efeito, medidas relativas à constituição do Estado que estabelecerão, entre as cidades, laços de solidariedade mais estreitos. Quanto a todas as outras disposições concernentes ao Senado, à corte de justiça e em geral a todo o Estado, cabe aplicar as regras enunciadas no capítulo anterior. Vemos assim que, em um Estado constituído por várias cidades, não é necessário convocar o conselho supremo em um lugar e data fixa. Mas ao Senado e à corte de justiça é preciso designar-lhes como sede uma aldeia ou uma cidade que não tenham o direito de sufrágio. Volto agora ao que diz respeito às cidades tomadas uma a uma.

§10

O procedimento a ser seguido pelo conselho supremo de uma cidade para a eleição dos funcionários da cidade e do Estado e para tomar as decisões nos negócios públicos será aquele que expus nos §27 e 36 do capítulo precedente, pois as condições são as mesmas. A esse conselho deverá estar subordinado um outro, de síndicos, dos quais falamos no capítulo precedente. Sua função será a mesma nos limites da jurisdição da cidade e ele será remunerado da mesma maneira. Se a cidade e, em consequência, o número de patrícios forem tão exíguos que não se possa nomear senão um síndico ou dois, sendo que dois síndicos não podem formar um Conselho, serão designados juízes pelo conselho supremo da cidade para dar conhecimento dos negócios, ou então o assunto será levado ao conselho supremo dos síndicos. De cada cidade, com efeito, devem ser enviados alguns síndicos ao lugar em que se reúne o senado a fim de velar para que as leis permaneçam invioladas e eles deverão tomar assento no senado sem participar das votações.

§11

Os patrícios de cada cidade nomearão também cônsules que formarão o Senado dessa cidade. Eu não posso fixar seu número e não creio que seja necessário, porquanto os negócios da cidade que forem de grande peso serão tratados pelo conselho supremo da cidade, e os que concernem a todo o Estado o serão pelo grande Senado. Se, além disso, os cônsules forem pouco numerosos, será necessário que eles exprimam seu parecer publicamente em seu [respectivo] conselho, e não por meio de bolinhas, como nos grandes conselhos. Nas pequenas assembleias, com efeito, em que se usa o escrutínio secreto, os que têm um pouco de astúcia chegam sempre a conhecer o voto de cada um de seus colegas e a enganar de muitas maneiras aqueles que são pouco atentos.

§12

Em cada cidade, cabe ao conselho supremo nomear os juízes: será permitido, entretanto, apelar dessa sentença ao Tribunal Supremo do Estado, salvo quando houver flagrante delito ou confissão do culpado. Mas não há nenhuma necessidade de desenvolver isso ainda mais.

§13

Resta falar das cidades que não têm direito próprio. Estas últimas, se elas se encontram em uma província ou região do Estado, e se seus habitantes são da mesma nação e falam a mesma língua, devem necessariamente, assim como as aldeias, ser consideradas como partes das cidades vizinhas, de modo que cada uma deve estar na dependência desta ou daquela cidade autônoma. A razão disso é que os patrícios não são eleitos pelo conselho supremo do Estado, mas pelo conselho de cada cidade cujos membros são mais ou menos numerosos conforme o número de habitantes compreendidos na jurisdição dessa cidade (pelo §5 deste capítulo). Assim, é necessário que a população de uma cidade sem direito próprio esteja compreendida no recenseamento de uma cidade que é autônoma, e dependa desta última. Mas as cidades conquistadas pela guerra e juntadas ao Estado devem ser consideradas como aliadas do Estado

TRATADO POLÍTICO

e vinculadas a ele por benefícios; ou então colônias com direito de Cidade devem ser para lá enviadas e a população que as habitava deve ser transportada para outro lugar ou levada à destruição.

§14

Tais são os princípios fundamentais dessa espécie de Estado. Que sua condição seja melhor que a do Estado que tira seu nome de uma única cidade, eu o concluo do fato de que os patrícios de cada cidade, por um desejo natural ao homem, se esforçarão por manter seu direito quer em sua cidade, quer no senado, e mesmo de aumentá-lo se o puderem; tentarão, em consequência, atrair para eles a multidão; exercer o poder antes por meio de benefícios do que pelo temor e aumentar seu próprio número, pois, quanto mais numerosos forem, mais (pelo §6 deste capítulo) senadores eles elegerão e mais poder terão também no Estado (mesmo parágrafo). Não se deve objetar que, velando cada cidade por seus próprios interesses e invejando as outras, haverá amiúde discórdias entre elas e tempo perdido em discussões. Se enquanto os romanos deliberam, Sagunto perece, é também verdade que a liberdade e o bem público morrem quando um pequeno número de homens decide segundo sua paixão. O espírito dos homens é, com efeito, demasiado obtuso para penetrar em tudo de um só golpe; mas deliberando, ouvindo e discutindo, ele se aguça e, à força de tatear, os homens acabam por encontrar a solução que procuravam e que tem a aprovação de todos, sem que ninguém fosse disso avisado antes. Objetar-se-á que o Estado da Holanda não teria subsistido longo tempo sem um conde ou um representante do conde ocupando seu lugar? Eu respondo que, para guardar sua liberdade, os holandeses julgaram ser suficiente deixar lá seu conde e privar o Estado de sua cabeça, sem pensar em reformá-lo; mas deixaram subsistir todas as partes tais quais eram, de sorte que o condado da Holanda permaneceu sem conde e o próprio Estado sem nome. Não há nada de espantoso nisso, pois os súditos ignoram na maior parte o que pertence à soberania. Mesmo se não tivesse sido assim, os que detinham o poder eram, na realidade, bem pouco numerosos para governar a massa e esmagar os poderosos adversários. Assim aconteceu que estes últimos puderam conspirar contra eles, impotentes, e finalmente derrubá-los. Essa súbita revolução não veio do fato de que se empregava demasiado tempo nas deliberações, mas da constituição defeituosa do Estado e do pequeno número de governantes.

§15

Esse Estado aristocrático em que o poder é partilhado entre muitas cidades é ainda preferível porque ele não tem em nada que temer, como no outro, que o conselho supremo seja bruscamente oprimido, visto que (pelo §9 deste capítulo) ele não é convocado para um lugar e em uma data fixa. Os cidadãos poderosos são, além disso, menos temíveis nesse Estado: onde muitas cidades gozam de liberdade, não basta àquele que tenta usurpar o poder apoderar-se de uma única cidade para tornar-se senhor em toda parte. A liberdade, enfim, nesse Estado é um bem comum para um maior número, pois, lá onde reina uma cidade única, não se toma cuidado com o bem dos outros, senão na medida em que isso convém à cidade reinante.

Capítulo x

§1

Depois de ter exposto os princípios fundamentais de dois tipos de Estado aristocrático, resta pesquisar se existe alguma causa interior que possa levar à dissolução de semelhante regime ou à sua transformação. A primeira causa possível de dissolução é aquela que observa o agudíssimo florentino [Maquiavel] em seu primeiro discurso sobre o terceiro livro de Tito Lívio: em um Estado, *todos os dias*, assim como no corpo humano, *há certos elementos que se associam a outros e cuja presença requer*

TRATADO POLÍTICO

de vez em quando tratamento médico; é, portanto, necessário, diz ele, que às vezes uma intervenção reconduza o Estado aos princípios sobre os quais ele foi fundado. Se falta essa intervenção, o mal irá crescendo a tal ponto que não poderá mais ser suprimido senão pela supressão do próprio Estado. Essa intervenção, acrescenta ele, pode produzir-se ou por acaso ou graças a uma legislação prudente, ou, enfim, mercê da sabedoria de um homem de virtude excepcional. E não podemos duvidar que não se esteja aí ante uma circunstância de maior peso e, se não se dá remédio ao mal, o Estado não poderá mais manter--se por sua virtude própria, mas somente por uma sorte feliz. Ao contrário, se o remédio conveniente é aplicado, a queda do Estado jamais poderá ser efeito de um vício interior, mas de um destino inelutável, como mostraremos logo mais. O primeiro remédio que se apresentava ao espírito era que, a cada cinco anos, um ditador supremo fosse nomeado por um ou dois meses, ditador com o direito de abrir inquérito sobre os atos dos senadores e de todos os funcionários, de julgá-los, de tomar decisões e, em seguida, reconduzir o Estado ao seu princípio. Mas, a fim de aparar os males que ameaçam um Estado, cumpre aplicar remédios concordes com sua natureza e capazes de safar-se de seus próprios princípios; de outro modo, cair-se-á de Caribde em Cila. É verdade que todos, tanto os governantes como os governados, devem ser retidos pelo medo dos suplícios e do mal que poderiam sofrer, a fim de que não possam cometer crimes impunemente ou com lucro; e, de outra parte, se esse temor afeta igualmente os bons cidadãos e os maus, o Estado se acha em grande perigo. Embora o poder do ditador seja absoluto, ele não pode ser temível a todos, sobretudo se, como é requerido, um ditador é nomeado com uma data fixa [de permanência], porque então, cada um, por amor à glória, lutará por essa honra com extremo ardor; e é certo também que em tempo de paz considera-se menos a virtude do que a opulência, de modo que quanto mais soberba tiver um homem, mais facilmente ele se elevará aos honores. Talvez seja essa a razão pela qual os romanos não nomeavam ditadores com data fixa [de permanência], a não ser quando uma necessidade fortuita os obrigava a isso. E não obstante, o estrépito de uma ditadura, para citar a palavra de Cícero, era desagradável aos bons cidadãos. E por certo, uma vez que o poder de um ditador, como o de um rei, é absoluto, ele pode, sem grande perigo para a República, transformar-se em poder monárquico, ainda que seja temporariamente. Acrescentai que se nenhuma data fixa é indicada para a nomeação de um ditador, não haverá entre dois ditadores sucessivos esse intervalo de tempo que dissemos que importava manter, e a própria instituição teria tão pouca fixidez que ela cairia facilmente no esquecimento. Se o poder dessa ditadura não é perpétuo e estável, se ela não é reservada a um só homem, o que não se pode conciliar com a manutenção do regime aristocrático, ela será incerta e, com ela, a salvaguarda da República mal assegurada.

§2

Ao contrário, não podemos duvidar (pelo §3 do capítulo VI) que se, mantendo-se a forma do Estado, o gládio do ditador pudesse erguer-se perpetuamente e ser temível somente para os malvados, jamais o mal se agravaria a ponto de que não pudesse ser suprimido ou reparado. É para satisfazer essas condições que dissemos subordinar ao conselho supremo um conselho dos síndicos, de forma que o gládio perpétuo não esteja em poder de uma pessoa natural, mas de uma pessoa civil cujos membros são demasiado numerosos para que eles possam partilhar entre si o Estado (pelos §1 e 2 do capítulo VIII) ou entrar em acordo para um crime; a isso se acrescenta o fato de que lhes é interdito ocupar os outros cargos do Estado, que eles não pagam soldo à força armada e, enfim, são de uma idade que se prefere um estado de coisas existente e seguro a novidades perigosas. Eles não ameaçam, portanto, o Estado com nenhum perigo, não podendo ser e não sendo efetivamente temíveis senão aos malvados e não aos bons. Sem força para cometer crimes, eles terão,

TRATADO POLÍTICO

no entanto, bastante poder para refrear as tentativas criminosas. Além do que, com efeito, eles podem opor-se ao mal em seu germe (porque seu conselho é perpétuo) e são bastante numerosos para não ter medo de inspirar ódio a um poderoso ou a dois, acusando-os e condenando-os; dado que, acima de tudo, eles exprimem seu parecer por meio das bolinhas e que a sentença é pronunciada em nome de todo o conselho.

§3

Os tribunos da plebe também eram perpétuos em Roma, mas foram incapazes de triunfar sobre o poder de um Cipião; deviam, além disso, submeter as medidas julgadas por eles salutares ao próprio Senado, que amiúde as ignorava, fazendo com que o favor da plebe fosse para aquele que os senadores temiam menos. A isso se acresce que toda a força dos tribunos contra os patrícios repousava sobre o favor do povo e que, quando recorriam à plebe, pareciam antes excitar uma sedição do que convocar um conselho. Em um Estado como esse que descrevemos nos dois capítulos precedentes, semelhante inconveniente não se produzirá.

§4

Na verdade, essa autoridade dos síndicos poderá fazer apenas com que a forma do Estado se mantenha ou impedir que as leis sejam violadas, não sendo lícito, a quem quer que seja, proceder mal. Ela não poderá impedir que os vícios se infiltrem, como aqueles em que caem os homens que desfrutam de grandes lazeres, vícios aos quais se seguem frequentemente a ruína do Estado. Os homens, uma vez libertos do medo pela paz, tornam-se, pouco a pouco, de selvagens e bárbaros que eram, em seres civilizados e humanos, e daí caem na moleza e na preguiça; eles não procuram mais prevalecer uns sobre os outros pela virtude, porém pelo fausto e pelo luxo. Tomam aversão pelos costumes de sua pátria e adotam os estrangeiros, quer dizer que começam a ser escravos.

§5

Para aparar esse mal é-se amiúde tentado a editar leis suntuárias, mas em vão. Pois todas as regras que podem ser violadas sem que outras sejam lesadas são objeto de derrisão. Nem pensar que essas regras moderem os desejos e os apetites; ao contrário, elas lhes dão mais intensidade, pois temos uma inclinação para aquilo que é proibido, e desejamos aquilo que nos é recusado. Homens ociosos possuem sempre muitos recursos no espírito para iludir as regras estabelecidas sobre objetos cuja interdição absoluta não é possível, tais como festins, jogos, o adorno e outras coisas do mesmo gênero, cujo abuso somente é danoso e só pode ser apreciado segundo a fortuna de cada um, de modo que não se pode estabelecer lei geral em semelhante matéria.

§6

Minha conclusão, portanto, é que esses vícios, inerentes ao estado de paz de que falamos aqui, não devem ser combatidos diretamente, mas indiretamente, estabelecendo princípios fundamentais tais que o máximo número de cidadãos se esforce não em viver sabiamente (isso é impossível), porém se deixe dirigir pelas afecções das quais o Estado tira mais benefício. É preciso tender sobretudo a fazer com que os ricos sejam, se não econômicos, ao menos desejosos de aumentar sua riqueza. Pois não é de duvidar que, se essa avidez, que é uma paixão universal e constante, é alimentada pelo desejo da glória, a maior parte se aplicará com grande zelo a aumentar, sem usar meios desonrosos, o seu haver, por onde eles podem pretender à consideração e evitar a vergonha.

§7

Se considerarmos os fundamentos dos dois Estados aristocráticos explicados nos dois capítulos precedentes, veremos que isso mesmo é uma consequência sua. O número dos governantes em um e em outro é bastante grande para que a maioria dos ricos tenha acesso ao governo e aos altos cargos do Estado. Se

TRATADO POLÍTICO

fora decidido, além disso (como dissemos no §47 do capítulo VIII) que os patrícios insolventes serão considerados como decaídos e que aqueles que tiverem perdido seus bens em decorrência de uma desgraça serão restabelecidos em sua situação anterior, não é duvidoso que todos, tanto quanto puderem, se esforçarão por conservar seus haveres. Eles não quererão viver como estrangeiros e não desdenharão os costumes da pátria se for estabelecido que os patrícios e os candidatos aos cargos públicos se distinguirão por uma vestimenta particular: ver sobre esse ponto os §25 e 47 do capítulo VIII. Pode-se em todo Estado encontrar outras disposições de acordo com a natureza dos lugares e o caráter do país e, em semelhante matéria, cumpre velar antes de tudo para que os súditos se conformem a isso por sua própria vontade mais do que pelo efeito de uma coação legal.

§8

Em um Estado que visa unicamente governar os homens pelo medo, é antes devido à ausência do vício que a virtude reina. Mas é preciso governar os homens de tal maneira que eles não creiam que estão sendo governados, mas que estão vivendo segundo seu próprio livre decreto e de conformidade com sua própria compleição; cumpre, portanto, conduzi-los somente pelo amor da liberdade, pelo desejo de aumentar sua fortuna e pela esperança de elevar-se às honras. As estátuas, aliás, os cortejos triunfais e os outros excitantes à virtude são marcas da servidão mais do que marcas de liberdade. É aos escravos, não aos homens livres, que se dão recompensas por sua boa conduta. Reconheço que os homens são muito sensíveis a esses estimulantes, mas se, na origem, se conferem as recompensas honoríficas aos grandes homens, mais tarde, com a inveja crescente, é aos preguiçosos e àqueles que o orgulho de suas riquezas infla, para a grande indignação de todos os bons cidadãos. Além do fato de que aqueles que ostentam as estátuas e os triunfos de seus pais julgam que se lhes faz injúria se não são postos acima dos outros. Enfim, para me calar sobre o restante, é evidente que a igualdade, cuja perda acarreta necessariamente a ruína da liberdade comum, não pode ser mantida tão logo honores extraordinários sejam conferidos, por uma lei do Estado, a um homem que se distingue por seu mérito.

§9

Isso posto, vejamos agora se os Estados descritos desse modo podem, por culpa própria, ser destruídos. Se um Estado, entretanto, pode perpetuar-se, será necessariamente aquele cujas leis, uma vez bem estabelecidas, permanecem invioladas. Pois as leis são a alma do Estado. Enquanto elas permanecem, o Estado subsiste necessariamente. Mas as leis não podem permanecer invioladas se não se encontram sob a proteção quer da razão, quer das afecções comuns aos homens; dito de outro modo, se elas têm apenas o apoio da razão, elas são pouco válidas e se consegue facilmente violá-las. Portanto, depois que mostramos que as leis fundamentais das duas espécies de Estado aristocrático convêm com as afecções dos homens, podemos afirmar que, se há Estados capazes de subsistir sempre, são aqueles mesmos, e que, se eles podem ser destruídos, não é por uma causa devida a algum defeito próprio, mas a um destino inelutável.

§10

Podem nos objetar que, embora estejam sob a proteção da razão e das afecções comuns, essas leis do Estado anteriormente expostas não são, entretanto, tão sólidas que ninguém consiga transgredi-las. Pois não há afecção que não possa ser vencida por uma afecção contrária; o medo da morte é visivelmente vencido amiúde pelo apetite do bem de outrem. Àqueles que se apavoram à vista do inimigo, nenhum outro temor pode detê-los: eles se jogam na água, se precipitam no fogo para escapar ao ferro do inimigo. Por mais bem regrada que seja a Cidade, por excelentes que sejam suas instituições, nos momentos de desgraça, quando todos, como ocorre, são tomados de terror e pânico, então todos se rendem ao único partido a que o medo se acomoda, sem se preocupar nem

TRATADO POLÍTICO

com o futuro nem com as leis, todos os semblantes se voltam para o homem que as vitórias trouxeram à luz. Colocam-no acima das leis, prolongam seu poder (o pior dos exemplos), confiam-lhe toda a coisa pública. É isso que causou a perda do Estado romano. Para responder a essa objeção, eu digo em primeiro lugar que, numa República bem constituída, um terror assim nunca aparece, a não ser por uma justa causa; semelhante terror, semelhante perturbação só podem proceder de uma causa contra a qual toda prudência humana é impotente. Em segundo lugar, é preciso observar que, numa República tal como nós a descrevemos, não pode ocorrer (pelos §9 e 25 do capítulo VIII) que um só homem ou dois tenham um renome tão notório que todos se voltem para eles. Hão de ter necessariamente muitos êmulos que possuam certo número de partidários. Portanto, mesmo que ainda o terror engendrasse alguma perturbação na República, ninguém poderá, ao desprezo das leis e contrariamente ao direito, chamar um salvador para o comando das tropas sem que imediatamente haja competição entre aquele que terá sido proposto e outros cujos partidários reclamarão. Para solucionar o caso, dever-se-á necessariamente voltar às leis estabelecidas, aceitas por todos, e ordenar os negócios do Estado como elas o prescreveram. Posso, pois, afirmar sem reserva que o Estado em que uma cidade única tem o poder e, ainda mais, um Estado em que muitas cidades o compartilham, durará sempre, quer dizer, ele não se dissolverá nem se transformará por nenhuma causa interior.

Capítulo XI

§1

Passo agora ao terceiro Estado, aquele que é de todo absoluto [*omnino absolutum imperium*] e que chamaremos de democrático. A diferença entre esse Estado e o aristocrático consiste principalmente, nós o dissemos, no fato de que, neste último, depende da exclusiva vontade e da livre escolha do conselho supremo que tal ou tal pessoa se torne patrício; ninguém possui, portanto, hereditariamente o direito de sufrágio e o de acesso às funções públicas. Ninguém pode reivindicar seus direitos como é o caso em uma democracia. Com efeito, todos aqueles que nasceram de pais dotados de direitos cívicos, ou no território nacional, ou então que sejam merecedores do reconhecimento da República, ou que, por outras causas ainda, possuam legalmente o direito de Cidade, todos, eu o repito, têm o direito de sufrágio e de acesso às funções públicas; eles têm fundamento legal para os reclamar e a eles não se pode negá-los senão por que se tornaram culpados de um crime ou trazem a marca de infâmia.

§2

Se, portanto, somente os homens de certa idade, ou os primogênitos uma vez atingida a idade legal, ou aqueles que pagam uma certa contribuição ao Estado, têm o direito de sufrágio no conselho supremo e de tratar dos negócios públicos, então mesmo que acontecesse que o conselho supremo, em virtude dessas disposições, compreendesse menos membros do que a do Estado aristocrático descrito acima, nem por isso o Estado não deveria ser denominado democrático, porquanto os homens chamados ao governo não seriam escolhidos pelo conselho supremo como sendo os melhores, porém receberiam seu poder da lei. E se bem que, dessa maneira, um Estado, no qual os que são chamados a governar não são os melhores, porém os que por uma feliz fortuna são ricos, ou são os primogênitos, pareça inferior a um Estado aristocrático, ainda assim se consideramos como as coisas são na prática ou a natureza comum dos homens, de fato isso dá na mesma. Para os patrícios, com efeito, os melhores são sempre os ricos ou aqueles que lhes são aparentados ou que são seus amigos. Por certo, se as coisas fossem tais que, na escolha de seus colegas, os patrícios estivessem livres de toda afecção comum e fossem dirigidos apenas pela preocupação da salvaguarda pública, nenhum regime seria comparável ao aristocrático. Mas, como a experiência ensina bastante e até demais, a realidade é totalmente outra, sobretudo nas oligarquias em que a vontade dos patrícios se liberta ao máximo da lei por causa da falta de competidores. Aí, com efeito, os patrícios afastam cuidadosamente os mais merecedores e procuram associar-se aos que estão na sua dependência, de modo que, em semelhante Estado, as coisas vão bem pior porque a escolha dos patrícios depende da vontade arbitrária absoluta de alguns, liberta de toda e qualquer lei.

§3

Pelo que precede, é manifesto que nós podemos conceber diversos gêneros de democracia; meu propósito não é o de falar de todos, mas de me ater ao regime em que todos aqueles que são regidos somente pelas leis do país não estão em absoluto sob o domínio de outrem, e vivem honradamente, possuem o direito de sufrágio no conselho supremo e têm acesso aos cargos públicos. Eu digo expressamente *que são regidos somente pelas leis do país* para excluir os estrangeiros súditos de outro Estado. Acrescentei a essas palavras *que não estão sob domínio de outrem* para excluir as mulheres e os servidores que se encontram sob a autoridade de seus maridos e de seus amos, as crianças e os pupilos que estão sob a autoridade de seus pais e de seus tutores. Eu digo, enfim, *que têm uma vida honrada*, para excluir aqueles que são marcados de infâmia por causa de um crime ou de um gênero de vida desonesto.

§4

Perguntar-se-á talvez se as mulheres estão por natureza ou por instituição sob a autoridade dos homens? Se for por instituição, nenhuma razão nos obrigava a excluir as mulheres do governo. Se, todavia, recorrermos à experiência, veremos que isso vem de sua fraqueza. Em nenhuma parte da terra homens e mulheres reinaram de comum acordo, mas em toda parte onde se encontram homens e mulheres vemos que os homens reinam e as mulheres são regidas, e que, dessa maneira, os dois sexos vivem em boa harmonia; as amazonas que, ao contrário, segundo uma tradição, reinaram um dia, não permitiam que homens permanecessem em seu território, nutriam apenas indivíduos do sexo feminino e matavam os machos que haviam engendrado. Se as mulheres fossem por natureza iguais aos homens, se possuíssem no mesmo grau a força d'alma e as qualidades de espírito que são, na espécie humana, os elementos do poder e, em consequência, do direito, por certo, entre tantas nações diferentes, não se poderia deixar de encontrar algumas onde os dois sexos reinassem igualmente, e outras onde os homens seriam regidos pelas mulheres e receberiam uma educação própria a restringir suas qualidades de espírito. Mas isso não se vê em nenhuma parte e pode-se afirmar, por conseguinte, que a mulher não é por natureza igual ao homem, e também que é impossível que os dois sexos reinem igualmente e, bem menos ainda, que os homens sejam regidos pelas mulheres. Porque se, além disso, a gente considera as afecções humanas, se reconhece que na maior parte do tempo o amor dos homens pelas mulheres não tem outra origem senão o apetite sensual, que eles não apreciam nelas as qualidades de espírito e a sabedoria senão tanto quanto elas têm de beleza, que eles não admitem que as mulheres amadas tenham preferências por outros senão eles próprios, e outros fatos do mesmo gênero, ver-se-á sem dificuldade que não se poderia instituir o reino igual dos homens e das mulheres sem grande dano para a paz. Mas basta para esse ponto.

Falta o restante
[reliquia desiderantur]

SPINOZA: OBRA COMPLETA
Plano da obra

V. I: (BREVE) TRATADO E OUTROS ESCRITOS
        (Breve) Tratado de Deus, do Homem e de Sua Felicidade
        Princípios da Filosofia Cartesiana
        Pensamentos Metafísicos
        Tratado da Correção do Intelecto
        Tratado Político

V. II: CORRESPONDÊNCIA COMPLETA E VIDA

V. III: TRATADO TEOLÓGICO-POLÍTICO

V. IV: ÉTICA E COMPÊNDIO DE GRAMÁTICA
        DA LÍNGUA HEBRAICA

Este livro foi impresso na cidade de Cotia,
nas oficinas da Meta Brasil,
para a Editora Perspectiva.